政治学

颜　一
秦典华　译

* Politika 据 W. D. Ross《牛津古典本文》。

ARISTOTLE

亚里士多德全集

第九卷

苗力田　主编

中国人民大学出版社
·北京·

《亚里士多德全集》编译组成员

苗力田　徐开来　秦典华
余纪元　颜　一　喻　阳
申　明　崔延强　李秋零

目　　录

第　一　卷

【1】 我们看到，所有城邦都是某种共同体，所有共 1252a
同体都是为着某种善而建立的（因为人的一切行为都是为着他们所认为的善），很显然，由于所有的共同体旨在追求某种善，因而，所有共同体中最崇高、最有权威、并且包含了一切其他共同体的共同体，所追求的一定是至善。这种共同体就是所谓的城邦或政治共同体。

有人认为政治家、君王、家长以及主人其意思是同一的，这种说法荒谬绝伦（他们认为，这些人只是在其所治理人数的多寡上有所不同而已，而在形式上并无差别，例如治理少数几个人的就叫做主人，治理较多一些人的就叫做家长，治理大批人的叫做政治家或君主，仿佛一个大家庭与一个小城邦没有什么区别似的。政治家和君王的区别就在于，君王是以一己的权威实行其统治，而依据政治学原则轮流为治的便是政治家。这些观点都是不正确的）。根据我们一向所应用的方法加以考察，对此说法人们就会很明白。正如在其他方式下一样，我们必须将组合物分解为非组合物（它是全体中的最小部分)，所以我们必须找出城邦所由以构成的简单要素，以便可以看出它们相互间有什么区别，我们是否能从各类统治中得出什么结论来。

【2】 如果有人从事物的根源来考察，对于这些事物就像对其他事物一样，我们将获得最清晰的认识。首先必定存在着这样的结合体，他们一旦相互分离便不可能存在，例如为了种族的延续而存在的男人和女人的结合体（人们并不是有意如此，而是和其他动物、植物一样，出于这样一种本性，即欲望遗留下和自己相同的后代）。天生的统治者和被统治者为了得以保存而建立了联合体。因为能够运筹帷幄的人天生就适于做统治者和主人，那些能够用
1252b 身体去劳作的人是被统治者，而且是天生的奴隶；所以主人和奴隶具有共同的利益。女人和奴隶在本性上是不同的（因为自然创造出女人并不像铁匠制造出具有多种用途的德尔斐小刀，她使一事物只具有一种功能，所有的工具当只适于一种功能而非多种功能时，便是制造得最好的工具）；但是在野蛮人中女人和奴隶则处于同样的地位，其原因就在于，在他们之中没有天生的统治者，他们所形成的共同体只不过是女奴隶和男奴隶的结合而已。所以诗人们说：

应当让希腊人来统治野蛮人。

似乎野蛮人和奴隶在本性上是一致的。从这两种共同

体[1]中首先形成的是家庭，所以赫西俄德的这种说法是正确的：

最先的是房屋、妻子以及耕牛，

因为耕牛是穷人的奴隶。所以家庭是为了满足人们日常生活需要自然形成的共同体，加隆达斯将家庭成员称为“食橱伴侣”，克里特的厄庇米尼德斯则称其为“食槽伴侣”。当多个家庭为着比生活必需品更多的东西而联合起来时村落便产生了。村落最自然的形式似乎是由一个家庭繁衍而来，其中包括孩子和孩子的孩子，所以有人说他们是同乳所哺。所以最早的城邦由国王治理，其原因就在于此，现在有些未开化的民族仍然如此。希腊人在结盟前就是由君王统治的。所有的家庭都是由年长者治理，所以在同一家庭繁衍而来的成员的集聚地，情况也是这样，因为他们都属于同一家族。正如荷马[2]所说：

每个人给自己的妻儿立法。

因为他们居住分散，古代的情况就是这样。这就是为什么人们说神也由君主统治，因为现代和古代的人都受君王统治，他们想象不但神的形象和他们一样，生活方式也和他们一样。

当多个村落为了满足生活需要，以及为了生活得美好结

① 指男人和女人、主人和奴隶的共同体。

② 荷马：《奥德赛》，ix，114—115。

合成一个完全的共同体，大到足以自足或近于自足[1]时，城邦就产生了。如果早期的共同体形式是自然的，那么城邦也是自然的。因为这就是它们的目的，事物的本性[2]就是目的；每一个事物是什么，只有当其完全生成时，我们才能说出它们每一个的本性，比如人的、马的以及家庭的本性。终
1253a 极因和目的是至善，自足便是目的和至善。

由此可见，城邦显然是自然的产物，人天生是一种政治动物，在本性上而非偶然地脱离城邦的人，他要么是一位超人，要么是一个鄙夫；就像荷马所指责的那种人：

无族、无法、无家之人，

这种人是卑贱的，具有这种本性的人乃是好战之人，这种人就仿佛棋盘中的孤子。

很显然，和蜜蜂以及所有其他群居动物比较起来，人更是一种政治动物。自然，就像我们常说的那样，不会作徒劳无益之事，人是唯一具有语言[3]的动物。声音可以表达苦乐，其他动物也有声音（因为动物的本性就是感觉苦乐并相互表达苦乐），而语言则能表达利和弊以及诸如公正或不公正等；和其他动物比较起来，人的独特之处就在于，他具有善与恶，公正与不公正以及诸如此类的感觉；家庭和城邦乃是这类生物的结合体。

---

① autarkeia。

② phusis，也作“自然”。

③ logos，依不同的语境可作“原理”、“原则”、“道理”以至“理性”。

城邦在本性上先于家庭和个人。因为整体必然优先于部分；例如，如果整个身体被毁伤，那么脚或手也就不复存在了，除非是在同音异义的意义上说，犹如我们说石头手（因为躯体被毁伤则手足也同样被毁伤），一切事物均从其功能与能力而得名，事物一旦不再具有自身特有的性质，我们就不能说它仍然是同一事物。除非是在同音异义的意义上说。城邦作为自然的产物，并且先于个人，其证据就在于，当个人被隔离开时他就不再是自足的；就像部分之于整体一样。不能在社会中生存的东西或因为自足而无此需要的东西，就不是城邦的一个部分，它要么是只禽兽，要么是个神，人类天生就注入了社会本能，最先缔造城邦的人乃是给人们最大恩泽的人。人一旦趋于完善就是最优良的动物，而一旦脱离了法律和公正就会堕落成最恶劣的动物。不公正被武装起来就会造成更大的危险，人一出生便装备有武器，这就是智能①和德性，人们为达到最邪恶的目的有可能使用这些武器。所以，一旦他毫无德性，那么他就会成为最邪恶残暴的动物，就会充满无尽的淫欲和贪婪。公正是为政的准绳，因为实施公正可以确定是非曲直，而这就是一个政治共同体秩序的基础。

【3】 既然我们明白了城邦所由以构成的部分，我们就 1253b

① phronesis，或作“明智”。

必须先来说明家庭管理，因为所有的城邦均由家庭构成。家务管理的部分涉及构成家庭的个人，一个完整的家庭由奴隶和自由人组成。我们应当首先从最基本的成分开始着手解释每一事物，家庭中最首要和最基本的部分是主奴、夫妻和父子。所以我们必须考察这三种关系中的每一种各是什么，以及它们应当是什么，即主奴关系、配偶关系（男女的结合尚无适当的名称），第三种是亲嗣关系（这种关系亦无恰当的名词来表达）。还有另一种要素，即所谓的“致富术”，有些人认为，这就是家务管理，而另外一些人则认为，它只是家务管理的主要部分，这个部分的本性我们也必须加以考察。

既然我们不但要注意到实际生活的需要，还要寻求某种有关家庭的比现行理论更完备的理论，我们就先来考察主奴关系。有些人认为主人如何管辖家奴是一门学问，家政、训奴，以及政治与王道，就像我开始所说的，都莫不如此。另外一些人认为，主人对奴隶的统治背离了自然，主奴差别是由法规所定，而不是出于自然，合乎本性，由于它是强制的，所以不公正。

【4】 财产是家庭的一个部分，获得财产的技术是家务管理技术的一个部分（一个人如果没有生活必需品就无法生存，更不可能生活美好），就如那种具有确定范围的技术，工人要完成他们的工作，就必须有自己的特殊工具，家庭管

理亦是如此。工具有多种，有些有生命，有些无生命；在航海中，船舵无生命，而瞭望者则是一个活着的工具；因为在各种技术中，帮手只是一种工具。所以，所有物是维持生命的工具。在家庭的排列上，奴隶就是一种有生命的所有物。财富由大量这类工具组成；帮手自身就是使用工具的工具，如果所有工具，都能够完成自己的工作，服从并预见到他人意志，就像代达罗斯的雕像和赫斐斯托斯的三足宝座，如诗人所说，它们自动参加众神的集会，倘若织梭能自动织布，琴拨能自动拨弦，那么工匠就不需要帮手了，主人也就不需 1254a
要奴隶了。我们刚才所谓的工具乃是创制工具，而所有物则是实践工具，织梭除了使用它外我们还可以从中得到某种别的东西，而衣物和床则只有使用一途。由于创制和实践种类不同，而两者都需要工具，所以它们各自使用的工具也必然在种类上有同样的区别。但生命属于实践而非创制，所以奴隶乃是实践的执行者。此外，人们在说明部分的意义上说明一件所有物，因为部分不仅是别的事物的一部分，而且整个都属于它，对于所有物亦是如此。主人仅仅只是奴隶的主人，他并不属于奴隶，相反，奴隶不仅是主人的奴隶，而且整个属于他。

由此，我们便明白了奴隶的本性和职能；那种在本性上不属于自己而属于他人的人，就是天生的奴隶，可以说他是他人的人，作为奴隶，也是一件所有物。而且所有物就是一种能离开所有者而行动的工具。

【5】 本性如此的人是否存在呢？这种状况对什么人有益且公正呢？抑或并非所有的奴役都是背离自然呢？对此我们要加以研究。无论是根据推理抑或事实，这个问题都不难解答。因为统治与被统治不仅必需而且有益。一部分人天生就注定治于人，一部分人则注定治人。

统治者和被统治者有多种（被统治者愈优秀，统治便愈优秀，如统治人就要比管理禽兽更高级，因为从事者愈优秀，做的事情便愈会显示出优异的功能，在一部分人统治，一部分人被统治的地方，就存在着这样的功能）；在一切形成组合体的事物和一切由部分构成的事物中，无论它们是连续的或分离的，其间显然都存在着统治元素和被统治元素的区别。这种特性源于整个自然，在有生命的事物中都存在这种特性；甚至在无生命的事物中也存在着某种为主的元素，例如在一支乐曲中。但是，也许这个问题属于更广泛的研究领域。动物首先由灵魂和肉体结合而成，其一在本性上是统治者，另一则是被统治者。我们应当来考察在那些本性得以保持的事物中，而不是在被败坏的事物中，其本性的目的是什么，所以我们必须了解在最完善状态下既具有肉体又具有灵魂的人，因为在他身上我们将看到这两者
1254b 的真正关系。虽然在坏的或在腐败了的状况下，肉体似乎经常支配着灵魂，因在坏时它们就处于邪恶和背离自然的状态。

在有生物中，我们能首先观察到专制统治和共和统

治①，灵魂是以专制的统治来统治肉体，而理智对欲望的统治则是依法或君主统治。很显然，灵魂统治肉体，心灵和理智的因素统治情欲的部分是自然而且有益的。相反，两者平起平坐或者低劣者居上则总是有害的。对于动物和人之间的关系也是如此；驯养的动物比野生动物具有更为驯良的本性，所有被驯养的动物由于在人的管理下变得更为驯良，这样它们便得以维持生存。此外，雄性更高贵，而雌性则低贱一些，一者统治，一者被统治，这一原则可以适用于所有人类。在存在着诸如灵与肉、人与兽这种差别的地方（对于那些其事务只在于使用身体的人来说，他们不可能做好任何事情），那些较低贱的天生就是奴隶。作奴隶对于他们来说更好，就像对于所有低贱的人来说，他们就应当接受主人的统治。那些要属于他人而且确实属于他人的人，那些能够感知到别人的理性②而自己并没有理性的人，天生就是奴隶。而较低级的动物甚至不能理解到别人的理性，它们只服从自己的情欲。使用奴隶与使用家畜的确没有什么很大的区别。因为两者都是用身体提供生活必需品。自然赋予自由人和奴隶不同的身体，它使得一部分人身体粗壮以适于劳役，使得另一部分身体挺拔，这虽然无益于劳作，但却有益于无论是战时还是在和平时期的政治生活。但相反的情况也常常发

① arkhe politike。

② logos。

生，有些奴隶具有自由人的灵魂，有些人则具有自由人的身体。无可置疑，如果人们之间在体形上的差别有如神像和人像的差别那样大，那么大家就应当承认，低贱者应当成为高贵者的奴隶。如果对于身体这是事实，那么同样的差别存在于灵魂之中又有什么不合理的呢？不过身体的俊美可以为人
1255a 所见，而灵魂的俊美无法被看见罢了。很显然，有些人天生即是自由的，有些人天生就是奴隶，对于后者来说，被奴役不仅有益而且是公正。

【6】 那些观点相反的人在某方面也不无道理，这一点并不难明白。奴役和奴隶这个词有两重意义，既有因法规①也有因自然而产生的奴隶和奴役；法规乃是一种约定，根据这种法规，人们认为在战争中被夺取捕获的东西应当为胜利者所有。但有许多法官谴责这种权利，就仿佛谴责一个提出违宪要求的诉讼人一样，他们憎恶这种观念，即，如果一个人具有强权，并且更为横蛮残暴，另一个人便会成为他的奴隶和附庸。甚至贤哲们的看法也似乎并不相同。争论的根源，以及观点相互抵牾的关键就在于：德性一旦装备起来，就会获得一种极大的力量，由于最大的能力只能在具有某种最好德性的地方找到，所以能力就意味着德性，所以这种争论只不过是个有关公正的问题罢了（其原因就在于，一部分

① kata nomon。

人把公正等同于善良意志，而另一部分人则认为公正就是强权）。如果把这些观点分开，那么另外一些观点就没有力量也没有道理来反对这一种说法，即德性高贵者应当作为统治者或主人。另外一些人则坚持，就像他们所认为的那样，简单地是一个公正原则，他们假定，符合战争法规的奴役是公正的，但同时他们又否认这一点，因为如果战争不公正时，情况又会怎样呢？此外，谁也不会说他是一个不应为奴的奴隶，如果情况会这样，那么，一旦最高贵的人或他们的父母被俘虏或出卖，他们岂不也会成为奴隶和奴隶的孩子？这就是人们不愿意称他们自己为奴隶，而宁愿把这个词加给外邦人的原因。然而，当人们在使用这个词时，他们真正所意味的正是我们在开头所说过的自然奴隶，因为人们一定会承认，有些人在任何地方都是奴隶，有些人在任何地方都不是奴隶。同样的原则也适用于高贵的人。人们认为他们自己在任何地方都是高贵的，不仅是在他们自己的国家，而且他们相信外邦人只是在他们自己的国家时才高贵，所以，存在着两种高贵和自由，一种是绝对的，一种是相对的。塞奥德克在《海伦》中说道：

我的双亲均出自众神之族，
谁敢把我称为奴？

他们根据德性与邪恶这两个原则区分出自由人和奴隶，高贵
者和卑贱者，这是什么意思呢？他们认为，人生人，兽生 1255b
兽，所以善良者出于善良者。自然打算经常这样做，但却不

可能。

这种观点上的纷争是有某种道理的，并非所有奴隶或所有自由人都是自然奴隶或自然自由人，这是很显然的。在某些情况下，这两类人之间有着显著的差别，一部分人做奴隶，一部分人做主人，不仅有益而且公正，自然打算让人们这样，一部分人服从而另一部分人则显示权威和运用高贵者的权力。滥用这种权威对于两者来说都不公正；因为部分和整体，肉体和灵魂，利益相同，奴隶是主人的一个部分，是独立于他身体骨架之外的一个活着的部分。所以，当主奴关系自然时，他们是朋友而且具有共同利益，一旦这种关系仅仅由于法规和强权，那么情况就会相反。

【7】 由此可见，专制统治并不同于依法统治，正如有些人所说，各种统治彼此并不相同。有一种统治是对自然的自由民，而另一种统治则是对自然的奴隶。家庭的统治是君主式的（因为所有家庭都由一个人为首治理），而依法统治则是由自由民和地位同等的人组成政府。主人之所以称为主人并不在于他有知识，而在于他具有某种品格，同样这也适用于自由人和奴隶。当然也存在着一门主人的科学和奴隶的科学，奴隶的科学也就是如同一位叙拉古人所传授的那种学问，这位叙拉古人通过教会奴隶做日常工作而挣钱。这种知识还可以扩充到多种其他事务上，例如烹饪以及其他这一类奴隶们所干的活计。有些是更必需的工作，有些则是更尊贵

的工作，就像有句谚语说的那样，“奴隶有优劣之分，主人有高低之别”。所有的这一类知识都是奴隶的知识。同样，还有一门教人如何使用奴隶的主人的科学，作为主人，关键并不在于获得奴隶，而在于如何使用他们。当然这并不是一门博大精深的学问，主人毕竟只需要知道如何去发布一些让奴隶必须知道如何去执行的命令就行了。所以，那些能摆脱家务辛劳的人，一旦致力于哲学或政治，就可以将家务托付给管家。而获取奴隶的技术，我是指公正获得奴隶的技术，既不同于主人的技术也不同于奴隶的技术，因为它属于狩猎或战争的范畴。有关主奴区别的讨论已经足够了。

【8】　根据我们通常的方式，我们来讨论就一般意义来 1256a
说的财产以及致富术，因为我们已经说明奴隶是财产的一个部分。首先来考察致富术与家务管理的技术是否同一，或只是它的一个部分，或者仅仅只是有助于它；如果有助于它，那么是在制作织梭的技术是否有助于纺织技术的意义上，还是在铜的铸造是否有助于制作雕像技术的意义上。因为两者并不是在同一意义上而说的有用，其一提供的是工具，其一提供的是质料；所谓质料，我是指制作某种物件所由以构成的载体①，如羊毛是织布的质料，铜是雕像的质料。不难明

① hupokeimenon。

白，管理家务和致富术不是同一的，因为一个所使用的质料，就是另一个所提供的质料。使用家财的技术不过就是家务管理的技术罢了。但是致富术是否为家务管理的一个部分或一种完全不同的技术，仍然存在着争议。如果财富的获得者不得不考虑从何处才能得到财富和财产，而财产和财宝又有很多种，那么，家畜的管理，一般食物的照管和供应，是否也是家务管理技术的一个部分呢？抑或是一种完全不同的技术？此外，食物有多种，所以，动物和人的生活也有多种；所有生物都不能离开食物，由于食物不同，所以动物的生活方式也就有所不同。在动物中，有些群居，有些则独居，它们各以最适合它们摄食的方式生存着，有些是肉食动物，有些是素食动物，有些是杂食动物，自然根据它们选择食物的便利来决定它们的习性。然而，同样的东西并非在本性上全都为它们所喜爱。所以，肉食动物或素食动物的生活方式，就是在它们自身之间也是不同的，同样人类的生活方式相互间也不一样。最懒惰的是牧民，他们过着游手好闲的生活，从所驯养的动物得到其生活资料，而不必含辛茹苦，为了寻找牧场他们的羊群不得不到处游荡，而他们也不得不跟随羊群，就仿佛耕耘着一块活动的农庄。另一些人则以狩猎为生，这也有一些不同的种类。比如，有些人是强盗，有些人居住在湖泊之旁，或沼泽、江河、大海之畔，他们在这些有鱼的地方以捕鱼为业，还有一些人则以捕鸟或野兽为生，绝大多数人是以耕作土地以收获果实来获得生活资料。

在那些其产品出于自身，其食物并不靠交换与零售贸易而获取的人中，最普通的维持生计的方式就是这些：畜牧、 1256b
农耕、掠夺、捕鱼与狩猎。有些人从两种职业中获得足够的生活品，当一种欠缺时以另一种补足，所以游牧生活常常与劫掠相结合，农夫常以狩猎为补充。其他生活方式也同样按照人们生活必需品所要求的方式相互配合着。这类维持生计的财富，似乎自然已为所有动物准备好了，无论是在它们刚刚诞生之际，还是在它们已经成熟之后。因为有些动物刚一出世，就有足够的食物和它们的幼体连在一起，一直维持到它们能够自己获得食物为止；蛆虫或卵生动物就是如此，胎生动物则必须在某一段时间是自己给幼仔哺食，这就是所谓的奶。同样明显的是，植物的存在就是为了动物的降生，其他一些动物又是为了人类而生存，驯养动物是为了便于使用和作为人们的食品，野生动物，虽非全部，但其绝大部分都是作为人们的美味，为人们提供衣物以及各类器具而存在。如若自然不造残缺不全之物，不作徒劳无益之事，那么它必然是为着人类而创造了所有动物。所以，从某种观点来说，战争技术乃是一门关于获取的自然技术，作为包括狩猎在内的有关获取的技术，它是一门这样的技术，即我们应当用它来捕获野兽，并捉拿那些天生就应当由他人来管理而不愿臣服的人；这样的战争自然而公正。

在有关获取的技术中，有一种技术在本性上属于家务管理的一部分，家务管理的技术必须既要准备好又要提供出对于家庭和城邦共同体来说为生活所必需的和有用的物品，这些物品都能够被贮存起来。它们是财富的真正要素。美好生活所需要的财产是没有限度的，正如梭伦在他的诗句中所说的：

谁也无法为人们的财富确立一个范围。

就像别的技术一样它也应当有一个确定的限额，因为任何技术的工具都决不会没有局限，无论是在数量上还是在大小上，财富就为在家庭或城邦中所使用工具的数量所限定。所以很显然，存在着一种自然的有关获取的技术，它由管家人和政治家来操作，以及它的理由是什么。

【9】 还有另外一种获取的技术，人们通常而且恰当地
1257a 称其为致富术，事实上这已经假定了财富和财产没有止境。由于它和前面的一种相联系，人们常常将它们等同起来。两者虽无巨大的差异，但也并非同一。已经说明过的这一种是由自然赋予的，而另一种则由经验和技巧来获得。

现在让我们从以下观点来考虑这个问题。我们所拥有的一切事物都有两种用途，两者都属于事物自身，但方式不同，因为一种用途是正当的，另一种是不正当的。例如鞋子就既可用来穿，也可用来交换物品；两者都是鞋的用途。用鞋从需要鞋的人那里交换金钱或食物的人，的确也是使用了作为鞋的鞋，但这并非鞋所固有的用途。因为鞋做出来并非为了交换，对于其他所有物也同样如此，因为它们全都可以

用来交换，在最初这是一种自然的方式，是由于人们所拥有的物品，有些太少，有些又太多所致。很显然，零售贸易并非致富术的自然部分；如若是，那人们在生活充裕时就应当终止交换。对于第一共同体（即家庭）这种技术显然无用，当社会共同体形成后它就变得有用起来。因为家庭成员在开初共同拥有一切，后来分家后，各分支便分有了许多物品，而且不同的分支又分有不同的物品，这样他们便不得不用一些物品来交换他们所需要的东西，这种以物易物的交换至今在野蛮民族中仍然存在，他们除了相互交换生活必需品外，不交换任何别的东西；例如，用酒交换谷物或谷物交换酒，以及其他一类的交换。这种物物交换并不是致富术的一个部分，也不违背自然，它对于满足人们的自然需要乃是必需的。其他形式的交换都是从这种交换中演化出来，就如我们可以猜测到的那样。当一国的居民对另一国的居民依赖性愈大时，而且当他们引进所需，输出多余之物时，人们便必然开始使用钱币。由于各种生活必需品难以携带，人们在相互交往时便一致使用某种本身有用并易于达到生活目的的东西，例如铁、银以及这一类的金属。开始这类东西的价值是通过度量其大小、重量来判断的，但随着时间的流逝；人们在金属上打上印记以减少称量的不便并又算出其价码。

人们一旦发现了铸币的用途，就会从必需商品的物物交 1257b
换中发展出其他的致富术，即零售贸易，最初这也许是一件极简单的事情，但随着人们通过经验了解到从何处以及凭借着什么交换可以赢得最大利润，情况就变得繁杂起来。由于致富术起源于钱币的使用，所以人们通常认为致富术主要在于钱币使用，并且作为产生金钱的技术，人们必须考虑如何去聚敛钱币。的确，有许多人认为财富不过是一定数量的钱币而已，因为致富术和零售贸易与钱币有着密切关系。另一些人则认为钱币只不过是一种赝品，并非自然之物，只是约定俗成使然。一旦使用者用某种替代物替换了它，它就毫无价值了，而且它并不能作为生活必需品，的确，那些富有钱币的人常常有乏食之忧，这又如何能算是财富呢？一个人拥有 大量的财富然而却因饥饿而死，就像寓言中的米达斯那样，他的贪婪的祈祷使得面前的一切物品都变成了黄金。

所以人们试图对财富和致富术作其他的解释，他们是正确的。因为自然的财富和自然的致富术互不相同；它们是家务管理的一个部分，而零售贸易也是致富术，虽然并非在所有方面而只是就交换而言。人们认为它和钱币密切相关，因为钱币是交换的基本单位和目的。从这种致富术所产生的财富是永无止境的。就仿佛医疗技术追求健康绝无止境一样，而且，也正如在其他技术中追求其目的是无止境的一样（因为这些技术就在于最大限度地达到其目的），相对于其目的来说也是无止境的（所有的目的都是一种限制），所以，相对于致富术来说其目的也是无止境的，目的就在于这一类财富，就在于敛财。但是，由家务管理构成的致富术则是有限制的；无限制地聚敛财富并非其要务。从某种意义上说，所有的财富都必定是有限的。然而事实上我们发现相反情况也存在着；因为所有获得财富的人都在无止境地扩大他们钱币的数目。两者相混淆的根源就在于两种致富术之间的联系比较紧密；两者所使用的手段相同，但目的不同，而且它们可以相互转化；因为它们都是使用了同样一些财产，但也存在着差别：其一目的在于敛财，而另一目的则不同。所以有些人认为致富便是家务管理的目的，而且，他们生活的全部旨趣就在于无限地聚敛财富，或者无论如何不使财富减少。人们之所以产生这样的想法，就在于他们仅知道生活而不去追求美好的生活；而且，就像他们的欲望无止境一样，他们企 1258a
求满足的手段也无止境。有些人追求美好生活，但企求的不过是满足肉体快乐，仅热衷于财富的获得；因为这样的乐趣似乎取决于财产的多寡，第二种致富术就这样产生了。就像他们的乐趣太过一样，他们追求着一种产生过度快乐的技术；如果他们不能用致富术提供快乐，他们就会寻求其他方式，并用一种和自然相违背的方式依次使用各种能力。例如，勇敢并不是为了创造财富，而是为鼓励人们的自信的品格；军事技术和医疗技术的目的也不是为了致富；其一的目的在于制胜，另一的目的在于健康。然而，有些人将所有的品格或技术都变成了一种致富手段，他们想象这便是目的，并且他们认为一切事物都是为这一目的而服务的。

这样，我们就已经考察过了那些并非必要的致富术以及人们需要它的原因，而且也考察了必要的致富术，我们已经说明两者互不相同，后者是家务管理技术的自然部分，它与食品的供应相联系，与前者不同，它并不是无限的，而是有着限制。

【10】 开初的问题现在已经很清楚，致富术是否为家务管理者和政治家的事务？即他们是否以财富为先决条件。因为正如政治学并非制造人，而是自然地处理人和使用人，自然也是这样为人们提供了大地、海洋以及作为食物之本的这一类东西，家务管理者的责任从此就开始了，他必须料理自然所提供的一切事物，我们可以把他比作并不制造而只使用羊毛的织匠，他必须要了解哪一类羊毛质优而且耐用，哪一种质劣不耐用。否则，人们就难以明白，为何致富术属于家务管理的一个部分，而医疗术则不属于呢？因为家庭成员也必须健康，就像他们必须要生存或有其他生活必需品一样。问题的答案是，一方面家长和城邦的统治者应当考虑到健康问题，但另一方面，这不是他们而是医生必须考虑的问题。同样，在一方面家庭管理技术应当考虑财富问题，另一方面它又不必去考虑，而是由次要的技术考虑这个问题。严格地说，如前所述，自然必然预先提供了生活的手段。因为自然的任务就在于为生下来的东西准备食物，幼仔的食物在其所生出来的东西中一直维持着。这就是为什么通过耕作和狩猎所得到的财富总是自然的。

有两种致富方法，如前所述，一种为家务管理的一个部分，另一种是零售贸易；前者是必须的、体面的，而由交换 1258b 构成的后者则应受到指责，因为它是不自然的，而且它采用的是一种从他人处获利的方式。最为可恶的是高利贷，人们这样讨厌它是极有道理的，它是用金钱本身来谋取暴利，而不是通过金钱的自然目的来获利。因为金钱本来是用来交换的，而不是用来增加利息。利息这一词意味着以钱生钱，它可以被用来指钱的繁殖，因为子钱类似于母钱。这就是在所有致富的方式中高利贷何以最违背自然的原因。

【11】 有关致富的理论我们已经说得够多了，我们现在来论述实际的部分。这种事情应当由自由人来思考，但只能因必需才取得经验。有关致富有用的部分，首先是关于家畜的经验，这种知识包括，什么是最有利可图的，在何处以及怎么样才能图利？例如，什么样的马或羊或牛或其他动物最容易受益。人们应当了解，哪些动物更为合算一些，哪些家畜在某个特别的地方最有收益，因为某些家畜在某处更合算一些，而有些家畜在别处更合算。其次是耕作，它包括农耕和种植，还有养蜂，养鱼以及家禽和其他对人们有用的动物。这些是正当致富的基本部分，而且最早产生。在其他由交换构成的部分中，最基本和最重要的致富方法是商业，其中又分为三类，船舶供应、商品运输，以及商品展售，这些更不相同，或是比较安全，或是利润更大。其次是高利贷，再次是雇佣业务，其中，有一类人受雇于机械行业，有

些人则只提供非技术性的体力劳动。第三种致富方式属于这一种和第一种的中间形式，或是一种自然的方式，它部分地是自然的，但也与交换有关，即这些行业帮助他们从土地中，从地里生长出来的东西上赢利，虽然他们并没有从地里收获蔬菜瓜果，但那些从土地上生长出来的东西仍然是有利可图的，例如伐木和采矿，采矿技术本身又有许多分支，因为从地下挖掘出来的东西各种各样。现在，对致富的几种方法，我作了一个一般性的说明；对它们作一些简单的分析，对我们的实践是有帮助的，但如果再进行长篇大论就显得很累赘了。

凡是最少有机遇的职业就最需要真正的技术，凡是对身体伤害最大的职业就是最下贱的，最需要体力的职业是最卑微的，最不需要德性的职业是最无耻的。

1259[a] 关于这些问题已有许多论著，例如帕洛斯岛人嘉里斯和利姆诺斯人阿波罗多洛，他们对农耕和种植作过论述，而别的人则对其他一些分支作过研究；对这些问题感兴趣的人可以去查阅他们的著述。如果我们将人们成功地聚积财富的零星故事汇集起来那也是很有意义的。因为所有这些对于那些评价致富术的人是很有帮助的。有一则故事讲得是米利都人泰利士致富的方法，其包含的原则具有普遍适用性，由于泰利士因智慧出名，人们将这个故事归于他名下。他因贫穷而备受指责，人们认为这说明了哲学毫无用处。据说，还在冬季他就运用天象学知识，了解到来年橄榄将大获丰收，所以他只用很少的押金，就租用了开俄斯和米利都的全部橄榄油榨房，由于无人和他竞争，所以他只用了极低的代价就租到了全部榨房。当收获季节来临时，一下子人们需要很多榨房，这就使得他可以用他所高兴的价钱将榨房租出去，他因此赚了一大笔钱。他晓喻世人，只要哲学家愿意，他们要致富轻而易举，但他们的理想并不在此。人们认为这是他运用智慧的一个极好的证据，但是，正如我说过的，他的致富方式具有普遍适用性，说到底不过是创造了一种垄断方法而已。有些城邦在需要金钱时也常常使用这种方法，他们所做的是垄断供应。

有位西西里人，由于手头握有一笔存款，便把铁矿的所有铁全部买进，后来，当各地商人前来购买铁时，他便成了唯一的售主，他不用过多地抬高价格便获得了百分之二百的利润。狄奥尼修斯知道此事后，让他离开叙拉古，但可以带走他自己的钱，因为他认为这个人发现了一种赚钱方法，而这种方法有损于他自己的利益，他和泰利士的发现一样，两人都为自己创造了一种垄断方式。政治家也应当熟悉这些知识，因为国家常常比一个家庭更需要金钱，更需要这种获取金钱的妙方，所以有些政治家致全力于理财。

【12】　有关家务管理，我们已经看到，有三个部分，其一是主人对奴隶的管理，我们已经对此讨论过，其二是父权的运用，另一是夫权的运用。我们看到，作为丈夫和父

1259b 亲，他统治着妻子和子女，虽然这两者都是自由人，但其统治又各有不同，对子女的统治是君主式的，对妻子的统治则是共和式的。对于自然次序来说，虽然也有一些属于例外，但男人在本性上比女人更适合于发号施令，这就像年长者和成年人要比年轻者和未成年人更优秀一样，但是，在大多数共和制①城邦，市民们轮番为治，在这里市民在本性上是平等的，没有差异。然而，一旦有人统治人，而另外的人被人统治，人们便会竭力使得外表、语言以及受敬重的方式有所不同，也许阿马西斯②就他的脚盆所说过的格言便能对此加以说明，男女之间的关系永远都是这种关系。父亲对子女的统治是君主式的，因为由于年龄的关系，既凭借着爱又凭借着尊敬而实施他的统治，体现某种君主式的权威。所以，荷马恰如其分地把宙斯称为“众神与万民之父”，因为他是所有神和人的王。君主在本性上优越于他的臣民，但应当和他们同一种族，这种关系也是长幼关系和父子关系。

【13】 很显然，家务管理更重视人事，不重视无生命的东西；更重视人的德性，不重视所有物即我们所谓财富的富足；更重视自由人的德性，而不重视奴隶的品行。我们有

① he arkhe politike。

② 阿马西斯（Amasis），埃及人，贫民出身，后立为王。据说他有一只金脚盆，后熔铸为一尊神像，受到埃及人的顶礼膜拜，阿马西斯有感于此，曾感叹说：“朕本贱器，一旦登王位而成偶像，遂受万民崇仰。”（《希罗多德》，ii，172。）

必要提出这样一个问题，一个奴隶，除了拥有作为一种工具和仆人的那些优点外，是否还具有其他德性——他是否具有节制、勇敢、公正以及这一类德性？或者奴隶是否只能供人役使？不论我们如何回答这个问题，人们都会提出另一个问题，即，如果他们有某种德性，那他们和自由人又有什么差别呢？另外，既然他们是人，而且同样具有理性，说他们没有德性似乎是荒谬的。关于妇女和儿童人们可能也会提出同样的问题，他们是否也有某些德性，妇女是否应当节制、勇敢、公正呢？我们可否称一个儿童节制或放纵呢？一般来说，我们可以就天生的统治者和天生的臣民提问，即，他们是否具有相同的德性或不同的德性呢？因为如果两者都一样地需要高尚的本性，那么为什么总是一种人治人，而另一种人治于人呢？我们无法说这只是个程度问题，因为统治者和臣民的差别属于种属差别，这种差别决不是或多或少的程度上的差别。认为一种人应当有，另一种人不应当有某些德性，这是多么荒谬！如果统治者放纵不公，他又如何能做好统治者呢？如果臣民放纵不公，他又如何能够很好地服从统治呢？如果他放荡不羁而又怯懦胆小，他当然不会克尽职守。[1260a] 所以，很显然，这两种人一定共同具有某种德性，但这是会改变的，就像自然臣民自己之中也有变化一样。灵魂的构成已经告诉我们这种状况；在灵魂中一部分在本性上实行统治，而另一部分则在本性上服从，我们认为，统治部分的德性和服从部分的德性是不一样的，其一是理性部分的德性，而另一是非理性部分的德性。很显然，这一原理具有普遍适用性，所以，几乎万事万物都是因其本性而统治着或被统治。自由人对奴隶的统治是另外一种，男人对女人的统治又是一种，成年人对儿童的统治又是一种。虽然灵魂的各部分存在于所有人中，但所存在的程度不同。奴隶根本不具有审辨的能力，妇女具有，但无权威，儿童具有，但不成熟。同样，相对于人们的伦理德性①也一定是这样，所有人都分有这些德性，只是在方式上有所不同，这正如每种人所做的事情。所以，统治者应当具有完美的伦理德性，因为他的职能绝对地要求一种主人的技能，这种技能就是理性；而臣民只需要有对他们各自适合的德性就行了。显然，德性虽然为所有人共有，但男女的节制，或男女的勇敢与公正，就像苏格拉底认为的那样，并不相同；男人的勇敢在发号施令中显示出来，而女人的勇敢则体现在服从的行为上。对于其他德性亦是如此。

如果我们详细地考察他们，这就会变得更加清楚，那些一般地说到德性是由灵魂的善良或行为正当构成的人，不过是自欺欺人而已。那些列举各种德性的人，如高尔吉亚，他们的说明方式比这种界说要恰当得多。人们一定会认为所有人都具有他们各自特有的德性，就像诗人谈到妇女时所说：

① ethikas aretas。

娴静是女人的天职①，

但这并非同样地也是男人的天职。儿童尚不成熟，所以，他的德性显然不只是与他自己有关，而且和成年人以及他的导师有关，同样地奴隶的德性也和主人有关。现在我们已经明白，对于生活需求来说，奴隶是有用的，所以，他所要求的德性，显然只限于不要使他由于懦弱或失控而无法实现其职能。有人会问，如果我们所说的是事实，那么工匠是否也不需要什么德性，因为他们的劳务也常常由于失控而陷于失败。但在两者间不是存在着极大的差别吗？因为奴隶要分担主人的生活，工匠与雇主的关系则不太紧密，他只需要获得与他作为一名苦工相称的德性。这种下贱的技工虽具有某种独特的奴役性，然而，奴隶的存在是根源于本性，鞋匠或其他工匠则并非如此。显而易见，主人应当成为奴隶的这种德性的根源，而不仅仅只是具有训练奴隶劳作的技巧。那些禁止人们去和奴隶交谈，并认为我们只需要发号施令的人之所以犯错，其原因就在于此，因为奴隶比儿童更需要教导。

关于这个问题就到此为止，当我们谈到政体时还必须讨论夫妻关系、父子关系，他们的几种德性，在他们相互交往中什么是善的，什么是恶的，以及我们怎样才能趋善避恶。由于任何家庭都是城邦的一个部分，而且这些关系又是家庭的组成部分，部分的德性必须要关系到整体的德性，对儿童

① kosmos。

和妇女的教育必须着眼于政体，如果他们两者的德性被认为能对城邦的德性产生任何作用的话。他们必然能产生影响，因为孩子们长大成人后便是城邦的公民，而妇女占据城邦自由人口的半数。

有关这些问题，已经说得够多了，余下的那些问题，我们将在其他时候讨论。我们现在的研究已经完成，接下来开始新的研究，首先，我们来考察有关完善城邦的各种理论。

第　二　卷

【1】 我们准备考察，对于那些最能实现其生活理想的人来说，最好的政治共同体是什么。所以我们不仅有必要考察这种政体，还要考察其他的政体，这既包括那些在治理良好的城邦中实际存在的政体，也包括那些人所称颂的理论形式，这样什么是好的和有用的就明白了。人们不必以为，我们寻求他们之外的某些东西，为的是有意地作诡辩式的炫耀，我们从事这种研究只是因为现存的政体都有弊端。

我们从这个论题的自然开端来着手研究。城邦的成员必然地要么共有一切，要么没有任何共有之物；要么有些事物共有，有些事物并不共有。显然他们决不可能没有任何共有之物，因为政体是一种共同体，它必须要有一个共有的处所，一个城市位于某一地区，市民就是那些共同分有一个城市的人。一个秩序井然的城邦是否应当共有一切事物，抑或只是共有某些事物，而另外一些事物并不共有呢？因为可以想象到市民们会共有妻子、儿女以及财产，就像在柏拉图的

《国家篇》①中苏格拉底所倡议的那样。是我们现在的状况好呢？还是那种符合《国家篇》中所提出的法律的状况好呢？

【2】 在妇女的公有制度中存在着多种棘手问题，这种原则（苏格拉底以此为据论证了这种制度的必然性）显然不能由他的论证来得出。而且，作为一种达到目的的手段（他将此手段归因于城邦），这种计划，从字面上说，是无法实施的，而且，人们应如何去理解它，他并没有作出恰当的说明。我现在所提到的，乃是苏格拉底推论的前提，即，整个城邦愈一致便愈好。但是，一个城邦一旦完全达到了这种程度的整齐划一便不再是一个城邦了，这是很显然的。因为城邦的本性就是多样化，若以倾向于整齐划一为度，那么，家庭将变得比城邦更加一致，而个人又要变得比家庭更加一致。因为作为“一”来说，家庭比城邦为甚，个人比家庭为甚。所以，即使我们能够达到这种一致性也不应当这样去做，因为这正是使城邦毁灭的原因。

其次，城邦不仅是由多个人组合而成，而且是由不同种类的人组合而成。种类相同就不可能产生出一个城邦。城邦与军事联盟不同。军事联盟的作用就在于数量而不论它在属类上有什么不同（因为他们的目的就在于相互保护），这就

---

① Politeia，或译为《理想国》，这是意译，原词即是政体，并无理想之意，陈康先生译为《国家篇》与原义切近，引而申之亦可作《共和国》，如英语之 Republic。

像哪边的分量重，天平就会压向哪边。（同样，城邦和民族不同，尽管一个民族并不必须使其人口都发源于某个村庄，但他们都过着阿卡狄亚式的生活。）一个统一体所由以构成的元素在种类上是不同的。互惠原则，正如我在《伦理学》中所说过的那样，之所以是城邦生存的基础，原因就在于此。甚至在自由人以及与其地位相同的人之间这个原则也必须维持，因为他们不可能全都成为执政者，而必须在年底或其他时期或以某一相继秩序轮番为治。按照这种方式，结果是人们全都是管理者。这就好像鞋匠和木匠交换了他们的职业，同一个人并不总是做鞋匠和木匠。政治最好也应当这样，很显然，同一些人可能始终保持着权力，但是，根据市民天生平等的理由，这并不可能，同时，所有人都分享治理 1261b
权才是公平的（无论从政是件好事或是件坏事）。在这里就是仿照这一点，政权要不断轮换，一旦不掌权，他们似乎就不是同样一些人了①。所以，一些人治人，其他人则治于人。当他们担任某种官职时也是如此，因为当政的职位各种各样。所以，很显然一个城邦并不像有些人所认为的那样在本性上是一致的；他们所说城邦的至善实际上不过是使城邦毁灭而已。事实的善一定是使其得以保存的东西。再次，从另一种观点来看，城邦的这种极端一致性显然并不是某种善；因为家庭要比个人更为自足，城邦又比家庭更自足；而且只

① 这里原文不清楚。

有在共同体达到了足够自足①时，一个城邦才能形成。如若自足便是人们所欲求的，那么人们所欲求的便是较少的一致性而不是更多的一致性。

【3】 对于共同体来说，即便达到最高程度的一致性最佳，也决不可能由所有人在同一时刻说“我的”和“不是我的”而得到证明，这一点，按照苏格拉底的观点，正是城邦完满一致的标志。因为“所有的”这个词有两层涵义。如果这里的意思就是说，每一个别的人都在同时说“我的”和“不是我的”，也许苏格拉底所追求的目的在某种程度上说已经达到了；每个人都将称同一个人为他的儿子，并称同一个人为他的妻子，而且也这样称呼他的财产以及一切归到他名下的东西。但是，那些共同拥有妻子和儿女的人决不会这样说话；说话的是“所有人”而不是“每个人”。那些被认为是属于他们的财产也同样如此，不是属于某几个人，而是属于全体人。“所有人”这个词在这里显然是荒谬的，就像一些别的词，如“双”、“奇”、“偶”，具有双重意义，而且甚至会造成逻辑上的混乱。所有人都称同一事物为“我的”，每个人也在这样的意义上这样说，即使这不是件错的事，但也不可能成为现实。即或人们是在其他意义上使用这些词，这种一致性也并不能导致某种和谐。这个提议还有另

① autarkeia。

一种缺陷。一件事物为愈多的人所共有，则人们对它的关心便愈少。任何人主要考虑的是他自己，对公共利益几乎很少顾及，如果顾及那也仅仅只是在其与他个人利益相关时。除了其他一些考虑外，人们一旦期望某事情由他人来经手，那么他便会更多地倾向于忽视这一事情。正如在家庭中的情况一样，侍从成群常常不如少数奴仆得力。如果每个市民都以上千个人为儿子，而且谁都不是他个人的儿子，任何人都同 1262a
等地是任何人的儿子，那么所有人都会同样地得不到关心。而且，按照这种原则，所有人都说健美的或丑陋的孩子是“我的”，他自己也不过是全体的一个小分子而已。同一个孩子将是我的儿子，是某某人的儿子，是成千个人的儿子，或者是全体市民的儿子，甚至他对此也并不能肯定。因为他不可能知道谁碰巧为他生过一个孩子，或者，即使生下一个孩子，也不知道他是否存活下来。那么，每个人都用这种方式说“我的”，使得一个人与两千个人或一万人具有同样关系，或者像现在城邦中使用“我的”这个词一样使用“我的”这个词，哪样更恰当呢？因为一般的情况是，一个人称某人是他的儿子而另一个人则称这同一个人是他的兄弟或堂兄弟或亲戚——血缘关系或联姻关系——有些是他自己的亲戚，有些是他亲属的亲戚，还有的是他同部落的人或同宗族的人；做某人的堂兄弟比起勉勉强强做柏拉图式的儿子何止强千百倍！而且也没有什么东西能阻止兄弟子女和父母之间相互认识，因为子女天生和父母相像，他们必然能够找到他们相互间关系的迹象。有些地理学家认为这是事实；他们说，在上利比亚的某部，女人为公共所有，然而，人们还是将出生的孩子，按照容貌相似，而各自归属其父。有些妇女，就像一些雌性动物，例如，牝马和母牛，具有一种极强的本领，所生出的后代酷肖父母，法尔萨利亚牝马被称为“贞妻”① 便是一个很好的例子。

【4】 还有一些别的疑难，也使得那些倡导这种共同体的人难以自圆其说，即有意或无意的伤害、杀戮、以及争执和诽谤，当这些行径是针对父母或近亲时就属于罪大恶极，若一旦并不是发生在亲属之间就会变得不那么罪大恶极了。而且，和知道是亲属关系的情况下相比，在不知道是亲属关系的情况下这些行径更容易发生，当这些行径发生后，一旦知道其间具有亲属关系，那么便会对他们按例加以处罚，如果不知道其间具有亲属关系，情况就会完全两样。再有，苏格拉底在使孩子变为公共所有之后，他不仅应当禁止情人们发生肉欲关系，而且还应当许可父子间或兄弟间相互爱恋、亲昵，这是何等荒谬呢？和那些庄重体面的状况比较起来，即使没有什么非分之举，这种爱昵也是不合礼仪的。而且更令人奇怪的是，禁止这种关系只是因为过度的享乐，就仿佛父子之间的相互关系或兄弟关系并不起任何作用。

① oikaia hippos。

妻子和儿女的这种公有制似乎更适合于农夫，而不适合于武士，因为如果他们共有妻室儿女，他们就会被一些微弱 1262b 的力量相互约束起来，一旦被统治者有所约束，他们便会俯首贴耳，不致犯上作乱。一言以蔽之，这种法律的结果正好与良好的法律所应有的结果相反，苏格拉底对妇女和儿童作出这些规定的目的将自相抵牾，我们相信，友谊乃是城邦最高的善，而且是消除城邦动乱的最佳手段；苏格拉底极其赞赏城邦的一致性，他说，似乎这乃是由友谊所造成的。但他所赞许的一致性很像《会饮篇》中情人间的一致性，根据阿里斯多芬的描述，情人们充满激情，渴望着欢聚，由二而溶合为一体，在这种情况下，一方或双方实际上都已消失。然而在城邦中，如果人们公共拥有妇女儿童，爱就会变得淡漠，父亲理所当然地不会说“我的儿子”，儿子也不会说“我的父亲”。就像一小杯甜酒，掺和了大量白水，在这种混合汁中就感觉不到甜酒的滋味了，所以，在这类共同体中，建立在这些称谓上的亲属关系的观念将会不复存在；要求这样的父亲或兄弟之间彼此关心，那是毫无道理的。一件东西要引起人们的关心和钟爱，主要有两点，即它是你自己的，并且它是珍贵的，然而，在这样的城邦中这两种性质都不具备。

再次，孩子们出身的变更，即当他们从农工出生而又成为武士，或从武士而降为低等，安排起来将极为困难；给予者或变更者当然知道所给予的和所变更的是谁，以及给予了谁。而且我们在前面提到的伤害、乱伦、杀戮，在他们中会更频繁地发生，因为他们不再称呼他们所脱离的那个阶层成员为兄弟、儿子、父亲、母亲，而且由此他们也不害怕因血缘关系所犯的任何罪行。我们已经讨论了妇女和儿童的公有，关于这个问题就到此为止吧。

【5】 接下来我们考虑财产分配的问题。最好的城邦市民是否应当共同享有他们的财富呢？这个问题可以撇开有关妇女和儿童的法规来讨论。依现行的方式，假如妇女儿童属
1263a 于各个家庭，那么共同拥有财产是否有好处呢？例如，土地划归个人占有，而产品则储藏到公共储蓄室以备大家消费；现在有些民族就实行这种制度。或者，土地为公共所有，而且共同耕作，而产品则分配给个人以供他们各自享用；据说某些外邦人就是实行这种形式的财产共有，或者，土地和产品均属公共所有。

在耕种者不是所有者时，情况就不相同，而且易于处理，但在他们为自己而耕种土地时，有关所有权的问题就会引起极大的纠纷。如果他们不能平等地分担欢乐和辛劳，那么多劳少得的人就必然会抱怨少劳多得或消费过多的人。的确，那些生活在一起并共同具有一切血缘关系的人，特别是当他们共同拥有财产时，总会有极大的麻烦。合伙旅行的伙伴就是一个很好的例子，他们常常为每天的琐事吵闹不休，并为所发生的鸡毛蒜皮的小事争吵。关于仆人也是一样，最

容易引起我们发怒的仆人，乃是那些在日常生活中与我们接触最频繁的人。

这些还只是伴随财产公有而出现的某些不利因素，现行的分配，如果按照良好的习俗和法律加以改进，则会好得多，而且对于两种制度都有好处。财产在某种意义上应当公有，但一般而论则是私有的；因为一旦每个人都有着不同的利益，人们就不会相互抱怨，而且由于大家都关心自己的事务，人们的境况就会有更大的进展。然而，为了善，而且在使用方面，正如一句谚语所说的，“朋友将共同拥有一切”。现在也存在着践行这种原则的迹象，它表明这并非不能实行，相反，在一个治理得好的城邦，它已经在某种程度存在着，而且还会进一步得到实行。因为，虽然所有的人都有自己的财产，但他会将有些东西交由其朋友支配，同时他还会和朋友们一起分享其他一些东西。例如，斯巴达人就像使用自己的东西一样使用别人的奴隶、马匹以及狗；当人们在旅途上缺乏食品时，他们可以在任何乡间的庄稼地里寻找到食物。显然财产私有而公共使用的制度要优良得多；立法者的专门任务就是让人们具有这种仁厚的精神。再有，人们一旦感觉某一事物为他自己所有，他就会得到无穷的快乐；因为 1263b
自爱出自于天性，而并非徒劳地赋予人们的情感，尽管自私应当受到责难。但自私并非是真正的自爱，而是一种过度，就像守财奴对金钱的喜爱一样；所有人，或者说，几乎所有人，都喜爱金钱以及其他这一类东西。而且，为朋友、宾客或同伴效力和做好事会令人感到莫大的喜悦，而这只有在财产私有时人们才会如此。而城邦的过度一致会失去这些优势。此外，另两种德性在这样的城邦中也显然会消失，其一是克制对妇女的情欲（因克制而回避他人之妻乃是一种受人尊敬的行为），其二是在财产方面的慷慨[①]德性。一旦人们共同拥有一切财富，人们就不会再树立起慷慨的榜样或做出慷慨的行为；因为慷慨就是利用财产所做之事。

这样的立法显得特别地乐善好施，人们很乐意听到它，而且很容易相信，所有的人都会以某种奇妙的方式成为所有人的朋友，特别是当听到有人在谴责现在城邦中所存在的罪恶、违反契约的诉讼、作伪证的罪行以及向富人谄媚这一类恶行时是这样，所有这些据说都是由财产私有而引起。然而，这些恶行，并不是由于缺乏共产制度，而是由于邪恶。我们的确可以看到，在那些共同拥有财物的人之间存在着频繁得多的争执，虽然他们的人数还不能和那些拥有私人财产的巨大人数相比。

再者，我们不仅应当仔细考虑到要减少的罪恶，而且还要考虑到人们将失去的好处。人们将要过的生活似乎是根本不可能实现的。苏格拉底的错误就在于他由以出发的前提是虚假的。无论是就家庭还是就城邦来说，应当存在着一致性，但只是就某些方面而言。有一点，如果一个城邦达到了

---

① eleutheriotes，从 eleutheria（自由）而来，意为不受事物的约束。

这种一致性，那么它就不再是一个城邦，或者它虽然实际上还存在着，但将会成为一个劣等城邦，就像同音的和谐，或已经变成了单一音步的节律。城邦，就像我们所说的那样，乃是一种多面体，人们应当通过教育使其统一起来并转变成为一个共同体；奇怪的是制订这种教育制度的作者，他原来认为这种制度可以使城邦完成德性，但现在却想凭借着这类规定，而不是靠哲学或习俗与法律来改良市民，就像在斯巴达和克里特所盛行的共餐制那样，立法者借此将财产变为公共所有。我们应当记住，不能忽视年代的因素；如若这些是 1264a
好的，经历了许多年代，人们就不可能对它们一无所知。几乎所有事情都已被发现出来，尽管有时并没有将它们汇集在一起；在另一方面人们又没有运用他们所拥有的知识。如果我们能在创立现实的政体过程中发现这种形式的政体，那么这个问题就会让人豁然明朗。因为，如果不将政体的构成要素共餐制分配到各联合体，以及各部落和宗族，立法者根本就不可能建造一个城邦。然而，这种立法不过是禁止武士农耕罢了，这种禁令在斯巴达人那里已经试行过。

但是，苏格拉底也并没有说过，而且这也是难以确定的问题，即，在这种共同体中城邦的一般形式是什么。非武士的人是多数，对于他们他也没有作出任何规定：农夫是否也应当共同拥有他们的财物呢？抑或每个人都应有自己的私有财产？他们的妻室儿女是为公共所有还是为个人所有呢？如果和武士们一样，他们就会共同拥有一切事物，那么他们和武士又有什么不同呢？或者他们通过顺从这种政府又能得到什么呢？或者，他们凭借着什么原则来服从呢？除非统治者采取克里特人的独特政策，即让他们的奴隶和他们接受同样的制度，只是禁止他们进行体育锻炼以及拥有武器。另一方面，如果下等阶层，在婚姻和财产方面和其他城市相同，那么这种共同体的体制又会怎样呢？这样会不会在一个共同体中必然存在两个城邦，而且彼此敌对呢？让武士成为唯一的戍卫者，而农夫、工匠以及其他人成了真正的市民。如果是这样，那么诉讼、争执以及苏格拉底所谴责的在其他城邦存在的所有罪恶，在他们之中照样会发生。他的确说过，如果受到良好教育，市民们就勿需多种法律条规约束，例如市政法规和市场条例；然而他仅仅将这种教育限于武士们。再次，他认为农民拥有财产的多少得根据所缴纳贡物的多少来定。但是如果那样的话，他们就会很容易变得比赫洛特①或卑奈斯太②即一般的奴隶难以控制得多，而且也妄自尊大得多。而且妻子、财产的公有制对于下层来说是否也和上层一样必需呢？还有一些与此相同的问题，如，这种教育、政体的形式对下层的法律又怎样呢？苏格拉底根本就没有阐明这些，对此有所发现确不容易，并且它们的性质也并非不重要的。假如武士的共同生活要得以维持的话。

① heiloteia，古代斯巴达人的奴隶。

② penesteia，通常意义上指奴隶或穷人、农奴。

再次，如若妻子共有，而财产私有，那么在男人耕作田 1264b
地时谁又来料理家务呢？如若农夫们的财产和妻子都共有那会怎么样呢？再有，这也是很荒谬的，即把人和动物进行类比，认为男女应当从事同样的职业。因为动物根本就不需要料理家务。而且，苏格拉底所构造的政体也包含了危险性；因为他让同一些人永远统治，如果这会经常在较卑贱的人们中引起骚动，那么对于那些易怒的武士来说就会更是如此。然而，他规定为统治者的那些人一定总是同一些人，这是很显然的，因为神用金子铸造人的灵魂时并非此时将金子熔入某个人，彼时又熔入别的人，神总是将金子熔入同样的人，正如他所说的，神用黄金铸造了一些人，用白银铸造了另一些人；而用铜和铁铸造的人将来就充作农夫和工匠。再次，他剥夺了武士的幸福，并说立法者应当为整个城邦谋幸福。但是，如果整个城邦的大多数，或所有人或某些人没有享受到幸福，整个城邦就不可能有幸福可言。在这方面幸福与数目中的偶数原则不同，偶数只能存在于总数中，在总数的各部分中就不存在了。幸福并不是这样。如果武士们无幸福可言，那谁又会幸福呢？当然工匠或其他庶民也不会。有关苏格拉底所倡导的政体的种种疑难我们就列举这些，此外还有其他一些同样重大的疑难问题我们就不多说了。

【6】　我们也可以对柏拉图的晚期著作《法律篇》提出同样的或大致同样的反驳，现在我们简要考虑一下他在其中

所描述过的政体。在《国家篇》中，苏格拉底总共才解决了几个问题，诸如妇女儿童的公有，财产的公有，以及城邦的政体，等等。所有人被分成两个部分，一是农夫，二是武士；从后一部分中又分离出第三个部分，作为城邦的议政者和统治者。但苏格拉底并没有明确指出农夫和工匠是否参与政事，以及他们是否要拿起武器服兵役。他的确说过妇女应当接受武士的教育，并和他们一起参加战斗。这部作品的其余部分充满了有关武士教育问题的讨论，而且到处都是一些与主题无关的闲话。在《法律篇》中除了法律以外几乎没有 1265a 讨论其他问题，有关政体也论述得极少。他原来打算设立的是一种更为平常的政体，但逐渐地将此转移到了其他形式。妇女和财产的公有制是一个例外，他设想在两种政体中一切事物都是相同的；他们的教育制度也一样；两者的市民都不事贱役，而且两者都实行共餐制。唯一的区别就在于，在《法律篇》中，共餐制也扩展到妇女，武士的数目是5000，而在《国家篇》中仅有 1 000。

苏格拉底的言谈简洁明了，优雅而富于创见，发人深思。但我们不能指望凡事都完美无缺。我们不能忽视这一事实，即我们刚才所提到的，市民5000之众，这样多的人无所事事，再加上他们的妻子及其仆从，这样人数又会是原来的数倍，这就得需要一个像巴比伦那样大的地域，或其他广阔的地区。在设定一个理想时人们可以先提出自己所欲望的事物，但对于不可能的事情则应避开。

据说，立法者应当直接关注两件事情即居民和国土。但他也不能不注意到邻邦。因为他为之立法的城邦将要过一种政治生活而不是与世隔绝的生活。一个城邦必须拥有军事武装，这样内可以安邦，外可以御敌。虽然对于个人或城邦来说可以不采取这种生活方式，但一个城市仍然应当在进攻或退却时令敌人畏惧。

此外，我们还应注意到财产的数量，对此我们是否应当用一种与此显然不同的方法来加以限定呢？苏格拉底说过，人们拥有的财产应当以能使他过上有节制的生活为度，这还仅是说到的生活美好的一种方式，这种观念还过于笼统。一个人可以有节制地生活然而悲苦窘迫。这样来定义就会要好一些，即一个人所必需的财产，应当让他不仅能有节制地而且能慷慨地生活；如果将两者区别开来，慷慨便会与奢侈不分，而节制就会和辛苦联系。慷慨和节制是只与使用财产有关的两种品格。人不可能温和地或勇敢地使用财产，他只能够有节制地、慷慨地使用财产；所以，这两种德性的践行是与财产分不开的，这也是荒唐的，即平均财产而对市民的人数不加限定，人口将会不确定。他认为，由于有大量的婚姻而无生育，其他家庭则有许多孩子出生，这就足以使人口均衡，因为他发现这种情况在一些城邦存在着。事情比现在更须注意，因为在我们之中，无论市民的数目是多少，财产总会分配给他们，所以人们不感缺乏；但是，如果财产并不能按《法律篇》所设想的那样分配，那些额外的人，无论是多是少，就会一无所得。人们会认为，限制人口比限制财产更加需要；而且这种限制应当通过计算儿童的死亡率以及结婚妇女的不孕率来确定，忽略了这个问题，便会造成市民的贫困，而这个问题在许多城邦中都十分普遍。贫困就会孕育骚动和犯罪。科林斯人菲登，古代最早的立法者之一，认为家庭和市民的数目应当保持一致，尽管在开初所有份额并不相同。但是《法律篇》所倡导的观点正好相反。在我们看来怎样筹划更好，以后再另行解释。

《法律篇》还有一个不足之处，苏格拉底并没有说明统治者和臣民有何不同；他只是说他们两者的关系就像经线和纬线一样，两者是用不同的羊毛捻制而成。他还允许一个人的财产可以增加 5 倍，但土地为什么不可以做相应的增加呢？再有，管理住宅是否会促进良好的家务管理呢？因为他让每个人拥有两栋分开的房子，而生活在两栋房子里是很难管理的。

整个这种结构既不是平民政体①也不是寡头政体，而是倾向于这两者之间的中间形式，人们通常将其称为共和政体②，其中包括着重装步兵。如果他们打算设计出一种适合于大多数城邦的政体，是有道理的，但如果他的意思是说，这种政体是最好的，很接近原初城邦，那就错了。因为许多人宁愿选择斯巴达人的政体，或某种更接近于贵族政体的形

① demokratia。

② politeia，这一词此处引申了。

式。有些人就说过，最好的政体是结合了所有形式的政体，他们推崇斯巴达人的政体，是因为这种政体包含了寡头政体、君主政体和平民政体的因素。国王代表君主政体，长老会代表寡头政体，而监察官则代表平民政体；因为监察官是从人民中选举出来的。但有些人则认为监察官的设立实际上是僭主政体，而在共餐制和他们的日常生活习俗中能看到平民政体的因素。《法律篇》提出，最好的政体是由平民政体和僭主政体结合而成，然而这两者根本就不算政体，或者只是最坏的政体。那种将多种形式结合在一起形成一种政体的思想更接近于事理。因为包含要素愈多的政体便愈优良。《法律篇》所倡导的政体根本就不包含有君主政体的因素；它只不过是寡头政体和平民政体罢了，而且更倾向于寡头政体。这从其任命行政官员的方式上就可以明了。虽然是从那些被选举出来的人中通过抽签来任命行政官员，这种任命结合了两种因素，然而富人被法律强制出席公民大会，选举行政人员或者履行别的政治义务，而其他人则听其所便，所任命的行政官员大量出自于富有者，最高层官僚则是从收入最丰厚的人中选举出来，这两者都具有寡头政体的特征。议事会成员的选举也是寡头式的，在选举中虽然强制全体公民一律参加，然而却只限于从第一等级选出，从第二和第三等级中也要选出同样多的数目，但在选举第三等级的人时，并不强制所有选举人参加，而只强制第三等级或第四等级的人参加；而在选举第四等级的候选人时，只强制第一、第二等级的人参加。在这样选举出来的人员中，他说，每一等级的人数应当相等。因此那些拥有大量资产的高等级的人就具有更多的优势，较低等级的人并没有被强制，所以他们有些人就不去参加选举。这些考察以及当我们在解释同样一些政体时所要提到的其他情况，有助于说明这样的城邦并不应当是平民制和君主制的结合。从那些被选出来的人中再选举出行政官员也存在着危险，有一部分人在选举中人数虽然较少，一旦联合起来，选举便会总是为他们所左右。这就是《法律篇》所描述的政体。

【7】 人们还提出过一些其他政体，有的是由一些没有担任公职的个人提出的，有些则为哲学家和政治家所倡导，这些政体都比柏拉图所提出的两种政体更接近于那些已建立的或现存的政体。从来没有人提出过妇女儿童的公有或妇女共餐制这一类稀奇古怪的设想，其他立法者都是以生活必需品作为出发点。在某些人看来，有关财产的规定乃是一切问题的关键，一切骚动的发生均根源于此。卡耳克冬的费勒亚斯已经清楚地意识到了这种危险，他最先提出，城邦的市民
1266b 应当财富均衡。他认为，在开拓一个新殖民地时，实行这种均衡毫不费力，一旦城邦已经建立，那就不是轻而易举的事了。然而要达此目的还有一个最佳捷径，即富人在操办婚事时只能陪嫁而不取嫁妆，穷人则只收陪嫁而不出嫁妆。

《法律篇》持有这样的观点，财产允许作适度的增加，

正如我们所提到过的，然而当市民的财产增加到5倍以上后就要加以限制了。那些制订这样一些法律的人应当记住他们容易忘却的东西，即，限定财产数目的立法者也应当对孩子的数目加以限定。因为孩子一旦多到资产不能负担，这种法规就不得不破产。除了破坏法规外，许多富人还会变得穷困潦倒，这也是一大不幸之事；因为命运多舛的人的确容易挑起动乱。有些立法者显然明白，平均财产会给政治社会带来影响。梭伦和其他人所制订的那些法规就禁止人们不得任意拥有过多的土地，在一些城邦还有别的法律禁止人们出售财产，例如，在罗克里就有这样一种法律，如果某人无法确切地证实他遭受了重大灾难，他就不可以出卖其产业。其次，有些法律的目的就在于维持原来的家业。在琉卡斯岛就有过这样的法规，后来由于废止了这一法规结果使得其政体过于平民化，因为统治者们不再需要所规定的那些资格了。再次，在平均资产的地方，财产数目要么过大要么太小，这样所有资产者要么生活奢侈，要么生活贫困。所以，立法者显然不仅应以平均资产为目标，而且还应令其资产数额适中。而且，即使他规定所有人都均等地享有这一适中的数额，他也并不能达到这一目的；需要平均的并非财富而是人类的欲望，如果法律不对人们提供足够的教育，这是根本不可能的。但是，也许费勒亚斯会回答说，这正是我的意思。在他看来，在城邦中不仅应实行财产均等，而且还应当实现教育均等。但他应当告诉我们，他的教育究竟是有什么样的，如果这种教育容易让人们变得贪婪，或者野心勃勃，或两者兼而有之，那么即使人们受到的是同样的教育，那也并无任何好处。而且，市民争端的产生，不仅与财产不均有关，而且与荣誉的不均有关，虽然这些争端是来自相反的途径。因为
1267a 大众争吵的是财产不均，而更高层人士所憎恶的则是荣誉的平等；正如诗人所说的：

贤愚共享荣誉。

有些犯罪是生活所迫，对此，费勒亚斯期望通过平均财产来寻求对策，以便阻止人们因饥寒交迫而为盗。但缺乏并不是犯罪的唯一原因；人们也希望享乐而不愿沉溺在欲望之中，在生活必需品得到满足后，人们希望能消除那些折磨他们的欲望；的确这不是唯一的原因，他们可能希望毫无痛苦地快乐，却犯了罪。

有什么方法能消除这一类混乱失调呢？第一，使财产和所占有之物适中，第二，培养节制的习俗，第三，如果人们所欲望的快乐要依赖自己，那么他们将会发现，唯有哲学才能满足这种欲望，其他所有快乐我们都得依靠别人。事实上，最大的犯罪并非因生活所需而引起，而是由于过度。人们并不会为了不受寒冷之苦而作僭主。所以，伟大的荣耀不会加于杀死一个窃贼的人，而会授予杀死僭主的人。由此可见，费勒亚斯的制度只能有助于防范那些微不足道的犯罪行为。

对这些法规还有一点可议之处。它们被制订出来主要是

为了促进城邦的内部福利。然而，立法者也应当对城邦与邻邦及所有外邦的关系加以考虑。政府的组建必须考虑到武装力量，而他对此根本没有涉及。所以，财产不仅要完全保障城邦的内部需要，而且在面临外部威胁时要提供足够的军需。在没有力量抵御入侵者时，城邦的财产不应大到足以令更强大的邻邦被其诱惑的程度，但也不能小到不能与力量相当、类型相同的城邦相抗衡的程度。费勒亚斯对此没有作出任何规定。但我们应当记住，财富充裕并不是一件坏事。财富的额度也许以这样多为最佳，即，更强大的邻邦不会因你的财富过分充裕而发动战争，你也不会因你的财富过少而受到战争的威胁。有这样一个故事：据说奥托弗拉达特准备围攻阿达留斯时，尤比罗斯对他说，你得考虑一下围攻将要花多长时间，然后再计算在这段时间里将要花费多少钱，他说："我愿接受比这笔费用更少的钱，这样就立即将阿达留斯让给您。"尤比罗斯的话打动了奥托弗拉达特，所以他放弃了围攻计划。

平均财富是防止市民争端的方法之一。但就此而论收效未必很大。那些才能卓越的人也会不满，因为他们认为应享的荣誉比平均分享的要多，而且人们常常可以发现这是煽动叛变和动乱的一个原因。人类的贪欲永无止境，有时两个奥 1267b
布罗斯①就足够打发，但人们一旦对此习以为常，便会无

① obolos，古希腊小银币。

止境地贪图更多的钱。因为欲望的本性便是无止境的，而大多数人仅仅只是为了满足自己的欲望而活着。在改革之初，与平均财产比起来，更须教导高尚的人知足，防止卑贱的人贪得无厌；亦即，对他们必须加以控制，但不得虐待。此外，费勒亚斯所倡导的平均制并非完美无缺；因为他只平均了土地，但人们还可以在奴仆、家畜、金钱以及大量的动产方面贫富不均。所有这些要么全部都加以平均，要么对它们强加某种限制，要么全部放任它们自由发展。费勒亚斯似乎只是给一个小城市立法，正如他所设想的那样，如果所有工匠都是公共奴隶而对市民并不形成一个补充部分。然而，如果一种法令规定工匠为公共奴隶，那么这只限于从事公共作业的人，在厄庇丹努斯就有这样的法令，在雅典，狄奥芬托曾引进过这种方案。

通过这些考察，人们就可以判断出费勒亚斯观点中的正确与错误之处了。

【8】 米利都人尤里本的儿子希波达莫斯是城市规划技术的发明者，而且还设计建造了比雷埃夫斯港，他是一位奇异的人，他爱好奇特，行为怪僻，以至于人们认为他矫揉造作（他长发垂肩，盛加装点，却不分冬夏地穿着一件廉价而暖和的长袍）；他除了渴望熟悉自然知识外，还是第一位探究政体最佳形式的非政治家。

希波达莫斯所设计的城市以一万名市民为度，分为三部分：其一是工匠，其二是农夫，其三是武装战士。他将土地也分为三部分，其一供祭祀所用，其二为公共所有，其三为私人所有；第一部分被拨出来以作敬神之用，第二部分用作军需，第三部分作为农夫的资财。他还将法律分为三个部分，因为他认为只有三类诉讼案件，即侮辱、伤害和杀人。他建议设置一个诉讼的终审法庭，一切判决不合理的案件都可以在此得到受理，为此他建议选举出若干长老来组成这 1268a
一法庭。他提出，法庭的判决，不能由投石来确定，而应当由所有审判员所持有的书写板来确定，当有罪时他便在书写板上写上简单的犯罪理由，当无罪时，他便让书写板空白着；但如果某人部分无罪部分有罪时，他要依次分别写清楚。他反对现存的法律，认为审判官们无论以什么方式投票表决，他们都犯有伪誓罪。他还立了一个法规，无论是谁发明了有利于城邦的任何东西，都应当授予荣誉。他规定，在战斗中阵亡的人，其子女应当由公费来赡养，似乎他以前从没有听说过这一法规，实际上在雅典和一些别的地方就有过这样的法规。有关行政人员，他提出应当由人民选举产生，即由上述三部分人选举产生，这些行政人员将负责三方面的事务，公共事务、侨务以及孤儿事务。关于希波达莫斯的政体的主要之点就是这些，对此我们就说这么多。

有关这些提议首先可以受到质疑的是市民的三分法。工匠、农夫以及武士全都有权从政。然而，农夫没有武器，工匠既无武器又无土地，他们其实只不过是武士的奴仆罢了。

他们分享一切官位的权利完全是不可能的；因为将军、卫士以及几乎所有重要的行政官员都是从有武器的人中选拔出来。如果其他两部分人不能参与政府，那他们又如何成为忠心的市民呢？有人可能会说，持有武器的人必然要统治其他两部分人，但如果他们人数不占多数，这种统治就不是那么轻而易举的；如果武士人多势众，那么其他的人为什么还有权参与政府或为官呢？农民对城邦又有什么作用呢？工匠必须有，因为任何城市都少不了工匠，他们可以凭着技术生活，就像其他地方的工匠那样。倘若农民能够为武士们提供食品，那么农民也可以光明正大地参政。但是，在希波达莫斯的国家中，农民拥有土地，他们耕耘土地，收获物归他们私人所有。此外，武士得以维持生计的公共土地，如若武士自己耕耘，那他们和农夫又有什么区别呢？而立法者原本是把他们两者区别开来的。再次，如果还有其他耕耘者，他们既不同于拥有自己土地的农民，又不同于武士，那就会出现第四部分，然而这在希波达莫斯的城邦中是不存在的，而且他们也不能分享任何权利。如果同一些人既耕耘着他们自己
1268b 的土地，又耕耘着公共的土地，那么他们要提供维持两家人生计的产品就会十分困难。这样的话，那为什么还要将土地加以区分呢？他们不是可以从同一土地及同一份土产中既为他们自己谋取到食物，也为武士提供食品吗？所有这些观点确实一团混乱。

这种法律也并不令人满意，它规定，当一项简单的案件

在审判官们面前提出来时，审判官应当在他们的判决中作出区别；这样审判官变成了仲裁官了。在进行仲裁时，仲裁官人数甚众，他们可以就最后决定相互协商；但在法庭上这是不可能的，的确，大多数立法者们在防止审判官们相互交流意见方面费尽了心血。其次，如果审判官们认为被告应当对原告损失付赔偿费，但没有原告所要求的那样多，这是否就没有混乱呢？比如说，他要求赔偿 20 个米那[①]，但审判官认为只能给他 10 个（或者一般而论，原告要求得到更多，而审判官判给他的较少），同时另一位审判官认为只能给他 5 个，还有一位认为只能给他 4 个。这样他们就会为损失赔偿争论不休，而且有些人同意全数赔偿，而有些人则主张一文不赔，那么最后将采取什么样的判决呢？再次，如若所提出的控告不合程序，那么谁也不会坚持，通过投票进行简单判决有罪或无罪的审判官自己发了伪誓，这倒是公正的，因为判定无罪的审判官并没有说被告一文不赔，而只是认为他不应当付出 20 个米那。只有这样的审判官才犯了伪誓罪，一方面他认为被告不应当付出 20 个米那，另一方面又判定被告有罪。

对有利于城邦的事情有所发现的人授予荣誉的建议，听起来好像特别有理，但不可能用法律规定并使其稳妥实施，因为这既可能鼓励改革者，也可能导致政治骚动。而且这个

① mna，古希腊一种货币单位。

问题还包含着另一个问题。即使另外的法规更好一些，改革国家的现存法律是否有益，人们对此是持怀疑态度的。如果所有改革都无益处，那我们就很难赞同希波达莫斯的建议；因为人们可以借口行使公务，而推行一些导致法律和政体毁灭的措施。由于我们涉及这个问题，也许我们可以稍微详细地说明一下；正如我所说的，对此是众说纷纭，有时改革显然是非常需要的。在其他技术和科学中，这样的改革的确已经给人们带来了好处；例如医疗、体育，以及其他技术和工艺，已经和传统的作法大不一样。如果政治学也是门技术的话，那么它也必然和其他技术一样需要革新。从一些事实就可以看到已经发生过的一些变革，旧有的习俗极其粗陋而且野蛮。在古时希腊人行走时刀剑不离身，而且相互用钱购买
1269a 新娘。一些流传至今的古代法规完全是荒唐可笑的；例如，在库迈有一条关于谋杀者的法规，大意是，如果原告能够出示他自己亲戚所提出的某些证据，那么被告就得被判罪。此外，通常人是择善而行，而并非看重父辈的习规。原始人类，无论是土著还是某一劫难的幸存者，都被认为并不比现在的普通人甚至愚蠢的人优秀（有关土著的传说的确如此）；如果要以他们的想法为满足，那真是太荒唐了。即使已经设立了成文法规，人们也不应当总是一成不变。正如在其他科学中的情况一样，在政治学中也是如此，即，不可能将所有事例都精确无误地记载下来，因为法规必定是一般性的，而行为则是个别的。由此可以得出，有时，在某些情况下法律

应当有所变化。但我们从另一角度考虑这一问题时，对此应当极其慎重，轻率地变法是一种极坏的习惯。当变法的好处微不足道时，还是让现存法律和统治方面的一些弊端继续存在为好；如果变法使得人失去顺从的习惯，那么公民得到的还不如失去的多。拿变法和技术革新相比是错误的，因为两者完全不同。法律无法强迫人们顺从，只有习惯才能这样。而这只能通过长时间的变化才能达到，所以，不断地变旧法为新法会削弱法律的威力。即使我们同意，法律应有所变革，是否所有法律都需变革，而且在所有城邦都要变法呢？此外，是否谁愿意变法就变法，还是应由某些人来变法呢？这些问题十分重要，所以我们最好在适当的时候再来讨论。

【9】 关于斯巴达人和克里特人的政府，以及所有的政府，有两点必须讨论：第一，与完美的城邦相比，每种个别的法律是好还是坏；第二，它是否与立法者为公民所树立的主旨和特定方式相一致。通常人们都承认，在一个政治清明的城邦中，公民应有闲暇而不致为生计终日忙碌，但如何享受闲暇则是一个难题。色萨利的农奴就常常反抗他们的主人，斯巴达的农奴也同样反抗其主人。他们心怀不满，等待着主人的不幸，然而克里特就没有发生过这一类事情。其原因可能在于，即使邻近的各城邦相互为敌，他们也绝不与反叛的农奴结盟，因为反叛者不是为了他们的利益，而自己也 1269b

有属民。然而，斯巴达的近邻，无论是阿哥斯人、梅西尼亚人，还是阿卡狄亚人，都是他们的仇敌。在色萨利，最早发生 的奴隶叛乱，其原因就在于色萨利人与其邻近的亚该亚人、佩哈毕亚人以及马戈奈西亚人仍处于战争状态。此外，如果不存在其他麻烦，奴隶的管理仍会是一件令人头痛的事情，因为如果不对他们严加管束，他们就会妄自尊大，以为他们可以和主人平起平坐。如果对他们过于严酷，他们就会企图谋害其主。很显然一旦结果如此，就表明他们没有找到最好的管理方式。

其次，斯巴达妇女的放纵也与斯巴达政体的初旨相违背，而且有害于城邦的福利。因为每个家庭都是由丈夫和妻子组成。一个城邦也可以看做是由大致相等的男子和妇女组成。所以，在妇女素质不好的城邦中，城邦有一半人就失去法度了。实际上斯巴达的情况就是这样，立法者想使整个城邦坚毅刚强，而且在男子的身上达到了这一目的，但他忽视了妇女，于是妇女们放荡不羁，穷奢极欲。在这样的城邦中，其结果必然是极度重视财富，公民模仿那些好战种族，受妻子支配，而凯尔特人和极少数公开赞许男性同性恋的则是例外。古代的神话家将阿瑞斯和阿芙洛狄忒结为配偶，就似乎很有道理。因为一切好战的种族都好色，无论是男色还是女色。鼎盛时期的斯巴达人就是这样的一个生动写照，妇女操纵了许多事务，妇女统治与被妇女统治的统治者又有什么区别呢？结果都是一样。比如勇敢，在日常生活中并不重要，但却为战争所必需。然而斯巴达妇女造成了最恶劣的影响，在忒拜人入侵时就显现出其恶果，不像其他城邦的妇女，她们当时变得毫无用处，而且她们引起的混乱更甚于敌人引起的混乱。斯巴达妇女的放纵由来已久，而且受到人们的赞许。斯巴达人与外族人多次作战，先是与阿哥斯人，随后又 1270a 是与阿卡狄亚人和梅西尼亚人，男人们远离家园，在和平时返家回乡，甘心受立法者控制，军旅生涯的约束（其中有许多的德性）已经使他们驯服，从而容易为立法者驾驭。而据说当吕喀古斯试图将妇女置于其法律约束之下时，便受到了她们的抵制，他只好放弃了自己的企图，从而导致了那时发生的事情，在政体中的这个弊病显然应归咎于她们。然而我们提及此事，并非为了指出谁应或不应受到谴责，而是要弄清是与非。妇女的放纵，如先前所说，就事情自身而言不但给政体造成了难堪的局面，而且培养了贪婪的恶习。

说到贪婪，自然会让人对财富不均的问题作些评论。一些斯巴达公民家徒四壁，另一些则腰缠万贯，于是土地落入少数人手中。这是不健全的法制造成的。立法者把继承来的财产的买卖视为可耻之事并加以制止，这固然不错，但又允许人们随意赠送或给予他人。这两种做法导致同一种结果。全邦五分之二的土地归妇女所有，这是由于有大量的嗣女和陪嫁丰厚之风盛行。的确，如果不陪嫁或少量或适量陪嫁，情况就会好一些，如他们现时的法律就规定，一个人可以把他的嗣女嫁给任何一个他中意的男子。如果他未留下遗嘱便死去了，他的继承人可以有嫁出嗣女的权利。因而，尽管斯巴达的土地可以维持1500名骑兵和3万名重装步兵，但其公民数目却降到了1 000人以下。这一结果表明了斯巴达财产制度的失当，所以这个城邦仅在一次战败后就一蹶不振了，其衰落原因就在于缺少男子。传说在斯巴达古时的先王们统治时期，曾有授予外邦人以公民权的习惯，因而有一段时期其公民人数不少于1万，尽管长期经历战争，其人口并不匮乏。不论这些说法真实与否，显然用平均财富的办法能更好地维持人口数量。其次，他们关于生育子女的法令也不利于纠正财富不均的现象。因为立法者希望斯巴达人口尽可
1270b 能地多，便鼓励公民多生子女，斯巴达有一条法令规定，凡有三个孩子的父亲可以免除兵役，而有四个孩子的父亲则可以免除城邦的一切义务。然而，很显然孩子增多，土地分配依然照旧，许多人就必然会陷入贫困之中。

在监察制方面，斯巴达的政体也有弊端。这一方面的官员具有最高的决定权，而他们从全体平民中产生，所以十分贫穷的人也可能占据这一职位，这些人身世寒微，为贿赂开了方便之门。早先在斯巴达就有许多这种丑闻，最近在安德利斯事件中，某些受过贿的监察官就在极力危害着这个城邦。他们权重一时，恣意专断，就连君王也须仰其鼻息，于是政体连同王权渐趋衰微，由贵族政体沦为平民政体。当然，监察制也确实维护了城邦的一致，人民由于能分享最高

官职而心满意足，其结果当然有益于城邦，无论这是由于立法者还是出于偶然。一种政体若想长期维持下去，那么城邦的所有部分都应该愿意看到其存在和维持。斯巴达的情况便是这样，君王们希望城邦长存，因为他们在臣民中享有应有的荣誉，贵族们乐于在长老院中有一席之地（长老职位本身是对德性的一种奖励），平民则安于监察制，所有人都有入选的机会。从全体人民中选举产生监察官是完全正确的，但却不应以现时这种方式进行（它过于幼稚了）。此外，尽管他们是极其寻常之辈，却拥有决断大事的权力，所以他们不应仅靠自身的判断，而应依据条规和法律。他们的生活方式也与斯巴达城邦的意旨不符，他们恣意放纵，至于其他公民则因无法忍受严苛的约束而私下沉溺于肉体快乐，以逃避法律。

长老制也有其弊端，有人可能会说，长老们德高望重，且受过充足的训练，所以他们对城邦有益。但是在重大问题的裁决上采取终身制不见得就好，因为思想会随身体的衰老而衰老。人在这样的方式下受教育，以致立法者本人也不相信他们，事情就真正危险了。众所周知，许多长老在处理公务时往往收受贿赂，营私舞弊，所以他们不是没有责任的，在斯巴达他们至今还是这样。所有的行政官员都得向最高监察官负责，看来这样的特权是太过分了，我们说应该采用某种别的方式来进行管理。此外，斯巴达人选举长老的方式也未免幼稚，参选的人必须四处奔走游说，这是不恰当的，因为应该委任最有价值的人担任官职，不管他愿意还是不愿意。立法者在这里表达的意愿显然同他在政体的其他方面所表达的一样，他鼓励公民的野心和抱负，指望这一点在长老选举中发挥作用，因为不爱好荣誉的人谁也不会谋求当选此任。可是由于追名逐利，野心和贪婪较其他恶习能更多地导致罪行。

至于君主们，他们对城邦有益还是无益，得在另外的地方作说明。但至少不应照现在这样，而是根据其个人生活经历来选举。立法者本人显然也没有认为他能把他们变成真正善良之人，至少不很相信这些人的德性。因此斯巴达的使团中经常有人与敌相通，而君王间的争吵也被认为对城邦的稳定有利。

最早创立的被称为“菲底狄亚”①的共餐制也不是没有弊病的，招待宴请的费用由公众共同承担，如克里特的情况。而在斯巴达，所有人都得交纳贡物，但有的人过于贫穷无力交纳，立法者的意图就会受挫。共餐制本来有平民政体的意味，但这样的立法却正好与平民制背道而驰。因为极贫困之人很难参与其中，而且根据由来已久的习俗，不能参与其中的人结果就不能保持公民的地位。

有关海军统帅的法律也受到另外某些人的指责，这种指责是公正的。因为它导致了不和，因为君王们是永久性的陆

① phiditia。

军统帅，设立海军统帅几乎是设立了另一位君王。

有些人，如柏拉图在《法律篇》中对这种立法制度的指 1271b
责是有道理的。因为整个法律体制只涉及德性的一个部分，即战士的德性，它能在战争中称雄。只要进行战争，他们就能保持强大，一旦其霸权建立，他们便开始衰败。因为他们对和平时期的治理术一窍不通，从来没有从事过比战争更为重要的事业。他们还有另一个同样严重的错误，尽管他们认为人所企求的善的事物产生于德性而不是邪恶，这一点没错，但他们却错误地宁愿选取善的事物更甚于德性。

此外，斯巴达城邦的财政收入也管理得不善，城邦共同的财库空虚，他们被迫连年征战，税收的情况也很不好，因为大部分土地在斯巴达公民手中，他们相互间谁也不着眼于别人所交纳的贡赋。立法者造成的这种结果与城邦的利益相抵触，因为城邦日渐贫困，而私人却越发贪婪。

关于斯巴达政体讨论得已经足够多了，这些是一个人能指出的最主要的弊端。

【10】 克里特的政体与斯巴达的政体很相近，在少数地方并不更坏，但在大多数方面就更加不如了。一般说来，老的政体总是比后来的政体欠周密，斯巴达的政体大概就出自克里特政体。据传说，当吕喀古斯不再做嘉里鲁斯王的监护人时，就去了外邦，在克里特呆了很长时间。这两个城邦联系十分密切，吕克狄亚是斯巴达的一个殖民地，当殖民者

来到克里特后，接受了当地居民所奉行的法律制度。直到今天，他们仍沿用米诺斯先王制订的法律，用同样的方式来管理柏里奥科①。这个岛屿似乎天生适于受希腊人管辖，其地理位置优良，横亘海洋，几乎全部希腊人都定居在沿海的地带。它的一端离伯罗奔尼撒不远，另一端伸至亚细亚的特里奥宾和罗德斯岛地区。由于这些条件，米诺斯王才得以建立海上的霸权，他征服了许多岛屿，并把另一些岛屿变成了殖民地，最后他入侵西西里岛，在那里的加米可附近死去。

克里特的体制与斯巴达的相似，一者的农耕者是赫洛
1272a 特，另一者的是柏里奥科。克里特人和斯巴达人都实行共餐制，不过斯巴达人很早称共餐制为“安德利亚”②而不是“菲底狄亚”，克里特人也这样称谓，可见共餐制来自克里特。而且其政治制度也相似，因为监察官与克里特所谓的“科斯摩”③有同样的功能，只不过监察官有五名，而“科斯摩”有十名。就长老职位而言，克里特人也设有长老，但称之为议事员。在克里特也一度设置过王位，但后来废止了，“科斯摩”在战争期间具有领袖职能。全体公民都要出席公民大会，但没有决定权，只能通过长老和“科斯摩”的提案。

克里特的共餐制当然优于斯巴达的共餐制，因为在斯巴

① perioikoi，即农奴，字面的意思是“住在四边的人”。

② andreia。

③ kosmoi。

达要按人头交纳费用，如果无力交纳，法律就会中止他的公民权利，这一点先前已经说过了。但在克里特，就更有利于公众，一切地上的产品，家畜，公共收入，柏里奥科所交纳的贡物，一部分用来祀奉神和支付各种公共事务，另一部分则用于共餐。于是所有的人都能吃到公粮，无论是妇女、儿童还是男子。立法者还采用了许多高明的办法来达到节省食用的目的，为了避免多生育，他提倡男女分开居住，并鼓励男子相互为伴。这究竟是好还是坏，我将在别的地方加以论述。不过，克里特的共餐制优于斯巴达的共餐制，这一点是十分清楚的。

另一方面，“科斯摩”则不如监察官。它有监察制的一切弊端却一无是处，和监察官属于一类，他们都是寻常之辈，在那里还与政体相称，在克里特这里则没有这种相称。在那里所以有这种相称是因为监察官从全体公民中产生，平民由于能参与最高权力，愿意维持其政体，在克里特这里“科斯摩”则不是从全体中选举产生的，而仅仅是从某些种族中产生，而且长老又是从曾经是“科斯摩”的人中产生。

有人会说，对斯巴达长老作过的评论也同样适用于克里特，他们恣意妄为，终生显要，这都是他们自以为应该享有的荣耀；他们不依成文法规，一味随意专断，是十分有害的。民众被排斥在外却又没有怨恨，一点也不能说明其管理有方。因为“科斯摩”这一官职无利可图，与监察官不同， 1272b
他们身处岛内，与外界的诱惑相隔绝。

他们用来医治这一制度的弊端的方法是十分特别的，不像政治手段反倒像是任意强制。“科斯摩”们经常被某些联合起来的“科斯摩”或被另一些私下集结起来的势力驱逐，他们在任期中间也可以自行辞职。所有这些事依法律而行总比按人的意愿为好，意愿并不是安全可靠的东西。其中最恶劣的是权势横行，当人们不想服从时便反过来中止“科斯摩”的职能，显然这里有点像政体，不过算不上共和政体，只是权阀政制①。

克里特人还有一个习惯，一般人或朋友之间拉帮结派，推选出一位首领，再彼此争吵和械斗。正因如此，城邦随时毁灭，政治共同体不断瓦解。当那些人想要并有能力攻击它的时候，城邦就处于危险之中了。正如先前说过的一样，克里特岛由于其地理位置幸免瓦解，距离起到了斯巴达人禁止外邦人入境所起的作用。克里特也没有外部属地。因此克里特的柏里奥科驯服稳定，而斯巴达的赫洛人却屡屡反叛。近来外邦军队踏入这个岛屿后，这里法律上的弊端才暴露于世。关于这种政体我们就说这么多吧。

【11】 人们认为，迦太基在政体方面做得很出色，在许多地方超出其他城邦，尽管在有的地方与斯巴达极为相似。克里特、斯巴达以及迦太基，这三个城邦彼此有些相似，

① dunasteia。

但在许多方面又不相同。迦太基的许多设置都比前两者优良，其政体优良的一个证明是，尽管其政治体制中保持有平民的因素，却一直很稳定，没有什么值得一提的骚动，也没产生过暴君。

迦太基与斯巴达在政体上相似的地方如下：与后者的“菲底狄亚”（即共餐制）相对应，它有“赫太利”①；与监察官制度相对，它有一百零四位长官制（它不比前者差，监察官不过是寻常庸碌之辈，这些长官却是根据其德能选举出来的）；与那里的君王和长老相对，它也类似地有其君王和长老，他们的君王要优秀一些，因为不是依据同一个家族，也不是随便哪个人都可以当选。如果说有某一家族与众不同，也只是从他们中选任，而不是按尊长而定。这些当权者有极大的权力，假若是些无才无德之人，便会造成巨大的危害，1273a
斯巴达的那些监察官就已经危害了城邦。

人们对迦太基可能做出的指责也同样适用于先前提到的所有政体，但是就偏离贵族政体和一般政体的宗旨而言，有的更倾向于平民制，有的倾向于寡头制。当诸王和长老们全体意见一致时，就可以决定把一些事情提交而另一些事情不提交给平民，但当他们意见不一致时，平民也可以就这些事情作出决定。对于他们提交的那些事情，平民并不只是听取，而是拥有判决的权力，并可对提交的那些按自己所想表

① hetairion。

示反对。而在另外的城邦是没有这种事情的。其中有5位行政首脑掌管许多重要事务，他们是增选出来的，由他们挑选100位长官形成最高权力机构，而且他们的任期长于其他官员（因为他们在其他人卸任或没上任时都在任掌权），这就有寡头制的特征。他们没有薪俸，不用抽签的办法来选举，也不用另外一些诸如此类的办法，比如由这些官员受理所有的诉讼案（而不是像斯巴达那样，由一些官员受理某些讼案，而由另一些官员受理另外的案件）。这都有贵族制的特点，迦太基的政治体制缘于贵族制，但很大程度上倾向于寡头制，这在某些思想或公众的流行意见上体现出来，人们认为，行政长官不仅要品行优良，而且应该富有钱财，他们说穷人不可能当好官，因为他没有闲暇。如果说以财富选人是寡头制的特点，以德性选人是贵族制的特点，那么，这就是第三种体制，迦太基人就按这种方式安排其政体。他们从两个方面选人，尤其是选最高长官，即君王们和将军们。

应该说明，如此偏离贵族制的本旨，是立法者的一个错误。首先应该看到，必须让最优秀的阶层有闲暇，并且不从事任何低贱的职业，无论他们是官吏还是平民。即使不得不考虑到财富，以求获得闲暇，竟然可以用钱买到最高职位——如君王和将军——也显然是不光彩的事情。允许这种行径的法律使得财富胜过了德性，从而使城邦上下都变得唯利是图。当权者所崇尚的东西，必然会为其他公民竞相仿效。
1273b 在德性得不到最高尊崇的地方，贵族政体是无法牢固确立的。那些花钱买到官职的理所当然地要在任期中捞上一把，因为一个贫穷但诚实的人想捞一把是不大可能的，但一个卑鄙之人在花了钱之后却不想捞一把就很荒谬了。因此，应该让那些最有能力治理的人来当政。立法者即使不想让贤能之士免于贫困，总也应该保证当政者的闲暇。

看来让同一个人兼任数职也不是个好办法，而这是迦太基人喜欢采用的一种做法，因为一个人做一件事效果才会最好。立法者应该看到这种后果，不要让一个人又作笛师又作鞋匠。因而，城邦一大，政治就更能制度化、平民化，官职可以分给众多的人来担任。同我们所说的一样，这样做更加大众化和合理化，每一件事情，经过重复就能完成得又好又快。这一点在军队或海军中就很明显，在两种情况下，管理和被管理的关系在所有人中都得到了贯彻。

迦太基的政体属于寡头政体，但是其中最好（最稳定）的，他们总是把某一部分平民送到外邦的属地去发财致富。这是他们保持城邦稳定的良方。但这只是碰巧奏效，应该通过立法来谋取安定。如今，倘若有什么不测之事发生，或大批民众起来反抗他们的统治者，就难以用法律的药方来恢复安定了。

上述这些就是斯巴达、克里特和迦太基政体的情形，它们公正地得到了称赞。

【12】 那些就政体问题发表过看法的人，有些人从未

参加过政治活动或担任公职，而是隐姓埋名地终其一生。他们中值得一说的东西差不多全都在前面说过了，另有一些人则参与过立法活动，一些为母邦立法，一些则为某些外邦立法，他们在那里执掌过政务。其中一些人仅仅是制订法律，另一些人还兼顾政体，如吕喀古斯和梭伦，他们既制定法律又订立政体。关于斯巴达的政体已经说过了，至于梭伦，有人认为他是一位出色的立法者，因为他结束了寡头制的恣意妄为，将平民从奴役中解放出来，创立了早期的平民政体，给城邦带来了和睦。因为元老制中有寡头制的意向，而选举产生行政长官则有贵族制的意向，陪审法庭则有平民制的意向。看来，在梭伦以前，元老制和官员选举制就已经存在，
1274[a] 他只是把它们保留下来，并从全体平民中组成陪审法庭。因此他受到了某些人的指责，由于把对于一切事情的最高决定权赋予了由选举产生的陪审法庭，他被指责毁掉了体制中的非平民制的方面。当法庭的力量日渐增强，为了取悦于如今成了暴君的平民，这政体就演变成现今这种平民政体。埃菲阿特和伯利克里削弱了元老院的权力，伯利克里还设立了给陪审员津贴的制度，这种情形下每一位平民领袖就会设法增强其地位，直到出现今天的平民政体。显然，这并不是梭伦有意要造成的结果，而更主要地是一些因素共同作用的结果(因为在波斯战争期间，平民被装备起来去争夺海上霸权，逐渐有了身价，他们追随一些粗俗的平民领袖，而这些人受到上等人们的反对)。似乎梭伦本人只赋予平民这样一些必

要的权力，即选举官员和监督官员的权力（如果平民没有这种权力，他们就可能受奴役并因而怀有敌意）。所有这些官员他都从著名的和有钱的人中委任，即从“五百斛级”，或“双牛级”，或第三等级即所谓骑士级中选任，第四等级是雇工，他们中没有人可以担任任何官职。

其他的立法者还有扎琉库斯，他曾为埃比哲菲里的罗克里人立过法，以及加隆达斯，他曾为自己的母邦卡塔那和在意大利与西西里岛的卡尔西迪亚人立过法。有些人认为，奥诺马克里托是第一位立法方面的行家，他生在罗克里，但游学于克里特，专攻预言术，泰利士曾和他在一起，而吕喀古斯和扎琉库斯是泰利士的门生，加隆达斯又是扎琉库斯的门生。不过他们所说的这些与实际上的年代不相符。

科林斯人菲洛劳斯曾为忒拜人立过法，此人是巴卜代氏族的一员，与奥林匹亚赛会的获胜者狄奥克利斯相爱，后者因躲避其母亲哈尔琼妮对他的乱伦之爱远走他乡，来到忒拜。他们在那里共同度过了一生。至今那里的居民仍能指出他们的坟墓，两座坟墓彼此很容易看见，一座面向科林斯，另一座则不是。传说他们生前就这样安排好了自己的坟墓，狄奥克利斯由于其不幸遭遇，不愿从自己的坟墓上能看见科林斯的景象，而菲洛劳斯则愿意看见。这就是他们居住在忒拜的原因，菲洛劳斯成了忒拜人的立法者，除了某些别的法 1274b
律外，他为生育子女立了法，被他们称为“收养法”，这在他所制订的法律中是比较独特的，是为了避免“克来罗斯”① 的数目过大。

加隆达斯的立法没有什么特别之处，只是对伪证者的审理颇有特色（他是第一个立法惩戒伪证者的人）。他制订的法律更加精细简明，甚至超过当今的一些立法者。

法勒亚斯立法的特点是平均财产，而柏拉图关于妇女、儿童、财产共有、妇女共餐都有立法，此外，还有对宴饮的立法，规定由头脑清醒者主持宴会。还包括训练战士双手并用，以克服一手能用而另一手不能用的情况。

德拉科也制订过一些法律，他使这些法律与现存的政体相吻合，但他制订的法律中没有任何特点，没有值得一提的东西，只是刑罚从重，以严峻见长。

毕塔库斯也只是制订法律而不创制政体，他有一条法规比较特殊，假如有人醉时殴人，就要比在清醒时处罚加重。因为醉汉比清醒者更容易滋事，故他不听信为醉汉所做的开脱，从实利出发坚持重惩。

瑞癸翁的安德罗达马斯曾为色雷斯地区的卡尔西迪亚人立过法，其中一些是关于杀人罪和女继承人的。他制订的法律中也没有任何可以一提的特别的东西。

关于这些政体，其主要的和某些人所宣扬的，就考察到这里吧。

---

① kleros，在选举或表决时以树枝、陶片乃至土块所做的筹码。

第　三　卷

【1】 一个人要想研究每一种政体是什么，具有什么性质，就必须首先对城邦有清楚的认识，知道城邦是什么。目前这是一个有争议的问题，有些人说城邦实施了某种行为，有些人则说是寡头制或僭主制实施了某种行为。政治家和立法者的所有活动都与城邦息息相关，一种政体就是关于一个城邦居民的某种制度或安排。而城邦是组合而成的，就同其他由众多部分构成的整体一样。显然，首先应当寻求公民的定义，因为城邦就是由一定数量的公民形成的某个整体。所以应当弄清，什么人可以叫做公民，公民一词的含义是什么。关于公民问题，经常是众说纷纭，并不是所有人都会承认同一个人是公民，平民政体下的公民在寡头政体下往往就不是公民。暂且不谈那些在其他意义上偶然成为公民的人，例如那些特许入籍者，我们可以说，一个公民并不是由于他居住在某个地方而成为公民（因为侨居者和奴隶也都住在同一个地方），而且拥有诉讼权利、可以投诉或被他人投诉的人也还不算是公民，因为参加了某些条约的人都享有这种权

利；在很多地方连侨居者也享有这些权利，尽管以不完全的方式——因为他们需要一位担保人，从而他们也以不完全的方式享有公民的权利；然而我们只在某种意义上称他们为公民，就像称未成年的儿童或已从公共生活中隐退的老人为公民一样。我们不能过于简单地称这些人为公民，而应或者说他们不够年龄，或者说他们过于年迈，或者附加其他什么条件。采取什么说法是无关紧要的，因为这样说的用意是一清二楚的。我们寻求的是单纯意义上的公民定义，不需要对这类例外作出补充说明，关于那些被褫夺公民资格或被放逐的人也可以以同样的方式作答。单纯意义上的公民，就是参与法庭审判和行政统治的人，除此之外没有任何其他要求。各种官职之中，有的有任期之分，从而一个人一般不能两次担任这类官职，或者有一个固定的时间间隔；有的则没有一定的任期，例如陪审员和公民大会的成员。有人会说这类职位根本就不是官职，它们并不能使人参与行政统治。然而，掌握最高裁决权的人居然不算行政官员，这未免有些滑稽可笑。不必再作什么辩解，因为这种论证仅仅是纠缠于名称，而陪审员和公民大会成员正好缺乏一个共同的名称，我们不知道如何一并称呼二者。为了有个确切的称谓，姑且让我们把它们叫做“无定期的官职”。公民即可以规定为参与了这类官职的人。

这也许是最贴切的公民定义了，适合于所有被称为公民的人。不过我们不应忽视，事物的载体在属类上就有差别，有第一、第二以及依次相随的不同级别，以这种情况而论，不同层次的事物中没有或几乎没有共同之点。我们看到，各种政体在属类上彼此相异，有的在先，有的在后，错误的政体 1275b
或蜕变了的政体较之完善的政体必然在后（关于蜕变的政体的含义，在后面就会清楚）；因而，相应于每一种政体的公民也必然会彼此不同。我们的公民定义最适合于平民政体下的公民，对于其他政体虽然也适用，但并不必然。有的城邦没有平民的地位，没有公民大会，只有一些偶然的集会，诉讼案件由各部门的官员分别审理，例如在斯巴达，监察官审理契约方面的讼案，在他们内部又有分工，而长老负责审理杀人案，其他案件由其他的官员来审理。在迦太基也完全一样，所有的讼案都由某些官员负责审理。但是，我们的公民定义稍加修改同样可以适用。在其他政体下，议事①和审判方面的官职都不是不确定的，而是确定的，所有的或某一部分这类官员负责所有的或某一部分议事和审判事务。从以上论述中可以清楚知道什么样的人才是公民。凡有资格参与城邦的议事和审判事务的人都可以被称为该城邦的公民，而城邦简而言之就是其人数足以维持自足生活的公民组合体。

【2】 通用的公民定义是：父母双方都是公民的人，不包括双亲中只有一方是公民的人，如父亲或母亲是公民；有

① 与平民政体下的公民大会成员（ekklesiastes）是同一个词，因其他政体无公民大会，故译为“议事”。

些人主张追溯得更远，推及二代、三代或更多代的祖先。这是一个简短的符合政治需要的定义，但是有些人仍要诘问，上三代或上四代祖先又是如何成为公民的呢？勒昂提尼的高尔吉亚就说过——一半是出于处境尴尬一半是出于嘲讽："灰浆是由泥灰匠制造出来的，拉里萨的公民是由那里的官员制造出来的，他们的职业就是制造拉里萨人。"①其实这个问题很简单，因为按照我们的定义，一个人只要参与了某一政体，他就是一位公民了。而以父亲或母亲是公民为公民的标准，就不如我们的定义来得妥当，这显然不适用于最早的开拓者或奠基者。

就那些通过政体更替而成为公民的人而言，问题更要困难一些，比如在雅典，克勒斯泰尼驱逐了僭主们之后，把大量的外邦人、奴隶和侨居者编入了各个部族。这种情况下，问题不在于谁是不是公民，而在于这样的公民正当还是不正
1276[a] 当。更进一步的问题是，不应当成为正当公民的人是否事实上成为公民，因为不正当可以说跟虚假是同一回事情。我们看到，有一些人不正当地占据了官职，我们说他们的确是官员，但是并不正当。而公民就在于担任某种官职（因为正如我们所说，享有这种统治权的人就是公民），显而易见，上述的那些人应该算是公民。

---

① 这是借助希腊词"demiourgoi"有"官员"和"制造者"（旧译"德穆革"）两种含义的文字游戏。

【3】 至于这些人作为公民是正当还是不正当，跟我们先前的论述很有关系。因为有些人提出了这样的问题，即什么情况下某种行为是或不是城邦的行为，例如，当从寡头制或僭主制变为平民制时；这种时候有的人就想推脱各种契约，其托辞是这些契约不是由城邦订立的，而是由僭主操纵的；或者是推脱其他诸多类似的义务，托辞是某些政体凭借强权，而不是出于公众的利益。这同样适用于某些以同样方式建立起来的平民政体，这种政体的行为跟城邦的关系就与寡头政体或僭主制的行为跟城邦的关系毫无二致。这样的论证就引出了另一个问题，即什么时候我们说一个城邦与先前保持同一，什么时候说它不复是原先的城邦，而是成了另一个城邦。如果着眼于地方或人口来回答问题，那就未免太过肤浅了，因为地方和人口是可以分开的，可以让一些人住在这一地方，而让另一些人住在另外的地方。

不过，这并不是什么大不了的问题，因为城邦一词是有多种含义的，注意到这一点问题就会迎刃而解。类似的问题是，什么情况下可以认为住在同一个地方的人属于同一城邦呢？当然不能以城墙为界，因为即使用一道城墙把整个伯罗奔尼撒围起来也无济于事。巴比伦大致就是这样，其版图所圈定的与其说是一个城邦，还不如说是一个民族；据说，在巴比伦被侵占的头三天里，某部分地区的人还毫无察觉。但这种问题还是在其他场合论述为宜，政治家倒是应当考虑城邦的大小，考虑城邦内民族的数量以一个还是以多个为有利。

让我们重新论述，住在同一地方的同一些居民，是否只要他们的人种保持同一（当然不断有人死去有人降生），就可以说城邦也保持了同一，就像我们通常称江河或溪流为同一河流一样，尽管一直有水流出和流进；抑或应当说，尽管人口如江河流水依旧，城邦却悄然移易了呢？正如城邦是某
1276b 种共同体，其公民共同参与某种政体，一俟政体的属类发生了变异，形成了与原先不同的政体，就可以说城邦已不复是昔日的城邦了，好比我们说悲剧的合唱队与喜剧的合唱队已然不同，尽管成员往往并没改变。同样可以说一切共同体或组合物发生了变异，只要它们组合的形式已经不同了，例如，由同一些音符组成的乐调可以是不相同的，我们有时可以给它们配以多利亚调，有时可以配以弗利吉亚调。果真如此的话，显然城邦的同一最应归结为政体的同一，至于名称用新名还是旧名、居住者是新人还是旧人都无关紧要。然而，当城邦换了一个政体时，推脱契约或义务是正当或不正当的做法，则需另作别论。

【4】 紧接着要考虑的是，善良之人的德性与良好公民的德性相同还是不同。但在论述这一问题之前，我们首先应该确知公民的德性有什么内涵。同水手一样，公民也是共同体的一员；既然水手们的功能各不相同（有的是桡手，有的

是舵手，有的是瞭望员，有的是有诸如此类的其他称呼的人），显然就每个人而论德性也会彼此殊异，不过同样也存在对所有人均适用的某一共同的定义。因为所有人都有一个共同的目标，即航行的安全。同样地，公民们尽管彼此不尽一致，但整个共同体的安全则是所有公民合力谋求的目标。他们的共同体就是他们的政体，因而公民的德性与他们所属的政体有关。倘若政体有多种形式，显然一个良好的公民不能以唯一的一种德性为完满；不过我们说一个善良之人就在于具有一种德性——完满的德性。显然，即使不具有一个善良之人应具有的德性，也有可能成为一个良好公民。

纵然不从这方面入手，而是另外着眼于最优秀的政体，仍然会遇到同样的问题。如果一个城邦不可能完全由善良之人组成，而又要求每一位公民克尽职守，做到这一点又有赖于各人的德性；那么，既然全部公民不可能彼此完全相同，公民和善良之人的德性就不会是同一种。所有人都应当是善 1277a 良的公民，这样才能使城邦臻于优良；然而假设在修明的城邦中所有的人并不必然都是善良的公民，那么就不可能让所有人都具有善良之人的德性。此外，既然城邦是不同的成分构成的，就像有生命的东西是由灵魂和身体构成，灵魂是由理性和欲望构成，家庭是由丈夫和妻子构成，领地是由主人和奴隶构成的一样，城邦以与全部上述情形相同的方式由另外一些形式不同的成分构成，故所有的公民必然不可能只有唯一一种德性，犹如合唱队的指挥与站在旁边的那位演员不会具有同一种德性一样。

由上述论述可以推知，公民的德性不会简单地只有一种。那么良好公民的德性和善良之人的德性可不可能相同呢？我们说贤明的统治者就是善良和明智之人，而且一位政治家必须是明智的。有些人还认为，统治者所受的教育也应与众不同，因而王室的子女在骑术和军事方面都显得训练有素；正如欧里庇德斯所说：

我不要各种琐屑的技巧，
一心盼求治国的要道。

这就指明了统治者应得到某种专门的教育。如果善良的统治者和善良的人具有相同的德性，那么一个公民就会是一位统治者了；而不能简单地说公民的德性和善良之人的德性相同——只有某些公民如此，因为统治者的德性与公民的德性是不相同的。伊阿索说得好："人要是不做暴君，他就会饥寒交迫"，意思是他无法忍受落寞的生活。

但是，一个既能统治他人又能受人统治的人往往受到人们的称赞，人们认为，公民的德性即在于既能出色地统治，又能体面地受治于人；但对这两个方面不能等量齐观。有时人们认为这两个方面是不相同的，学习统治和接受统治并不是同一回事情，而公民必须习知和投身这两个方面，这里的推论是明显的。因为主人即是一种统治者，管辖日常的必需事务，统治者并不必知道如何去做这些必需的事情，而是更多地指使他人；另一方面就是奴仆们的事情了。所谓另一方面的事情，我指的是被驱使的、由各种奴仆来干的事情。我们知道，奴役有多种形式，从而奴性的活计也是多种多样。例如手艺人就是其中的一种，正如其名称所示，用他们的手干活；工匠或技师也包括在内。1277b 由于这个缘故，古时候从事制造的人在有些民族中就不能参与行政统治，除非是在平民当政的极端情形下。所以，好的公民或政治家用不着去学做被统治者的活计，除非是为了自己的一时需要，如果常做这样的事情，就无从分辨主人和奴隶了。

还存在着另一种统治方式，即自由人对同自己出身一样的人的统治。我们说这便是共和政治的统治，其统治者必须学习受人统治，例如统领骑兵的人必须学会受骑兵将领的统治，统领步兵的人必须学会受步兵将领的统治，或者说先学会受中队长或联队长的统治。因此俗话说得好，没受过统治的人不可能成为一名好的统治者。这两方面的德性各不相同，但好的公民必须学会统治和被统治；他的德性在于，从两个方面学会做自由人的统治者。一个善良的人当然要通晓这两个方面，尽管统治者的节制和公正有另一种形式。因为善良者若是既受人统治又是一名自由人，他的德性就不能只限于一种，如公正，他需要具有各种不同的德性，有的使他得以进行统治，有的使他得以接受统治，正如男子的节制和勇敢不同于妇女的节制和勇敢。一名男子如果仅及上一名勇敢的妇女的勇敢，就会被人看作懦夫，而如果一名妇女仅仅像一名男子那样约束自己，就会被认为是多嘴。在家务活动中男子与妇女的作用也不一样，一者挣取，一者操持。统治者独特的德性是明智；因为其他诸种德性似乎都必然为统治者和被统治者所共有。被统治者的德性当然不是明智，而不过是真实的意见；因为被统治者就同制笛的人一样，统治者则是吹笛或用笛的人。

从以上论述就可明白，善良之人的德性与良好公民的德性是相同还是相异，以及如何相同或如何相异。

【5】 关于公民问题还有一个疑问，即：仅有参与行政统治的人是真正的公民呢，还是应该包括各种工匠在内？如果不享有统治权的人也被尊为公民，那么就无法使每一位公民都拥有上述的德性了（而公民就是这样的人）。可是倘若这类人完全不是公民，又该把他们一个个放在什么位置呢？因为他们既不是侨居者，又不是外邦人。我们是否可以说，由于曾经提到过的奴隶和他们中获得自由的人也没有确切的
1278a 归属，各种工匠无所归属也不足为怪呢？这一点是确凿无疑的：并非所有人都是城邦不可分离的成员；儿童与成年男子就不是同样的公民，后者是单纯意义上的公民，而前者是有前提条件的公民，因为他们虽是公民，却尚未获得完全的资格。远古时候，有些民族以工匠和外邦人为奴隶，由于这个原因，这类人多数至今仍是这个样子。最优良的城邦绝不会把工匠变成公民；假若这样的人成了公民，那么我们所讲的

公民的德性就不适用于所有的公民，也不会适用于所有自由民，而仅限于那些不为生活必需奔波操劳的人。满足生活必需的劳役之中，奴隶为某一个人效劳，工匠和佣工则效劳于城邦共同体。稍稍多考虑一下这些方面，问题就会清楚起来，因为我们作出的论述已经足以说明问题了。

既然政体有许多种类，公民也就必然是多种多样，尤其是受统治的公民。因此，在一种政体下是公民的工匠和佣工，在另一种政体下却不能够成为公民；例如，在所谓的贵族政体中，荣誉或资格是按照德性和价值来分配的，而操工匠或佣工之生计的人无暇培养这种德性。在寡头政体中，佣工同样不可能成为公民（因为官职对财产资格有极高的要求），但是工匠却有可能，因为许多技师都十分富有。在忒拜有一条法律，规定凡放弃经商不足十年者不得从政为官。有许多政体的法律却吸收外邦人为公民，在平民政体下，只要其母亲是公民，一个人就可以成为公民，还有不少城邦甚至以同样的方式让私生子也成为了公民。这些做法的原因在于人口稀少，城邦缺乏正宗的公民，便只好以这类人权充公民之数。然而一俟公民人数回增，父亲或母亲是奴隶者首先就被排除于公民之外，随后排除的是那些只有母亲一方是公民的人，最后，公民的身分仅限于父母双方都是公民的人。

故公民有许多种类，以上已经说得很明白了，而享有各种荣誉或资格的人最应被称为公民。正如荷马诗云：

就同什么不光荣的外来人一样①；

因为不能享有荣誉就同客居者没什么差别。当这种排斥采取隐蔽的方式时，目的在于蒙骗住在同一城邦的人们。

至于善良之人的德性与良好公民的德性是否相同，以上
1278b 已经阐明了；即在有的城邦两者相同，在另外的城邦却又相异。在相同的情况下，也不是每一位公民都如此，而只有政治家和那些独自一人或同其他人一道领导或有能力领导公共事务的人才是如此。

【6】 在对上述问题作了规定之后，我们应当考察：政体只有一种还是有多种；假如有多种的话，它们是什么，其数目有多少，它们之间有什么区别。一个政体就是对城邦中的各种官职尤其是拥有最高权力的官职的某种制度或安排。政府在城邦的任何地方都有管辖权，而政体即是政府。例如，在平民政体中，平民拥有决定权，在寡头政体中情况正好相反，少数人拥有决定权；所以我们说它们的政体是彼此不同的。关于其他政体道理也是一样。

首先要考察城邦所维系的目的是什么，以及人类和人类生活的共同体的统治方式。前面在规定家务管理和主奴关系时已经论述过，人天生就是一种政治动物。因此，人们即便

① 荷马：《伊利亚特》，ix，648。

并不需要其他人的帮助，照样要追求共同的生活，共同的利益也会把他们聚集起来，各自按自己应得的一份享有美好的生活。对于一切共同体或个人来说，这是最大的目的。而且仅仅为了生存自身，人类也要生活在一起，结成政治共同体；或许是因为只要苦难的压迫不是过于沉重，单单是生活本身之中就存在着某种美好的东西。许许多多的人经历重重厄难，依然一心眷恋生存，这便是一个绝好的证明；因为生活之中本来就有一份自然的怡悦和甜蜜。

关于我们提到的各种统治方式，实际上是容易区分的；在非专业的讨论中，对此也屡屡作过规定。以主人的统治而论，尽管奴隶和主人在自然本性上的利益事实上完全相同，然而这毫不影响这种统治维系于主人的利益，偶而才顾及奴隶的利益——因为倘若奴隶消失了，主人也无法继续存在。另一种统治是对女人、孩子和一切家庭成员的统治，我们称之为家政，它主要是为了被统治者的利益，或兼顾双方的共同利益。我们看到，其他各种技术也同样为了被统治者自身的利益，只是附带地顾及技师自己的利益，例如医学和运动 1279[a] 学。自然，训练者本人偶而加入受训练者的行列也没有什么不可以的，而航海师始终是水手中的一员。训练者和航海师都是为他们统领的人员的好处着想，当他们偶尔作为这些人中的一员时，仍然保持着自己的身分，同时分享被统治者的利益；因为一者本来即是一名水手，一者则在嬉娱之时充当了一名受训练者。因此，政治的统治方式也是这样，公民政治依据的是平等或同等的原则，公民们认为应该由大家轮番进行统治。其更原始的根据是，大家轮流执政更加符合自然；而且，正如一个人起先作为统治者为别人的利益着想，别人也会为他的好处着想。然而在今天，由于从公众财物和从官职中捞到了好处，人们便想方设法地居官不下；这些人仿佛是病魔附体，只有不间断地做官才能保持健康。一旦没有官做，他们就会整天为此而失魂落魄。显而易见，种种政体都应以公民共同的利益为着眼点，正确的政体会以单纯的正义原则为依据，而仅仅着眼于统治者的利益的政体全部都是错误的或是正确政体的蜕变，因为它们奉行独裁专制，然而城邦正是由自由人组成的共同体。

【7】 明确了上述问题之后，接下来我们要研究各种政体，指出它们有多少数目和类型。首先来看各种正确的政体，对它们做了规定后，各种相应的变体也就会一目了然。政体和政府表示的是同一个意思，后者是城邦的最高权力机构，由一个人、少数人或多数人执掌。正确的政体必然是，这一个人、少数人或多数人以公民共同的利益为施政目标；然而倘若以私人的利益为目标，无论执政的是一人、少数人还是多人，都是正确政体的蜕变。因为真正的公民必定在于参与行政统治，共同分享城邦的利益。通常，我们把为共同的利益着想的君主政体称为君主制，把由多于一人但仍为少

数人执掌的为共同利益着想的政体称为贵族制①（它得此名是由于进行统治的是一些最优秀的人，或者是由于这种政体对城邦共同体怀有最优良的愿望）；当执政者是多数人时，我们就给这种为被治理者的利益着想的政体冠以为一切政体所共有的名称：政体或共和政体②。这些名称是很有根据的，一个人或少数几个人有可能德性超群，但德性分为众多的种类，很难有许多人在所有的德性上都造诣精深，但就战 1279b 争方面的德性而言则是可能的，因为战争本来就是在很多人中间进行的。因而在共和政体中，战士掌握着最高的权力，拥有武器的人则分享这种权力。

以上提及的各种政体的变体如下：僭主制是君主制的变体，寡头政体是贵族政体的变体，平民政体是共和政体的变体。因为僭主制也是一种君主政体，为单一的统治者谋求利益；寡头政体则为富人谋求利益，平民政体为穷人谋求利益。这些蜕变了的政体无一愿为全体公民谋取共同的利益。

【8】 关于上述这些政体，我们必须详细地研究其中每一种政体有什么性质；因为这里存在着某种疑难，而我们在

① 贵族制（aristokratia）来自 aristos（最高贵），字面上的意思是“由最高贵的人当政”。

② politeia，如单译“政体”容易发生混淆，而亚氏强调其为全体公民谋求共同的利益，故“共和政体”不失为贴切的译法。

深研每一种课题时，都不能仅仅着眼于实际的行事①，而忽视或遗漏任何为课题对象所固有的东西，必须阐明每一课题对象的真相。正如方才说过的一样，僭主制是一种君主政体，以主人的专制处理公共的政治事务；一旦富有者执掌政权，就产生了寡头政体；与此相反，一旦那些没有财产、穷困潦倒的群众做了主人，就产生了平民政体。首先的一处疑难是对这些政体的界定。因为平民政体被说成是由多数人当家做主的政体，倘若这多数人都很富有并执掌着城邦的政权，又会是如何一番情景呢？同样，寡头政体被说成是少数人当权的政体，然而倘若一个城邦的穷人少于富人，并且在政体中占据了统治地位，情况又会如何呢？看来在这样的情况下对这些政体难以有一个圆满的定义。

或许有人会采取合并的办法，给少数人添加财富的限制，给多数人添加贫困的限制，以此来修正对政体的界定，从而把寡头政体说成是由人数占少数的富人执掌政权的政体，把平民政体说成是由人数占多数的穷人执掌政权的政体，——然而这又引出了另一处疑难。因为假设在这样界说的政体之外再无别的政体，那么对于我们方才提及的政体，即人数上居多的富人和人数占少数的穷人分别在各自的政体中执掌了政权，我们应如何理论呢？这一论证表明，在寡头政体和平民政体中，少数人或多数人执掌了政权只是一件偶

① prattein。

然的事实，其原因在于，普天下到处都是穷人居多、富人占少。这样的话，人们对这些政体的差别的解释就站不住脚了。因为，平民政体与寡头政体之间的差别其实是贫穷和 1280a 富有的差别。凡是在富人当政的地方，无论他们在城邦中居多数还是少数，一律是寡头政体；凡是在穷人当政的地方，一律是平民政体。然而正如我们所说，普天下总是穷人多富人少；一个政体中，富有的人只占少数，而全体公民都应分享自由，财富和自由正是这两种政体赖以产生的契机。

【9】 首先应该讨论人们给寡头政体和平民政体所下的定义，以及寡头政体和平民政体的公正观念分别是什么。所有人都持有某种公正观念，然而他们全都中止于某一地方，并且未能完整地阐明公正一词的主要含义。例如，公正被认为是，而且事实上也是平等，但并非是对所有人而言，而是对于彼此平等的人而言；不平等被认为是，而且事实上也是公正的，不过也不是对所有人而是对彼此不平等的人而言。而两种政体的拥护者都忽略了这一点，因而做不出恰当的判断。其原因在于，他们是在对自己的事情做判断，而大多数的人在事关本己时其判断都容易出差错。因此，公正是对某些人或事而言的，正如我们曾在《伦理学》① 中说过的一样，公正的差别以相同的方式适用于事物和人，人们在事物

① 见《尼各马科伦理学》，第五卷，**【3】**。

方面一致主张平等，但涉及人时就发生了分歧，其最主要的原因方才已经提到了，即人们在自己的事情上是糟糕的判断者；其次的一个原因是，人们的公正观念总是中止在自身受到局限的某个地方，却自认为在主张单纯的公正原则。那些在某一方面（譬如财富）与他人不平等时，便认为自己在总的方面都与众不同或不平等；而那些在某一方面（譬如自由）与人平等时，便认为自己在总的方面也与人平等。

最重要的一点这些人却未谈到。如果财产是人们结合成共同体时所为的目的，那么人们理应按财产的状况在共同体中享有其地位。所以，寡头政体的拥护者的主张似乎是有力的，——要是出1米那的人与出剩下的全部99米那的人平享这100米那，事情就无公正可言了，无论是从一开始还是在后来如此。但是一个城邦共同体不能仅仅以生活为目的，而更应谋求优良的生活；倘若不是这样，奴隶和其他动物就也可能组成城邦了，可是至今尚无这种事情发生，因为奴隶和动物们不能共享幸福或符合其意图的生活。城邦共同体不是为了联合抵御一切不公正的行为，也不是为了彼此间的贸易往来以有利于城邦的经济，不然的话，图勒尼亚人和迦太基人，以及所有彼此间订有商贸条约的城邦的公民，都将会属于同一城邦了。的确，这些城邦在进口方面达成协议，并签约保证互不侵犯，以书面形式确立了彼此间的同盟
1280b 关系；但是双方并没有设置共同的官员来监督执行上述事务，而是各自设置各自的官员。一城邦也不会细察那些来自

另一城邦的公民究竟是什么样的人，不能在条约中保证不会有不公正的侵害行为和邪恶的用意，仅仅规定了不能有针对对方的侵害行为。然而，胸怀优良法制这一目标的人不得不考虑政治上的德性和邪恶的问题。要真正配得上城邦这一名称而非徒有其名，就必须关心德性问题，这是毋庸置疑的；否则城邦共同体就会变成一个单纯的联盟，只是在空间方面有差别，因为联盟的成员分处不同的地方；而且，法律也成了一纸契约，用智者吕科富隆的话来说，法律是彼此间对公正的承诺；然而这样的法律无力培养出善良而公正的公民。

上述的这一点是明白无误的。假如有人把两个地方合二为一，把麦加拉城和科林斯城用一道城墙围起来，尽管如此也造不出一个统一的城邦，即使是让这两个城邦的人通婚也无济于事，尽管通婚是诸城邦统统都有的独特表征。同样地，假如一些人彼此分开居住着，但还不至于相互间没有共同往来，而且他们间还有法律防止在相互往来中的侵害行为，即使这样也不能构成一个统一的城邦；例如，假设这些人中有的是木匠，有的是农民，有的是鞋匠，有的是诸如此类的其他什么人，他们的总人数达一万之多，可是除了贸易往来和结盟外，他们相互没有别的共同往来，当然不能说他们属于同一城邦。

这是由于什么原因呢？自然不是由于这样的共同联盟中缺乏成员间的紧密联系。因为即便是人们共同聚集到一个地方（当然每一个人都像城邦那样分别拥有其独特的居住地），他们彼此结成同盟，但仅仅针对各种不公正的侵害行为，在那些思想敏锐的人看来，这仍然算不上是一个城邦，如果他们之间的共同往来跟他们结成同盟前独处时的往来情况没有什么两样的话。显而易见，一个城邦并不是空间方面的共同体，也不是单单为了防止不公正的侵害行为或保证双方的贸易往来；不过只要城邦存在，就必然离不开这些方面，但是即使全部具备了这些方面的条件，也不能说立刻就构成了一个城邦。城邦是若干家庭和种族结合成的保障优良生活的共同体，以完美的、自足的生活为目标。毋庸置疑，倘若人们不居住在同一个地方并相互通婚，就无法形成一个城邦共同体。因而在各城邦中都有婚姻结合、宗族关系、公共祭祀和各种消遣活动，它们是共同生活的表征。这些都是友爱的结果，因为友爱是人们选择共同生活的初衷。城邦的目的是优良的生活，而人们做这些事情都是为了这一目的。城邦是若干家族和村落的共同体，追求完美的、自足的生活。我们说，这就是幸福而高尚的生活。

由此可以得出结论，政治共同体的确立应以高尚的行为为目标，而不是单单为了共同的生活。因此，凡是对城邦共同体有卓著贡献的人，与那些在出身方面同样是自由人或更加尊贵但是在政治德性方面却不及的人相比，或者与在财产方面超出他人而在德性方面却被人超出的人相比，理应在城邦中享有更加显赫的地位。以上论述表明，所有就政体问题发生争论的人都只是涉及了公正原则的某一部分。

【10】 关于城邦的权力归属问题，也存在着疑难之处。执掌城邦权力的人或者是多数人，或者是富有的人，或者是贤明之人，或者是所有人中最高贵的一个人，或者是僭主或暴君。然而让所有这类人当权都会遇到困难。怎么可能不这样呢？如果穷人仗着人多势众，瓜分富人的财产，难道不是不公正吗？或许有人会说："神明在上，这样的决断是公正的。"可是，我们怎么能不说这是登峰造极的不公正行为呢？再者，一切按所说的进行，平民大众瓜分了居于少数的富人的财产，很明显要毁了整个城邦。可是，德性却不会毁掉其拥有者，公正也不会毁灭一个城邦；所以，纵容这种行为的法律显然不像是公正的。那样的话，暴君的一切作为就必然会是公正的，因为暴君以强权压制他人，恰如群众强暴富人。那么，让拥有财产的少数富人来执掌政权是不是就公正呢？倘若他们也做出这些事情，没收和掠夺群众的财产，是否还能说这是公正的呢？以此为公正，那么方才提及的另一种情况也就是公正的了。然而所有这类事情显然是恶劣的和不公正的。

那么，是不是应该由那些贤明之人来执政和掌权呢？然而那样一来，所有其余的人必然会与荣誉无缘，失去在行政统治中任职的荣誉或资格。因为我们说各种官职都是某种荣誉或资格，如果同一些人始终占据这些官职，其他人就必然会被摈弃于荣誉之外。那么，让最出色的一个人来统治会不会好一些呢？但是这样更具有寡头制的色彩，城邦内失去荣誉的人也就会更多。有人或许会说，人的统治肯定不如法的统治，因为人的灵魂会受各种激情的影响。可是，法律本身也会带上寡头制或平民制的色彩，又能用什么办法来解决这些问题呢？没有例外，前面所说的结果依然会在这种情况下发生。

【11】 其余的问题且待另行论述。看来，由多数人执政胜过由少数最优秀的人执政，这虽说也有一些疑问，但还是真实可取的。因为在多数人中，尽管并非人人都是贤良之
1281b 士，他们聚集在一起也有可能优于少数人——当然不是就每一个人而论，而是就集合体而论，好比由众人集资操办的宴席较之于由一人出资的宴席。因为，众人中的每一成员都部分地具有德性与明智，当他们聚到一起时，众人就仿佛成了一人，多手多足，兼具多种感觉，在习性和思想方面也是不拘一格。因此多数人对音乐和诗歌的评价要强于少数人的评价，因为这个人懂一部分，那个人懂另一部分，合起来所有人就能懂所有的部分。贤良之人之所以出类拔萃，就在于每人都集众人之长于一身，恰如被称为美的事物胜于不美的事物，艺术的产物胜于真实的事物，因为它们汇集孤立存在的要素于一体，尽管分开来看，一幅画像中人物的眼睛或其他某个部分可能会不如另外某个人的眼睛或其他相应的部分。

诚然，众人与少数贤良之人的这种差别是否为一切平民

或群众团体所具有尚难定论；然而神明为证，这在某些团体中是不可能的（因为对于兽类也可以运用同样的论证，有些人群与兽群又有什么实质上的不同呢?）；不过，这并不妨碍我们所作的论断对某一类团体为真。因此，通过以上的论述就可以解答前面提到的问题以及随之而来的一个问题：公民中的自由人和大量群众应该享有什么样的权利？这些人既无财产亦无值得一提的德性。让这样的人出任最高的职位是很不保险的，因为他们的不公正和愚昧必定会导致罪行和错误。然而把他们撇在一边也会出很大的麻烦，一旦有过多的人被排斥于公职之外，城邦中就会遍地都是仇敌。唯一的解救办法是让他们参与议事和审判事务。正是由于这个原因，梭伦以及其他的某些立法者委用群众选举官员和监督行政官员，但不允许他们单独为官。所有人聚集到一起时，能够有充分的感知能力，再与较高级的职位相结合，自然有益于城邦，正如不精纯的食物与精纯的食物相混合，整体上就会比少量的精纯食物更加有益于身体；然而分成单独的个人，其判断能力就要大打折扣。

可是，这种政体的安排也会遇到一些问题。首先会有这样的意见，即一个在医务方面能作出正确判断的人与亲自行医并能治愈病人疾病的人——即医生——应是同一个人。在 1282a
其他各种行业和技术中也是这样。所以，只能任命医生来审查医生，其他行业的人也应由他们的同行来审查。医生有三类：从事医疗的人、较高级的医生和在医术方面受过教育的人(这样的人在人们知道的一切技术行业都可以找到);我们认为，这些受过教育的人的判断并不比那些熟练的医师的判断逊色。在官员的选举方面，似乎也同样如此。因为只有懂行的人才能做出正确的选择，例如，在几何方面需要由几何专家来做选择，在航行方面需要由舵师来做选择。虽然在某些行业和技术方面也有一些很在行的非专业人士，但他们毕竟不如专业的行家里手。根据这个道理，似乎就不该让群众持有选举官员和监督官员的权力。但是这种看法是不够妥当的，我们先前就群众团体所作的论述就能说明这一点；只要群众不是过于卑贱，即使他们各自为政时在判断上不如那些行家里手，然而全部聚在一起时，群众整体的判断就会优于或者至少不逊于行家的判断。此外，在有些技术行业，创作者并不是唯一的或最好的评判者，那些不具备这些技术的人反倒善于识别评判；例如，房屋的建造者并不是唯一熟知房屋的人，而房屋的使用者——或居住者——倒能做出更好的评断，正如舵师比木匠更知舵的好坏，宴席上的食客比厨师更知菜肴之优劣。

有人会认为，这样一来就圆满解决了上述的疑难，但接下来还会有另一疑难。因为素质较差的人竟然比贤良之人拥有更大的权力显得有些荒唐，毕竟选举和监督官员是最重大的事情。而正如我们所说，有些政体便把这样的大事委派给平民大众，因为公民大会在所有这些事情上拥有最高的裁决权。而且，人们不问年龄，只需具备微薄的一份财产，就可以列席公民大会，参与议事和审判事务；不过那些最重要的官职，如财政官员或将军，仍有极高的财产要求。不过可以用同样的方式来解答这一疑难；所有的这类做法大致上都是正确的。因为权力并不掌握在陪审员、议事人员或公民大会的成员手里，而是掌握在公审法庭、议事会或平民大众的手里，每一成员只不过是这些整体中的一个部分而已。由于这个原因，让多数人持有更大的权力是合乎公道的，因为平民大众、议事会、公审法庭是由许多人组成的，他们的财产全部加在一起就会比某一个或少数几个担任最高官职的巨富的财产还要多。关于这个问题就作这么多规定。

在讨论第一个问题时我们再明白不过地指出了[1]，恰当 1282b
的法律可以拥有最高的权力；某一官员或某一些官员只是在法律无法详细涉及的事情上起裁决作用，因为任何普遍的论述都难以囊括所有的事实细节。但什么样的法律才算恰当，依然是一个尚不明确的问题，这里又会遇到先前的疑难。法律的好与坏，公正与不公正，必然要与各种政体的情况相对应。有一点很明确；法律的制订必定会根据政体的需要。果真如此的话，正确的政体必然就会有公正的法律，蜕变了的政体必然有不公正的法律。

【12】 一切科学和技术都以善为目的，所有之中最主

① 见本卷，**【10】**。

要的科学尤其如此，政治学即是最主要的科学，政治上的善即是公正，也就是全体公民的共同利益。人人都把公正看作某种平等，并在一定程度上同意我们在伦理学著作中所做的哲学论证①。人们说，公正是什么的问题与对什么人而言有关，平等的人们应享有平等的权利。然而不可忽略，平等有什么性质，不平等又有什么性质；政治哲学家们必须处理这个问题。有人可能会主张，应根据每个人的良莠情况来不平等地分派官职，尽管才德出众的人在其他所有方面与别人没有任何差别；因为在权力的分配中把才德方面的差别相应地体现出来是符合公正原则的。然而假设这种主张成立，人在肤色或体形方面，以及在诸如此类的其他方面的长处，也将可以用来要求更大的政治权利了。这里的错误是一目了然的，从其他的知识和能力中也可以得到说明。假设一队笛师彼此技艺相等，当然不应给出身较高贵的人配以较高级的笛管，因为他们的笛技并不高人一筹，上乘的笛管理应分给技艺上乘的笛师。如果我们还没讲清楚，接下来的进一步论述会使问题更加明了。假如有一名笛师技艺超群，但出身十分微贱且相貌异常丑陋，也许人生诸善中，高贵的出身和美的相貌都比笛艺重要，其他人在这些方面超过这位笛师也会胜于他在笛艺方面超过其他人，尽管如此，仍应把上等的笛管分
1283a 配给他。倘若在财富和出身方面的优势对于笛艺起作用的

① 见《尼各马科伦理学》，第五卷，【3】。

话，也许应该另作考虑，然而这些优势并没什么作用。

再者，根据这个道理，还可以说每一种善都可以与另一种善相换算。假设某一身高可以拿来与其他优点相比较，一般而言，身高或体形就可以与财富和自由相比较了。如此一来，假设这人在身高方面占优势，那人在德性方面占优势，而且总的说来德性优于身高，那么一切长处都是可以相互比较的了。如果某一数量的这类事物胜过另一类事物，显然这类事物可以用来作另一类事物的同等物。既然这种比较或换算是不可能的，显然很有理由认为，在政治方面不能依据形形色色的不平等来争取相应的统治权；因为有的人敏捷，有的人迟缓，这并不能作为有人享有更多权力、有人享有更少权力的理由，尽管在体育竞技中，这方面的特长可以带来荣誉。其实，争取统治权力的凭据应该是定国安邦所依赖的要素。因此，只有良好的出身、自由人的身分和财富才可以用作竞争官职的理所当然的凭据。因为，担任官职的人必须是自由人和纳税人（因为一个城邦不能全由穷人构成，犹如不能全由奴隶构成一样）；可是假如财富和自由是必需的条件，正直和政治上的光明磊落也就是不可缺少的要求。因为没有前两种条件城邦就无法维持存在，没有后两种城邦内就不可能安居乐业。

【13】 如果只考虑城邦的生存，就可以认为以上所有或某一些要求是正确的；不过考虑到善良的生活，教育和德

性就会理所当然地成为最迫切的要求，这在前面已经讲过了。既然仅仅在某一方面与他人平等的人不应在一切方面要求平等，在某一方面与他人不平等的人也不应在一切方面要求不平等，那么所有支持这种要求的政体必然都是蜕变了的政体。我们曾经说过，所有人的要求都有几分正当性，但并非在单纯的意义上均为正当。富人要求拥有更大的权利，是因为他们拥有更多的土地，而土地是一切城邦共有的要素；而且，富人们在多数时候更加信守契约。自由人和出身高贵的人的要求彼此相近，因为出身较高贵的人比出身低微的人更有资格作公民，高贵的出身在每个地方都会受到尊敬。另一个理由是，出自较优秀的先辈的人有可能较他人更为优秀，因为高贵的出身即是门第方面的德性。同样，德性也理应要求与之相应的权利，因为我们说公正即是共同生活中的德性，凡具备这种德性，其他的所有德性就会随之而来。不过，多数人也可以向少数人要求权利，因为他们聚集在一起再与少数人相比，就会更强大、更富有和更优秀。

1283b 那么，假如这些善良之人、富有之人和出身高贵之人全都居住在同一城邦内，是不是其中的某种人可以要求统治的权力呢？抑或没有人可以要求这样的权力？在已经提及的各种政体中，谁有权利要求官职是不难判断的，因为各种政体的差别就在于其权力阶层的不同；例如有的政体由富人当权，有的由贤良之人当权，依照同样的方式，其他政体由相应的其他阶层当权。然而一旦这些人同时在一个城邦中要求权利，我们就需考虑如何处理这个棘手的难题。假设具备德性者的人数很少，应当以什么方式来答复他们的权力要求呢？是不是可以把“少数人”与他们能起的作用连起来考虑，询问其是否能够以区区数人治理好城邦？或者，他们的人数是否要多到足以构成一个城邦的程度？对于所有要求政治权利或资格的人都可以提出某种疑难。因为由于富有而要求统治他人的人和凭借其家族出身的人都不能说是公正的，根据与此相同的公正观念，一个人只要富冠全邦，显然就应该让这一个人来统治所有人了。同样地，出身高贵的人也应该统治那些凭自由人的身分要求统治权的人们了。在以德性为基础的贵族政体中，也会发生同样的疑问，因为倘若一个人在全由贤良之人组成的政府中比其他人更胜一筹，根据同一公正观念，他就应当单独执掌政权了。假如多数的群众由于比少数人更加强大应当执掌政权，那么，要是有某一个人，或多于一人但少于众人的某些人比群众更加强大，应该当政掌权的人就会是这一个人或这一些人，而不是群众。

以上论述表明，所有认为自己应当掌权执政而其他一切人应听命于他们的人，其理由无一是正确的。对于那些凭借其德性认为自己应当把持政府的人，连同那些凭借其财富的人，多数的群众可以理直气壮地向他们说，如果不以个人而论，众人作为一个集体完全可以比他们这些富有但居于少数的人更加优秀和更加富有。可以以同样的方式来对待某些人经常提出的一个疑问。某些人会问，想制订一部最恰当的法律的立法者面临我们刚才提及的情况时，应当以那些更加优秀的人的利益为准，还是应以多数群众的利益为准。既然所谓恰当即是一视同仁，即在城邦的整体利益和公民的共同利益面前一视同仁，而公民的通常含义是参与统治和被统治的
1284a 人。不同的政体有不同的公民，但在最优良的政体中，公民指的是为了依照德性的生活，有能力并愿意进行统治和被人统治的人。

假如某一个人或多于一人但尚不足以构成一个城邦的某些人在德性方面超出他人，以至所有其他人在政治方面的德性和能力都无法与之媲美，这人或这些人孑然独立，曲高和寡，那么，就不能再把这样的人当作城邦的一部分了。若是将他们同其他人平等对待，未免有失公平；他们在政治方面的德性和能力是如此之杰出，很可以把他们比做人群中的神。有鉴于此，法律只应该涉及在能力和族类上彼此平等的人，而对于这类超凡绝世之人是没有法律可言的，这些人自己就是法律。谁要想为他们立法就会闹出笑话。对这种企图大致可以引用安提斯塞尼的寓言故事：当群兽集会时，兔子们呼吁让一切兽类享有平等的权利(雄狮的答复是："你可也有爪牙吗?")。正是由于这个原因，奉行平民政体的各城邦实行了"陶片放逐法"①。在这些城邦中，平等被奉为至高无上的原则，所以它们过一定的时期就要放逐一批由于财

① ostrakismos。

富或广受爱戴或其他因代表政治势力而显得能力出众的人。根据神话传说，阿耳戈斯诸英雄遗弃赫拉克勒斯就正是出于这样的原因,阿耳戈号不愿意搭载赫拉克勒斯,是因为他远远超过船上的水手们。人们把伯里安德对斯拉苏布罗的劝告视为僭术并加以指责，这些指责看来也并不见得恰当。据传说，当使者去询问伯里安德时，后者一言不发，只是把黍田中特别高大的黍穗一一削平，直到黍田一片齐整为止；使者不解其意，当他把自己的所见回禀僭主斯拉苏布罗时，后者悟出伯里安德是叫他除掉城邦中的杰出之人。这一计谋不仅对僭主们有利，也不仅仅是僭主才这样做，在寡头政体和平民政体中它也同样可以派上用场。陶片放逐法就起到了同样的作用，它以某种方式压制和驱逐杰出之人。就城邦或民族而论，势力强大者也会做同样的事情，例如雅典人对萨莫斯人、凯俄斯人和累斯博人所做的事情；雅典人的霸权一经确立，他们就迫不及待地践踏盟约，恣意欺凌邻邦。1284b 当米地亚人、巴比伦人和其他民族由于为祖先的光荣所激励而图谋有所作为时，波斯的大帝王就一再地对他们进行无情的征伐。

这种情况在所有形式的政体中都是普遍存在的，甚至也包括正确的政体。因为蜕变了的政体为了私利便有此举，正确的政体为全体公民的共同利益着想亦会采取同样的措施。在其他种种技术和知识中，显然也存在着这样的问题。因为画家总不能给画中的人物配上一只过于惹眼的脚，无论这只脚显得有多么好看；船匠也不能把船艄或船的其他某个部分造得奇大无比；合唱指挥也不能让合唱队中的某一人唱得格外嘹亮动听，盖过其他所有成员。而且，君主政体也照样能维持邦内的安定，只要其固有的统治方式追求城邦的利益。因而针对那些为人公认的杰出势力，赞成陶片放逐法的主张在政治上也是有几分道理的。当然，立法者一开始组建政体时就使城邦不需要这种救治措施那是再好不过的事情；既然事已至此，只好退而求其次，尽力采用种种合适的办法来纠正政体中出现的偏差。进而各城邦采用这类措施往往并非出于这样的背景，人们诉诸陶片放逐法，并不是为了其政体的固有利益，而是为了徇其私利。对各种蜕变政体来说，公正即是私利之所在，这样做就是理所当然的了，然而不能说这种做法在一般的意义上也是公正的，这里的理由是十分明显的。但是，以最优秀的政体而论，这种做法就大有疑问，无论是针对在其他诸善上超出常人者，如拥有超人的力量和财富和广受爱戴的人，还是针对德性卓著之人；那么，对这样的人应采取什么措施呢？因为我们既不能主张驱逐或流放这类人，又不能将其纳为臣民。后一种做法无异于认为宙斯也可以成为人的臣民，而人却逍遥自在地分任各种官职。剩下的唯一办法就是，顺应自然的意旨，所有人都心悦诚服地跟从这类人，从而他们就成为各城邦的终生君主。

【14】 从以上的讨论可以很自然地转到君主制的问题

上来，我们说这是一种正确的政治体制。应当考虑，一个城邦或国家实行君主制度对其获得良好治理是否有利，或者君主制是没有益处的，应当采用其他某种形式的政体；或者，君主制对有的城邦或国家有利，对有的不利。不过我们首先应该弄清，君主制是只有一种呢还是有众多的差异。不难看出，君 1285a 主制有多种形式，而且各种君主制的统治方式也不尽一致。

斯巴达政体中的君主制在各种依据法律的君主制中显得最为突出，不过王权在那里并非至高无上，只是在离开邦土出征作战时君王才拥有全权。此外，宗教事务也归王室管辖。这样的君王就好比是一个无须听命于他人的、终生任职的统帅；但他们并无生杀大权，除非是在战场上处置懦夫，就像古时的君王们在战争期间可以凭王法在手予夺生杀一样。荷马曾作过描述：阿伽门农在公民大会上受到攻讦时尚能捺住性子，而军队一开出本邦，他就可以决定人的生死，他的确说过：

谁敢从这战场上逃走，
我就把他的臭皮囊扔去喂野狗，
杀人就看我张不张口。①

这是君主制的一种形式，即终身的统帅职务；这类君王中，有的为世袭，有的要经过选举。

另一种形式的君主制在野蛮人中间常常可以见到，同僭

① 荷马：《伊利亚特》，ii，391—393。

主或暴君制很接近。但这种君主制仍然依据法律，并是世袭的。因为野蛮民族的性情天生就比希腊各民族更具奴性，其中亚细亚的蛮族更甚于欧罗巴蛮族，所以他们甘受独裁专制，并无犯乱之心。这些君王因而多为暴君，他们可以通过世袭或依照法律安安稳稳地占据王位。根据同样的原因，王室的卫兵也与僭主的卫兵不同。这些君王可以武装自己的臣民来保护自己，而僭主们却不得不雇佣外邦的武士。因为这些君王依据法律统治着甘愿臣服的民众，而僭主们统治的是不愿臣服的民众；故一者只好在公民之外募集卫士，另一者则可以放心地从公民中挑选。

以上提到了两种形式的君主制，另一种形式的君主制见于古代的希腊各邦，被称为民选邦主①。简单说来，这种君王如同通过选举产生的僭主。它与蛮族的君主制的不同之处并非在于其王位依据法律，而是在于不通过世袭。这种君王有的是终身任职，有的有一定的任期，或以某种行为或功业为限。例如，当安提美尼德和诗人阿尔凯俄斯率领米提利尼的流亡者攻来时，米提利尼人就曾推举毕达库斯为首领以保卫其城池。阿尔凯俄斯后来在他的一首“醉歌”中明确提到，毕达库斯是临时选出来的邦主（或僭主），他愤愤然地责骂道：

他们把死气沉沉的城邦交给那个低贱的毕达库斯执

① aisumnetes。

掌，还一个劲儿把他赞扬。 1285b

以上的几种君主制由于其专制都类同于僭主制，但就它们经过了选举和受到臣民拥戴而论，它们又的确是君主制。

第四种形式的君主制度见于史诗（英雄）时期，它是世袭的、依据法律的王制，并受到其臣民的拥戴。王室一般都由在技术或战争方面的诸多功绩起家，君王们或者把民众结合到一起，或者是立国建邦，从而就成为受人拥戴的君王并且世代相袭。他们统领军事，主持宗教祭祀活动，除非设有专门的祭司职位。他们还仲裁各种讼案。断案时有的君王要宣誓，有的毋需宣誓；他们起誓时，要举起他们的权杖。在古时候，他们权力无边，辖及城市、乡村，甚至包括毗邻的外邦；后来他们的权力缩小了，让另一些人掌握某些权力，在别的一些城邦，君王们仅仅有权掌管祭祀方面的事务；如果还可以说他们是王的话，那就是在战争期间他们在邦土之外拥有统帅权。

以上一共论述了四种形式的君主制。第一种是史诗（英雄）时代的君主制，其君王受到臣民的拥戴，但权力有一定的限制，君主就像是一名统帅和法官，并主管宗教祭祀事宜；第二种是野蛮民族的君主制，其君王的职位在王族中世代相传，依据法律实行独裁专制；第三种君主制是民选邦主制，其君王类同于民选产生的僭主；第四种是斯巴达式的君主制，简而言之，其君王是在王族中世袭、终身任职的统帅。这四种形式的君主制之间的差异正如以上所述。

还有第五种形式的君主制，其君王独揽一切权力，正如每一个民族或城邦由一人掌管公众的共同事务；这种体制同家长制一致。家长就像一位管理家政的君王，而君王就像一位管理一个或多个民族和城邦的家长。

【15】 关于上述几种形式的君主制，大致上只须考察其中的两种，即大权独揽的君主制和斯巴达式的君主制，因为其余各种君主制大多处于这两者之间，其君王的权限或者不及拥有全权的至尊君主，或者超过斯巴达诸王。因而我们基本上只须考察两点：第一，设置一位终身任职的统帅对城邦是否有利，以及这样的统帅应在王族中世袭还是应由公[1286a]民轮流担任？第二，由君王总揽一切大权对城邦有利还是不利？第一个问题更应该由法律而不是由政体来裁定，因为在所有的政体中都可能有终身任职的统帅，所以暂且撇开它不谈。余下的问题涉及的君主制，是政体的一种形式，故需要在此进行讨论，并指出其中存在的种种疑难。首先让我们从这一问题入手，即由最优秀的人来统治比由最良好的法律来统治是否对城邦或国家更为有利。

认为君主制较为有利的人觉得，法律只是一些普遍的规定，对于诸般物象往往并不切合，因而墨守成规在任何技艺中都是愚昧的。而且在埃及，医师在按成规开处方的第四天就可以酌情改变处方，当然如果早于这个时间他就要冒一定的风险。根据同样的理由，显然可见墨守陈规的政体不会是最优良的政体。不过，统治者总是要遵循一些普遍的规则的；而且不受激情支配的统治者总的说来比易于感情用事的统治者要强。而法律绝不会听任激情支配，但一切人的灵魂或心灵难免会感受激情的影响。

或许有人会反过来说，个人的主意在个别的情况下往往更加妥贴。其结果显然会是，君王即应是立法者，其制订的法律为全邦共同遵守；但是法律一旦逾越其界限，就会失去仲裁的权威，尽管在其他场合仍可保持其权威。在法律一般而言不能起裁决作用或者不能很好地起裁决作用的情况下，是不是该由最优秀的人来主宰一切呢？目前的情况是，公民们举行审理各种问题的集会，审议和裁决一应事宜，而且他们裁决的都是个别的事例。公民大会的成员，单独而论恐怕是不如他人，但城邦原本是由众多的公民构成，正如由众人筹资举办的宴席胜于由一人出资举办的宴席一样，在许多事情上众人的判断要优于一人的判断。

此外，多数的事物较之于少数的事物更加不易腐败；恰如大量的水比少量的水更加不易腐坏。单单一个人必定容易为愤怒或其他这类激情所左右，以致破坏了自己的判断。但是很难设想，所有的人会在同一时间发怒并且犯错误。假设这些群众都是自由人，他们从不违法行事，只是在法律不得已而有所疏漏的地方才有所发挥。若是难于指望众多的人都会如此，也可以假设多数人都是善良的公民，那么，是一个人做统治者不易腐败，还是由人数众多的善良公民的全体来

做统治者更加不易腐败?难道不是众人的全体吗?有人会
1286b 说，人一多就可能分成各种党派，但一个人就不可能有党派之争了。对此大致可以这样答复，这些人的灵魂或心灵同单独的那一人一样贤明。如果我们把由众多善良公民的全体来统治的政体确定为贵族政体，把由单独一人来统治的政体确定为君主政体或王制，那么对于各城邦来说，贵族政体就要比君主政体更为可取，无论其统治是不是凭借武力来维持；我们的假设只需要找到众多的同样善良的公民即可。

或许是出于这个原因,即古时候的城邦只有少量的居民,因而难得发现德性超群之人,所以君主制的起源更为久远。而且，成为君王的人一般都凭借其光辉业绩，而只有善良之人方能做出光辉的业绩。然而随着在德性方面堪与王者相媲的人不断增多，他们就不再甘居人下，转而谋求某种共和体制，并建立了相应的政体。但他们很快就堕落了，从公共财产中大饱私囊，便自然而然地转向了寡头政体，因为财富已成为荣誉的象征。各种寡头政体首先又产生出僭主制，从僭主制中随后又产生了平民制，因为当权者贪婪成性，导致权力集团的人数不断减少，相应地扶植了群众的力量，以致最终受到平民大众的践踏，从而形成了平民政体。既然今日诸邦的规模业已增大，在平民政体之外，就很难再建立其他形式的政体了。

即使有人坚信王制对于各城邦是最优良的治理方式，那么王室的子嗣应处在什么样的位置呢？王位是不是该由王族后裔来继承呢？可是倘若他们正好是才德平平，就会危及城邦社稷。宣扬君主制的人大概会说，君王也可以不把王权传给自己的子嗣。然而这种事毕竟是令人难以置信的，而且对人的本性也实在是一种奢求。关于武力的使用也存在着一个疑难：君王是否应当在自己周围组建一支武装力量，以此来弹压那些不愿臣服的属民？没有武力的庇护，他又怎么可能维持其统治呢？即便是一切听凭法律裁决，没有根据自己的私意做什么违背法律的事情，一位君王也仍然需要一支武力来保障法律的实施。在王权受到限制的地方，这个问题可以轻而易举地得到解决：应该让君王拥有这样一支武力，它强过每一人或聚在一起的多于一人的数人，但是弱于民众的力量。在古时候，人们为城邦拥立一位所谓的民选邦主或僭主时，都给他配备一支这样的卫队；当狄奥尼修斯要求叙拉古人给他一支卫队时，有人就曾建议只给他这么多人的卫队。

【16】 接下来要考察那些在所有事情上均凭自己的私意行事的君王。照我们所说，建立于法律之上的君主制不能算作政体的一种形式，因为在一切政体中，比如在平民政体或贵族政体中，都可以设置终生任职的统帅，而且许多地方都设置了一名最高官员来裁决城邦内政。在埃庇丹诺斯就有这种官职，在奥浦斯也有，但其权限不及前者。但是，所谓的全权君主——即凭自己的私意在所有的事情上拥有统治权的君主，在由彼此平等的人组成的城邦中，一人凌驾于全体公 1287a

民之上，对某些人来说就显得有悖于自然。他们认为，天生平等的人按照其自然本性必然具有同等的权利[①]和同等的价值。因而，在名位方面以同样的方式对待不平等的人，或以不同的方式对待彼此平等的人，就好比是给体质不同的人以同等的衣食，给同等体质的人以不同等的衣食，其结果只会是危害了人们的身体。因此，人们认为统治者并不比被统治者具有更正当的权利，所以应该由大家轮流统治和被统治。由此便涉及法律，因为一种制度或安排就已经属于法律范围了，所以法治比任何一位公民的统治更为可取。根据同样的道理，即使由个人来统治更好，也应该使其成为法律的捍卫者和监护者。城邦或国家必须设置各种官职，但是人们认为，由某一个人来统治与其平等的所有人是不公正的。在法律未能作出规定的地方，人也同样不可能作出明断。法律教导人们遵循这一目的，委任各种官员根据其最公正的判断来裁决法律自身未能涉及的其余事例。此外，人们还完全可以根据其经验修正或补充现存的法规。崇尚法治的人可以说是惟独崇尚神和理智的统治的人，而崇尚人治的人则在其中掺入了几分兽性；因为欲望就带有兽性，而生命激情[②]自会扭曲统治者甚至包括最优秀之人的心灵。法律即是摒绝了欲望的理智。由各种技艺提供的例证看来是靠不住的，它

---

① dikaion。

② thumos，见本书第七卷【7】及脚注。

们表明按成规行事的医生是庸医，而擅于运用各种技术的医生更受人们欢迎。但医生们不会由于偏爱而违背理性，只限于收费治病，替人恢复健康。在位的政治家们则不然，他们的作为往往是出于怨毒和偏好。而且，倘使人们怀疑医生由于受贿站到了自己的仇敌一边，施害于他们，也尽可以从书中得到查证。而假如医生本人生了病，他可以求治于别的医生；体育教练本人进行操练时，可以求助于别的教练；因为 1287b
身处非常遭遇之中，他们无法就自己的事情做出正确的判断。因而，寻求正义的人即是在寻求中道，这是十分明显的事情。而且，约定俗成的法规比成文的法规更具权威，所涉及的事情也更加重要，所以人治也许比依据成文法的统治更加可靠，但不会比依据习俗的不成文法可靠。

而且，让一人事必躬亲也不会没有困难，他将不得不委任许多下属的官员来共同治理城邦。那么，让这些官员一开始就存在与等这位唯一的统治者来以这种方式任命他们又有什么区别呢？这里又要重提旧论，即假如贤良之人由于比他人优越而成为统治者是公平合理的，那么两个善良的人就会优于一个善良的人。古诗云：①

　　两人同行；

又如阿伽门农的祷词：

　　愿得良谋十人②

---

① 荷马：《伊利亚特》，x，224。

② 同上书，ii，372。

如今有一些官员，例如陪审员，裁决一些法律未能对之作出规定的事例，而依然没有人会怀疑，法律在其力所能及的范围内起着统治作用，并能作出最妥善的裁决。然而由于在一些事情上可以援引法律的权威，在另一些事情上则不能，这就造成了一个难解的疑问，即应该采用最优秀的法律来统治还是应该选用最优秀的人来统治。无可否认，法律不可能详尽人们需要对之加以审议的一切事例，这样的事例必须由人来裁决，但是，不能只设一名裁决者，而要设置多名。

每一位在法律方面受过教育的统治者都能作出良好的判断，可是说用双目看、用双耳听、用双手和双足行动的一个人竟然优于拥有众多的耳目和手足的众人，那也未免太过荒唐。事实上，今天的统治者们想方设法使自己拥有众多的耳目和手足，他们让自己的亲朋好友或拥护其统治的人与其共治邦国。这些人如果不是君王们的朋友，就不会遵从君王的旨意，如果是他们的朋友，就会是与君王平等或同等的人；因而，既然君王们认为这些人可以参与统治，同样就应该认为，与自己平等或同等的人均可参与统治。不赞成王制或君主政体的人，大致就有以上这些反对意见。

【17】 然而上述意见在某些情况下适用，在另一些情况下也许就不适用了。因为在主人的统治或其他形式的君王统治或共和政治的统治中，存在着某种公正和有益的因素。但是僭主制或任何其他蜕变了的政体，由于其产生就违背了

自然本性，就不可能符合人性。从上述论述可知，当人们彼 1288a 此同等或平等时，以一人凌驾于一切人之上就既无公正亦无利益可言；无论有还是没有法律，他自己即是法律；也无论这一统治者善良还是不善良。而且，即使这人德性超群，除非是在某种特殊情形下，他来统治一切人也无公正和利益可言。至于这种特殊的情形是什么，前面曾经有所涉及，这里将再次予以说明。

不过首先让我们来考察，什么是君主制，什么是贵族政体，什么是共和政治①。适于君主制的地方有着这样一种群众，从他们中可以自然而然产生出德性超群、适合作政治领袖的人物；适于建立贵族政体的地方，其群众自然而然地造就一种人，他们能够作为自由人接受那些德性出众、适合政治统治者的统治；适于共和政治的地方，其群众自然地造就出一种人，他们在共和政治中既能胜任统治，又能受人统治，这种统治以法律为依据，处境优裕的人们根据各自的才德分享各种官职。所以，倘若某一家族全体或别的某个人正好才德超群，远在其他所有人之上，那么以这一家族为王族或以这人为君王来统治所有的人，也没有什么不公道的地方。因为照我们先前所说，这样做完全符合各种政体的缔建者们惯常持有的公正观念，无论是贵族政体、寡头政体还是平民政体的缔建者，因为他们都尊崇超越，只不过各自侧重

① politikon。

某一方面的超越；不仅如此，而且这种做法也符合我们已经确立的公正原则。杀掉或流放这样的人，或者诉诸陶片放逐法都是不公正的做法，而且也不能要求这些人倒过来受他人统治。部分超过整体并不是一件自然的事情，但是这种卓越非凡的人正巧做到了这一点。在这种情况下，唯一的办法就是心悦诚服地奉其为主宰，不是在轮流当权的意义上，而是在单纯或无条件的意义上的主宰。

关于君主制有哪些差异，它对各城邦有利还是不利，以及君主制适用的对象和君主制的方式，就作以上这些说明。

【18】 我们说，正确的政体有三类，其中最优秀的政体必定是由最优秀的人来治理的政体，在这样的政体中，某一人或某一家族或许多人在德性方面超过其他一切人，为了最值得选取的生活，一些人能够胜任统治，另一些人能够受治于人。在最初的论述中，我们已经阐明，善良之人的德性与最优良城邦的公民的德性必然是同一的，故在同样的意义上，通过与人们成为贤良之人的途径相同的途径，一个人显
1288b 然可以由此组建贵族式的统治或君王式的统治。所以，造就贤良之人与造就政治家或君王所需的教育和习惯训练也是完全相同的。

明确了上述这些问题之后，我们就可以进而论述最优秀的政体，讨论它是由什么方式自然而然地生成的，以及它是

如何建立起来的。[要想对这一问题作出恰当的研究，就必须……①]

① 括号内的文字与第七卷开头相合（见1323ª14—16），有人以此作为第七卷应为第四卷的根据，但有人认为这是后人加上去的一句话，贝克尔本的第二版中删去了这句话。

第　四　卷

1288b10 **【1】** 一切的技术和科学，只要其研究不限于事物的部分，而是以某一终极的种为对象，那么隶属于每一个种的事物就应由单一的一门技术或科学来研究。例如，体育科学要研究，什么样的训练对什么样的身体有利，什么样的训练是最优良的（最优良的训练方式必定是适宜于那些天生体质卓绝而又拥有最优裕的生活条件的人的训练方式），以及对于大多数人来说，什么是他们全都能接受的一种训练方式。此外，假若有人并不大想在体育竞技方面拥有十足的体质和技艺，也并不妨碍专门研究体育的人给他设计一些较低的训练方式。与此相似，在医术、造船术、服装缝制术以及其他一切技术领域中，我们都可以看到同样的情形。

显而易见，对政体的研究也应属于同一门科学，它研究什么是最优良的政体，以及若是没有外部的干扰，什么性质的政体最切合我们的意愿，什么政体与什么城邦相适合。由于能实现最优良政体的城邦毕竟为数不多，故一名好的立法者或真正的政治家就不应该一心盼求单纯意义上最优越的政体，他还须考虑到切合城邦实际的最优良的政体。此外，我们还应该能够指明，在给定的前提下，一个政体起初是如何产生出来的，通过什么方式可以使它长时间地保持下去；我所指的就像这样一个城邦，压根不适于最优良政体的治理方式，也不具备最起码的条件，其政体甚至没有达到为其实际存在条件所允许的优良程度，却只达到了某一较差的水准。

在上述所有问题之外，还必须指明，什么政体对一切城邦最为适宜。大多数评述政体问题的人虽然可以说不乏高论，但在实际应用方面往往不免误入歧途。我们不仅应当研究什么是最优良的政体，而且要研究什么是可能实现的政体，并同时研究什么是所有的城邦都容易实现的政体。如今，有一类人一心一意地追求最优良的政体，而那是需要具备众多的天然条件的，另一类人则宁愿谈论某种共同的政体，他们希望废弃自己生活于其中的政体，盛赞别的某种斯 1289a 巴达式的政体。而对现存政治体制的这类改变，都应使人们甘愿并能够接受，而且要易于实施。因而改善一个旧的政体的艰辛程度并不亚于从头建立一个新的政体，犹如补习①之艰难并不亚于从头学起一样。因此，一位政治家除了具备以上所说的素质外，还应该有能力帮助现存的政体改正其弊端，这在前面已有阐述。然而，他如果对政体有多少属类茫然无知，就不可能做到这一点。今天有些人认为，只有一种

① metamanthanein。

平民政体或只有一种寡头政体，而这种观点并不真实。因而不应忽略，一切的政体之间存在着哪些差异，各种政体是以哪些方式构成的。这同一种实践智慧可以使人看清哪些法律是最优良的，以及哪些法律与个别的政体相适合。因为法律的制订应该与政体相适应，而且所有的法律也都是这样制订的，却不能说政体的创立应与法律相适应。一个政体即是对城邦中各种官职的一种设置，以某种方式对官职进行安排，确定该体制中的权力所在和每一城邦共同体的目的所在。而法律是独立成章的，是说明政体性质的一种规章，当权者必须依法统治，并防止有人违犯法律。所以很明显，为了制订诸种法律，就必须明了政体的各种差异和每一政体的定义。因为同一些法律不大可能对所有的寡头政体和所有的平民政体都有利，假如平民政体和寡头政体都多于一种的话。

【2】 在研究政体问题的最初的论著中，我们把正确的政体分为三类，即君主制、贵族制（政体）和共和制；这些政体又有三类相应的变体：僭主制或暴君制是君主制的蜕变，寡头政体是贵族政体的蜕变，平民政体是共和政体的蜕变。关于君主制和贵族制我们已经做了阐述，因为探讨最优良的政体实际上与探讨以这两种名称命名的政体是同一回事情，二者都希求与天然条件相结合的德性。此外我们还阐明了，贵族制和君主制之间有什么差别，以及在什么时候可以筹划君主制。剩下来要讨论的就是其名称为以上提及的一切

政体所共有的政体或共和政体，以及另外几种政体，即寡头政体、平民政体及僭主制。这些政体的变体中何者最劣、何者次之是一眼可见的；因为第一种即最神圣的一种政体的蜕变必定是最恶劣的政体。君主制要么是有名无实，要么是凭借其君王的诸多卓越之处；因而僭主制或暴君制必定是最恶劣 1289b 的政体，在另一极端上走得最远。其次就数寡头政体最恶劣，这种政体与贵族政体相去甚远。三类变体中最可容忍的是平民政体。

前辈中有人已经做过这样的区分①，当然跟我们的观点不尽一致。他断定，与一切贤明的政体相比，例如与寡头政体或其他某种政体相比，平民政体是最恶劣的政体，但是与糟糕的政体相比，它又是最优良的政体。然而我们说，总而言之这些政体都是有缺陷的，与其说一种寡头政体比另一种好，倒不如说一种不如另一种坏。

不过让我们暂且不做这种评判，首先来区分各种政体究竟有多少不同的种类（正如平民政体和寡头政体就有许多属类）；其次要讨论，在最优良的政体之后，什么政体最能得到普遍的接受，以及什么政体最值得人们选取；还要讨论，是否另有什么政体可能具有贵族制性质并且组建得优良合理，同时适用于大多数城邦；再其次需要讨论，在其他各种政体中，哪些人适宜选取哪种政体。对于某些人来说，平民

① 指柏拉图，见《政治家篇》，$302^{E}10$—$303^{B}5$。

政体比寡头政体更为急需，而另一些人可能会有与之相反的迫切要求。在此之后，我们要考察，人们要建立自己所向往的各类政体——我指的是每一种形式的平民政体以及寡头政体——应该采取什么样的方式。最后，在尽可能地概述了以上所有问题之后，我们还要一一指明，就共同的情况或者就个别的情形而论，各种政体是如何毁灭和如何保存的，导致它们毁灭或保存的最大原因是什么。

【3】 存在多种政体的原因在于，每一个城邦都由为数众多的部分组成。首先我们看到，每一城邦都由若干家庭构成；其次，群众之中必然有人富有，有人贫穷，有人则居于中游；富人拥有重装步兵的武器装备，穷人则没有。在平民之中我们看到，有的是农民，有的是商人，有的是工匠。而且在那些著名人物之间也存在着财富和产业规模方面的差别，比如他们饲养的马匹，不富有的人是难以养马的。所以在古时候，其武装力量为骑兵的城邦往往实行寡头制，它们依靠骑兵同邻邦作战；例如在爱勒特里亚、卡尔西迪亚、迈安德罗河上的马格勒西亚和亚细亚的其他许多地方都是这样。除了财富方面的诸种差别外，还有出身和德性方面的差
1290a 别，以及我们在讨论贵族政体时曾经列举过的其他某种要素上的差别，我们在那里列举了每一城邦由之构成的各种必要的部分或要素。这些要素或者是全部，或者或多或少地加入政体之中。由于各种政体的构成部分在形式上彼此相异，因

而显然一定会有多种政体存在，并且它们在形式上也各不相同。而政体是关于各种官职的一种设置，它根据人们的能力或根据人们共有的某种平等的东西——比如为穷人所共有的东西或为富人所共有的东西或为两种人所共有的东西，在参加该政体的全体公民中分配这些官职。所以，有多少种政体，就有多少种分配官职的方式，而这又须视政体的组成部分或要素之间的差异和政体自身的侧重或专长而定。

最流行的看法是，政体有两种形式，正如人们说风只有两种——北风和南风，其他的风都是这两种风的偏转，如此政体也有两种，即平民当权的政体和寡头政体。由少数人执政的贵族政体可以被当作是寡头政体的某种变形，而所谓的共和政体也可以列入平民政体之中，就好比在各种方向的风中，西风可以看作是北风的偏转，东风可以看作是南风的偏转一样。与此相似，有些人说曲调也只有两种，即多利亚调和弗利吉亚调，其他的曲调组合可以称为多利亚风格或弗利吉亚风格的曲调。在政体问题上，这也是一种最常见的观点或主张，然而更真实和更好的方法还是我们的区分法，即分辨出两种组建优良的政体，而其他的政体都是它们的变体；这无论对最动听的曲调还是对最优良的政体都适用。寡头政体可以看成是极权和专制更加突出的政体，平民政体则可以看成是较为宽松或较为温和的政体。

【4】 不能像今天有些人所习惯的那样，把平民政体简

单地当成由多数人当权的政体，因为寡头政体甚至所有的政体都可以说是多数人在当权；同样，不能把寡头政体简单地说成是由少数人当权的政体。假设一个城邦共有1300人，其中1000人为富人，300人为穷人，富人们不允许在其他方面与他们同等的贫穷的自由人参与行政统治，恐怕就没有人会说这是一种寡头政体了。同样地，假设占少数的穷人降伏了人数更多的富人，那么，尽管受到排斥的富人没有参政的荣誉资格，也不会有人称这种政体为寡头政体。更应该
1290b 说，平民政体是自由人当权的政体，寡头政体是富人当权的政体，而前者占多数后者占少数只不过是一件偶然的事实，世上原本就是自由人多而富人少。不然的话，根据身材来分配官职的政体——有些人说埃塞俄比亚就是这样，或者根据相貌来分配官职的政体都可以称做寡头政体了，因为众人中身材高大者或相貌俊美者毕竟只占少数。不过仅仅以财富和自由人的身分为标准来区分寡头政体和平民政体还是不充分的，这两种政体都包含诸多的部分或要素，故必须作进一步的分析；倘若一个政体中少数的自由人统治着占多数的非自由人，例如在伊奥尼亚海湾上的阿波罗尼亚，以及在忒拜，我们依然不能称这种政体为平民政体。在上述两个地方，具有荣誉资格的门第显贵的是最初移居这些城邦的人，相对于邦内众人而言，这些人只占少数。倘若富人由于人数居多在政体中执掌权力，也不能称之为寡头政体，例如在很久以前的科罗丰，那里的居民在吕地亚战争之前大都变成了巨富。

而平民政体指的是贫穷而又占多数的自由人执掌着政权，寡头政体指的是门第显贵而又占少数的富人执掌着政权。

以上阐明了政体有多种类型，并探讨了各种政体由以产生的原因。在此之外尚须指明，除了前面提及的政体形式外，还有哪些政体，这些政体又是出于什么原因。我们一致承认，所有的城邦都不是由单一的部分构成，而是有众多的部分或要素，这可以作为我们进行讨论的出发点。比如要对动物进行分类，我们首先就应该明确，每一动物都有哪些必不可少的部分，例如某种感觉器官、某种接收和消化食物的器官——如口与胃，还有各自的运动器官。姑且假定所有的器官就只有这么多种，但这些器官之间仍有差异——我指的是种类众多的口、胃、感觉器官及运动方面的器官，这些器官的组合必定会造成动物的诸多种类，因为具有多种多样的口和耳的动物不大可能是同一种动物。穷尽了所有可能的组合之后，就确定了动物的属类，有多少种必不可少的器官的组合方式，动物就有多少不同的属类；也可以以此类推以上提到过的政体问题。我们反复强调过，城邦不是由一个部分而是由多个部分构成的。其中的一个部分是生产粮食的人们，即所谓的农民。第二个部分是所谓的工匠，缺少了这些人的技艺就无法维持城邦的存在；这些技艺中有的是出于必 1291a
需，有的则是为了奢华或优雅的生活。第三个部分是商贾阶层，我指的是从事买或卖的商人和小贩。第四个部分是佣工。第五部分是武士或卫士阶层，如果城邦不想遭受奴役，这一部分的重要性就毫不逊于前面的部分。一个奴性的人群共同体是不可能配得上城邦这一名称的，因为城邦就在于自足，而奴隶根本就谈不上自足。因此，《国家篇》中尽管在这一点上立论精妙，却论述得并不充分①。苏格拉底说，城邦由四种必不可少的人构成，包括织工、农民、鞋匠和建筑工；由于这些人尚不足以构成一个自足的城邦，他随后又添加了铁匠以及照管必需的牲畜的牧人，此外还有商人和小贩。所有的这些人就构成了他最初设想的城邦，好像一切城邦都是为了满足生活之必需，而不是为了高尚的生活，这样的城邦同等地需要鞋匠和农民。直至城邦的疆域扩大，与周遭的城邦接壤并开始发生战争时，他才增加了卫士阶层。然而即使就那四个最初的阶层或者就那些附加的阶层而论，必然需要有人来证明和裁断是非曲直。如果可以说灵魂比身体更是动物的部分，那么与满足必需的用途的阶层相比，战士阶层、司法阶层以及最能体现政治职能的议事阶层就可以说更是城邦的部分。这三种人要么是同一些人，要么是不同的人，但这对我们的论证并没有什么影响；倒是经常可以看到同一些人既是武士又是农民。因而，若是这些人和满足城邦之必需的人都可以被当作城邦的部分，显然武装人员也是城邦的一个部分。

---

① 见柏拉图：《国家篇》，369^{D}9—^{E}1。

第七部分①是为城邦提供资财的富有阶层。第八部分是担任官职的行政人员，而没有官职也就不会有城邦。所以必须有能够胜任统治的人，连续地或轮流地为城邦服务。其余的部分就是我们方才提及的审议和裁决各类讼案的两种人。如果各个城邦都需要这些人，而且非常需要他们的廉洁和公正，那么他们就必须具备政治家的某种德性。常常可以 1291b
看到，同一些人担负了数种不同的职能，例如同一些人既是战士又是农民又是技师，又如，议事者同时又是裁决者。所有人的德性各有所长，而人人都认为自己有能力干好大多数的官职；但是同一些人不可能既是富人又是穷人。因此，似乎富人和穷人最像是城邦的部分。此外，由于在多数情况下总是前者占少数而后者占多数，它们就显得像是城邦的正相反对的两个部分。这两个部分谁占上风，就可以决定政体的格局。所以人们认为只有两种政体，即平民政体和寡头政体。

前面已经阐述了，政体有多种类型，并指明了每种政体赖以产生的原因。这里让我们来说明平民政体和寡头政体的各种各样的形式。这从已有的论述中就不难看清。因为平民和著名人物就是多种多样的，平民中的一种形式是农民，另一种是各种技师，再一种是从事买和卖的商贩，还有一种是从事航海的人们，他们或者与战争有关，或者为了赚钱谋

① 原文未提及第六部分。

生，如专营摆渡或捕鱼。在很多地方，上述这几种人的数量十分可观，例如塔林顿和拜占庭的渔民，雅典舰船上的水手，埃吉那和凯俄斯岛上的商人，以及忒涅多斯岛的摆渡人。在这几种人之外还要加上手工劳动者和家无积薪、终日奔波劳作不得休闲的人们，以及并非双亲都是自由人的人们，或者是诸如此类的其他什么种类的人。而且，著名人物在财富、出身或门第、德性、教育方面和在与以上各项有关的事物方面也同样有着多种差别。

首先的一种平民政体是所谓的最符合平等原则的政体。这种平民政体的法律声称，平等就是穷人和富人谁也不占上风，任何一方都不求主宰另一方，而是两者处于同等的地位。如果像有些人所主张的那样，自由和平等是平民政体最根本的原则，那么，让一切人以同等的身分最大限度地共同参与某一政体，就会有最大限度的自由和平等了。既然平民总是占多数，故多数的意见起决定作用的政体就必然是平民政体。这是一种形式的平民政体，另一种平民政体中的各种官职都有一定的财产要求，不过这种要求并不高，凡是具有一定财产的人均可以参与行政管理，被剥夺了财产的人就没有资格参与行政管理。又一种平民政体中，所有其公民身分不成问题的人都有权参与行政管理，法律在该政体中具有统治的权威。还有一种平民政体，任何人只要是公民就可以参与行政管理，而法律必然具有统治的权威。再有一种形式的平民政体，在其他方面与前面几种形式一样，但是群众代替了法律在行使权力。其背景是群众的决议而不是法律具有最高的权威，造成这种结果的正是那些蛊惑人心的平民领袖们。因为在依法统治的平民政体中没有平民领袖的位置，主持公务的是那些最优秀的公民；然而一旦法律失去其权威，平民领袖就应运而生了。平民大众合成了一个单一的人格，变成了高高在上的君王；民众并不是作为个人执政掌权，而是作为众人的整体。荷马说过："由一个人来统治众人是不好的。"不过他在这里指的是这种由多数人合而为一的统治还是那些单独一人的统治尚不得而知。而这种性质的平民，由于挣脱了法律的束缚，就俨然以君主自居，寻求君主式的统治权力，就滋生了极权专制。奸佞之人在这种政体中得势，这种性质的平民制好比是从君主政体中演变出来的僭主制或暴君制一样。两者的格调是相同的，它们都对杰出之士横加迫害，平民的决议就好比是僭主的敕令，而平民领袖与僭主的佞臣相比，简直就是一丘之貉。僭主制下的佞臣和平民制下的平民领袖都可以一手遮天，分别从僭主和这种性质的平民手中窃取大权。平民领袖们把一切事情都交付平民百姓表决，这是造成群众的决议取代法律的权威的原因。他们的地位日渐显著，因为权力在全体平民手里，而他们可以左右平民百姓的意见，群众们也甘愿听任这些人摆布。此外，那些对行政官员们心存怨恨的人也声称"应该由人民来做决断"，群众们当然是喜不自胜地接受了这种邀求，于是乎官员们一个个威信扫地。看来人们的指责是不无道理的，即这种性质的平民政体根本就不成其为一个政体，因为在法律失去其权威的地方，政体也就不复存在了。法律理应具有至高无上的权威，而各种官员只须对个别的特例进行裁决，这也是一个政体的职能。因而假如平民政体也算是一种形式的政体，而平民群众的决议在这种体制中决定着一切，那么显然只能说这种政体不是平民政体的主要形式。因为群众的决议不可能针对普遍的事理。

关于平民政体的属类或形式，就作以上这些规定。

【5】 寡头政体也有多种形式。其中的一种是，各种官职都有极高的财产要求，以至为数众多的穷人没有资格担任官职，不过只要拥有了规定的财产额就可以参与这种政体。
1292b 另一种形式的寡头政体中，各种官职仍有极高的财产要求，官职的空缺只能由从合格公民中选举产生的人来填补。就从全体合格公民中遴选官员这一点而论，这种寡头政体与贵族政体有点接近，而倘若官员只从某些特定的人选中产生，就更能体现寡头政体的特征。另一种形式的寡头政体中出现了父传子的世袭制度。第四种形式的寡头政体同上面刚刚提到的一种一样实行世袭，而且统治者已经凌驾于法律的权威之上。各种寡头政体中的这种寡头政体，就好比是各种君主政体中的僭主制或暴君制一样，或者像是各种平民政体中最末的一种。人们把这种寡头政体称为“权阀政体”。

以上论述了寡头政体与平民政体的各种形式。不过应当注意到，有许多地方的政体尽管没有建立在平民制的法律之上，但是这些地方的习性和倾向致使其采纳了平民政体的治理方式；反过来，其他不少地方的政体尽管以法律而论属于平民政体，但那里的习性和倾向更加愿意采纳寡头政体的治理方式。一场政权更迭之后这种情况就更加常见，因为革命者不可能在一夜之间把什么都改变掉；起初，他们只要稍稍占其他人一点便宜就心满意足了，所以一方面夺取了政权的革命者们飞扬跋扈，一方面旧时的法律还继续起着作用。

【6】 从以上所说已经可以清楚知道，平民政体和寡头政体就有这么多种形式。因为要么是上述的所有各部分平民全都参与政体之中，要么是一部分参与而另一部分未能参与。当农民和中产阶层执掌着政权时，他们的政府会遵从法治。因为辛苦谋生的人们不可能有足够的闲暇，所以他们情愿树立法律的权威，只在必要时才召开公民大会。其他各种人只要拥有法律规定的一份财产就可以参加到政体中来，因此所有拥有了法定财产份额的人都在该政体中享有一定地位。一般说来，不让所有人都参与行政统治是寡头政体的做法，而人们如果没有财产的保证就不可能获得参政的闲暇。以上是一种形式的平民政体，其形成的原因也就是上述这些。另一种形式的平民政体有着次一级的选择标准，即所有在出身方面无可挑剔的人都可以参与行政管理，当然为了参政他们尚需拥有足够的闲暇时间。在这种平民政体中，法律

具有统治的权威，因为城邦没有什么公共收入可用以供养各种行政人员。第三种形式的平民政体中，凡是自由人都有参政的资格，但由于上面提及的原因，实际上并非所有人都参与了行政统治，因而在这种政体中必然还是法律居统治地
1293a 位。第四种形式的平民政体在诸城邦中出现得最晚。由于各个城邦的版图均大大超出了其原先的规模，兼之城邦的公共收入也大有起色，由于群众的势力日渐增长，所有公民都参与了政权，由于发放津贴，甚至包括穷人在内的公民们就得以拥有了充足的闲暇时间，共同参与了城邦的治理。而且，这种情况下的群众实际上尤其悠闲，因为他们无须因操心私产而在公共事务中受到拖累，然而富人就难免受到阻挠，以致常常无法出席公民大会和参加法庭审理。因此穷人大众就逐渐控制了政体，法律也就失去了它的权威。

平民政体就有以上这么多形式，其必然的原因也就有这么多种。至于寡头政体，一种是大多数公民都拥有财产，但财产的数额还不算过大，这是第一种形式的寡头政体，它允许拥有规定的财产的人享有参政的权利，由于参与行政治理的人为数众多，因而在这种政体中必定是实行法治而不是实行人治。就人数而言，这种政体与一人统治的君主政体大不相同，而且公民们拥有的财产尚不足以使他们安享闲暇，同时也没有少到可由城邦供养的程度，所以人们必然会尊奉法律的权威，而不会企图由自己取而代之。若是城邦中拥有财产的人数减少了，而他们拥有的财产数额却反而更大，就会

形成第二种形式的寡头政体。因为他们的势力越是强大，他们就要求有越多的权力，为此他们亲自主持挑选进入政权机构的其他人；由于他们还没有强大到可以抛开法律自行其是的程度，于是制订了一些自己可以操纵的法律。若是拥有财产的人数进一步减少，而这些人的财产数额进一步增大，就产生了第三种形式的寡头政体。一方面寡头们把持了各种官职，另一方面又以法律的形式确定了子女对父辈财产的继承权。当寡头们已经拥有了巨额的财产和无数的党羽时，这种权阀政体与君主政体就十分接近了，人治最终将取代法治。这是第四种形式的寡头政体，它与最末一种平民政体相对应。

【7】 在平民政体和寡头政体之外还存在着两种政体，其中的一种是人尽皆知的，并被列为四种基本的政体中的一种——我所说的四种基本政体，指的是君主政体、寡头政体、平民政体以及列第四位的所谓的贵族政体。但是还可以举出第五种政体，它的名称为一切政体所共有（因为人们称之为共和政体）。由于这种政体并不常见，所以那些给政体归类的人没有注意到它，仅仅列举了四种政体；柏拉图就是 1293b
这样。贵族政体这一称谓，很适合于我们在前面的讨论中提到过的那种政体——只有由单纯意义上最优秀的人构成的符合德性的政体才配称为贵族政体，而仅仅由相对于某种前提可称善良的人组成的政体就不能包括在内了；因为只有在单

纯意义上最优良的政体中，善良之人与善良的公民才是同一的，而在其他的政体中，所谓善良的公民只是相对于其各自的政体而言。不过的确存在着某些政体，它们既不同于寡头政体，也不同于所谓的共和政体，人们称之为贵族政体，这种政体中的各种官员的选举不仅要看财富，而且要看个人的优秀品质。这种政体与上述两种政体都不相同，所以获得了贵族政体的称谓。有些城邦并没有把德性作为全体公民共同关心的目标，然而即使在这些地方也可以找到一些声名良好的贤良之人。一个政体只要考虑到财富、德性和平民这三项因素，就像在迦太基一样，便可以叫做贵族政体；而一个只考虑到其中两项的政体，如只考虑到德性和平民的斯巴达政体，也可以算做贵族政体，这种政体是平民主义和德性原则相混合的产物。以上是在第一种也是最优秀的一种贵族政体之外的另两种贵族政体，还有第三种形式的贵族政体，它倾向于寡头政体更甚于倾向所谓的共和政体。

【8】 让我们来讨论其余的两类政体，即通常所说的共和政体和僭主制或暴君制。我们这样排列，并不是因为方才提及的几种贵族政体都是这种共和政体的蜕变，而真实的情况是，上述所有的政体都有这样那样的错误，因而比不上正确的政体，于是它们都被列入蜕变了的政体之中，就像我们在一开始所说的一样，其他各种政体都是这些正确政体的蜕变。最后我们将讨论僭主制或暴君制，将它放在最后面是有

道理的，因为我们这部论著研究的是政体问题，而僭主制或暴君制正好是所有政体之中最糟的一种政体。

说明了我们为何采取这样的顺序之后，让我们由此开始讨论共和政体。鉴于以上已经明确论述了寡头政体和平民政体，故共和政体的性能也就比较清楚了。因为共和政体简单说来是寡头政体与平民政体的一种混合。通常人们把倾向于平民政体的这种混合政体称为共和政体，把倾向于寡头政体的混合政体称为贵族政体，因为教育和高贵的出身更经常地伴随着那些更加富有的人。并且，富人们差不多已经拥有了诱使人们为之而犯罪的诸般事物，由此博得了高尚、善良和通情达理的美誉。人们说，贵族政体意在给予那些最优秀的公民以超出他人的显要地位，而寡头政体也未尝不是由高尚而善良之人组成的。如果说一个不是由最优秀之人而是由穷 1294[a]
困潦倒之人来执掌的城邦不可能建立起优良的法制，同样就应承认由最优秀之人当政的城邦不可能不实施优良的法制。不过即使制订了优良的法律，却得不到人们心甘情愿的遵守，也不能说是建立了优良的法制。因此优良法制的一层含义是公民恪守业已颁订的法律，另一层含义是公民们所遵从的法律是制订得优良得体的法律，因为人们也可能情愿遵从坏的法律。恪守法律可以分成两种情况：或者是恪守在人们力所能及的范围内最优良的法律，或者是恪守在单纯的意义上最优良的法律。

看来贵族政体在各种名位的分配方面最能体现德性原

则，因为贵族政体的准则即是德性，而寡头政体的准则是财富，平民政体的准则是自由。而在全部三种政体中，多数人的意见都能起作用。无论是在寡头政体、贵族政体还是在平民政体中，为参与政体之中多数人的意见所认可的东西都具有决定性的权威。在大多数城邦中，都存在着被人们称为共和政体的这种政体形式，这种政体仅仅混合了富人和穷人、财富和自由；而富人们在众人中往往如鹤立鸡群，取代了高尚而善良之人的位置。人们在一个政体中要求平等，大抵有三项理由，即自由、财富与德性，而第四项理由即高贵的出身只不过是上述中的两项的伴随结果，因为高贵的出身系于先辈的财富与德性；显然，混合了其中两项要素——富人与穷人——的政体应该说是共和政体，混合了全部三项要素的政体便可称贵族政体了，它比除了真正的和最原始①的政体外的任何其他政体都更配得上这一称谓。

我们已经阐述了在君主政体、平民政体和寡头政体之外的几种政体类型，指明了它们的性质，以及贵族政体同其他政体的差别和共和政体同贵族政体的差别，后两类政体之间显然没有太大的差别。

【9】 所谓的共和政体是以什么方式在平民政体和寡头政体之外产生出来的，它是如何组建而成的，这是接下来我

---

① ten alethinen kai proten。

们要讨论的问题。只要明确界定了平民政体和寡头政体，马上就可以知道什么是共和政体；首先需要掌握这两种政体的各种细节，然后从二者中各自抽取一些性质或特征合在一起，就像把两半信符合在一起一样，就可以得到一个共和政体。这样组合或混合须遵循三个准则；第一个准则是同时采用平民政体与寡头政体的立法，比如在陪审法庭方面。在寡头政体中，富人们如果不出席陪审法庭就会被处罚款，而穷人即使出席也得不到津贴；可是在平民政体中，出席的穷人可以得到津贴，不出席的富人也不会被罚款。上述两种做法的共同点或中间点就属于共和政治的范围，它结合了二者的 1294b
特征。以上是第一种组合的方式，另一种方式是寻求两种体制的折中方案，比如平民政体对公民大会的成员没有或只有很低的财产要求，而寡头政体则有极高的财产要求，二者之间毫无共同之处，但可以对二者进行折中。第三个准则是从两者中各抽取一些性质或特征，既从寡头政体的法律中也从平民政体的法律中抽取一些成分。例如，抽签分派官职可以说是平民政体的做法，而选举各种官员则具有寡头政体的性质；而且平民政体没有财产资格要求，寡头政体则有财产资格要求。贵族政体或共和政体则各自采用了以上的一个方面，从寡头政体中选取了其选举产生官员的做法，从平民政体中选取了不计财产资格的做法。

以上是结合或混合的几种方式。平民政体和寡头政体业已混合得天衣无缝的标准是，这同一种政体既可以被称为平民政体又可以被称为寡头政体。显而易见，可以如此通称的原因就在于完美的结合或混合。折中之中就已经有了混合，因为两个极端都在同一折中中表现出来。在斯巴达的政体中就可以看到这一点，很多人把它说成是一种平民政体，因为斯巴达的体制中带有许多平民制的色彩。比如，首先以儿童的抚养为例，穷人的孩子与富人的孩子受到同样的抚养，穷家子弟照样能接受这种方式的教育。在随后的岁月里，孩子们渐次长大成人，而教育的方式依然没有改变，富人的孩子与穷人的孩子在这方面没有什么区别；同样，在共餐制中，他们吃的是同样的东西，富家子弟的衣着也是任何一位穷人子弟都能买得起的。此外，两名最高行政长官是平民选出来的，而平民也参与或享有统治权（他们选举别人为长老，但自己在监察院中享有一席之地）。然而由于斯巴达政体也带有许多寡头制的特征，又有人称其为寡头政体。例如，所有的官职都依靠选举而无一依靠抽签，而且杀人和放逐的权力掌握在少数几个人手中，还有其他许多类似特征。在一个混合得很好的共和政体中，似乎应该同时具有平民政体和寡头政体的特征，或者干脆都不具有；共和政体的维持无须借助外力，完全凭靠自身，就凭自身力量而言，也不能唯大多数人①的意愿是从——因为多数人的意愿也可能支持一个邪恶的政体，而应当是总的说来城邦的诸分子或成员中

① 省去了“eksothen”（外在的）。

无一具有组建另一个政体的意愿。

这里已经阐明了，应当通过什么方式来组建共和政体与有贵族政体之称的那些政体。

【10】 还需要讨论其余的一个类型，即僭主制或暴君 1295[a]
制。关于这种体制没有什么好多说的，只不过既然我们把它作为各种政体的一个部分，就不得不在这部论著中有所涉及，把它作为我们讨论的一部分。在最初的讨论中，我们对君主制问题作了明确规定，在那里我们考察了最称得上君主制的一种体制，考察了君主制对各城邦有利还是不利，以及应该建立哪种君主制和在什么情况下建立君主制，还有如何去建立一种君主制。讲到君主制时，我们也就涉及到了两种形式的僭主制或暴君制，这是由于它们二者都根据法律来统治，从而很有可能转化为君主制。某些野蛮部族会推举一些独断专行的君主，古代的希腊也有过这种形式的君主，即所谓的民选邦主。这些君主彼此之间有一些差别，就其依据法律并受到臣民拥戴而言他们属于君王，就其听凭私意独裁专制而言又属于僭主或暴君一类。还有第三种形式的僭主制，它显得最像是僭主制，并与全权君主制相对应。这种僭主制或暴君制的形成，在于某一个人在不受任何审查的情况下，独自统治了所有与其同等或比他更优秀的人，而且仅仅从自己的私利出发，毫不顾及被统治者的利益；这种独裁统治因而得不到人们的拥护，因为任何一位自由人都不可能心甘情

愿地忍受这种暴虐统治。

僭主制或暴君制就有上述几种形式，而且只有这几种形式，其理由以上已经说过了。

【11】 现在让我们来考虑，对于大多数的城邦而言什么是最优良的政体，以及对于大多数人而言什么是最优良的生活。当然我们既不能着眼于超出芸芸众生的德性，也不能着眼于以优越的自然禀赋为先决条件的教育，或者着眼于令人称心如愿的完美政体，我们考虑的范围仅限于大多数人都有可能享受到的生活和大多数城邦都有可能实现的政体。方才我们提到的所谓贵族政体，一方面非大多数城邦所能企及，一方面极其接近所谓的共和政体（因此把它们放在一起讨论）。实际上从同一些基本根据出发，可以推及我们讨论的所有问题。假如在《伦理学》① 中我们没有说错，即幸福的生活在于无忧无虑的德性，而德性又在于中庸，那么中庸的生活必然就是最优良的生活——人人都有可能达到的这种中庸。而且，无论是对于城邦还是对于政体来说，德性与邪恶的标准必定是相同的，因为政体可以说是城邦的一种生活。

1295^{b} 在一切城邦中都有三个部分或阶层，一部分是极富阶层，一部分是极穷阶层，还有介于两者之间的中间阶层。人

① 见《尼各马科伦理学》，1101^{a}14—16，1153^{b}9—21。

们承认，适度或中庸是最优越的，显然拥有一笔中等的财富实在是再好不过的事情了。这种处境下人最容易听从理性，而处于极端境况的人，如那些在相貌、力气、出身、财富以及诸如此类的其他方面超人一等的人，或者是与上述人相反的那些过于贫穷、孱弱和卑贱的人，他们都很难听从理性的安排。头一种人更容易变得无比凶暴，往往酿成大罪，而后一种人则易变成流氓无赖，常常干出些偷鸡摸狗的勾当。这两类罪行一则起源于暴虐，一则起源于无赖。这些人无论是在军事机构还是在文职机构中都难以管束，他们越是桀骜不驯，对城邦社会造成的危害也就越严重。在这些人之外，那些在力气、财富、朋友以及其他这类事情上时运亨通的也不愿受制于人，没有法能驾驭他们。这一点在他们幼时的家庭生活中就已见得，由于生活在骄奢淫逸的环境之中，他们哪听得进教师们的指点，更不必提约束。另一方面，那些时运不济之人又容易自暴自弃。从而一种人不知统治为何物，只能甘受他人奴役。另一种人则全然不肯受治于人，只知专横统治他人。城邦便不再是自由人的城邦了，而成了主人和奴隶的城邦；一方心怀轻蔑，另一方则满腹疾恨。对于一个城邦至关重要的友爱和交往已经见不到了，而交往中本来就有友爱，然而一旦人们反目成仇，他们甚至不愿意走同一条路。一个城邦本应尽可能地由平等或同等的人构成，而中产阶层就最具备这种特征。所以我们说，由中产阶层构成的城邦必定能得到最出色的治理，这完全符合城邦的自然本性。

这类公民在各个城邦中都是最安分守己的，因为他们不会像穷人那样觊觎他人的财富，也不会像富人那样引起穷人的觊觎，没有别的人会打他们的主意。他们不想算计他人，也无被人算计之虞。因此弗居里德的祷词说得好：

家道小康，其福无量；
栖身斯邦，但求安康。

显然，最优良的政治共同体应由中产阶层执掌政权，凡是中产阶层庞大的城邦，就有可能得到良好的治理；中产阶层最强大时可以强到超过其余两个阶层之和的程度，不然的话，至少也应超过任一其余的阶层。中产阶层参加权力角逐，就可以改变力量的对比，防止政体向任何一个极端演变。因而一个政府辖有数量充足的家境小康的公
1296a 民实在是极大的幸运，因为在有的人家财万贯有的人身无分文的地方，就可能产生极端的平民政体或登峰造极的寡头政体，从两种非常形式的政体中都可能产生出僭主制或暴君制来。僭主制可以产生于极其鲁莽的平民政体或暴虐的寡头政体，相形之下产生于合乎中庸的或其中没有太大差别的政体的可能性就大大减小了，其原因在后面我们讨论政权的更迭时将会有所叙及。毋庸置疑，合乎中庸的政体是最优秀的政体，唯有这样一种政体才可以排除党争。凡是中产阶层庞大的地方，公民之间就很少有党派之纷争。由于同样的原因，大邦比小邦更少有党争，因为大邦中的中产者人数较多，而各个小城邦中全体公民很容

易分成两派，他们要么属于穷人一派，要么属于富人一党，几乎没有中产阶层存身的可能。平民政体比寡头政体更加稳定和持久，就是因为平民政体中的中产阶层人数和中产阶层在政体中的地位都超过了寡头政体。若是一个政体中缺少了中产阶层，穷人在数量上占绝对优势，那么内乱很快就会发生，城邦也随即归于解体。中产阶层的优越性的一个证明是，很多优秀的立法者都来自中产的公民阶层；梭伦即是其中之一，他自己的诗可以用来作证；吕喀古斯也是一例，他本人并不是一位君王；还有加隆达斯以及大多数其他的立法家。

从上述的讨论中不难明白，为何大多数的政体不是平民政体就是寡头政体。因为在这些政体中，中产阶层的人数常常少得可怜，而无论是哪一方——有产者或平民群众——占了上风，他们都会压迫中产阶层，按自己的意愿组织政体，于是要么出现平民制，要么出现寡头制。另外一个原因是，平民群众与富人们各自结党，彼此争执不休，无论哪一方制伏了其对方，都不会建立一个共同的平等的政体，而会把来之不易的政权作为胜利的果实，结果是一些人建立了平民政体，另一些人建立了寡头政体。此外，希腊居于领袖地位的大邦也只从自身的利益出发，建立各行其是的政体，一者建立了平民政体，另一者就建立起寡头政体；它们置诸城邦的共同利益于不顾，单单顾及自己的私利。由于这些原因，中间形式的政体就很少出现，也只在很少的地方出现过。希腊

各邦的领袖中，仅有一人①曾经听从忠告尝试建立这样的体制。如今各城邦积习已深，几乎不再有人关心平等问题
1296b 了，人人都企求统治他人，而一旦为人征服，也就服服贴贴地受治于人。

以上已经讲清楚了，什么是最优良的政体及什么是这种政体的原因。关于其他各种政体——我们说存在着多种多样的平民政体和寡头政体，既然最优良的政体业已确定，就不难一一排定它们的好坏或良莠顺序了。愈接近合乎中庸政体的政体必然愈好，而离之愈远的政体必然愈恶劣，而且我们的判断不是出于某一给定的前提。所谓给定的前提，我指的是有些人情愿选择某一种政体，而别的人完全可能觉得另一种政体更加有利，这样的情况真是再常见不过了。

【12】 紧接上面的论述，我们将要考察哪一种政体对哪一些城邦或哪一些人有利。首先让我们假定对于一切城邦或政体都相同的一条普遍原则，即城邦的各个部分维持现行政体的愿望必须强于废弃这一政体的愿望。任何一个城邦在构成上都有性质和数量两个方面。所谓性质，我指的是自由、财富、教育和门第，所谓数量指的是人数上的优势。性质和数量上的优势各自存在于组成城邦的部分中的某一方，例如出身低贱的人可能会多于出身高贵的人，穷人可能会多

① 难以确定此人究竟是谁。

于富人，然而数量上的优势并抵消不了其性质上的劣势。所以，必须将二者联系起来考虑。一旦穷人在数量上的优势在比例上超出了富人在性质方面的优势，显然就会产生一个平民政体，这种平民政体采取何种形式则需视每一城邦中平民群众占优势的情况而定。例如，假若一个城邦的农民在数量上占优势，就会产生第一种形式的平民政体；假若工匠和受雇佣的劳工在数量上占优势，就会产生最末一种平民政体；由此可以类推其他各种中间形式的平民政体。然而在富人们在性质上的优势足以抵消其在数量上的劣势的地方，就会产生出寡头政体来，而这种政体的形式同样须视每种情况下少数寡头们占优势的程度而定。

立法者始终应当把中产阶层纳入政体之中，他可以制订出寡头性质的法律，但一定得顾及中产阶层的利益和要求，即便他制订了平民性质的法律，也应该借助这些法律把中产阶层拉拢到政体中来。当中产阶层超过了其余两个阶层或者仅仅超过其中之一时，这种情况下的政体就有可能保持稳定。这样的政体不用担心什么时候富人会与穷人联合起来共同反对执政者，因为他们谁也不会愿意顺从对方，假如有这样一个能为双方共同接受的政体，那将是他们求之不得的事情，哪里还会去想改弦易辙。而且他们也不能忍受轮番执政的做法，因为他们谁也不信任对方。旁观的仲裁者在一切事情上都能得到双方最大的信赖，而中产阶层便正是这样的一个仲裁者。一个政体中各个部分或要素愈是融洽，这个政体就愈能持久。那些有志于建立贵族政体的人经常也会犯错误，不仅给富人们过多的权力，而且还蒙骗平民群众。一时的伪善必然会招致日后的恶果，富人的这种僭越比平民群众的僭越更能瓦解一个政体。

【13】 各种[寡头]政体用以欺骗平民百姓的方法共有五种，表现在公民大会、各种官职、法庭审判、武装和体育训练上。全体公民均可参加公民大会，然而只有富人不参加时才会被罚款，或者对富人的罚款更多更重。关于各种官职，凡是拥有了规定的财产的人就不许立誓辞谢公职，但穷人却可以这样做。富人们不担任法庭的陪审职司就会被罚款，穷人不出席陪审法庭就不会受罚；或者像加隆达斯的法律一样，对不出席的富人课以重罚，对穷人则从轻处罚。在有些地方，所有登记在册的公民都可以参加公民大会和出席陪审法庭，但是如果登记注册之后他们不出席公民大会和法庭审判，就会招致重罚。这种措施是为了用重罚来吓唬打算注册的人，通过阻止其注册就可以把他们排斥在公民大会和法庭之外。在武器的持有和体育训练方面，也存在着同样的立法。穷人可以不持有任何武器，但富人们不持有武器就会受罚，而且，穷人不参加体育训练不会受罚，而富人倘若不参加就要受罚，结果是富人们由于担心罚款全都接受了体育训练，而穷人们由于没什么可担心的便没有接受训练。

以上是寡头政体的立法者们采用的欺骗方法，与之相应，平民政体的立法者们也采用了类似的手法。穷人出席公民大会和陪审法庭就可以领取津贴，富人即使缺席也不会受罚。显然，倘若有人想公正地调和两种做法，就应该兼收并蓄，对出席的穷人发放津贴，对不出席的富人课以罚款。如此一来，所有的富人和穷人就会共同参与政治活动，而假如 1297b
依照以上做法，政权就会落入贫富双方中的某一方之手。一个这样的政体应该仅仅限于那些拥有重武器装备的人；关于财产要求，不可能有一个绝对的限额，但是可以通过权衡或考察制订出一个最高限额，以使有资格参加该政体的人数较不能参加的人数为多。如果不对穷人们横施暴虐，或剥夺其财物，他们即使不能分享各种名位也不致图谋不轨。然而要做到这一点并不容易，因为政府机构的成员并非总是仁慈的。在战争期间，如果穷人们衣食无着，他们就会退缩不前，只有解决了自身的温饱，他们才会欣然出战。

有些地方的政体不仅包括那些现役人员，而且包括已经退役的人员。马里人的政体就由这两类人员构成，但是各种官职则只有现役人员才能担任。在希腊最早的政体中，继推翻王权之后，战士成了主要的组成部分，这些战士起初都是骑兵，因为在当时的战争中，骑兵代表着城邦的军事实力和优势，而纪律松散的步兵几乎派不上用场；而且古时候尚且没有步兵作战方面的经验和策略，故武装力量均以骑兵为主。随着城邦的扩大，重装步兵的分量增加了，在政体中的地位也有所上升，这正是如上我们所说的共和政体在当时曾被称为平民政体的原因所在。古时的政体，自然会采取寡头制或君主制的形式，其时人口尚少，没有多少属于中产阶层的人，群众人少势微且缺乏组织，只好受治于他人。

以上我们阐明了存在着多种形式的政体的原因，以及为什么在我们讲到的政体之外还有其他形式的政体存在（平民政体就不止一种，其他政体也是一样）；此外我们还阐明了各种政体之间有哪些差别和分别出自什么原因，以及对大多数城邦而言，什么是最优良的政体，在其他形式的政体中，哪一些政体与哪一些人相适合。

【14】 在适当地讨论了上述问题之后，接下来让我合乎顺序地既从共通的方面又单独地围绕个别情况来讨论政体问题。一切政体都有三个部分或要素，一个好的立法者必须考虑什么样的组合才对个别的政体有利。合理组合这些要素，就必定能得到一个优良的政体。各种组合方式的不同将造成政体形式上的不同。三者之中第一个部分或要素是与公
1298a 共事务有关的议事机构，第二个要素与各种行政官职有关，它决定应该由什么人来主宰什么人或事，和应该通过什么样的方式来选举各类官员，第三个要素决定司法机构的组成。议事机构主管战争与和平、结盟与解盟方面的事务，它还兼管法律、死刑、放逐、没收、官员的选举和审查方面的事务。这些方面的权力必然要么归于全体公民，要么归于某些公民（例如委派给某一名或多名官员，或不同的事务委派给

不同的官员)，或者把某些事项交付全体公民审议，而把另一些事项交付某些公民去审议。

把一切事项交付全体公民审议具有平民主义性质，平民百姓期求的就是这种平等。而具体的方式可以有许多种，所有人不必同时聚在一处，他们可以一个个地轮流行使这种权力，就像在米利都人特勒克里所创立的政体中一样。在别的一些政体中，行政官员们联合举行会议，审议各项事宜，不过所有公民均可轮流上台执政，从各个部族到城邦的最小部分或单位，直至一一轮到为止。而群众们的集会只限于讨论各种法律以及政体方面的事情，并听取行政官员们的汇报。另外一种方式是，全体公民一同举行集会，但仅仅限于官员的选举问题、立法方面的问题、战与和的问题以及官员的监督或审查，其他事项则分别由一些特定的官员去审议，这些官员是从全体公民中选举产生的，或通过抽签产生。再有一种方式是，公民们集会商讨官员的产生和审查方面的一应事宜，并审议战争与结盟等问题，其他各种事情则留待各类官员处置，这些官员尽可能地通过选举产生，他们必须通晓其所掌管的那些事务。第四种方式是，全体公民举行集会审议一切事项，各类行政官员们没有任何裁决权，仅仅可以做一些初步的裁决[1]；今天盛行的最末的一种平民政体采取的就是这种方式，我们把这种形式的平民政体比做寡头政体中的

[1] proanakrinein，意为“预先的判断（裁决)”。

强权政体和君主政体中的僭主制或暴君制。

以上的几种议事方式都具有平民主义性质，而由某些人来审议一切事项就具有了寡头主义性质。这样做同样可以有多种不同的方式。当议事人员只须拥有适量的财产并通过选举产生时，由于财产资格要求适中，就会有众多的议事人员，他们会遵从法律而不是试图更改，任何拥有规定的财产数额的人都在政体中享有一席之地，这种形式的寡头政体由于其温和适中颇有几分共和政治的意味。然而当只有某些特
1298b 定的人选而非全体公民才有资格参与议事时，尽管他们依然像前一种情况一样遵从法治，但寡头主义的特征已经很突出了。当议事人员只是从掌握了议事权的人中间自选自任，且当子女可以继承父辈的权力，并且他们的权力超越了法律时，这种体制必定是彻头彻尾的寡头政体。又如，由特定的人审议特定的事情，例如，战争与和平、官员的审查等事项由全体公民审议，但官员们主管其他一应事宜，这些官员或经选举或经抽签产生①，这就具有贵族政体或共和政体的性质。假如某些事项交由选举产生的官员审议，另一些事项交由抽签产生的官员审议——或者是没有限制条件的抽签，或者是对参加者有筛选条件的抽签，抑或交付选举产生和抽签产生的官员共同审议，那么这类做法就既有贵族政体性质，

① 牛津本为 me klerotoi（不经抽签），但抽签制为平民政体所独有，故从 B. Jowett 作“或经抽签”。

又有真正的共和政体的性质。

以上分述了各种政体的议事机构及方式，按照我们的规定，看来每一种政体都有不同的议事方式。以如今被认为最为平民政体的政体而论（我指的是平民的权力在其中超乎法律之上的那种平民政体），对之有利并且能够改进议事职能的方式是采纳各种寡头政体在法庭审判方面所采取的那种方法。在寡头政体中，富人们被期望出席法庭审判，于是就有了罚款的办法；而平民政体则给被期望出席的穷人发放津贴。平民政体在公民大会方面同样应该采纳这种做法，因为假若所有人都共同参与议事，结果自然会更加妥善；即是说，一方面让平民百姓与著名人士一起议事，一方面也使这些著名人士加入了群众的行列。选举议事人员的做法对平民政体也是有利的，或者采取抽签的方法，从城邦的各部分或阶层中分别抽出相等的人数；倘若平民的人数远远超过了杰出公民的人数，那么就不应对所有人发放津贴，而只应给那些在数量上正好与著名人士成比例的平民发放津贴，换言之，应该以这种办法剔除那些多余的平民。在各种寡头政体中，通常的做法是或者从群众中预先指定一些人担负议事职务；或者像某些城邦那样，设置一类名为筹议官或法监的官职，而公民们则审议这类官员预先审议过的事项，这样一来，平民也享有了议事权，就不会去扰害政体的各项成规。再者，在寡头政体中平民群众在表决时要么赞同当权者的提议，要么不能通过与这些提议相抵触的决议；即或所有公民均可参加商议①，而真正的议事权却掌握在官员们的手里。而且，与各种共和政体措施相反的措施都可以在寡头政体中采用，群众在表决时可以拥有否决权，但不能拥有赞同或肯定的决议权，他们的决议还须再由官员们加以审定。而各种形式的共和政体的做法正好与此相反，少数人拥有否决权但
1299a 是没有肯定的权力，在任何时候都是多数人持有肯定的决议权。

关于作为政体主要构成部分的议事职能，姑且就作这么些规定。

【15】　接下来我们要考察各种官职的分配问题。因为这也牵涉到政体的一个部分或要素，并有着多种多样的差别——在官职的数目、权力的范围、官职的任期等方面都有很大差别；每一种官职都有一定的任期，有的为六个月，有的时间稍短；有的为一年，有的城邦的官职任期更长。应当研究，各种官职的任期应为终身制或长时期还是应为短时期，应由同一些人多次担任同一些官职还是不应允许同一人两次担任同样的官职，而只能有一次任职机会。此外，关于官员的委任也有多种差别，譬如官员应从什么人中产生，由什么人来任命，以及以什么方式任命等等。面对所有这些问题，

① “sumboule”（商议，共议）与“bouleuesthai”（议事，审议）之间的差别在于后者有决定权。

我们必须能够分清各种可能的方式，才能依此确定哪一些方式对哪一些形式的政体有利。再者，什么样的职位可称“官职”？这是一个难以界定的问题。一个政治共同体必须设置多种官职，而且并非所有通过选举或抽签产生的人都可以称为官员。首先以祭司为例，他们就不同于政治上的官员们；再如，合唱队的领班和传令员，甚至包括经过选举产生的出访使节都不算是行政官员。政治上的主管人员有的专管全体公民在某一方面的行为，比如在疆场上指挥全军的将军，或者是专管某一部分公民，比如妇女法监和儿童法监；有的则主管城邦的“家政”,很多地方都有选举产生的谷物主管；还有一些低贱的官职，富人们往往会安排奴隶们担任这些差使。在单纯的意义上，最称得上行政官员的是那些在某些事情上拥有审议、裁决和任命等权力的主管人员，尤其是最后一种主管人员，因为任命更具有统治或当权的性质。不过在实际应用中上述区分并没意义，因为谁也不会为字面上的含义去打一场官司，尽管这些东西在思想方面是有些讲究的。

一个城邦应有什么性质的官职和应有多少种官职，哪些官职为必需哪些并非必需，这些问题对于构成优良的政体很有用处，而一个考察所有政体尤其是那些小城邦的政体的人会更加看重这些问题。各个大邦可以在每一件事情上都设置一类官职，这样做也是必须的，因为大邦的公民为数众多，多设官职才能提供众多的任职机会；因而，大邦中有些官职一个人要离职很长时间才可能再次出任，有些官职一人只能

担任一次。当然，由一人专管某一方面的事务比兼管多种事
1299b 务更为妥当。而在小城邦中，把多种官职合并为少数几种也是必要的，因为小邦中人口稀少，难于让很多人出任诸般官职，从哪里去找足够的人选来接替他们呢？有时候，小城邦也需要有与大邦相同的各种官职和法律，不同的是，一者经常需要这些官职和法律，一者只是经过很长的时间后才偶尔需要它们。因此，完全可以让同一些人兼管多项事务，而这些职责彼此间并无妨碍。在人口稀少的地方，难免会把各类官员一物两用①的。

假如一个人能说出每一城邦必须有多少种官职，以及哪些官职并非城邦必需但也有其用处，那么他就不难知道哪些官职适于合并为一种官职。他还不应忽视，哪一类事情可以由当地官员一并兼管，哪一类事情在全邦内只需由唯一一位官员掌管。以市场的监管为例，应该在不同地方任用不同的官员呢，还是应该在全境内只设一名官员负责所有的市场？又如，官职应当依据事还是依据人来划分？我指的是应当由一人来主管秩序或风化问题还是应由一人主管儿童而由另一人主管妇女。又，对应于各种形式的政体，每一政体的官职的种类彼此间有没有差别？比如，在平民政体、寡头政体、贵族政体和君主政体中分别执掌权力的官员是否彼此相同，

① obeliskolukhnia，当时希腊常见的一种工具，既可作烤肉用的叉（obeliskos），又可竖立起来作支撑灯盏的柱（lukhnia）。

尽管他们并不是从彼此平等或同等的人们中选举出来的，而是分别来自不同的阶层——如贵族政体的官员来自受过良好教育的人，寡头政体的官员来自富人，平民政体的行政官员来自自由人；或者，根据各种不同的统治方式，不同的政体的官职在种类上是否彼此相异？在有些方面，设立同样的官职对不同的政体的确是有益的，但在另一些方面就不合适了。同样的官职在有的政体中拥有极大的权力，在另外的政体中却只有很小的权力。

有一些官职只为某类政体所独有，在其他政体中是见不到的。比如平民政体中就没有筹议会，只有平民性质的议事会；因为应当设立这样一个机构代替平民预先审议各类事务，以免百姓们荒废了本业，然而操纵在少数人手里，这种机构就有了寡头主义性质。而参加预议的人必定只是少数，故预议会只为寡头政体所独有。在两种行政机构都存在的地方，预议会要高于议事会，因为议事会具有平民性质而预议会具有寡头性质。而在极端的平民政体中，平民群众自己举行集会过问一切事项，议事会的权力也就归于消失。倘若公民大会的成员由于领取津贴可以不愁吃穿，他们就会染上开会的习惯，甚至荒废了本业，常常聚集起来商讨诸般事宜，事事都要亲自做出裁决。监护妇女与儿童或其他这类事务的官员就为贵族政体所独有，平民政体则没有（因为怎么可能阻止穷人家的妇女与儿童离家谋生呢?），寡头政体中同样没有，因为富人们的家眷子女过惯了骄奢的生活。

关于这些事情就讲这么多罢，这里让我们来详细研究官员的任用问题。以三方面的标准去衡量，所有不同的任用方式必然是出自这三个方面的相互关联。其中第一个方面是由什么人来任命各类官员，第二个方面是从什么人中间选拔官员，剩余的一个方面是以什么方式任命官员。上述三方面标准中的每一项又可以进一步分出三种差别来：(1) 由全体公民或某一些公民来任用行政官员；(2) 从全体公民或者从合乎财产、出身、德性等方面规定条件的某些公民中选用官员，或者规定诸如此类的其他条件，就像麦加拉那样，只从被放逐后返回母邦的、曾经同平民主义者作过斗争的人中选用官员；(3) 或者通过选举或者通过抽签任用行政官员。上述差别还须归类合并，我是说有的官职由某些人任命而有的由全体公民任命，有的从全体公民中选举产生，有的从某些公民中产生，有的通过选举，有的通过抽签。

以上每一种差别又可以分出四种方式。① 或者由全体公民从全体公民中选举产生行政官员，或者由全体公民从全体公民中通过抽签确定行政官员；又及，从全体公民中选用官员时既可以分部分进行，比如按部族、街坊和祠堂进行，直至所有公民都轮到为止，亦可以一直从全体公民中选用；有时以这种方式有时以那种方式进行（即是说以选举的方式或以抽签的方式进行）。再如，若是由某些人来任命行政官员，

① 从此以下至 1300b5，其间原文多有重复缺漏，诸校释家往往各有删补。

他们或者可以从全体公民中通过选举的办法来任命官员，也可以从全体公民中通过抽签的办法来任命官员，或者，从某些公民中通过选举任命官员，或从某些公民中通过抽签任命官员；或者，某些官员以这种方式产生而另一些官员以那种方式产生——我指的是某些官员从全体公民中选举产生而另一些通过抽签产生。于是，除去合二为一的数种方式外，我们一共举出了十二种任用官员的方式。这些方式中，有两种①具有平民性质，即由全体公民从全体公民中通过选举或抽签的办法来任命行政官员，或者同时采用两种方法，即是说有些官员通过选举产生而另一些官员通过抽签产生。又如，不是同时从所有公民中或从某些公民中或通过选举或通过抽签或兼取两种方式来一并任命所有的官员，而是有些官员从所有公民中产生而有些从某些公民中产生，有些通过选举有些通过抽签，有些兼取两种方式（我是说既采用选举又采用抽签的方式）；以上方式具有共和性质。而有的官职从全体公民中或通过选举或通过抽签或通过这两种方式（一些通过选举另一些通过抽签）产生的做法就具有寡头性质，兼取两种方式任用官员就更有寡头性质。有的官职从全体公民中选任，有的从某些公民中选任的做法属于倾向贵族政体的共和政体，或者有些官职通过选举有些通过抽签。某些官职 1300b
从特定的人选中选举产生和某些官职从特定人选中抽签产生

① 牛津本作“三种”。

(当然这种办法不见得会在寡头政体中出现，但性质还是一样的)，是寡头政体的做法，或者由某些人从某些特定的人选中兼以选举和抽签两种方式任用官员。而由某些人从全体公民中或者由全体公民从某些人中选举产生官员的做法就具有贵族政体的性质。

以上是任用行政官员的各种不同方式，它们分别对应于各种不同的政体形式。要想知道哪种方式对哪种形式的政体有利或应当通过什么样的方式来任命行政官员，就必须清楚各类官职的职权是什么。所谓官职的职权，我指的是诸如财政或防务方面的权力；例如将军的职权就不同于管理市场上契约的官员的权力。

【16】 在城邦政体的三个部分或要素中，余下需要考察的就是法庭审判了。我们将依据以上确定的方式进行考察。法庭审判方面的差异也可以用三项标准去衡量：(1) 法庭由什么人组成；(2) 法庭审理什么事情；(3) 法庭的成员以什么方式产生。所谓法庭的组成，我指的是由全体公民组成或由某一部分公民组成；审理对象指的是法庭有多少种形式；任用方式或为选举，或为抽签。

首先让我们来确定到底有多少种形式的法庭。总共有八种形式：一种是审查或监督行政人员的法庭；另一种法庭处置违犯城邦的共同利益的犯罪；再有一种法庭负责处置所有牵涉到政体或城邦社稷的案件；第四种法庭处置由行政官员或私人投诉的刑事案件；第五种法庭处置各种私人契约方面的讼案，这类案件往往相当重要；在上述各种法庭外，还有一种法庭审理凶杀案件，一种审理涉外案件。凶杀案件有数种形式，既可以由同一些法庭审理也可以在不同的法庭中审理；有的凶杀案出于蓄意，有的则是无意的；罪犯业已招供，而审判官员却意见不一；第四种形式的处理凶杀案件的法庭专门审判那些杀人后逃遁他乡后又归来的罪犯，例如据说雅典曾有过的“弗里阿托”① 法庭，不过这类案例在大的城邦中一直是很少见的。专门审理涉外案件的法庭也分成两种，其一受审侨民之间的讼案，其二受理侨民与邦民之间的讼案。此外，在所有上述各种法庭之外，还有第八种形式的法庭，受理私人契约中的细小纠纷，争讼的币额仅在 1 德拉克玛至 5 德拉克玛之间，必须得到判决的案件也可能稍大一些，但不需要有多名陪审员或法官。

对于这类审理细小契约讼案、凶杀和涉外案件的几种法庭无须赘述，而前几种关系到城邦政治的法庭则须详加阐述。对这些案件如果处置失当，就会在政体内引起分裂和骚乱。

由全体公民组成法庭按以上区分的形式审理一切讼案，必然或者通过选举或者通过抽鉴来决定陪审官员，或者有的

① phreatto，或为“舷上审判”，一个曾出走他乡的人，因杀人罪受控，被允许在船舷上向岸上的法官自行申辩。

通过选举有的通过抽签。或者，这些人只能审理某一类案
1301a 件，依然或通过选举或通过抽签产生。这样的话，就有四种任用陪审官员的方式，即使只从部分公民中选用陪审官员也会有同样数目的方式。再者，也可以只从某些公民中通过选举挑选陪审官员来审理一切讼案，或者从某些公民中通过抽签挑选陪审官员来审理一切讼案，抑或在某些情况下通过选举而在另一些情况下通过抽签；甚至在审理同一些讼案时有的法庭也既采用选举又采用抽签的办法。以上这些方式如我们所说正好与前面提到的那些方式相对应。

此外，我们还可以把上述各种任用方式相互合并，比如有些官员可以从全体公民中选拔而另一些从某些公民中选拔，抑或兼取两种办法——譬如同一法庭中的成员有的从全体公民中产生而有的从某些公民中产生；而且，选拔的方式也既可以是选举也可以是抽签，抑或兼用两种方式。

以上列举了组成陪审法庭的所有可能的方式；其中第一种方式属于平民政体，即从全体公民中选用陪审官员来审理一切讼案；第二种方式属于寡头政体，即由某些公民组成的法庭来审理一切讼案；第三种方式属于贵族政体或共和政体，即所有的陪审官员之中有的从全体公民中产生，有的从某些公民中产生。

第　五　卷

【1】 至此我们提出的各种问题差不多全都得到了讨论；接下来应当考察，引起政体更迭的原因有哪些，它们有什么性质和有多少种类，以及导致每一政体覆灭的原因有哪些，每一政体出于什么样的政体，又最可能演变成什么样的政体；此外，还须从共同的方面和个别的方面分别加以阐明，用什么方法可以保持各类政体，保持每一政体的最佳方法是什么。

我们首先假定这样一个出发点，即业已出现的各类政体均一致公认公正原则和按比例的平等原则，尽管如前所述，它们大都曲解了公正和平等原则。例如平民制就建立在这种平等观念之上，即在某一方面平等的人要求在所有方面的无条件平等——一切公民都是同等的自由人，他们就认为在无条件的意义上也是人人平等；而寡头制则建立在这种不平等的观念之上，即在某一方面与人不平等的人便认为在总的方面自己也与人不平等——在财富方面他们与人不平等，便觉得在无条件的意义上也与人不平等。于是乎，平民主义者认为自己与人平等，遂要求在一切方面同人享有平等的权利；寡头主义者既已与人不平等，便企求多占多得，因为多占多得即是一种不平等。所有各类政体都奉行某种公正原则，但是以单纯意义上的公正原则而论，它们都是一种曲解。由于这一缘故，一旦人们在政体中未能像预期的那样享有其分内的权力，他们就会联合起来发难。所有人之中，德性超群者起来发难是最合乎公道的，因为唯有他们才有最充足的理由
1031b 要求单纯意义上的不平等，然而他们却是最不可能做这种事情的人。那些门第高贵之人由于此一方面远远超出他人，就不认为自己可以同人平等，因为高贵的门第可以看作是出自先辈的德性和财富。

这些情形可以说就是城邦骚动的始因或泉源。由此生出两种变更方式：内乱的矛头直指现行政体，其目的在于以另一种政体取代现存的政体，例如以寡头政体取代平民政体或以平民政体取代寡头政体，或者以共和政体或贵族政体来取代这两种政体或反过来以后者取代前者；或者，内乱的矛头并不指向现存的政体，而是意图维持现行体制，比如寡头制或君主制，叛乱者把这些体制纳入自己的控制之中。也可以在程度上多少做一些更改，譬如把原先的寡头政体改变成更多或更少具有寡头主义性质的政体，把原先的平民政体改变成更多或更少具有平民主义性质的政体，或以同样方式加重或减轻其他各类政体的施政性质。此外，内乱也可以仅仅为了变动政体的某一部分，比如设立或废置某一种官职，就像

在斯巴达一样，据说吕桑德曾经试图废除君王制，而鲍桑尼阿斯王则力图取消监察制；又如在埃比丹诺斯，其政体曾经历过局部的变更，那里的人们以议事会取代了部族长老会议，但至今那里唯有政府机构中的各类官员才被要求必须出席在审判大厅中①举行的推举某一官员的会议，而且，只设置一名执政官的做法也具有寡头主义性质。无论在什么地方，不平等总是骚动的起因，不过按比例的不平等除外（因为君主制就永远是不平等的，假如放在平等的人们中间来看的话）；总的说来，向现行政体发难的人们都是在谋求平等。

平等有两种：数目上的平等与以价值或才德而定的平等。我所说的数目上的平等是指在数量或大小方面与人相同或相等；依据价值或才德的平等则指在比例上的平等。例如，3 超出 2 与 2 超出 1 在数目上彼此相等或平等，而 4 超出 2 与 2 超出 1 就是在比例上彼此平等，因为 2 作为 4 的部分与 1 作为 2 的部分彼此平等，二者都是一个半数。如前所述，人们一致承认无条件的公正应根据价值或才德而定，然而事实却是，在某一方面与人平等的人便认为在总的方面也该与人平等，在某一方面与人不平等的人就觉得自己在所有方面都与人不平等。因此最可能出现的有两种形式的政体，
即平民政体与寡头政体；因为高贵的出身和德性毕竟十分少 1302a
见，而财富和群众则数不胜数。在哪个城市也难找到百名出

① heliaia，雅典最高法庭所在的大厅。

身高贵之人，而富人（及穷人）却俯拾即是。在所有方面都根据各自的平等原则来做安排并不是一件好事；事实的结果表明，这种性质的政体无一能够长久存在。其原因在于，凡是立足于错误的起点就不可能不落得一个共同的悲惨下场。由此可知，既应当在某些方面实行数目上的平等，又应当在另一些方面实行依据价值或才德的平等。

尽管如此，平民政体还是比寡头政体更加安定和平稳。因为在寡头政体中存在着两重祸根：或者是寡头之间结党互斗，或者是寡头们与平民之间拼死相争；然而在平民政体中就只有平民与寡头之间的斗争，至于平民间的自相倾轧，这方面几乎没有值得一提的记载。此外，平民政体比寡头政体更加接近由中产阶层组成的共和政体，而这样的政体是最为安定的一类政体。

【2】 既然我们要研究党派之争与各种政体的更迭出于什么情况，就应当首先普遍地掌握党争和政体更迭的开端和原因。大致上可以说这些起因为数有三，我们将提纲挈领地一一予以说明。我们必须掌握：发动内乱者的心态如何；他们为了什么；以及第三点，政局动荡和党派之争往往是从什么事情上开始的。图谋变更者在心态方面的普遍的也是最主要的原因在前面我们正好已经说过了；有些人认为其他与自己平等的人多占了便宜，而自己所得甚少，便会起而发难，名曰追求平等；另有一些人自觉与人不平等，其所得却并未

多于他人，而是与他人相等甚至更少，同样会起来兴师问罪，以求至不平等与优越。这些欲求之中有的是公正的，有的则是不公正的。自身不如人者为求与人平等遂而诉诸内乱，已经与人平等的人再图变更则是为了高人一等。以上就是发难者的心理情况。而他们所追求的，无非是财物和名誉；抑或是为了逃避与此相反的事物（如不名誉和财产损失）。在各城邦中，一些人为了替他们自己或他们的朋友摆脱耻辱或罚款，往往不惜引发一场内乱。在我们论述的问题上，以上述方式致使人们萌生这类心态的引起政局动荡的原因或开端正好有七种，从其他意义上考虑，其数目还会更多。其中的两种前面已有提及，但其间并不完全一致。因为如前所述，人们为了财物和名誉彼此相争，然而并不见得就是因为他们自身，而往往是因为看到别人公正或不公正地比他们多占多得了。此外的原因还有：暴虐、恐惧、优越或僭 1302b
越、轻蔑以及不成比例的增长。其他意义上的原因有选举舞弊、疏懈、忽视小节、比例失调等。

【3】 上述各种原因中，暴虐和贪婪能起什么作用及以什么方式起作用几乎是不言而喻的。一旦执政的官员们横施暴虐且贪财肥私，他们就会彼此相互倾轧，甚至向他们的权势所从出的政体发难，他们多占多得的东西全都来自对百姓的搜刮和对公共财物的侵吞。名誉作为引发骚动的原因能起什么作用和以什么方式起作用同样是不言而喻的，失去了名

誉（资格）的人看见别的人名位加身，自然要图谋反叛。与一个人的价值或才德不相称的名誉或不名誉是不公正的，而依据了价值或才德就会是公正的。又及，优越或僭越也是引发内乱的一种原因，当一人或多人在城邦或政体的权力体系中取得了过大的权力时，内乱就会发生；这种情形下常常会产生君主政体或权阀政体。因此有的地方通常实行陶片放逐法，阿尔戈斯和雅典就是例子。不用说，一开始就防患于未然，杜绝这类卓异之士的产生，自然比等他们羽翼丰满之后再设法补救要好得多。

恐惧也是引发内乱的一种原因。人们做了不义之事又惟恐受到惩罚，或者担心将会蒙受不义之事，便抢先向对方发难。就如在罗得斯岛一样，那里的显贵阶层由于害怕被平民群众投诉，便率先联合起来向后者发难。轻蔑是内乱和起义的另一原因，以寡头政体为例，在政体中没有地位的人一旦增多，政局就会动荡不安，因为这些人自恃人多势大；而在平民政体中，富人们面对无秩序无政府的状态难免心生轻蔑，例如在忒拜，奥诺福太战役之后，治理无方的平民政体终归覆灭；又如麦加拉的平民政体，由于其无秩序和无政府的状态，在一次战败之后同样归于灭亡；叙拉古的平民政体在葛洛建立僭政之前就灭亡了，而罗得斯岛的平民制在那次暴动之前就已经被推翻了。

某一部分不成比例的增长也是导致政体更迭的原因之一。正如身体由各个部分构成，每一部分都应合乎比例地增长，不然的话，一旦脚长到四肘长而身体的其余部分却仅有两指长，身体就会归于消灭；要是不成比例的增长不仅仅是在数量方面而且也包括性质方面，这时候身体就会转而具有另一种动物的形状。城邦同样由诸多部分构成，常常会有某一部分潜滋暗长，例如在平民政体和共和政体中，穷人的数 1303a
量就可能不断增长。有时这也可能是某种机遇造成的结果，比如在塔林顿，大量的显贵阶层成员在波斯战争后不久同耶比吉亚人作战时纷纷战死，于是平民政体取代了那里的共和政体。而阿尔戈斯人在“七日之役”中惨遭斯巴达的克勒奥米尼王的屠戮，不得不以柏里奥季或农奴权充公民之数。在雅典，其步兵在伯罗奔尼撒战争期间屡屡战败，结果显贵阶层的人数大为减少，因为士兵均从公民阶层中征募。平民政体中也可能出现类似情况，但是程度上有所减轻；当富人增多或财富大有增长时，这种政体就会向寡头政体或权阀政体转变。选举中徇私舞弊也可以在不致触发内乱的情况下造成政体的更替，就如在赫拉伊亚一样，由于原先存在选拔官员任人唯亲的现象，那里的人们遂用抽签代替了选举。而且，为政疏懈的人往往也会自食其果，那些对现行政体心怀不忠的人一旦做官掌权，政体就会随之更移，在欧里俄就是这样，赫拉克利奥多罗上台之后就废除了寡头制，用共和政体或者说是平民政体取代了寡头政体。此外，忽视小节经常可以酿成大祸。所谓小节，我指的是对之掉以轻心就将导致法制上的巨变的那些事情。以安布拉基亚为例，那里起先只订立了很轻微的财产资格，后来干脆完全取消了资格要求，因为那里的人认为些微的要求与无要求之间几近于没有差别。

城邦各部族未能达到休戚与共之前，它们间的失调也能引发内乱。因为一个城邦不能只由一些乌合之众组成，也不可能在仓促之间得以形成。所以，那些先就引入了外族或随后同别族相并的民族大多数要经受内乱之苦，例如，阿该亚人和特罗埃岑人一并创建了叙巴里斯城，但阿该亚人强盛起来之后便把特罗埃岑人逐出了这一地区，这就是世人如此憎恶叙巴里斯人的原因。在图里奥伊，叙巴里斯人又同另一与其共同居住的民族相争，认为这块土地属于他们并要求占有更多的利益，但最终反被逐出了图里奥伊。在拜占庭，后至的拓居者的独占野心暴露之后，被早先的拓居者用武力逐出了该地区。安底萨人起先接纳了凯俄斯岛的流亡者，随后又用武力驱逐了他们；而赞克里人接纳了萨莫斯人之后，终被后者逐出了自己的本土。在尤克琴海（黑海）上的阿波罗尼亚城，由于引入了一族新的拓居者，最终酿成了一场灾乱。
1303b 叙拉古人在推翻了僭政之后，给外邦人和雇佣军士授予了公民权，由此生出纷争，以致兵戎相见。安菲波里斯人收留了后至的卡尔西迪亚拓居者，结果几乎尽数被后者逐出了自己的本土。

在寡头政体中，如前所述，众人生乱是因为受到了不公正的待遇，他们原本与人平等，然而在政体中未能享有平等的权利；在平民政体中则是显贵之士起来发难，因为他们原本不与他人平等，却只享受到了与人平等的权利。

城邦的地理位置也可能引起内乱，假如域内领土并非天然适于构建一个统一的城邦的话。例如，克拉左美奈地区的丘特罗人就与岛上的居民不和；科罗丰人同诺底安人也有龃龉；在雅典，比雷埃夫斯港的居民比城里的居民更有平民主义倾向。就像在战场上一样，即使是一条又小又浅的沟堑，也会搞乱从上面经过的团队的队列；与此相似，任何一种细小的差别，都有可能在城邦中引起分裂或对立。最大的对立是德性与邪恶[1]之间的对立，其次是财富与贫穷之间的对立，还有其他种种引起对立的因素，在程度上或轻或重，地域方面的差异便是其中之一。

【4】 骚动有可能起于琐细的事因，但决不会仅仅围绕这些琐细之事，而总是要牵涉到那些利害攸关的大事。小事情一旦在权贵们中间发生，将具有不可估量的力量，例如在古代的叙拉古所发生的那件事情；当时，两位在政体中有地位的青年人之间的情仇竟然引发了一场内乱。故事是其中的一位青年人离家在外期间，另一位趁机夺走了他的情人，后来那位蒙受了羞辱的青年为了报复又在另一位外出时引诱了他的妻室；于是，两者各自纠结政要人物，终致在全邦范围

① mokhtheria。

内引起了分裂。由此可知，应该从一开始就悉心防范这类事情，及时化解政治领袖和权要们之间的争端。因为错误全在开端，常言道，好的开端是成功的一半，因而即使开始只有些小错，也堪与其他诸般错误相比。总而言之，显贵阶层彼此相争，免不了会把整个城邦都卷入进去，波斯战争之后在赫斯狄亚所发生的事情即是一例。兄弟二人在分父亲的遗产时发生争执，其中一人较为贫穷，指责另一人隐瞒父亲的财产和所发现的父亲的宝藏，从而争得了平民主义者的同情，而富有家财的另一人得到了富人们的支持。又如，在德尔斐，一桩婚姻纠葛成了随后所有纷争的起因。一位新郎前去迎娶新娘之际，从飞鸟中觉察到了某种不祥之兆，遂仓促离去，置新娘于不顾，新娘的亲属们觉得受到了侮辱，就在他去献祭时把一些圣器藏入他的祭品之中，然后佯称其强窃圣物，当场杀死了他。又如在米利提尼，由两名嗣女引出的争端成了一系列骚动的始点，直至同雅典人开战，并在这场战争中其城池为帕契斯攻陷为止。那里有一位富人名叫蒂莫芬尼，遗下二个女儿，另一位名叫德克山德罗的人想让自己的儿子娶回她们，然而他通过诉讼提出的请求遭到了拒绝，于是他煽动了一场内乱，并鼓动雅典人出面干涉（他曾做过雅典的侨领）。又有一件有关嗣女的纷争发生在福基斯，当事人是麦纳逊的父亲麦纳西阿斯和奥罗马库斯的父亲欧苏克拉底，这件嗣女婚配案即是牵动了福基斯全邦的那场圣战的开端。埃庇丹诺斯的一桩婚姻纠纷同样在那里造成了政体的更迭；有一个人把自己的女儿许给了某人，而被许的这人的父亲 做官之后因事判了女方父亲的罚款，后者以此为奇耻大辱，联合政体之外的众人推翻了那里的政权。

有些政体也可能因为行政机构或城邦的其他部分或要素过于膨胀或名声过于显赫而更改为寡头政体、平民政体或者是共和政体。试以雅典为例，那里的元老院在波斯战争期间声名卓著，而元老们似乎想趁势牢牢把持住城邦政权；可是由于萨拉米斯海战的胜利，平民主义者的力量得到了增强，因为在替雅典人赢得海上霸权的海军舰船上服役的水手大都来自平民阶层。在阿尔戈斯，显贵阶层的成员在同斯巴达人作战的曼提尼亚战役中功勋卓著，之后便试图压制平民的力量。在叙拉古，平民是在抗击雅典人的战争中取胜的起决定作用的因素，他们趁此把原先的共和政体变为平民政体。在卡尔基，平民联合显贵阶层驱除了僭主福克索斯，随后立即接管了城邦的政权。在安布拉基亚，平民们也是以同样的方式联合了那些心存异志的人驱逐了僭主伯里安德，把政权纳入自己的手中。总之不应忘记，无论是在野之人、行政官员、部落宗族还是城邦任一部分或团体，只要发生了有关权力或权贵人物的争执，就会掀起轩然大波。其他人作乱是因为嫉妒当权者们的尊荣，当权者们作乱则是因为自觉高人一等，不甘与他人为伍。

一个城邦中倘若敌对的两股势力彼此势均力敌，比如富人与平民力量相当，而中间阶层要么没有要么微不足道，那 1304b

么就有可能生出内乱。因为假如双方中的某一方远比另一方强大，弱的一方明知无力抗衡就不敢轻举妄动了。因此，如我们所说，德性过人者一般不会骚动，因为他们人少势单，难以同多数人作对。

一般而论，一切内乱和政权更迭的开端和缘由就有上述这些。颠覆政权有时可依仗暴力，有时可通过欺诈。暴力或见于内乱伊始，或见于事发之后；同样，欺诈也分两种情况。有时候，一开始起事时就可借助欺诈使政权易手，掌权之后又可以用欺诈来对付那些不顺服的公民。例如，“四百人”专政时就使用了欺诈，他们哄骗群众，说（波斯）王将会为同斯巴达人的战争提供军费，群众已经被骗后，他们又想用欺诈的手法来保住政权。而有时候群众一开始就相信了谎言，后来又心甘情愿地再次相信了其统治者的花言巧语。简单说来，一切政权更迭的起因就有上述这些。

【5】 现在让我们来分别研究每一种形式的政体，看看从上述界定之中能生出什么结果。

以平民政体而论，变更最主要地起因于平民领袖们的放肆。他们或者是私下里中伤富人，迫使富人们联合起来（因为共同的恐惧甚至能使死敌彼此联手），或者是在公开场合鼓动群众围攻富人。有许多这样的例子可以证明这一点。在科斯岛，一些心地不良的平民领袖的出现导致了那里的平民政体的倾覆（因为显贵阶层被迫团结起来）。在罗得斯岛也是这样，平民领袖们不仅给群众发放津贴，而且还扣下了本应支付给船主们的打造船舰的费用，船主们由于这场飞来的官司群情激愤，合力推翻了平民政权。赫拉克里亚城在拓建后不久，其平民政体就因那里的平民领袖们胡作非为旋即归于覆灭，他们流放了显贵之士，这些流亡分子人数不断增多，终于结队还乡推翻了平民政体。麦加拉的平民政体几乎也是以同样的方式归于覆灭的，当地的平民领袖们大批地驱逐显贵人士，以便没收他们的财产，结果是流亡者日渐人多势众，返归本土，在战斗中击溃平民，另建了寡头政体。库墨的平民政体也遭受了同样的命运，它是被斯拉苏马可推翻 1305a
的。在其他各个地方，大致上都可以看到这种方式的变更。有时候，平民领袖们为了逢迎群众不惜加害于显贵人士，或者瓜分他们的财产，或者以巧取豪夺的公益捐献来削减其家产，有时甚至诉诸指控，以便没收富人们的财产，致使这些人不得不合力向平民政权发难。

在古时候，平民领袖同时又是一名将领，故平民制很容易转为僭主制或暴君制。大多古时的僭主起先都做过平民领袖，现今与往昔已不相同的原因在于，尽管当时的平民领袖们出自将领中间，但他们往往不善言辞；如今修辞之术长足发展，能言善辩之人领导着平民大众，然而不谙军事妨碍了他们僭夺城邦大权，不过偶尔也会有一两件小小的例外。早先僭政比现今常见是因为高位重权经常落入某些人之手，在米利都就是这样，从参议官①的职位衍生了僭政，因为参议官一人握有在许多事情上的最高权力。此外，当时各个城邦尚且不大，平民们忙于耕作，散居于乡野，只要略略懂些军事，平民领袖们就可能趁机建立僭政。他们通过表白自己对富人的仇恨来博取穷人的信赖，例如在雅典就曾有过佩西斯特拉托领导的反对平原派的暴动，又如，麦加拉的忒阿根尼斯宰杀了他在河边发现的富人放出来吃草的畜群。又，狄奥尼修斯由于指责了达夫那乌斯及别的富人而被认为有资格做一位僭主，他对富家的仇视替他赢得了平民主义者的声誉。而且，变更也可以是从最原始的平民政体到最新近的平民政体。凡是在官职都经过选举又没有财产资格要求的地方，并且选举权为一切平民所有，一心想谋得一官半职的平民领袖们就不得不拉拢平民，以致平民大众控制了权力，超越法律之上。一个防止这种情况出现或者至少能对此有所抑制的办法是由各个宗族来选举行政官员，而不是由全体平民共同选举。各种形式的平民政体发生更迭的起因大致上就有上述这些。

【6】 以寡头政体而论，政权的更迭有两种最显著的途径；其一是群众蒙受了不公正的待遇，任何一个敢站出来领头闹事的人都能纠集起大批的群众，尤其当他本人就是寡头

---

① prutanis。

集团的一员时，纳克索斯岛的吕格达米斯即是一例，此人后来成了纳克索斯的僭主。起因于其他方面的内乱也有种种差 1305b
异。有时候骚动产生于富有阶层自身，极少数人把持了各种职位，一些富人也被排斥于统治集团之外，正是他们起来推翻了他们的政体，在马撒利亚、伊斯特罗斯、赫拉克里亚及别的一些城邦均发生过这类事情。那些未能在这些地方的政体中当官掌权的人成天吵吵闹闹，直到先是兄长，后是胞弟，双双官服加身才肯作罢，因为有的地方不允许父子同时为官，另有一些地方不允许兄弟同时为官。马撒利亚的寡头政体后来变得更加接近于共和政体，而伊斯特罗斯的寡头政体则为平民政体所取代，赫拉克利亚的议事会增扩至六百人之众。在克尼多斯，原先的寡头政体也同样经历了变更，祸乱起于显贵阶层内部，他们不满于少数人把持政权，以及方才提到的规定，即父子不能一同做官，且众多的兄弟中只有最年长者才有资格担任官职。平民在这类争吵中坐收渔翁之利，乘机推波助澜，从显贵阶层中挑选一人做他们的领头人，进犯并制服了陷于分裂的寡头集团——分裂即意味着衰弱。比如在埃吕斯勒，最初的年代是由巴西琉代执掌的寡头制，而且政制清廉、治理得宜，然而平民们仍对少数人专政耿耿于怀，照样改换了旧制。

另一途径是寡头集团内部自相倾轧，迫使其中的一些人摇身变为平民领袖。这样的平民领袖有两种，一种是在寡头们中间充当领袖——尽管寡头们为数不多，但容纳一名“平民领袖”还是绰有余地的，例如在雅典的“三十寡头”中，查里克利斯一伙人就试图充当那三十人的有权有势的“平民领袖”；又如，弗吕尼克斯一伙人在“四百人”专政时代对那四百人也扮演了同样的角色。另一种由寡头充当的平民领袖则混身群众之中，如拉里萨的民防官须经群众选举，他们就极力谄媚群众；而且，在一切其执政官员的职位不是由寡头阶层自身选举而是由重武装阶层或平民阶层来选举的寡头政体中，类似的事情都会发生，即使对选民有极高的财产要求或规定其必须是某一政治社团的成员也不会两样，阿布多斯即是例子。又，倘若寡头政体的法庭不由政府人员组成，寡头阶层的成员有求于平民时同样会扮演平民领袖的角色，于是造成政体的变易，在滂沱海边的赫拉克里亚就发生过这样的事情。又及，倘若寡头阶层的某些成员企图缩小权力集团的范围，那些失势却又要求平等的权力的成员就必定会转而求助于平民。寡头政体的更迭的另一种情况是，某些寡头大肆浪掷家财，生活豪奢无度；因为他们这样做总是有所图
1306a 谋的，要么是想自己建立僭政，要么是扶助别的人成为僭主。在叙拉古，希巴里诺斯就曾拥立狄奥尼修斯为僭主；而在安菲波利斯，一位名叫克利奥底谟的人也曾有过这样的举动，他不吝家财引纳了来自卡尔基的拓居者，这些人安顿下来后就被他鼓动起来反对富有阶层。又如，在埃吉那岛也有类似行为，有人试图串通查里斯来推翻当地政体。有时候，这种人是即将有所动作，有时又只是为了侵吞公款，但这种

事同样也会在他们自己之间或者在其他指责其盗窃行为的人与他们之间引起骚乱；滂沱海边的阿波罗尼亚就发生过这类事件。而寡头集团若是内部同心同德，就不致祸起萧墙。法尔萨罗的政体即可引为例证，那里的统治者很少，但掌管着人员众多的城邦，因为他们彼此间能够同舟共济。

再如，若是在寡头集团内部又形成了人数更少的集团，该寡头政体就会终结；即是说，整个执政集团本来就为数不多，还不是全部的寡头都有机会担任高官重职。爱利斯有段时期就是这样，政权掌握在少数的长老们手中，而且由于一共九十名长老都是终身任职，并像斯巴达的长老一样只从某些名门望族中挑选产生，能成为长老者自是寥寥无几。无论是在战时还是在和平时期，寡头政体中都有可能发生变更。战争期间，寡头派由于难以信任平民，被迫使用雇佣军，而指挥雇佣军的将军到头来常常喧宾夺主，建立了僭政，蒂莫芬尼在科林斯就做了这种事情；即使雇佣军的将军不止一个，他们也可以联手建立僭政。有时寡头派对此有所顾忌，只好把部分权力移交给群众，因为他们不得不利用平民的力量。在和平时期，由于彼此之间自然而然的猜忌，寡头集团内对立的两派就把城邦的防务委托给某位将军或某位中立的官员，有时候这人最终使双方都俯首让权。在拉里萨就出过这样的事情，阿琉亚代族的西蒙最终掌握了政权；阿比多斯在党派纷争期间也出过这样一个人物，即伊菲阿德。

在寡头政体中，婚姻纠葛和诉讼纷争也都能导致寡头集团内部一方攻击另一方的骚动。关于婚姻纠葛，前面我们已经述及，另外的一个例子是，埃勒特里亚的第亚戈拉由于在婚姻方面受了委屈，愤而推翻了当时的骑士寡头统治。为某件诉讼纠纷，在赫拉克里亚发生过内乱，在忒拜也有过这种情况，两处骚乱的起因都是法庭对某宗通奸讼案的裁决；两处的裁决都是公允的，但是引起了党派之争，败诉的一方在 1306b 赫拉克里亚是欧鲁狄奥诺斯，在忒拜是阿契亚斯，那些与他们有仇的人趁机搅和，把他们绑在广场的柱子上示众。许多寡头政体的覆灭，都是由于寡头集团内部的某些成员不满于另一些成员的专制暴政遂起而发难，造成政体的解体，正如在克尼多斯和凯俄斯所发生的事情那样。

政权更迭也可能发端于一些意外的事件，所谓的共和政体和一切对议事官员、陪审官员及其他各类行政官员都有财产资格要求的寡头政体都可能遭此厄运。经常的情况是，最初这些财产要求可能正好适合某一特定范围，使得寡头政体中仅有少数人能满足这种要求，在共和政体中仅有中产阶层能满足这种要求。然而由于和平或其他某种好机会，城邦日见昌盛，家家户户的财产都增加了数倍，都符合了原定的财产要求，于是乎人人都有资格从政为官；这种变故时而十分细微，不易为人觉察，时而则来之迅捷。

寡头政体中发生政变和骚乱的原因就有上述这些。总起来看，无论是平民政体还是寡头政体，有时候它们并不向与之相对立的政体转变，而是变为同类政体中的另一种形式。

譬如，奉行法治的平民政体和寡头政体可以向权力型的平民政体和寡头政体转变，而后两种形式的政体也可以向前两种转变。

【7】 在贵族政体中引起骚动的原因是名位仅为少数人所占据，我们在上面说过，这也是在寡头政体中引起动荡的原因之一。贵族政体在某种意义上亦是寡头政体，两类政体都是少数人当权，尽管两种人所凭借的东西各不相同，由于这些缘故，贵族政体就显得像是一种寡头政体。倘若群众在德性方面也变得和统治者一样贤明通达，内乱就最有可能发生，甚或是必定发生。在斯巴达就有所谓的“帕尔赛尼”。帕尔赛尼们都是斯巴达名门贵胄的私生子，他们合谋举事，为人发觉后被遣送到塔林顿去当殖民者。或者，那些在德性方面不逊他人却受到身居高位者的压制或侮辱的人也会聚众滋事，受辱于斯巴达诸王的吕桑德就是这样。或者是一位勇猛之人被排除于名位之外，比如克那东就曾阴谋反对阿格西劳斯治下的斯巴达。此外，倘若一个城邦中一些人赤贫而另一些人奇富（这在战争频仍的年代很容易见到），内乱也会发生。波斯战争期间的斯巴达即是例子，图尔泰乌斯为人传诵的诗篇《至治》可以为此作证，诗中讲一些人由于战争流离失所，希望重新分配土地。此外，假使某个人虽身居高位，但还有能力爬得更高，意欲君临城邦时，内乱也会发生，就像波斯战争中身为斯巴达统帅的鲍桑尼阿斯所做的一

样，还有迦太基的哈诺。

共和政体与贵族政体之所以倾覆，是由于它们背离了政体自身的公正原则。前者的覆灭发端于未能很好地混合或调和平民主义和寡头主义两个因素，后者则是由于未能很好地调和平民主义、寡头主义和德性三个因素，尤其是前两个因素(我指的是平民主义与寡头主义)。共和政体正是要竭力调和这些因素，大多数所谓的贵族政体亦是如此。其差别不过在于贵族政体比有共和政体之称的政体多了德性这一因素，由于这个缘故，一者较为持久，一者则要差些。其中更倾向于寡头政体者可称贵族政体，更加接近群众的称共和政体。因此贵族政体不如共和政体稳固，因为人多则势大，而且人们彼此拉平，也就更加心满意足。然而一个政体一旦给富人委以重权，他们就会流于暴虐和贪婪。一般说来，无论一个共和政体持何种倾向，其所倾向的那一方面的力量就会乘机增长，政体也就随之易向，比如共和政体转向平民政体，而贵族政体转向寡头政体。这种转变也可以在相反的方向上发生，如从贵族政体转向平民政体——发生这种情况是由于穷人觉得蒙受了不公正的对待，就迫使政体向相反的方面转变。同样，共和政体也可以转为寡头政体。因为唯一持久的政体只会是建立在依据价值或才德而定的平等原则之上的政体，人人都享有其应得的那一份权利。

以上所说的事情曾在图里伊发生过。那里对官职的财产资格的要求最初相当高，但后来大为减低，于是有资格担任官职的人数就增多了。由于显贵阶层僭越法律，霸占了全部土地（因为该政体具有寡头主义性质，故这些人有可能多占多得），饱经了战争磨炼的平民制伏了他们的卫兵，直至他们交出多占的土地为止。

此外，由于所有的贵族政体都倾向于寡头政体，其中的显贵阶层更有机会多占多得。如在斯巴达，财产集中在少数人手里，显贵阶层就更是为所欲为，看上谁就可以娶谁。洛克里城就因同狄奥尼修斯联姻而毁于一旦，不过在平民政体中这种事就不会发生，在各种因素彼此谐和的共和政体中也不会。

我们在前面一般地讨论一切政体时曾经讲过，忽视小节是引起政体更迭的原因之一，贵族政体就尤其是因为忽略了 1307b
小节而在不知不觉中发生了变更的。最初人们只是放弃了政体中的某一因素，在此之后就更加满不在乎地改动了越来越多的其他细小部分，直到整个政体秩序全部改观。图里伊的政体就经历了这种变故；那里曾经有过一条法律，规定将军只有间隔五年之后方可重新受任，但是一些熟谙军事的年轻人格外地得到了城防军士的钦佩，他们藐视主事的官员，开始谋求废除这条法规，以便同一些人能连续担任将军职务，他们觉得自己有把握实现其目的，因为他们看到平民们是乐于举手赞成他们继续做将军的。主管官员即所谓的议事官员起先反对修改成规，但随后赞同了这一提议，他们以为改动这条法规并不会触动政体的其他方面，然而到后来他们再想阻挡接踵而来的种种其他变动时，无论怎样设法也来不及了。整个政体的组织制度转变为由那些野心勃勃的变革者控制的权阀制度。

一切政体的覆灭既可以起因于政体内部，也可以起因于外部。倘若一个城邦的近邻或相距虽远却很强大的他邦实行的是与之相对立的政体，就会从外部影响该邦的政体。在雅典与斯巴达争雄的年代就出现过这种情况，雅典人到处消灭寡头政体，斯巴达人则到处取缔平民政体。

以上我们大致阐述了各种形式的政体发生更迭和骚动的由来或原因。

【8】 接着我们要从共同的方面和就个别情况单独地考察每一种政体的维持或保存。首先需要明白的是，只要我们知道了诸种政体由以毁灭的原因，也就知道了它们赖以保存的原因。因为相反者产生相反者，而毁灭正好与保存相反。在那些张弛得度的政体中，没有别的什么事情比促使人们奉公守法更要紧了，在细小的方面尤其要严加警惕。些微的违法行为常常不为人觉察，正如不断浪掷小额财物，到头来大多落得一贫如洗。这样的花销由于不在一朝一夕，故不易引起人们注意，人心在这些事情上可能会误入迷途，恰如这样一种诡辩："事事皆小，总汇自小。"在一种意义上这种说法是成立的，但在另一种意义上则不然。因为尽管由诸多微小的部分组成，整体或总汇并不见得就小。

第一点是必须采取措施防范这样的开端，其次的一点就是不能指望那些旨在蒙骗群众的诡计或花招，事实已经做出了无情的驳斥。前面在讨论各种政体时，我们曾提到过这类 1308[a]
性质的诡计。此外，无论是寡头政体还是贵族政体，它们中有一些能够维持长久显见得不是由于政体本来牢固可靠，而是由于它们的行政官员在同政体内外的人员打交道时都维持了良好的关系，非但不委屈那些未加入该政体的人员，而且招纳他们中的领袖人物到政体中来；而对于那些喜好名誉之人从不不公正地剥夺其名誉，对众人则从不侵夺其财产；而且，执政者以平民主义的态度来处理他们自己和未参与政权者之间的事务。平民主义者竭力为群众争取平等，这在彼此同等的人中间不仅是公正的而且是有益的。因此，倘若政府机构十分庞大，多有一些平民主义的立法是有益处的，例如，把官职的任期限定为六个月，以便所有彼此同等的人都有机会担任。其实，一群彼此同等的人本来就类似于平民大众，因此如前所述，在这样一群人中常常也会涌现平民领袖一类的人物。这类措施可以减小寡头政体和贵族政体转入权阀政体的机会，因为任期既短，各类官员们就不太容易造成大的危害了，与此同时，长期占据官职往往把平民政体或寡头政体变成了僭主制或暴君制。因为终成僭主之人，或者是每一政体中呼风唤雨之人——在平民政体中是平民领袖，在寡头政体中是少数权贵，或者是那些长期担任高官重职之人。

各种政体得以保全不仅是因为其毁坏者远在他邦，有时也因为这种威胁近在咫尺，因为畏惧使得人们更加出力地维护其政体。因而，当政者应该对政体所受的威胁熟虑在胸，随时准备发出警告，以远害为近患，使公民们时时保持警惕，就像夜间的巡卫，从不放松其戒备。此外，还必须通过种种法律尽力防止贵要阶层之间的敌对和内讧，并且把那些尚未卷入争讧者隔离于争端之外。一般人总是不知防微杜渐，惟独政治家才有此卓识。

在寡头政体与共和政体中，财产资格的变动也能引起政权的更迭。譬如，财产限额保持在同一数目，然而由于城邦的货币量大有增加，就有必要把通行的币量与过去的标准相折算，在年年定期登记公民财产的城邦应该每年折算一次，
1308b 在较大一些的城邦则应三到五年折算一次。倘若币值按先前的标准折算增加或减少了数倍，即政体中的财产估额增加或减少了数倍，就需要借助法律来提高或降低财产资格要求，在超出和不足的情况下相应地提高或降低若干倍。在各种形式的寡头政体与共和政体中若不采取后一类措施，有些共和政体就会演变为寡头政体，有些寡头政体就会转入权阀政体；若不采取前一类措施，共和政体就可能演变为平民政体，寡头政体则演变为共和政体或者是平民政体。

对于平民政体、寡头政体、君主政体以及任何一种形式的政体而言，共同的一点要领是不能让某个人的势力得以异乎寻常地膨胀，更应当尽量设法在长时间内一点一滴地授人

以名位，而不是骤然间授之以显赫高位。因为人们是会腐化堕落的，毕竟不是人人都能交上好运。倘若已经做错，照样不能骤然剥夺那些在骤然之间所给出的名位，而须逐次缓慢地予以剥夺。必须制订各种法律尽力防止任何人拥有过多过大的权力，无论是因人多势众，还是因家大业大。倘若防范未果，也只好把这种人及其同党逐出城邦。既然人们的私生活也可能引起政体的变革，就应当委用一位官员专事监督那些其私生活与现行政体不相协调的人，在平民政体中就得与平民政体协调，在寡头政体中就得与寡头政体协调，在任何其他形式的政体中也是一样。出于相同的原因，对城邦任何部分的兴盛发达都须严加注意；这方面的一剂良方是永远把行为管理权和行政官职分别授予彼此反对的部分（所谓彼此反对的部分，我指的是贤明之人之于多数群众，或富人之于穷人）。另一个办法是穷苦大众同富人相结合，或者是增扩中产阶层，这是消除起因于不平等的骚动的良法。不过，对一切政体最重要的一点是借助各种法律在城邦家政的各个领域树立良好的秩序，杜绝各类官员借职牟取钱财。

这一点对各种形式的寡头政体尤为要紧。虽说不能担任官职，众人也未必就会那么恼恨，说不定他们还会因为得暇料理私务颇为欣慰，然而一俟人们觉得官员们侵吞了公款，这时双重的懊恼就会一齐袭来：一则与名位无缘，一则名位加身者损公自肥。假如实施了这类法规，单是平民政体与贵族政体就可以合并；因为两种政体中的显贵阶层和群众此际

1309[a] 均能心满意足，如愿以偿。人人都能参与行政统治，这正是平民主义者的祈求；显贵阶层占据各种官职，这又遂了贵族主义者的心愿。只要杜绝了官员借职牟利的现象，这一点就会实现；因为穷人们既觉为官无利可图，遂难生求仕之心，而宁愿把更多的时间花在自己的私务上，而富人们由于无须以公肥私，自会恪守公职。于是，穷人们由于专心操持私活而逐渐富了起来，显贵阶层也不会受治于无名之辈。为防公款遭受侵吞，公款的征缴应在全体公民在场的情况下进行，公共账目应加以复制，由不同的宗姓、坊社和部族分别保管。还应立法嘉奖那些有为政清廉之美誉的行政官员。在平民政体中，应当设法保护富室，不仅不能瓜分他们的财产，也不能掠夺其收入，有些政体以不知不觉的方式做了这种事情。当然若能阻止富人被迫甚至是自愿地承担那些巨奢却又无益的公共捐献那就更好了，比如在合唱队、火炬赛跑及所有其他这类事情上的捐献。另一方面，在寡头政体中则应从多方面关心穷人，那些多少有些甜头的官职应由他们担任，要是某位富人对穷人施暴，就应该比他在富人们中间做同样事情时受到更严厉的惩罚。而且，产业只能在家族中继承，而不能赠送他人，并且同一人不得继承多于一份以上的遗产。这样产业的分配就比较均匀，更多的穷人将有机会步入富人的行列。无论是在平民政体还是在寡头政体中，采取以下措施都是有益的，即让较少享有政治权利的人——在平民制中是富人而在寡头制中是平民——在政体中最重要的官职之外的其他方面同别的人保持平等，甚至是稍稍占先，而最重要的官职只能或大多数只能由当权阶层来担任。

【9】 想要担任政体中最重要的官职，就必须具备三项条件。首先，必须忠于现存政体；其次，必须具有为政方面的最高才能；第三，必须具备为每一政体特有的、与该政体相称的那种德性和正直（假如各种政体的公正观念并不相同，那么各种政体所提倡的正直或正派也必定彼此相异）。倘使一个人未能同时具备这三项条件，人们在对他做出选择时就要犯踌躇了。例如，某人虽有将帅之才，无奈心地邪恶且于政体不忠，另一人既正派又忠于现行政体，那么应该做何抉择呢？看来应当从两方面考虑，看在所有人中哪一项更多的为人人具有，哪一项只为较少的人所有。从而在选择将领时，可以军事经验为主，德性为次，因为贤人虽多，将才却难觅。若是说选择一位守卫或司库，情况就正好相反；因为这类司职在德性方面的要求应高出常人，至少也要与常人持平，而这方面的知识却是人人皆有。

有人或许要问，假使一个人既具备了才能又忠于现行政体，为什么还必须具备德性呢？因为这两项条件已足以使他能够为公民谋取共同的利益了。或者，具备了这两项条件的人难道还不能守身自制吗？他们熟知并热爱自己的私业但并不悉心加以料理，这样的人有时候会不会对公共的事业也掉以轻心呢？

简而言之，各种政体所制订的有利于自身的一应法律，无一不是为了维持或保全现行的政体。我们多次强调过的最重要的一个因素是，愿意维持现政体的人众的势力必须强于不愿维持现政体者的势力。在这一切之外，不应忽视但在今天为诸种蜕变了的政体所忽视的一点是：中庸。平民政体所采取的许多措施实际上败坏着这些平民政体，寡头政体的许多措施也败坏着寡头政体。那些自认为德性仅为他们所奉行的那一种的人往往会走向极端，他们浑然不知其所作所为对一个政体的影响。正如一只鼻子若是偏离了钩鼻或塌鼻的优美端正，仍旧可以保持优美而不至难看，然而倘若偏离得过于极端，鼻子首先就会失去其匀称，最终会因在某些方面过度或反之在另一些方面不及显得不再成其为一只鼻子了。身体的其他各部分也完全是这样，以各种政体而论情况也莫不如此。寡头政体或平民政体，尽管离最优秀的政体相去甚远，但也不失为充分可行的政体；但如果把两者各自的主张推向极端，首先会使政体劣化，最终自然会不复成其为一个政体。由此可知，立法者或政治家必须明辨，哪一类性质的平民主义措施能保全平民政体，而哪一类损害平民政体，哪一类性质的寡头主义措施保全寡头政体而哪一类损害寡头政体。因为倘若没有了富人及群众，两种政体中的任何一种都不可能得以存在或维持。一旦实现了财产的平等，政体就必
1310ª 然会转入另一种形式；因而企图凭借极端的法律来消灭其中的某一方，最终不免会连同这些政体一道消灭了。

在各种平民政体和各种寡头政体中，人们常常要犯这种错误。在平民政体中是平民领袖们，其背景是群众的权力凌驾于法律之上；他们总是要把城邦一分为二，向富人们宣战，然而他们又总是一定要给人造成相反的印象，处处显得是在替富人说话。在寡头政体中，寡头们也声称自己是在为平民着想，然而他们立下的誓言本应与他们今天所立的相反。今天他们的誓言是："我将是平民的对头，并愿将一切可能的祸患加于平民。"而他们应该有完全相反的主张及判断，表现在誓言中就是："我不会加害于平民"。

不过，在我们述及的所有保全政体的措施中，最重要的一条是依照政体的宗旨对公民实施教育，不幸在今天所有人都忽视了这点。最有益的法律，而且得到了其所辖的全体公民的称道，如果在政体范围内未能形成风尚及通过公民教育深入人心，这样的法律就依然是无用的。如果这些法律具有平民主义性质，就应实施平民主义教育；如果具有寡头主义性质，就应实施寡头主义教育。因为正如个人缺乏约束便易流于放任，城邦缺乏纪律就会失之松散。依照政体的宗旨教育公民，即是不让公民去做那些正中平民主义者或寡头主义者下怀的事情，而是引导公民去做那些令平民政体或寡头政体得以维持的事情。然而，如今的各种寡头政体中，统治阶层的子女在奢纵的环境中长大，穷家子女却在磨炼和辛劳中成长起来，因而他们更加盼望也有能力实现变革；另一方面，在显得最像是平民政体的平民政体中，实行着有悖于公民利益的政策，其原因在于曲解了自由原则。平民政体有两大信条，一是权力属于大多数人，一是自由原则。平民主义者认为，公正或正义即是平等，而平等又在于大多数人的意见的主宰地位，至于自由（及平等），则在于做一个人所想做的事情。在这种性质的平民政体中，每个人都过着随心所欲的生活，恰如欧里庇德斯所说："（一切）如愿以偿"。然而这种自由观念是轻率的，遵照政体的宗旨生活，并不一定就应被看作是受奴役，毋宁说这是一种自我保存或解救。

各类政体的更迭或覆灭出于什么原因，它们的保全或维持又依靠什么途径，简而言之就是上述这样一些。

【10】 剩下来还要讨论君主政体的问题，讨论其毁灭出于何种原因以及通过什么途径它能自然得以保全。大致说
1310b 来，以上关于各种政体的阐述也同样适用于君王制及僭主制。君主制与贵族制相合，而僭主制或暴君制乃是极端形式的寡头政体与平民政体的结合，所以它对其所辖的臣民有着最大的危害，因为这种体制可以说是恶上加恶，兼具了两种极端政体的偏差和错误。这两种形式的君主政体的起源截然相反；君王制有助于置贤明之士于平民之上，君王出身于那些其自身或其家族德性卓著或凭靠德性建有殊勋的贤明之人；相形之下，僭主制或暴君制则产生于平民或群众凌驾于显贵阶层之上，这种体制保证平民群众不受后者侵凌。史实便能说明问题，因为差不多大多数的僭主可以说都出身于平

民领袖，他们靠攻击显要人物博取平民的信任。在城邦版图业已扩增的情况下，一些人就是通过这种途径成为僭主的，在更早的时期，一些野心过重的君王僭越世袭的权限建立了更加专制的统治，遂以另外的方式成了僭主或暴君。还有一些僭主出身于经过选举担任了重要官职的人（古时候平民们给民政官或祭监以很长的任期）。另一些人成为僭主，起因于各种寡头政体推选某一人主管数种最重要的官职的做法。在上述的任何一种情形下，一个人只要心生此念，就可以轻而易举地建立僭政，因为身为王者或位居显要，他已经是大权在握了。阿尔戈斯的斐多以及另外几人就是例子，他们本为君王，后来都成了僭主。另有一些人，如伊奥尼亚诸僭主及法拉里斯，则是从高官显位爬上僭主之位的。又如勒昂底尼的帕奈修斯、科林斯的库伯塞罗斯、雅典的佩西斯特拉托、叙拉古的狄奥尼修斯以及另外一些人都是以同一方式成为僭主的，即他们均是平民领袖出身。

正如我们所说，君主制依照了贵族政体的体例。因为它依据的是价值或才能、个人或家族的德性、勋业以及与此俱来的势力。所有享此殊荣者或者是功业卓著，或者是有能力为城邦或民族建功立业，他们中的一些人使其城邦免受奴役，就像科德罗斯一样，另一些人如居鲁士则使其邦国获得了自由，或是像斯巴达诸王及马其顿人和摩洛人的诸王那样，开拓或占领过一片疆土。设置君王的用意是保护那些既 1311a
得财产免遭侵害，并保护平民不受暴虐。然而，正如多次说过的一样，僭主或暴君置公共利益于不顾，如果他还有所牵挂的话，那就只是他的私利。寻欢作乐是僭主或暴君心中的寄托，而君王的目标则是高尚。因此，僭主贪图多多益善的财物，君王则更加看重能带来荣誉的事物；王室的卫兵都是本邦公民，而僭主只好从外邦招募卫士。

显而易见，僭主制或暴君制兼具了平民政体与寡头政体的恶德。它从寡头政体中学得了以财富为目的，因为唯有如此僭主们才能供养其卫队和维持其奢纵的生活；再就是不信任群众，因此收缴了群众的武器，寡头制和僭主制两者都肆意祸害群众并把他们大批逐出城市，疏散到乡野去定居。它从平民政体那里学会了向显贵阶层开战，秘密地或公开地处死他们，或者是予以放逐，原因在于这些人是僭主们的互知底细的对手①，是他们权力道路上的绊脚石。而且，密谋不轨之人也正是出在这些人之中，他们或者是想自己夺取统治权，或者是不愿臣服现行的统治。因此伯里安德劝谕斯拉苏布罗时，击落了黍田间那些最高大的黍穗，示意后者除掉城邦中妨碍了他的杰出人物。② 如方才所述，君主政体发生变更的起因与其他各类政体的情况一样；臣民们起来反对他们的君主，往往有三个缘由：不公正、恐惧与蔑视，（不公正最主要地表现于暴虐，）有时候也表现为没收私人的财产。

① antitekhnos。

② 详见1284a26—36。

无论是僭主制还是君主制，起事者的目的都是相同的。因为君王们拥有巨大的财富和荣耀（名位），而这两者恰是一切人之所欲。有时，叛乱的锋芒直指统治者其人，有时指向这种官职或职位；由暴虐而生的叛乱自然会针对统治者的人身。暴虐可分许多种类，而每一种暴虐都能激起愤慨，盛怒之下，大多数人的举动都是为了报复，而不是为了出人头地。例如，佩西斯特拉托家族由于当众凌辱了哈尔摩狄乌斯的妹妹并羞辱了哈尔摩狄乌斯本人而招致了报复；哈尔摩狄乌斯的行为是为了他的妹妹，而阿里斯多格顿挺身而出则是为了哈尔摩狄乌斯。针对安布拉基亚的僭主伯里安德的一次阴谋的原委是，当他同他宠爱的一位少年共饮时，戏问这位 1311b
少年是否已经怀上了他的孩子。鲍桑尼阿斯之所以要谋刺腓力浦王，是因为后者纵容阿塔罗斯一伙人侵凌了他自己；而德尔达之谋弑小阿蒙塔，亦是因为后者向人张扬自己曾狎占过少时的德尔达。又如，塞浦路斯的欧阿戈拉斯为一位宦臣所弑，原委是他的儿子拐走了这位宦臣的妻室。一桩桩弑逆事件的发生，大多是由于臣民在人身方面受到了某位君主的羞辱。譬如克拉泰乌斯之进犯阿克劳斯，前者因受侮辱一直耿耿于怀，原本就足以因小的纠纷引发拼争，偏又出了这种事情：阿克劳斯许诺以二女之一许配克拉泰乌斯，却自食前言，让后者一个也没娶上；在同西拉斯和阿拉班的战争中形势吃紧时，他把大女儿嫁给了埃利梅亚的君王，随后他又把小女儿嫁给了他（同前妻）的儿子阿蒙塔，认为这样一来后者同他与克利奥帕特拉所生的儿子相争的可能性就大大减小了。克拉泰乌斯以这件小事为举事的借口，其实他也完全可以找更加微不足道的一系列其他借口来掩盖其身为嬖臣的真正的难言之隐。又如，拉里萨的赫兰诺克拉底的谋叛也出自同样的原因，狎占其青春年华的阿克劳斯曾许愿送其还乡而终究食言，于是他觉得他们间的这种狎合不是出于情爱而毋宁是出于暴虐。又如，蒲松和爱诺斯的赫拉克里戴为了替他们的父亲报仇杀死了科图斯；而阿达马斯之所以要背叛科图斯，是由于遭受过后者的虐待，在幼年时就被阉割了。

不少人由于恼恨体罚，视之为一种羞辱，遂有一些人杀死了或因受凌辱试图杀死城邦的官员或王室成员。在米提利尼就有这类事情，麦加克勒斯及其朋友路遇彭西卢族的人以棍棒殴打邦民，便群起而攻之，杀掉了后者。后来，斯麦尔德由于受到彭西卢王的鞭笞并被从妻子身边带走，愤而杀死了该王。又如德坎尼科斯之成为反叛阿克劳斯的领袖，也是因为先前曾有切肤之痛。其忿愤的缘由在于，阿克劳斯曾把他解送到诗人欧里庇德斯那里受其鞭笞，因为他曾说欧里庇德斯鼻息浊臭，使得后者大为难堪。出于这类原由的弑逆与谋叛事件，还可以另外举出许多例子。

同样，恐惧也可以生事，因为它是引发事端的诸种缘由之一。它在君主政体中的作用正同它在一般政体中的作用一样。阿尔塔帕尼之所以要谋弑克塞克西斯，就是因为他违背后者的旨意缢杀了大流士后心怀恐惧——做这件事时他觉得在宴饮之间提及此事，或许克塞克西斯就会忘掉这事而不予追究。

轻蔑是滋事的另一缘由；以萨尔达那帕罗斯为例，有人 1312a
曾看见他同一帮妇女在一起梳理羊毛（如果讲故事的人没有说错的话；不过即使不是他，也确实另有某人真有其事）。狄翁由于轻蔑袭击了狄奥尼修斯二世，他看到后者成天沉湎醉乡，同样受到了公民们的轻蔑。甚至僭主或暴君的朋友们也会因心生轻蔑加害于僭主本人，因为他们深受信赖，便无所顾忌，不把僭主放在眼里，并觉得这样做了也没有谁知道。又及，那些自认为有能力登上权力宝座的人从某种意义上说也会因轻蔑而举事，有能力的人蔑视危险是因为他们可以轻而易举地获取权力，正如统率军队的那些将军们一样，居鲁士之袭击阿斯图亚哥，就是轻蔑后者奢靡的生活，觉得后者的力量正在耗散殆尽。又如色雷斯人苏泰斯本是阿马多库斯王的一位将军，同样也倒戈犯上。

有时人们举事也可能是出于多种原因，例如米士里达特斯反叛阿里奥巴扎尼就是既出于轻蔑又出于贪婪（生性骠悍之人若是被君王们委以军事重任，就极有可能由此而生叛乱之心，因为骠悍骁勇就在于获取权力），两种动机兼备，他们已然是无往而不胜，自然要犯上作乱了。

在以上述及的这些之外，追逐名誉是致使人们滋事的另外一种缘由。不像有的人刺杀僭主或暴君贪图的是将会到手的厚酬和高位，每一追求名誉之人甘愿铤而走险却是出于我们以上所说的原因，即为了成就一番令他人自愧弗如的壮举，借此在世人中声名远播；怀着这般抱负，他们谋刺君主绝非贪图王位，其一心向往的只是名声。不过，有此番抱负的人可谓是屈指可数，因为一旦事败，毕竟要付出生命的代价，故这种人必须置生死于度外。他们应当效仿狄翁的果敢：当狄翁率领一小队人马前去攻杀狄奥尼修斯（二世）时，慷慨陈言："不论他前进到什么地方，这番成就都足以令其心满意足，哪怕是一踏上（叙拉古的）土地生命即告终结；这样的死对他来说高尚而又壮烈。"可惜大多数人难得有他这样的心情。

就同其他每一种政体一样，僭主制或暴君制覆灭的方式
1312b 之一是外有敌患。一旦有某一政体与其相反而又更为强大，这种事就会发生。由于施政方针上的对立，其外部的政体显然会有进犯该政体的愿望，而且只要力所能及，谁都会这样去做。有几种政体都与僭主制相反对，甚至平民政体也在其中，正如赫西俄德所说："陶工厌恨陶工。"因为最末一种形式的极端平民政体已然是一种僭主制。君主制和贵族制由于施政方针上的对立也都与僭主制为敌，由于这一缘故斯巴达人消灭了大多数的僭主制，而叙拉古人在内政清明时也奉行了同样的政策。僭主制或暴君制覆灭的另一种方式是内部失和。在这种情况下，统治集团内部发生党争，就如葛洛家族及现今的狄奥尼修斯家族一样。在葛洛家族中，希厄若诺斯的兄弟斯拉苏布罗阿谀葛洛之子，使其陷入荒淫的生活之

中，为的是自己篡权夺位，葛氏家人合谋保全整个僭主体制并除掉斯拉苏布罗，然而这一合谋团体中的一些人趁此良机，把僭主一伙及斯拉苏布罗悉数逐出了城邦。狄奥尼修斯家族的嫡属狄翁起兵犯主，并借助平民的力量，终将狄奥尼修斯二世逐出城邦，自己不久后也为人所杀。

人们攻击僭主制，最主要的缘由有两个，那就是仇恨与轻蔑。其中之一，即仇恨，永远伴随着僭主制或暴君制，而轻蔑往往会导致众多的僭主制倾灭。可以以此为证：那些艰苦创业者大多保住了他们得到的权力，而那些凭靠继承获权者可以说都纷纷在转眼之间失去了权力；因为生活奢华安逸就很容易招致轻蔑，给那些欲兴师问罪之人以许多可乘之机。愤怒也可以归结为仇恨的一个部分，因为在某种意义上二者能导致同样的行为。在很多时候愤怒甚至比仇恨更能催人奋起，人们更容易愤而生事，因为这种激情支配下理性就失去了作用。而暴虐最有可能引发人的生命的激情，佩西斯特拉托和其他许多僭主就是由于横施暴虐而招致灭顶之灾的。相形之下仇恨就比较容易忍受，因为愤怒总是伴随有痛苦，因而不易听从理性支使，但憎恨却可以没有痛苦。

提纲挈领地讲，以上述及的导致纯粹的也是最末一种形式的寡头政体与极端的平民政体覆灭的那些缘由同样也适用于僭主制或暴君制。其实，这两种形式的政体已然是僭主体制，只不过充当僭主的人各不相同。君主制则最不受外部势力影响乃至为之颠覆，多数的时候君主制灭于内患，大多

数君主制都是这样覆灭的。其覆灭的方式有二，其一是王族
1313a 内部自相倾轧，另一方式是君王竭力谋求更具僭政性质的统治，在这种情况下君王觉得自己应该有更多更大的超出法律范围之外的权力。如今君主制不再见得到了，要说有这样的政体，那也更接近于僭主制。其原因在于，君王所统治的是甘愿顺从的臣民，在较为重要的事情上拥有决定权，而如今大多数人彼此不分上下，没有人能杰出到足以配得上王位的至尊和高贵。所以今天的人们因此不堪忍受君王的统治，假若有人凭借欺诈或暴力强迫人们接受王治，他这样做时就已经俨然是一位僭主了。世袭制的君主政体之覆灭，除上述原由外还另有起因，即世代相传的君王常常受人轻蔑，他们本来只拥有王权，并无僭主那样的权力，却时常欲行暴政。这类君王随时都可能被废黜，因为只要臣民不复顺从，他们就立刻不复为王了；然而即便是臣民不情愿，僭主照样还是僭主。

各种形式的君主政体之覆灭，就出于上述这些原因以及同类性质的另一些原因。

【11】 简而言之，通过与上述相反的原因或途径君主政体显然就能够得以保全。分而论之的话，首先君主制可以因谦恭有度①得以保全。凡王权范围越小，其王位必定都

① to metrioteron。

能维持更长的时间。因为这样的君王更容易同常人平易相处，不致奉行极权专制，而且也较少或较轻受到臣民们的妒忌。正是出于这一点，摩洛人的君主制才历世而不坠。与此相仿，斯巴达人的君主制也经久不衰，因为他们从一开始就把王位一分为二，而且后来特奥庞波又进一步对王权采取了其他种种节制措施，并用监察制来限制王权。他削减了王权，但是延长了君主制的寿命；从某种意义上说，他非但没有压缩君主制，反倒是对其有所扩展。这正是他用来答复其妻的责难的话语：据说，他的妻子质问他，他传给儿子的王权比他从父亲那里继承来的王权要小，难道他一点也不感到羞愧吗？他答道："当然不，因为我传下去的王权更加长久。"

至于僭主制的保全，有两条截然相反的途径。其一有着悠久的渊源，至今仍是大多数僭主的施政方略。很多人都说科林斯的伯里安德发明了这种僭术，不过在波斯的统治制度中可以找到大量的这类实例。如前所述，古时就有各种保全僭主制的方略，比如，僭主应该芟除邦内杰出之士，斩杀那些气宇轩昂之人，尽量废除共餐制，禁止结社、教育以及其 1313b
他一切这类活动，对一切人严加防范，以免有两样事物在民众间悄然形成：高昂的志气与彼此间的信任。僭主们应当明令禁止各种派别的聚会及其他闲谈或讨论各种问题的集会，并且尽最大力量在所有范围内防止人们彼此相识，因为熟识就更有可能助长彼此间的信任。而且，他还应强迫人们总是生活在明处，在他的宫门周围活动（这样人们一举一动就极难逃过他的监视，而且处处受监视，人们也就会形成奴颜婢膝的习尚）。所有这类措施之外，他还应效仿波斯人及野蛮民族的僭术，这一切僭术所能起的作用是完全相同的。一位僭主还不应不知道臣民中有某人碰巧说了什么或做了什么，为此必须雇佣密探，如叙拉古就有所谓的“女探”①，而希厄罗也常派人去有集会或聚会讨论的地方刺听民情。这样一来，由于对这种人的恐惧，人们讲起话来就会有所顾忌，如果直吐心曲，就难保不会泄露出去。另一类僭术是在臣民中制造仇隙，挑起朋友与朋友之间、平民与贵要之间及富人自身之间的争斗。而且，僭主还应造成臣民的贫困，他既可以依靠对臣民的搜刮来养活自己的卫队，又可以置臣民于终日操劳之中，使其无暇图谋不轨。埃及的金字塔就是这种僭术的一个例证，再就是库柏塞利德家族对神庙豪奢的献祭、佩西斯特拉托之建造奥林匹亚宙斯大神庙以及萨莫斯岛上波利克拉底所增建的建筑物；所有这类营造工程的用意都只有同一个，即使臣民们既不得闲暇又家无斗米。另一僭术是苛征暴敛，叙拉古的狄奥尼修斯就是这样做的；狄奥尼修斯当政时，曾勒令公民们在五年内把自己的全部家财尽数纳入公库。僭主或暴君们往往好战，以此来使臣民不得闲息，并让他们总是需要一个人来做他们的领袖。君主制之所以得以保全，是由于朋辈们鼎力相助，然而僭主制却最不信任朋友，因为

① he potagogis。

僭主们明知人人都欲除之而后快，而那些有能力做到这一点的人的这种愿望尤其迫切难捺。

而且，所有的僭主制或暴君制中都可以见到最末一种形式的极端平民政体的种种卑劣手法。比如，在家庭中给妇女以权力，以便她们告发自己的丈夫，放松对奴隶的约束，也是出于同样的目的（让他们告发自己的主人）。因为，奴隶和妇女二者都不会图谋反对僭主，由于生活得自在，他们当然要对僭主制及平民政体心怀好感。而且平民们也乐于耍君主威风，所以在这两种体制下谄媚者或佞臣都能占宠得势，荣极一时，在平民们面前，平民领袖就扮演了这种角色（平民领袖就是平民们的“佞臣”），而僭主们也自有其卑躬屈膝之仆从，这些人的要务就是溜须拍马。由于这一缘故，僭主 1314a
专爱恶人，因为他高兴有人奉承，而具有自由人之高尚精神①的人无一会如此下流；贤明之人以友爱待人，但不会曲意逢迎。而且，恶人可以用来干恶事，正如谚语所示：“铁钉敲出铁钉。”僭主制的一大特征即是不喜欢任何尊贵或自由的人，因为僭主觉得只有自己才配有这类品质，而任何人只要敢于表现出与其相抗衡的尊贵或自由，就会被视为对僭主的唯我独尊的地位的冒犯；僭主们对这种人必定恨之入骨，就如同他们剥夺了他的权力一样。而且，僭主们喜欢外邦人甚于喜欢本邦公民，他与外邦人频频共餐、终日相伴，

① phronema，前文曾作“气宇轩昂”。

因为一者是他的敌人，而另一者与他无敌无仇。

以上是僭主制用来维持其统治的种种手法，真可谓是无所不用其极。这一切僭术归总起来的话共有三类，体现了三种企图：第一，贬抑公民的心志，因为心志狭促之人①不会图谋反抗任何人；第二，在公民中间制造不信任的气氛，因为在人们达成彼此间的信任之前僭主制就不致被推翻；所以僭主们要向贤明之人开战，只因他们对其权力构成了威胁，他们不但不愿屈从于极权专制，而且他们相互信赖并信任他人，决不出卖自己人以及其他人；第三，使公民们没有力量或不可能有所作为，因为谁也不会试图去做不可能做到的事情，所以只要人们软弱无力，就不至于终结僭主政权。从而，僭主的种种谋略恰好可以概括为三端，一切僭术都必定以此为前提：在公民中制造不信任的气氛；使公民们无力举事；使公民们心志狭窄。

以上是僭主制或暴君制由此得以保全的一种途径，另一途径大致上可以说是从与上述各种手法完全相反的方面去考虑。只须借鉴一下各种形式的君主制的覆灭情况，就能发现这一途径。正如王位若是更加接近僭主之位便会导致君主制的覆灭，僭主之位若是更具君主性质自然便能保全僭主体制。当然有一样东西要死死抓住，那就是权力；臣民愿意也罢，

---

① mikropsukhos，意指心地狭窄、目光短浅之人，在伦理学中译作“小气”，与“大度”相对。

不愿意也罢，一定要依仗权力对其进行统治。放弃权力就无异于放弃了僭主体制。不过，尽管权力必须奉为一项基本原则，但僭主还是应当像君王那样行事，至少要让人们觉得自己大有君王风范。首先，他应当表现得留意城邦财政收入，不挥霍国帑，浪赠招致群众责难的厚礼，倘若人们看到自己 1314b
辛辛苦苦挣来的那点收入上缴公库后竟被大把大把地扔给名妓、外邦人及艺人之流，无法不顿觉难受。他还应申报自己的收入和开销，而有些僭主也确实这样做了，这样的话他才能显得更像一位总管家而非一位僭主；他大可不必为有朝一日会缺钱花而犯愁，因为他手里掌管的是整个城邦。对于那些出门在外的僭主来说，这样做比留下大量的宝藏要有利得多。因为在这些情况下留守邦内的人就不大会借机反叛了。一位身在他乡的僭主，害怕替他镇守家业的人甚于害怕公民，因为一者随他出征，一者留在邦内。其次，他应当显得征收赋税只是为了城邦的公益事业，以此方能满足战争的不时之需，一般说来他应当摆出公共财产而不是私家财产的监护人或司库的姿态。而且，僭主还应不露严厉，只显尊贵，要让见到他的人心生尊敬而不是畏惧。这一点的确不易做到，故僭主很容易受人蔑视。所以，即或是在其他各种德性方面无一能引起他人注意，至少在行伍方面他应有几分天资，能给人们造成知兵善战的印象。此外，不但是僭主本人，而且包括他周围的随从都不能公然强暴其臣民——无论是少男还是少女，同样，僭主家族的妇女也不能欺凌其他的妇女，妇女的专横放肆不知毁掉了多少僭主政权。在身体的逸乐方面，他必须同今日的僭主们截然相反，这些人晨起即设席，并且一连数日，沉溺于声色之乐，他们还乐于向他人炫示其所做的这一切，以使旁人惊羡他们生活的幸福和无比快乐。在这些方面一位僭主必须最大限度地保持节制，若是做不到的话，至少也应设法掩过他人耳目，因为一位醉醺醺的、恹恹思睡的僭主既易受人蔑视，又易受人攻击，而一位清醒的、头脑警觉的僭主则不然。总之，他几乎应当完全与我们早先提及的那些僭主反其道而行之——他应当修缮和美化他的城邦，就仿佛他并不是一位僭主，而是一位监护人。此外，他还应一直显得格外虔诚敬神，因为只要人们觉得他
1315a 们的统治者信奉神灵并且对诸神虔诚恭敬，他们对蒙受非法待遇的担心或恐惧就会减轻不少，从而也就较少图谋反叛，因为在他们看来诸神会为僭主助威。不过，他的信仰不能显得是愚蠢的。而且，他应授善良之人以名位，并让他们觉得即使由公民们自治自决，自己也不会得到比这更多的名位。这类名位要由他亲自来颁授，然而处罚则须由另外的官员及法庭来实施。所有形式的君主政体共同提防的一件事情是，不能让任何一个人爬得太高，如果有了这样一个人，那么就应增至多人，因为如此一来他们就会彼此对峙紧严。倘使确实有人必须擢至高位，那么此人一定不能是性情莽撞之人，因为有这类性情的人简直是在一切事情上都跃跃欲试。而假如需要罢黜某人的权力，这种事也只能一步一步地进行，切

忌在骤然间就全部免除其炙手之大权。此外，一位僭主应当避免一切暴虐行为，所有之中尤其要避免对人身以及对青少年的侵凌。在那些热爱名誉的人们面前，他尤其需要处处小心，正如那些热爱钱财之人倘若其钱财受到了轻视必定会勃然大怒，热爱名誉之人及那些贤明之人在名誉受到亵渎时定会有同样表现。所以一位僭主绝不能有这类行为，惩罚他人时一定要摆出严父的姿态，而不能表现出鄙夷。而且他同青少年的过从往来也应显得是出于情爱而不是出于恣肆放纵。总而言之，他应用更大更多的荣誉来补偿人们在名誉方面所明显受到的损害。在图谋反对僭主的人们中，那些一心想消灭僭主身体的人最为可怕，他们宁可付出生命的代价，但求行刺得逞，所以对这种人要尽最大的力量去防范。鉴此，对于那些自觉其本人或其亲属遭受了凌辱的人尤其应当严加防范，因为任凭激情冲动但求得逞的人往往是奋不顾身。恰如赫拉克利特所说："与愤怒①作斗争是困难的，因为（它所向往的东西）要以灵魂作为代价。"

既然城邦均由两个部分组成，即由穷人与富人组成，那么一位僭主应竭力让这两种人相信，由于他的统治他们才得以延续其生存，并且彼此之间互无侵害；双方中无论哪一方强于对方，他都应设法把这一方的在野人士拉入统治阶层，其理由在于，只要拉拢了这一方，一旦情急生变时，僭主就

① thumos，又作"激情"等。

用不着被迫解放奴隶或解除公民的武装了；因为两方中的一方再加上其已有的武装力量，平定叛乱已然是绰绰有余了。

再一一详述这类细节就显得多余了，因为要点已经十分
1315b 明确，即僭主们应向其臣民表明，自己不是一位僭主而是一位总管家或君王，不是为自己谋私利，而是公共利益的监护人。而且，在生活方面他应追求节制，决不能骄纵失度。此外，他还应与显贵阶层为伍，在群众面前充当平民领袖。这一切具备之后，僭主的统治就必定会变得既高尚又令人欣羡，其原由在于，被统治的臣民们变得更加良善了，他们没有受到贬抑或压制，也就不再以僭主为仇恨及畏惧的目标了；于是，僭主的统治就可以维持更长的时间。此外僭主本人的性情也将陶冶得更加符合德性，至少是半具良善，或至少已经不是全恶而仅剩半恶了。

【12】 不用说，一切政体中最短命的就数寡头政体和僭主制或暴君制了。存在得最久的僭主制是奥萨戈拉的后代及奥萨戈拉本人在西库翁一带建立的僭政，它延续了100年之久。其长期存在的原因是，这一僭主家族对待臣民谦恭温和，并且在许多方面都遵从法律，而该家族中的克勒斯泰尼以将才著称于世，更令外人不敢轻视，该家族在诸多方面对百姓的爱护和关怀深得百姓之欢心。据传，克勒斯泰尼确实曾给（在竞赛中）判他失败的裁判员授以花冠；又有一些人说，现今坐落在西库翁的一个广场上的一座雕像就是为此人

建立的。还有人说佩西斯特拉托有一次曾接受元老院的传唤，出庭受审。第二个经久的僭主政权是科林斯的库柏斯卢家族的僭政，一共持续了 73 年零 6 个月；其中库柏斯卢僭主在位 30 年，伯里安德在位 40 多年，戈尔哥斯的儿子伯萨米迪科斯在位 3 年。这一家族得以长期维持政权的原因与前一家族完全相同；库柏斯卢曾是一位平民领袖，在其当政期间从无卫士跟从，而伯里安德虽然身为僭主，却也能征善战。第三个经久的僭主制是佩西斯特拉托家族在雅典建立的僭政，不过其间曾有中断，因为佩西斯特拉托曾经两度被逐出雅典，所以在 33 年间他只做了 17 年的僭主，他的儿子们又主政 18 年，所以前后一共历时 35 年。在其余的僭主政权中，要数叙拉古地区的葛洛家族和希厄罗家族的僭政历时较久。然而就是这两家僭政也还称不上气数长久，总共也不过18年而已。葛洛做了7年的僭主，死于在位的第8年，希厄罗在位10年，而斯拉苏布罗在位第11个月即被逐出了本邦。其实，一切地方的一切僭政大多数都是短命的。

我们已经大致全部阐述了各种形式的共和政体与君主政
体之毁灭以及保全的原因。在《国家篇》中，苏格拉底的确 1316[a]
讲到了政体的更迭问题，不过他讲得并不完善。因为关于第一种也是最优秀的一种政体之所以发生变更的原因他并没有专门述及。他只是说，无物常在，一切事物都处于周期变化之中，变化的本原或始点在这样一些数目之中：“4与3相比再与 5 配伍所产生的两个谐数[①]”。他指的是数目在这种情况下就成为立体。他认为自然有时候会衍生出一些恶人，蛮横而不可救药，或许这一点他并没有说错，因为确实可能有这样一些人，不堪教育也没有希望变好。不过，为什么这样一种引起变更的本原只为他所讲的最优秀的政体所独有，而不为其他各类政体乃至世上一切变化着的事物所共有呢？或者，照他所说的那样，时间引起万物的变易，是否并非创生于同一时间的事物也可以一同发生变化？比如说，产生于变化周期（开始）的前一天的事物是否也与别的事物一同发生变化？在这一切问题之外，出于什么缘故他所讲的那种政体要转变为斯巴达式的政体呢？因为实际的情况是，所有形式的政体都更加经常地转入与其相反而不是与其相近的政体。同样的道理或质疑也适用其他各种变化情况。因为他说斯巴达式的政体转变为寡头政体，寡头政体又转为平民政体，平民政体则转为僭主制或暴君制。然而，相反的转变却确有发生，譬如平民政体更容易转为寡头政体而不是转为君主政体。

此外，他并没有说僭主制是否还会发生变更，以及如果发生的话，又是出于什么原因及将会转入哪种形式的政体；大概这种原因不那么容易讲清吧。要是遵照他的原意，就应当是转入第一种或最优秀的一种政体，如此即能形成一个周

---

① harmonia，指其组成部分之间存在和谐关系的数目，在音乐中作“和声”。

而复始的圆形。然而，僭主制还会转为另外形式的僭主制，正如在西库翁由穆罗的僭制转变为克勒斯泰尼的僭制一样。而且，僭主制也可转入寡头制，如卡尔基城安提利昂的僭制；或转入平民制，如叙拉古葛洛家族的僭制；或转入贵族制，如斯巴达卡里劳斯的僭制，以及在迦太基的僭制。另一方面，寡头政体也可转入僭主制，就如西西里古时候的大多数寡头政体一样；例如，在勒昂提尼的寡头政体就终结于帕奈修斯的僭政，而吉拉的寡头政体则终结于克勒安德的僭政；在瑞盖俄是终结于阿那克西劳的僭政，在其他很多城邦也能见到同一方式的演变。至于说一个政体向寡头政体转化是由于统治阶层贪爱钱财、牟求暴利，而不是由于那些拥有 1316b 大量财产的人认为，让完全没有财产者和拥有财产者平等地分享城邦政权是有失公正，这种说法纯属荒谬。事实上，在许多寡头政体中统治者都无法牟利，而是有各种法律明文禁止此类行为，但在实行平民制的迦太基人们却可以设法赚钱营利，可是那里至今没有发生变故。

而且，他说寡头政体只能在两种城邦中存在，即穷人的城邦和富人的城邦，这依然是荒谬的。一切其全体公民不拥有等量财产或者其全体公民并非都是善良之人的城邦，难道与斯巴达的情况会有出入吗？即或是没有人比以前更穷或更不穷，只要穷人的数目增加了，一个寡头政体也可能变为平民政体；反之，只要富人的力量强过了群众，而且一者蠢蠢欲动，一者却置若罔闻，一个平民政体就可能演变为寡头政体。政体更迭本有多种原因，然而他只列其一端而不计其余，即公民们由于放荡或负债而招致贫穷，仿佛全体公民或大多数公民起初都很富有似的。这是不真实的，尽管某些头面人物倘若是丧失了财产他们确乎会挑起事端，但是其他人碰上这种事情不见得就会铤而走险；而且，寡头政体并不比变成其他形式的政体更有可能转入平民政体。此外，倘若人们被排斥于名位或荣誉之外，或者蒙受了不公正或暴虐，他们就会愤而生乱，更改现行政体；在这种情况下人们也可能并没有由于可以做他们想做的一切事情——他说极度的自由是人们如此行为的原因——就大量挥霍家财。又及，寡头政体与平民政体都有着多种形式，但苏格拉底在讨论政体更迭问题时，却似乎以为这两类政体均只有一种形式。

第　六　卷

【1】 关于政体中的议事机构和权力机构，各种官职的设置情况和各种法庭，它们有哪些区别，以及它们中的哪一种适合于哪一种政体，我们在前面都已经论述过了。此外，我们也论述了城邦的灭亡和维持，以及它们产生的缘由和原因。 1316b30

平民政体和其他一些类似的政体已经出现过多种形式，如若有人对它们补充给出与之在方式上适宜一致的其余某种形式，对其再进行一番考察也不坏。此外还应考察，所有说过的这些方式的结合，因为这样的结合造成各种政体的相互重叠，以致贵族政体中有寡头政体的成分，共和政体中有平民政体的成分。 1317a

我所说的应加以考察但至今未得到考察的这些结合，举例如下：议事机构和官员的选举采用寡头制的形式；或者诸法庭采用贵族制的形式；或者诸法庭和议事机构采用寡头制的形式，而各种官员的选举却采用贵族制的形式；以及采取某种与所有这些特定的政体不相符合的其他方式。

前面已经说过了哪一种平民政体与哪一种城邦相适合，或者依此而论哪一种寡头政体适合于哪一种民众，以及其余的某种政体与哪一种城邦相称。可是我们不仅应该清楚认识到这些政体中哪一种对于各城邦是最优秀的，而且还应该由此考虑到这些以及其他的政体如何才能建立起来。

首先让我们来说一说平民政体，因为这样同时可以使与之相对立的政体即有些人所称呼的寡头政体明确起来。为了这一研究，应当说明平民政体所有通常的性质和伴随而来的特征，因为平民政体的形式正是从这些性质和特征的结合中得以产生的，从而平民政体的差别不止一种。平民政体之所以有多种差别，其原因有二，第一个原因是先前说过的，即平民的差别（因为民众可以是农民、工匠或雇工，要是第二种人兼具第一种人的身分，或者是第三种人兼具前两种人的身分，平民政体就不仅会变好或变坏，而且会不复是其自身了），第二个原因则和我们现在所说的有关，与平民政体相伴随的各种性质和为这一政体所固有的种种特征的相互结合造成了差异。因为有的政体具有这些性质和特征少些，有的政体则多些，有的则全部具有它们。让每一个人都知道这些是很有益处的，无论这人正好想要建立新的平民政体或者只是打算改进现有的政体形式。那些政体的创立者谋求把各种政体的所有特性结合在一起，作为自己的准则，然而他们在这一点上犯了错误，正如前面我们论述城邦的灭亡和保持时所述的一样。此外让我们来说明平民政体的根本原则、习俗和所追求的目标。

【2】 平民主义政体的前提或准则是自由（通常人们说只有在这一政体中才能享有这种自由，因为他们说它是一切平民政体所追求的目的），自由的一个方面就是轮流地统治 1317b
和被统治。而且，平民主义的公正是依据数目而不是依据价值而定的平等，以此为公正，多数人就必然成为主宰者，为大多数所认可的东西，就必然是最终目的，是公正。他们说在这样的政治体制下每个人就应该享有平等，于是在平民政体中形成了穷人比富人更有决定权的结果，因为前者人多势众，而多数人的意见起主宰作用。因而，这是自由的一个标志，所有的平民主义者们都以此为其政体的准则。自由的另一个标志是 个人能够随心如愿地生活，因为人们说这是自由的效用，就如不能随心如愿地生活是奴役的效用。这是平民政体的第二个特征，由此得出，人不应该被统治，甚至不应该被任何人统治，如果不能实现，至少也应该轮流被统治和统治，这样做有利于建立于平等观念之上的自由。

上述这些是我们进行研究的基础和原则，平民政体有这样一些特征：所有官员从全体公民中选举产生；全体公民统治每一个人而每一个人反过来又统治全体公民；所有的官职或者是所有不要求具有经验和技术的官职，都应通过抽签来任命；官职完全不应在财产方面有要求，或者只有最低限度的要求；一个人不能两次担任同一官职，或者只能在少数时候或在少数官职上连任，军职要除外；所有官职或所有可能做到这点的官职的任期应该短暂；所有的公民都有审判权，由所有公民中选出的人来审理一切案件，或者是审理大多数最大和最重要的案件，例如审查财务和政务，私人的契约等等；公民大会对一切事情至少是最重要的事情拥有决定权，而行政官员对任何事情都没有或只有微乎其微的决定权。在无法给每一位公民支付津贴时，所有的官职中议事会最能体现平民特征，然而他们如此接受津贴时，连这种官职的权力也会夺去，因为平民在财富充足到可以得到津贴时就把一切案例揽入自己手中，正如在此之先我们在前面的讨论中所说的一样。接下来的一个特征是，所有人都能得到津贴，公民大会、法庭和行政官员都有津贴，如若不能给所有人津贴，那么行政官员、法庭、议事会和公民大会的主持者或者至少是那些必须要在一起用餐的官员应该得到津贴。此外，寡头政体以门第、财富和教育为识别特征，平民政体看起来则与此相反，其特征是低微的出身、贫穷和从事贱业。再就是没
1318a 有任何官职是永久性的，如果某一官职经过先前的变革后保存下来，其权力也会被削弱，其任命也由选举改为抽签决定。

这些就是平民政体的共同特征，它们来自平民主义所公认的公正原则(即全体公民享有依数目而定的平等)，平民主义者和平民都极力主张这一点。因为平等意味着穷人不比富人更有统治权，也不是唯一的主宰者，而是所有人都享有

依数目而定的平等。人们认为如此一来就可以使平等和自由在政体中得以存在。

【3】 接下来的问题是，如何获取这种平等？是不是应该这样分配财产，让1 000个人拥有和500个人总数相同的财产，并且这1 000个人拥有和500个人平等的权力？或者这种平均方式不可行，是不是应该如此分配，从500人和1 000人中抽出数目相等的人来充任负责选举和法庭审理的官员？依据平民主义的公正观念，是这种政体还是仅以人数为转移的政体更加公正呢？平民主义者说为多数人所认可的东西就是公正，而寡头主义者说为多数有钱人所认可的东西才是公正，他们说应该根据财产的数目来作决定。然而，两种情况下都有不平等和不公正，因为假如公正是少数人的意愿，就会出现暴君（因为如果有一个人拥有比所有其他人的财产还多的财产，依据寡头主义者的公正观念，他就应该成为唯一公正的统治者）；可是假如公正是以数目取胜的多数人的意愿，他们就会行施不公正，没收少数富人的财产，就如我们在前面所说的一样。

应该从上述双方各自认可的公正观念来考察哪种平等观念能够为双方所赞同。双方都说，为公民中多数人所认可的东西应当是决定性的。以此为原则，不过也不必一概而论，毕竟城邦总会是由两部分人——富人和穷人——组成的，双方或双方中的大多数所认可的东西，当然应该是决定性的。

如果双方意见相左，那么应该依多数人或多数更有财产的人的意见而定。例如，假设有 10 个富人和 20 个穷人，在某件事情上有6个富人和15个穷人意见相左，剩下的4个富人站在这些穷人一边，而剩下的 5 个穷人站在那些富人一边，在这种情况下，就应该依双方中每一方累加的财产总额而定，数额超出者有决定权。假如两者数额相等，这种僵持局面在今天的公民大会或法庭分为两派时常常可以见到，可以通过
1318b 抽签或其他类似的办法来解决。关于平等和公正问题，尽管想发现关于它们的真理是极其困难的，然而比起规劝那些有能耐的人不要多占多得来就会显得容易了，因为弱者总是渴求平等和公正，强者却往往对此不屑一顾。

【4】 前面的有关论述中已经说过，平民政体的四个种类中最为优秀的是排在最前面的一种，它也是所有平民政体中最古老的一种。我将它置于首位，依照了人们对平民可能作出的划分。因为最优秀的平民是农民，所以在多数人以农耕或放牧为生的地方能够建立起平民政体。由于没有多少财产，他们没有什么闲暇，因而不能经常出席公民大会，为了获取生活必需品他们终日操劳，并且不觊觎他人的财物。生活劳作对他们来说是舒心的，所以他们不关心政治和官场，做官之类的事情并不能带来显著的收获。民众喜爱切实的收益甚于荣誉或地位。这里是一个证明：他们忍受了古代僭主暴政和寡头们的统治，条件仅仅是允许他们进行耕作并且不

剥夺其财物。因为很快他们中一些人就得以致富，另一些人也能脱离贫困。此外，他们有选举并审查行政官员的决定权，可以轻而易举地满足其这方面的需要，假如他们果真有了沽名钓誉之心的话。在有一些地方，并不是所有平民而是从全体中选出一部人来参与选举行政官员，例如在曼提尼亚，当然他们还是有议事的权力，这样群众就已经心满意足了。应该把这种政体也认做是平民政体的某种形式，从而曼提尼亚实行的也可以算是一种平民政体。对于前面提到的平民政体，所有人都参与选举、审查和法庭审理的做法既有益又符合习俗，不过最高层的官职的选举任命仍须依照名望和地位，官职越大对名望地位的要求就越高。或者是一概不要求名望地位，只选用那些能人或强者。必然地，这样的政体能很好地治理城邦（因为其官员永远是从最优秀的公民中产生，平民大众心悦诚服，对这些称职的人选没有恶意），而这些贤良显要之士对这一体制也感到满意，因为他们可以不受不如他们的其他人的统治，而且由于别的人有审查的权力，他们会公正地进行统治。由于相互牵制，人人都不能按自己所认可的准则行事。这是十分有利的，因为人如果能够随心所欲，就无法对付植根于每一个人内心的鄙陋和丑恶。所以，所有政体中最有用的是强制或必然的原则，由称职的人进行统治，并且不犯错误，民众也不因此而显微末。

显而易见，这是平民政体中最好的一种，由于什么原因呢？因为其人民具有某种特性。古时在许多地方盛行的某些法律力图将人民变成农民，这是十分有用的。它们规定，一个人一般不能占有或者不能在远离城镇或城市的地方占有超过一定数量的土地。古时候有许多城邦都曾立法禁止人们出售其原来分得的那份土地，还有一条据说是出自奥克斯卢的法律，大致能起到这样的作用，即每个人所占有的土地的某一部分不得作借贷抵押之用。亚菲底人所实行的法律也可以作为一种补救措施，它对我们的主张是有用处的。虽然他们人口众多，土地稀少，但是他们所有人都致力于农耕。由于他们的财产没有整体的估算，而是分成若干小份，结果是穷人也能拥有超出定额的一份财产。

紧接着多数人是农民的类型，就数其人民从事牧业、靠畜群为生的政体最为优秀，它与农业类型在许多方面相类似。游牧生活的习惯使得他们特别适合于战斗，体魄强健有力，善于野地露营。几乎是所有的构成其余平民政体的民众，在许多方面都比这些人远为逊色，因为他们的生活较之逊色，他们所从事的行业没有什么优越的效果，无论他们是工匠、商贩还是雇工。此外，由于这种人如所说那样来往于商市和城镇，便很容易出席公民大会。而农民由于分散居住在乡间各处，彼此没有什么往来，却也没有聚会的必要。在远离城市的乡间，很容易和很利于建立起平民政体或共和政体，因为民众被迫在乡下定居，即便有一部分城镇人口，按平民政体的要求，也不得在乡下的多数人口未能出席的情况下举行公民大会。我们已经说明了，应该如何建立第一种也是最优秀的一种平民政体，同时也就明白了应当如何建立其他形式的政体。它们应当逐步偏离平民政体，并总是依次拥有更差一级的民众。 1319b

至于最后一种平民政体，具有以上所有的共同点，但每一个城邦都不能推行这种政体，没有诸种法律和习俗的完善结合它就难以维持长久。那些导致这种政体以及其他政体覆灭的原因，在前面差不多全部都讲到了。为了造就这种平民政体及壮大平民的势力，那些领袖们习惯于尽可能多地扩充人口，不仅让合法的人成为公民，而且让不合法的人和只有单亲——我指的是父亲或母亲——是合法公民的人成为公民，而对于这样标准的平民，这些人是再合适不过的了。平民领袖们采取的就是这种办法，可是本来应该做的是把民众人数维持在不超过显贵和中产阶级人数的基准上，不再越此一步。平民人数一旦超出，就会造成政体的混乱，显贵阶层就会觉得处境局促并对平民政体感到难以忍受，这正是在库兰尼造成骚动的原因。祸患方小时人们视而不见，而它一旦大起来就会赫然入目。此外，这样一类措施对于这种平民政体也是有利的，比如克勒斯泰尼在雅典为了增强平民制所采取的措施，以及库兰尼的开国者们为增强平民势力所采取的措施。许多新的部族和宗社建立起来了，私下的家族祭祀规模逐渐减小，被并入公共的祭祀。所有的措施都是为了尽可能地使全体公民相互往来，并且废除原来的联系方式。再者，僭主们所采取的所有措施似乎都与平民制相近，我所说的例如在奴隶方面放任不管（这也许是有一些益处的）和在妇女与儿童方面的放任，以及人可以随心所欲地生活。这样一种政体会有众多的支持者，因为对多数人来说，没有约束的生活比循规蹈矩的生活更加舒心惬意。

【5】 立法者和那些意欲创立某一这类政体的人并不仅仅以建制安邦为最大功业，更重要的是将政体保持下去，因为一个政体持续存在一天、两天或三天倒也不是什么难事。所以，立法者们应该从我们先前关于政体的保持和灭亡的论述中吸取教训，采取措施巩固其政体。一方面要小心防止导致灭亡的因素，另一方面又要确立一系列法律，包括不成文
1320a 的和成文的，这些法律要尽可能地包容保持政体的方法，并且不要去考虑这种措施是平民主义的或是寡头主义的，以及它使城邦大大地平民化了还是寡头化了。应该看到的是，它能使政体长时间地延续下去。而眼下的那些平民领袖们，为了取悦民众，通过法庭没收了许多财产。由此城邦中的财富阶层必然要奋而反击，立法规定那些被审理的财产不是公家的，不能纳入公库，而是神圣不可侵犯的。于是，行不义之人就不能少去那份小心(因为他们将来都要受到惩罚)，附和的群众由于将来什么也得不到，就不那么热心于判决那些被审理的人了。那些公开的审判永远应该尽可能少地进行，诬告陷害之徒要加重处罚，因为被牵连入诉讼的通常都是显贵之人，而不会是平民大众。而且，公民们应该对他们的政

体在一切方面尽可能心存善意，如果做不到，至少也不应把他们的统治者当做敌人。

最后一种平民政体拥有众多的人口，这些人没有津贴就极不情愿出席公民大会，当公共财政收入不足时就给显贵阶层造成了负担(因为所需款项必然要来自征收、没收和法庭不正当的判决所得的财产，这种做法已经导致了许多平民政体的覆灭，所以，在公共财政收入缺乏的地方，应当少举行公民大会，陪审员人数众多的法庭应该减少审理天数（这种做法的好处一方面在于，富有的阶层不必担心巨大的开支，即便是这些富人领不到津贴而穷人可以领到；另一方面的好处是，讼案大多可以得到更好的审判，因为富人们都不愿一连数天丢开自己的私人事务，时间一短他们就愿意参与审理了)。当公共收入充足时，要防止那些平民领袖像今天这样作为(他们把盈余的收入分给众人，大家一而再地得到，必然无休止地想再得到，这样周济穷人就好比往漏杯中注水)。而真正的平民主义者应该看到民众极度贫穷是造成平民政体水准低下的原因。因而应设法让平民保持富裕。并且，这对富有阶层也有好处，增长的公共财富可以集中起来分配给穷人，最高可到这种程度，使一个人能够购买一块地产；如果达不到，也至少可以使他能够从事买卖或农耕。如果不能分配到每一个人，也可以依部族或其他什么划分进行分配，这种情 1320b
况下，富人要为必须举行的集会支付津贴，反过来应该为他们免除那些没有实际用处的公共捐款。迦太基的当政者们就推行了有些这类性质的做法，从而受到了平民的爱戴。他们不断地把平民中的某些人送到附属的城镇去发财致富。而且，显贵阶层中心胸慈善、慷慨大度的人常常周济穷人，使他们有了某种生计。塔兰顿人也非常值得效法，他们中通行的一种做法是，让穷人们也能使用富人的财产，这种办法博得了民众的好感。此外，他们把所有的官职分为两类，一类由选举产生，一类依靠抽签；抽签可以便于平民参与，选举则是为了较好地执政。还可以这样来达到这种效果，把同一职位分成两半,既由抽签产生的人又由选举产生的人出任该职。

应当如何组建平民政体，就已经说清楚了。

【6】 从上面的这些论述中大致可以明白，应当如何来组建寡头政体。因为只须从相反的方面来设想将每一种寡头政体比做与平民政体相对立的形式。寡头政体中最好的也是最前面的一种与所谓的共和政体相近似，它区分了两种财产标准，一种财产少些，一种多些，财产少的人只能充任那些主管日常必需的官职，而财产多的人则担任那些更为重要的官职。有了规定财产的人就能获得公民资格。借此让多数平民有公民资格，从而使他们的力量比没有参加进来的人更加强大。而且要不断地从较好的平民阶层中挑选出新的公民。只要采取措施，限制更严一些，就可以得到另一种形式的寡头政体。它与最后一种形式的平民政体相对应，是寡头政体中强权和暴政最为彰著的一种。由于恶贯满盈，就需要

处处提防。譬如强健的体格或配备优秀水手的船舶能够多次历经失误和挫折而不因此受到损坏，而病弱之躯或残败的船舶偏又配上糟糕的水手，即使犯最小的错误也会葬送自身。因此，最恶劣的政体必须最大限度地保持警惕。一般说来，为数众多的人口对各种平民政体起了保护作用（这与依价值 1321a
而定的公正原则正相反对），与之相反地，寡头政体显然只能凭借良好安定的秩序来维持其自身。

【7】 民众最主要地可以分成四个部分：农民、工匠、商贩和雇工；与此相应，用于战争的部队也可以分成四种：骑兵、重装步兵、轻装步兵和海军。在其境内地域适于骑兵作战的地方，天然适合建立起最大的寡头政体（因为那里的居民需要依靠这一政体的强大力量来保障他们的安全，而且只有富有钱财的人才能养得起马匹）。在适于组建重装步兵的地方，可以建立次一种形式的寡头政体（因为重装步兵更容易从富人中而不是从穷人中组建）；而轻装部队和海军完全适合于平民制。所以，如今在轻装步兵和海军队伍强大的地方，一旦纷争发生，他们经常能挫败寡头势力。这种情况下一个补救的办法可以从某些将军们的做法中找到，他们在骑兵和重装步兵中也配备轻装步兵。正是凭借这一点，平民在同富人的力量竞争中才占了上风，因为轻装步兵比骑兵和重装步兵战斗起来更加敏捷、灵活。

因此，如果寡头政体从这些下层人民中组建这样一支队伍，就无异于给自己培植了反对力量。应该按年龄分组，一部分年长一些，另一部分年轻一些，而且要让富家子弟在尚年少时就学着操练一些轻微的轻装步兵的运动，等到他们脱去童稚、长大成人时，就已是一名不折不扣的轻装步兵了。寡头政体也应该让民众参与进来，或者照我们先前所说，让拥有固定财产的人充当政府官员；或者像在忒拜那样，限于那些脱离了工匠之类的贱业一定时间的人；或者像在马撒利亚采取的判定方法，让有价值的人获得参政资格，不论他们已经在还是不在公民之列。而那些必须由政体之内的成员担任的最重要的官职，应该附加大量的公益捐款，从而使得平民无心问津，并且，看到那些官员们为官职付出了大量的钱财，他们也就觉得可以容忍了。此外，新官上任时，应该大张旗鼓地举办献祭活动，并修建一些公共建筑，这样做是为了让平民也能分享一份快乐，而且平民们目睹城邦为这些奉赠和富丽堂皇的公共建筑装饰一新，就乐于看到这一政体继续存在下去；而显贵阶层也因自己的善施得以名垂于世。然而今天的寡头主义者们的所作所为不仅不同于此，而且正好背道而驰，他们攫取实利不亚于追逐名誉。因此可以很恰当
1321b 地把这类寡头政体称为缩小了的平民政体。

【8】 接着要论述的是对种种官职的合理划分，对它们的数量、性质和管辖范围的划分，这些我们在前面已经说过了。一个城邦如果不设置必需的官职，就不可能存在下去，

而且如果不设置那些负责维护良好的秩序与和睦气氛的官职，城邦就得不到妥善的管理。在地方小的城邦，就应当少设官职，而在幅员广阔的城邦，就应多设官职，正如我们在前面所说的一样。哪一些官职可以合并，哪一些需要分设，对此也不能掉以轻心。第一种必需的官职负责管理商市，需要指派某位官员来监察各种契约和维持良好秩序。因为几乎所有的城邦都要从事买和卖，以满足彼此的必需，对此最简便的办法是达到自给自足，人们正是抱着这个愿望才结合于一个政体之内的。接下来的另一个与此相近的官职主管城镇的公共和私人建筑，维护其良好的面貌，保持和维修破旧的房屋和道路，划分各种建筑相互间的界限，这些事情他们要做到处处无可挑剔。此外他们还负责与此类似的所有其他事务。大家把他们称为“城市法监”，在人口繁多的城邦，他们之下分设为数众多的部门，不同的部门由不同的人分任，例如，一些人主管城墙，一些人主管水井或喷泉，一些人主管港口。另一类必需的官职与前一种类似，管辖同类的事务，不过是在城镇之外的乡间，这些官员既被人们称作“乡村法监”，又被称作“林木法监”。在上述三种官职之外，另外一种官职负责征收公共的财政收入，其管辖的范围划分为若干个别的部门，他们被称为“收钱人”或“司库”。再一类官职负责注册登记各种私人契约和法庭的判决，以及此外的一切诉讼案例和法庭预备审理程序的记录。这一官职有时又分为若干部门，所有部门由一名官员总管，他们被称为“神圣的注册者”、“书记官”或“登记者”，还有其他一些类似的称呼。

随后的一种官职在所有官职中最为必需也最为艰难，它执行各种司法判决和登记在册的种种罚款，并且负责监管犯
1322a 人。其艰难之处在于，它招致了许多憎恶，以致如果没有高薪厚酬就没有人愿意出任此职，也没有人愿意严格执行法律。可是这种官职是必要的，因为倘若对于讼案的判决一点也不能生效，它们就什么作用也起不到；而倘若没有这些诉案，社会共同体就不可能维系其成员间的相互关系，倘若没有实际的执行，结果也是一样。这一类官职最好不要托付给单一的机构，而应由一些人来执行另一些人所定的刑罚，有关登记那些欠交公款者的事务也应依同样的方式来分开执行。而且，对于某些要由这些官员来执行的刑罚，也应交给另外的官员，由后任官员来执行前任所定的刑罚，而在任官员所做出的判决则应由其他官员来执行，例如由城市法监来执行乡村法监所做的判罚，而前者所做的判罚则由别的官员来执行。因为执行刑罚招致的憎恶愈少，其执行就愈能见效。要是让同一些人既是判决者又是执行者，就会招致双倍的憎恨，倘若让他们负责所有的事务，他们就要招致所有公民的憎恶了。在许多地方，对犯人的监管也与实施判决分开，例如在雅典，有所谓的“十一人”负责典狱。所以，将判罚与执行分开，在这类事情上寻求圆通之术的做法是比较妥当的。因为这些事务并不亚于前面所说的实施判罚之类的

事务，而事实是那些合适的人选纷纷想方设法逃避此职，但用那些平庸邪恶之辈又很不保险，因为他们自身需要监管更甚于能够监管别人。由此可知，不应固定委托一位官员负责这些事务，也不能让其终身连任此位，但在那些对青年人进行过分组警卫训练的地方，可以从这些青年中选人担任此职，并且让不同的官员轮流执行看管任务。

上述这些必不可少的官职要首先设置，接下来的一类官职在必要性上也不逊于上述官职，在官阶次序上则更高一级，要求具备更多的经验与忠忱。这就是城邦的防卫以及一切军事行动的指挥。无论是在战时还是在和平时期，都需要有人守卫城门和城墙，召集和指挥调遣城邦的公民。有的地方在军事方面设置了应有尽有的官职，有的地方则仅仅设置了少数几种，例如那些很小的城邦在整个军事方面只设有一个官职。人们给这些官员冠以将军或统帅之类的称呼。此 1322b
外，如果一个城邦拥有骑兵、轻装步兵、弓箭手和海军部队，有时就在每一种部队分设官职，人们称之为海军将领，骑兵将领和轻装步兵将领。这些将领之下又分别设有舰长，骑兵队长和百夫长等职，它们之下还有分职。所有这些官职形式上都从属于一个部门，即战事指挥机构。

关于军事方面的官职就说这么多。有一些官职——即使不是全部——要经手巨额的公共款项，故必须设置另外的官职来核算和审查财务事宜，这一官职不插手任何别的事情。人们把这类官员称作“审查官”、“会计”、“稽核”和“财务长官”。在上述全部官职之外，是所有之中最重要的一种，这一官职经常征收赋税款项，在平民当政的地方，负责主持公民大会，因为必须有人来召集城邦的决策者。在一些地方，他们由于主持预先的议程而被称为“筹议官”，而在举行公民大会的地方，更主要地被称为“议事官”。

掌管城邦政治的官员大致就有这么些，另一种官员则专管宗教事务。例如祭司和祀庙主持，负责保护和修缮开始破旧的神庙和其他一切与祭神有关的建筑。掌管这类事务，有的地方只需一名官员，比如在那些小城邦；有的地方则分别设置许多官职来行使祭祀的职能，比如祭祀主持、坛庙守护、用于祭祀的财物监管等等。与此相近的是任命总管所有那些在法律规定的祭司权限之外的公共献祭事宜的一个官职，有的人把这些官员称为“执政”，有人称之为“君王”，也有人称之为“主事者”。

诸种必需的管理职位就有上述这些，可以这样来总结和归类，它们主管宗教事务、军事、财政收入和支出；主管集市、城镇、港口和乡村；主管法庭审判、契约的注册登记、刑罚的执行、犯人的监管和核算审稽行政部门的财务收支情况；最后一类主管公众的议事活动，在城邦闲暇时，尤其是在城邦繁荣时各有一些特殊的职能。有时它们安排得井然有
1323a 序，譬如监护妇女、保护法律、监护儿童和主管体育训练，在这些事务之外，还管理体育竞赛和狄奥尼索斯节竞赛，如果有其他某些类似的活动，他们也要负责管理。显然，这些

权限中有一些与平民主义不相合，例如妇女和儿童的监护，因为穷人们由于没有奴隶，不得不让他们的妇女和儿童去做那些应由仆从来做的事情。

因而，有三种不同的官职——有些城邦只选取了最重要的一些官职，即“护法者”、“筹议官”和“议事官”。“护法者”有贵族政体性质，“筹议官”属于寡头制，“议事官”则属于平民制。关于官职的设置，大体的方面我们几乎全部讲到了。

第　七　卷

【1】 想要研究最优秀的政体的人必须首先规定，什么是最值得选取的生活。这个问题不弄清楚就必然弄不清楚什么是最优秀的政体。因为只要不出现反常的情况，就可以认为，那些生活在其周围环境所允许的最优秀的政体之下的人具有最优良的行为。因此，首先应当在这些问题上达成共识，即对于所有人来说，什么是最值得选取的生活，随后的问题是，最值得选取的生活对于社会共同体与单独的个人来说是同一种呢还是并不相同。

在学院外的那些讨论中，可以认为我们关于最优良的生活已经说得够多了，此处不妨沿用其论点。由于言真论凿，任何人都不会在任一方面对我们提出异议和非难，善分为三类，即外在诸善，身体中的诸善和灵魂中的诸善，而至福之人拥有全部这些善。任何人都不会说，至福之人压根也不具有勇敢、节制、公正和明智①，而一有蚊蝇飞过便躲避不迭

① phronesis，或为“精明”、“实践智慧”等。

的人，在饮食方面居然忽生饕餮之欲，或者为了几个铜板便不惜毁掉自己最亲近的朋友的人，心里竟像孩童或神智不健全者一样没有头脑或虚渺。这些说法所有人都会赞同，只是在数量程度和孰主孰次上有所分歧。有些人认为，德性有一些就足够了，可是财富、实物、权力和声名以及一切诸如此类的东西，对他们是多多益善，没有阈限。对他们我们要说，在这些事情上从实际的效果中很容易树立起这一信念：大家都看到了，德性的获得和保持无须借助于外在诸善，而是后者借助于前者；而且，幸福的生活无论是在快乐之中或在人的 1323b
德性之中，还是在二者之中，都属于那些在品行和思想方面修养有素却只适中地享有外在诸善的人，远甚于属于那些拥有外在诸善超过需用，在德性方面却不及的人。因为在这一点上不能只凭生活经历，显而易见要依据理性来评判。因为外在诸善有其阈限，就像某种工具或一切有用途的东西都有着一个确定的限制一样，超出其阈限就必然会对其拥有者有害，或变得没有用处；而灵魂方面的每一种善，却是愈多超出愈有益处，要在这方面说些什么的话，那就是它不仅高尚而且有用。一般而言，我们可以顺理成章地主张，每一事物的最佳境况取决于它获得那些我们相对于它们而称境况的性质的良好程度。因此，如果灵魂在单纯的意义上对于我们比财物和身体更为珍贵，那么每一事物的最佳境况必然也有与此类似的情况。并且，其他这些事物自然是为了灵魂的缘故才为人们选取的，所有具有良好的实践智慧的人必须如此选取，而不是为了这些事物才选取灵魂。

让我们一致同意，每一个人所得到的幸福正好与他具备的德性和实践智慧以及依此行事的能力相等。神可以为此作证：神虽然享有幸福或至福，却丝毫不凭借外在诸善，而是凭借自身及某种本性。这正是由此而来的幸福必然异于幸运的地方，因为灵魂以外的诸善的契因是自发的和偶然的机会，而公正和节制则完全不出于机会或凭借机会。根据同样的道理可以得出，幸福的城邦必定是最优秀的和践行高尚的城邦。当然那些不行高尚之事的人是谈不上行为高尚的，没有德性和实践智慧，无论是城邦还是个人都不可能有高尚之举，因而城邦的勇敢、公正和明智与每一个人的所谓（勇敢）公正、明智与节制具有相同的能力和形式。

姑且以上述这些作为我们的绪论，因为没有办法不触及这些问题，但也不可能在此透彻研究其所有本己的论证，因为那是另一门学问要做的事情。此外暂且这样假定，最优良的生活对于个人或城邦共同体而言，是具备了足够的需用的德性以至能够拥有①适合于德性的行为的生活。如果有人对
1324a 我们的这些言论并不信服，在这篇论文中暂且不必考虑他们的反对意见，以后我们再专门加以研究。

【2】 必须论述的是，每一单个的人的幸福与城邦的幸

---

① metekhein，分有或拥有。

福相同还是不相同。这一点同样十分清楚，因为所有的人都承认是同一种幸福。那些认为一个人的好生活在于财富的人，在整个城邦财富充足时就会感到极大的快乐；那些以暴君的生活为无上荣耀的人，会说最幸福的城邦在于统治尽量多的人民；假如有人同意个人的幸福须借助于德性，那么他会说一个城邦越是善良就越是幸福。这里已经有两个问题需要加以研究，其一是哪一种生活更值得选取。是依附于某一政体并成为城邦共同体的一员呢，或者是作为一名例外者不过问任何公共政治事务；其二是哪种政体或城邦的哪一种安排[①]最为优秀，是所有人都愿意参加城邦事务，或是有些人不愿意而大多数人愿意参加。这才是政治思想和理论要研究的问题，而个人的意愿则不在研究之列，此外我们只是附带地论及它，故前一个问题不属研究的范围，后一个问题才是这篇论文的主题。

显而易见，最优秀的政体必然是这样一种体制，遵从它人们能够有最善良的行为和最快乐的生活。对此，那些承认具备德性的生活是最值得选取的生活的人也会提出质疑，即政治的和实践的生活是否比完全摒绝实际事务的生活更值得选取。譬如思辨者的生活，某些人说只有这种人才是哲学家。人类的生活大致上有两种为热爱名誉、追求德性的人们所偏爱，无论是在以前还是在现在，我所说的两种是指政治

① diathesis，境况、处置或安排。

家和哲学家的生活。究竟哪一种生活真正可取，这是一个不小的问题，因为具有良好的实践智慧必然以最善的目标来约束自己，无论是个人还是共同的城邦政体。有些人认为，对周围人的专制统治能产生最极端的不公正，而政治的统治虽然不算不公正，但是给人的舒心适意的生活设置了障碍。另一些人则持与此相反的意见，只推崇实践的和政治的人生，认为离群索居者不如投身公共事务和从事政治活动的人更能
1324b 将每一种德性付诸行动。还有一些人这样主张，声称唯有独裁的、暴君的统治才是幸福。确实有一些城邦的法律和体制就以此为目标①，即谋求对邻人的独裁统治。因此，尽管大多数城邦的法律可说是繁复芜杂，但要是说它们有某一目标的话，那就无一例外地是谋求强权。例如在斯巴达和克里特，其教育训导和大部分法律大体上就以战争为基准。而且，所有那些武力强盛到足以进行征战的城邦都崇尚这种武力，例如在斯居泰、波斯、色雷斯和凯尔特的情况就是这样。在有些地方，还有一些法律旨在推行这种武德，例如在迦太基，据说士兵出征多少次就能戴上多少只象征荣誉的袖环。马其顿曾有一条法律规定，尚未杀死过敌人的男子只能在腰间束一根络带；而在斯居泰，没有杀死过敌人的人在庆宴上不得喝某只在众人手中传递的酒杯中的酒。伊卑里亚人也十分好战，他们在死者的陵墓周围树立尖形的石碑，石碑

① horos，本义为“界限”、“定义”、“标准”等。

的数目正好与死者杀死的敌人的数目相等。这样的民族真是举不胜举，有的是法律造成的，有的则根源于习俗。

在那些愿意思考的人眼里，这一点会显得极其奇怪：假如一个政治家的所作所为就是挖空心思谋求对邻人的独裁统治，而不管他们愿意还是不愿意，政治家和立法者怎么能做法律允许范围之外的事情呢？不合法就是不只限于公正的范围之内而进行不公正的统治，而强权专制就是不公正的统治。这一点在其他的知识领域中是看不到的，一名医生或一位舵手要做的事不是去诱劝或强迫他的病人或水手。可是大多数人似乎都认为，政治之术就是专制之术，跟自己有关时人们不说是公正或有利的事情，他们却可以毫无羞耻地加之于其他人。因为他们只是要求对他们自己的公正统治，牵涉到其他人时他们就把公正抛在了脑后。如果在本性上不是一些人需要专制而另一些人不需要专制，那么这种行径就是荒唐的。故假如有些情况下可以这样做，也不应谋求对所有人的专制统治，而应限于那些天生适于受统治的人，正如不论是为了食物还是祭品，我们都不应该以人为围猎的对象，而应当猎取那些适于食用的野生动物。假设确实可能有一个孤立无邻的幸福城邦，有着受到了良好治理的面貌——要是一个孑然孤立的城邦可以有适宜的法律和妥善的行政治理的话，但这一城邦的体制安排绝不可能以战争或以征服敌人为基调，因为对它根本不会有敌人这类东西。很清楚，所有好战的民族，尽管极力美化和崇尚战争，但战争终究不是所有事物至高的目的，而只能是达到这一目的的一种手段。一位精明的立法者会考虑如何使所有的城邦和种族彼此结合在一起，和如何使人们过上优良的生活和尽可能地享有幸福。他制订的有些法规是可以变动的，在与邻邦接壤的地方，立法者需要特别注意，对哪一种邻人应采取哪一种措施，以及如何处理双边的往来。至于一个最优秀的政体应以什么为目的，或许留待以后考察更为合适。

【3】 关于那些既同意以具备德性的生活为最值得选取的生活，在德性的应用方面却持不同态度的人，让我们从这两方面做一番研究。因为有些人无心从政为官，认为逍遥自在的生活与政治家的生活不同，是所有生活中最值得选取的某种生活。另一些人则认为政治家的生活最为优良，他们认为什么也不做就不可能施行善良，而善良的行为与幸福正好是同一回事情。两种人在某些地方均是正确的，但在另外的地方又不正确。前一种人认为自由的生活胜于独裁者的生活，这一点完全正确，因为使用奴隶进行奴役毫无光彩可言，而在日常必需的事务方面发号施令也谈不上高尚。但是，认为所有的官员都奉行独裁与专制就不正确了，因为对自由人的统治和对奴隶的统治有很大差别，换句话说，一些人天生是自由人，另一些人则天生是奴隶。对此，在最前面的论述中我们讲得已经够多了。而且，把消极无为看得高于有所作为也是不正确的，因为幸福即是行为，并且公正和节

制的行为之中有着各种高尚事物的目的。

可是有人也可以在持上述观点的同时，把权力规定为所有事物中最令人向往的东西，因为权力在握就可以实施大量的高尚行为。这样的话，有能力进行统治的人就应当仁不让，而更应该夺取权力。在权力这一点上，父亲完全不必考虑礼让子女，子女完全不必礼让其父，朋友也不必礼让朋友，因为最优良之物最为可取，而善良的行为是最优良的。1325b 这种说法也许有几分道理，假如最值得选取的事物属于劫匪和强盗的话。然而事情不像是这样，他们的前提其实是虚假的。因为这样的行为不可能是高尚的，除非行为者胜人一筹，如同男子胜于妇女，父亲胜于儿子，主人胜于奴隶一样。所以，偏离正道的人无论后来成就什么样的功业都无法弥补其先前偏离德性所造成的恶果。因为对于彼此同等的人们而言，高尚和公正存在于共有的部分之中，这就是同等或平等。而对平等的人施以不平等，或对同等的人施以不同等，都是有悖自然本性的。偏离自然本性的事物绝不会是高尚的。因此，如果有什么人在德性和行善良之事的能力方面强于他人，那么大家可以心悦诚服地追随和服从他。不过他必须不仅具备德性，而且能力出众，并以此来指导其实践行为。如果这些我们说得不错，并且幸福即是善良的行为，那么，对于所有的城邦共同体与个人，实践的生活就是最优良的生活。不过实践行为不一定就像某些人所想的那样与他人相关，而思想也不一定要仅仅与实践方面的事物或与从行为中产生的结果相关，而毋宁说它是自身完满和为其自身的思辨和沉思。因为善良的行为即是目的，故某一种行为就可能是目的。而我们说起主宰作用的思想较之外部的行为更主要地是一种行为，一种最高级的行为。而且那些自身孤立、选择了一种自立生活的城邦，也未必就是消极无为，因为行为可以按部分进行，于是这样的城邦的各个部分就可以在彼此之间进行许许多多互通的行为。这一点同样适用于单独的个人，因为神和单一的宇宙可以享有完美的闲暇，而他们在自身固有的行为之外没有外部的行为。所以，对于每一个人和对于城邦共同体以及各种各样的人群，最优良的生活必然是同一种生活。

【4】 有了这些绪论，加上前面我们对其他各种政体的论述，现在可以开始讨论剩下的一个首要的问题，即构成一个优良的城邦的前提条件是什么。因为如果没有相应的生存手段，就不能产生一个优良的政体。所以我们可以预先设定各种各样的假想条件，但不应包括不可能的条件。我是说，比如众多的公民，以及相应的疆域等。就同织工和船匠等其他制造者一样，应该事先准备好为自己的工作所需的原料
1326a （因为原料准备得越好，那么经过技术加工后所得的产品就越上乘），政治家和立法者就应该这样来准备好为他们的工作所必需的特定原料。

政治家所需要的原料首先是众多的人口，自然他必须考

虑人口的数量和性质，然后照此考虑疆域的数量和性质大多数人认为，一个幸福的城邦应当是人口最繁庶的大邦。即使这种观点正确，他们也并不知道哪一种算大邦哪一种算小邦。因为他们只知道从居民的数量方面判断大小，然而他们更应该从城邦的力量而不是从数量上来判断。城邦也有它的工作要做，因而最好地完成了自己的工作的城邦就可以被认为是最大的城邦，正如希波克拉底作为医师而不是作为人可以说比那些身材高大的人更“大”。即使是必须要从数量方面来着眼判断，也不应以随便什么数量为准（因为在诸城邦中几乎必然有大量的奴隶、侨居者和外邦人），故应以城邦的成员和组成城邦的固有部分为准。这些部分的人口数量才是城邦可以称大的标志，而工匠的人数众多但重装步兵稀少的城邦就不能算是大邦。因为大的城邦和人数庞大的城邦不是一回事情。

事实表明，人口过多的城邦很难或者说是不可能有良好的法制。那些治理有方的著名城邦无一不对其人口进行控制。通过种种理论论证，也同样可以令人信服地表明这一点。因为法律就是某种秩序，良好的法律必然就是良好的秩序，而过于稠密的人口不可能保持一定的秩序，要做到这一点必须有神一般的力量，神便是凭这样的力量驾驭宇宙万物的。人们知道，美产生于数量和大小，因而大小有度的城邦就必然是最优美的城邦。城邦在大小方面有一个尺度，正如所有其他的事物——动物、植物和各种工具等等，这些事物每一个都不能过小或过大，才能保持自身的能力，不然就会要么整个地丧失其自然本性，要么没有造化。例如一指长或半里长的船干脆就不成其为船了，也有一些船在尺寸大小上
1326b 还算过得去，但航行起来还是可能嫌小或嫌大，从而不利于航行。与此相似，一个城邦倘若过小就不能自足（城邦就在于自足），一个过大的城邦倒是可以在种种日常必需方面自足，就像某个部落那样，但不能算是一个城邦，因为难以建立起一个政体。谁能成为不计其数的人群的统帅，或者没有斯顿托勒斯①那样的噪音，谁能给他们传令呢？

因此，一个城邦首先必须有一定数量的人口，并且能够自己供养这些基本的人口，使他们能在这一政治共同体中过上优良的生活。它也可以或多或少地超出基本的人口数量，成为一个大邦。不过如我们所说的一样，这并不是可以没有界限。至于不能超过的界限是什么，看看实际的事例就容易明白。因为城邦的活动或行为分为统治者和被统治者的行为，行政官员要做的是发号施令和仲裁，如果要对讼案进行裁决或根据价值或才能高低来分派官职就必须要了解各人的情况，知道他们是什么样的人，而公民们由于缺乏这种了解或知识，就必然不能胜任官职的分派和讼案的仲裁。显然在人口过于稠密的地方，这两样事情都不会做得公正，而经常

---

① Stentoreios，见荷马：《伊利亚特》，v，785。斯顿托勒斯为一传令官，声音洪亮，音量50倍于常人。

是草草从事。此外，在这样的城邦中，外邦人和侨居者很容易获得公民资格，因为人多眼杂，疏漏之处就在所难免。显然，一个城邦的最佳人口界限，就是人们在其中能有自给自足的舒适生活并且易于览视的最大人口数量。关于城邦的大小就作这样一些说明。

【5】 至于疆域问题，情况也与此相似。关于疆域的性质，显然人人都会愿意域内土地能够自给自足，即能够生产出一切生活必需品，因为自足就是什么都有或什么都不缺。在数量和大小上，疆域应该能够使域内居民过上闲暇、宽裕并且是节制的生活。这个界限我们定得是否恰当，后面在一般地考察财产和财富问题以及应当如何或以什么方式使用它们时再做细致的论述。在这一问题上有许多争议，因为在生活态度上人们往往各执一端，有人主张简朴，有人主张奢侈。

关于疆域的形式并不难界说（某些地方应该听听军事将领们的意见），域内地形应当使敌人难以进入，而居民易于外出。此外，就像在人口数量方面如我们所说要易于览视一 1327a
样，疆域也应这样，因为疆域易于览视就易于防卫。至于邦城的位置，如果能随意选择，应该坐落在有良好的海路和陆路通道的地方。这是一个众所周知的标准，如此便于它成为全邦共同的防卫中心。其余就是它应该有利于运输各种农作物，以及木材或域内其他易于运送的产品。

【6】 关于海上的往来对那些具有良好法制的城邦是有利还是有害，人们有种种意见分歧。人们说让生活在其他法律环境的异乡人入境对城邦的良好法制不利，并且增加了人口数量。而海路利用的增加，造成众多商人进进出出，有碍于城邦的良好治理。诚然如此，但假如避开了这些不利的方面，海上往来又是大有益处的，无论是就安全还是就生活必需品的充足供应而言，邦城及其疆域都应连通海路，这一点毋庸置疑。一个城邦在面对敌人时，从陆防和海防两方面着手就容易防卫自身，即使不能同时从两方面出击，至少坐拥两路兵力，从其中某一方面也更容易创击入侵之敌。而且对于那些自己的城邦没有的必需物品，就可以通过海路将其输入，对于本邦多余的物品则可以通过海路输出。城邦就应该是一个市场，不是为了其他城邦，而是为了自身。那些成为一切城邦的共同集市的城邦，这样做全都是为了公共财政收入。若是一个城邦不应贪得这份厚利，就不应力求成为一个大市场。如今，我们在各城邦境内的乡间和城市可以看到许许多多的港埠，它们离邦城位置适当，以免离城区太远从城市中分离出去，但它们也靠近城墙和诸如此类的其他防卫设施来保障自身的安全。显然，假如从城邦间的海上往来中能产生什么好处，一个城邦就可以得到这种好处，而假如有什么害处，它就可以依靠种种法律来防止，明文规定谁可以或者谁不可以同其他人进行交易。

关于海军力量，无疑拥有某一数量的海军是最好不过的事情。因为一个城邦不仅要对自己的公民而且要对某些邻邦保持威慑力量，或者增援某些邻邦，与陆路一样也应能够从 1327b
海上进行。至于海军力量的数量和规模，应该与城邦的生计联系起来考虑。如果它想以扮演政治领袖为生，就必须有一支与这样的功业相称的海军力量。为了募集大批的海军水手，这些城邦倒不必有大量的人口，因为这些水手不必是城邦的一部分。控制战舰的指挥人员应当从自由民中挑选，陆军也从他们中挑选人员，而在那些有大量农民和农奴的城邦，必然有取之不竭的水手人选。今天我们可以看到某些事例，如赫拉克里亚城邦，尽管在大小方面不如别的城邦，但拥有为数众多的三桨战舰。

关于城邦的疆域、港埠、邦城、海上往来和海军力量就说这么多吧。

【7】 前面论述了公民的数量和应有的界限，现在让我们来说一说一个城邦的公民应该具有什么样的秉性。只须看看希腊名声良好的诸邦，以及分布在整个居住世界的人群，马上就可以想清楚这一点。在寒冷地带居住的人群和欧洲各族的居民都生命力旺盛，但在思想和技术方面则较为缺乏，所以他们大都过着自由散漫的生活，没有什么政体组织，也缺乏统治邻人的能力。亚细亚的居民较为聪颖而且精于技巧，但在灵魂方面则惰性过重，故大多受人统治和奴役。至

于希腊各族，正如位于这些地方的中间地带一样，兼具了二者的特性。因为希腊人既生命力旺盛又富于思想，所以既保持了自由的生活又孕育出了最优良的政体，并且只要能形成一个政体，它就具有统治一切民族的能力。希腊各族之间也有着与前面同样的差别，有些人性情单一，有些人则很好地结合了上述两种能力。显然，适合于被立法者引向德性者应当是那些既善于思辨又生命力旺盛的人。有些人说，城邦的卫士对熟识的人应该友善，对陌生者就应该粗暴，而产生友善的，正是生命激情①，它是灵魂的一种机能，我们因此而
1328a 互爱。一个证明是，当我们认为受到了轻蔑的时候，对方是自己的同伴或朋友比对方是素不相识者更容易触发我们的生命激情。因此，阿尔克罗科斯在抱怨自己的朋友们时满含激情地说：

你竟然被朋友们气得要死。

对权力和自由的追求都源自灵魂的这种机能，因为生命激情就是统治和不甘屈服。不过，对不认识的人凶狠或粗暴并不得体，因为对任何人都不应该这样做，粗暴不是大度者的本性，除非是对不义之人。如前所说，只有在认为自己受到了同伴们不公正的对待时，才容易强烈感受到这种激情。这也是合情合理的结果，因为除了实际蒙受的这种损害外，平添了一层痛失本来应该得到的仗义相助的愤恨，有言道：

---

① thumos，有“生命力”、“激情”等意，前文曾作“生命力”。

弟兄相忤，不如仇人。

又有：

爱之愈深，其恨也愈切。

关于公民的数量和秉性，以及疆域的数量和性质，我们作了大致的规定（因为不应要求理论与从感觉中得来的事物具有同样的精确性）。

【8】 同其他自然结合体一样，那些没有它们整体就不能存在的成分不一定就是结合体整体的部分，故显然那些组成城邦的必要成分不一定就是该城邦的部分，并且其他社会共同体与它们赖以构成一个种的成分也有同样的关系。因为对于那些社会共同体而言，必定有某种共同的、自身同一的东西，以此为参照，共同体的成员们才享有平等或不平等。比如，它一会儿是粮食，一会儿是疆土，一会儿是诸如此类的任何其他东西。但是一旦一事物以某物为目的，而另一事物正是这一目的，那么除一者辛劳另一者获取外两者就没有什么共同的东西。我的意思是，比如一切建筑工具和建筑工人与建筑成品的关系，因为房屋与建筑工人之间没有什么称得上是共同的东西，而是建筑术以房屋为目的。因此，财产对于城邦是必需的，但是财产并不是城邦的部分，尽管财产以许多有生命的东西为自己的部分，因为城邦是由平等部分构成的共同体，并尽可能地以最优良的生活为目的。虽说幸福是最优良的，它是德性最完满的运用和实现活动，事实则

是有些人享有幸福，有些人很少或根本没能享有幸福，显然这是产生城邦的种种形式与差异和政体多样性的原因，因
1328b 为人人追求幸福的方式和途径各不相同，从而产生了不同的生活方式和政体形式。

我们还应考察，有多少事物是城邦赖以生存的必要条件，因为我们所说的城邦的部分必然在这些事物之中。应当说明它们的作用和数目，从而问题就会得到澄清。

首先要考察的是粮食，其次是各种技术（因为生活需要种种工具），第三是武装，因为城邦共同体必须拥有自己的武装才能对付不驯服的邦民和悍然入侵的外寇，从而维护城邦的统治。再其次是财产储备，有了足够的财富才能提供内政所需和战争开支。第五或者说最首要的是与神有关的事务，即所谓的祭祀。列在第六位的是所有之中最必需的事项，即公共急务和公民之间的各种讼案的裁决。

这些事项就是以上所说的所有城邦不可或缺的条件，因为一个城邦不能只是一些乌合之众，而是如我们主张的那样，应以自足的生活为目标。如果缺少了这些条件中的任何一项，城邦就达不到绝对意义上的自足。所以一个城邦必须一齐具备这些事项。必须有生产粮食的大量农民、技师和工匠、武装人员、富有阶层、祭司和各种公共急务的仲裁人员。

【9】 作了上述规定之后，还须考察，是否应该让所有

人共同从事全部这些工作(因为让所有人同时作农民、技师、议事员和陪审员也是可能的),或者让每个人从事以上所说的各种不同的工作,或者是其中一些工作必须由特定的人担任而另一些必须由所有人共同担任。后一种情况在任何政体中都没有过,因为正如我们所说,可以由所有人共同担任所有的工作,或者不是如此而是由某些人担任某些工作。由此产生了种种不同的政体:在平民政体中,由所有人担任所有的工作,寡头政体的情况则正好与之相反。这里我们正在设想最优秀的政体,一个城邦采取这样的政体就可以最大限度地获得幸福,而离开了德性便无幸福可言,这在前面已经说过了,由此可以清楚地知道,得到了最完美治理并拥有在单纯意义上——而不是相对于某一前提——称得上公正的公民的城邦中,公民们不会过工匠和商人的生活,因为这样的生活低贱而且不利于获致德性。而且他们也不应是农民, 1329[a]
因为德性的生成和政治行为或活动都需要有闲暇。

武装人员和议事人员对于公共急务和讼案的裁决都起着作用,因而显得最是城邦的部分,应该把这两种人区分开还是应由同一些人起两种作用?这一点很清楚,在一种意义上应由同一些人而在另一种意义上应由不同的人起上述两种作用。由不同人分任,是因为两种工作的侧重点不同,一者需要明智,一者需要力量,但另一方面,由于那些有力量使用武力进行抵抗的人总是不愿意屈居人下,故在这个意义上可以由同一些人兼具两种功能;因为那些掌握武器的人也掌握着政体的存亡。于是，剩下来可行的办法就是在我们讨论的政体中既让同一些人行使上述两种职能，却又不在同一时间，而是应当根据自然形成差异，采用年轻者的力量和年长者的明智。如此分派两种职能既有利又公正，因为这种安排依据了价值或才能。而且，这些方面的人员还应是拥有财产的人。因为财产必然属于公民，而他们都是公民。工匠就不是城邦的一部分，从事其他不能产生德性的行业的人员也一样。从我们立论的前提就可得知这一点，因为幸福必然离不开德性，一个城邦任何一部分不具备德性都不能称为幸福之邦，而必须以全体公民为准。显而易见，这些人应当是财产的拥有者，正如农务必然属于奴隶或野蛮的乡巴佬。

前面列举的各项中，还剩下祭司一类。他们的职位安排一目了然，因为不能任用农民或工匠为祭司（只有公民才适合于敬奉诸神）；而公民分为两个部分，即武装人员和议事人员，侍奉神灵的工作适于那些由于年迈力衰开始从实际生活中隐退的老人来担任，他们也能从这种工作中求得一份安宁。

我们已经讲清楚了，城邦赖以生存的必要条件和城邦的各个部分——农民、技师或工匠以及所有的雇工，它们都是城邦不可或缺的成分，但只有武装人员和议事人员才是城邦的部分。这些人各有所司，有些人的工作终生不变，有些人则轮流担任不同的工作。

【10】 城邦应按种族或阶层划分，战士就不同于农民，这并不是新近的或某些研究政治体制的哲学家的发现。在埃及，这种划分方式一直持续至今；而在克里特情况也是一 1329b
样。据说，在埃及实行的这种制度源于塞苏斯特里的立法，而克里特则源于米诺斯王时代。共餐制看来古时就已流行，在克里特始于米诺斯王在位期间，而意大利实行这种制度的时间则要早得多。据这些地方的史家记载，在奥诺特里亚地区曾有一名叫做意大琉斯的国王，由此奥诺特里亚人改称意大利人。他们又把欧洲的突出部分称为意大利，它坐落在斯居勒提克和拉美提克海湾之间，它们之间只有半天的路程。人们说这位意大琉斯王把奥诺特里亚人从牧民变成了农民，他为他们制订了种种其他法律，并第一个制定了共餐制度，直到今天他的某些后裔仍然奉行他的共餐制和其他一些法律。在朝向图勒尼亚的地区居住着奥布科人，古称渥逊尼人，这个名称至今仍有人沿用。在朝向耶比吉亚和伊奥尼亚海湾的被称为西里底斯的地区，居住着琼尼人，他们是奥诺特里亚人的族裔。共餐制度最早起源于这一地区，而种族划分的政治制度则起源于埃及，因为塞苏斯特里王时代要远远早于米诺斯王时代。大致上应当认为，在漫长的岁月里，这些制度以及其他一些制度曾多次被人们发明出来，毋宁说是无数次。因为生活的必需可以教会人们想象和发明，具备了这些之后，人们很自然地要设法增加生活中的文饰和点缀。因而可以认为，在政体方面的情况也同样如此。一切政治制

度都有着悠久的历史，埃及的情况可以证明这点。埃及人看来是最古老的人种，而他们一直具有各种法律和政治制度。因此，应该充分利用已经说过的这些典章制度，并设法弥补它们的不足。

前面讲过，土地应当属于武器的拥有者和参加了政体的成员，而农民应当与他们不同，以及疆土应具有的数量和性质。此处让我们首先来论述土地的分配，农民应当是些什么人和具有什么样的特性。我们认为，（财产）不应像某
1330a 些人所主张的那样属于公有，而只能在征得友善同意的情况下共同使用；并且，任何公民都不能缺衣少食。至于共餐制，人人都同意它的存在对于那些建制良好的城邦有益无害，我们之所以要赞同这种观点，其理由将在后面说明。这种制度应该面向全体公民；穷人们从私囊中往往难以交纳规定的费用和担负其他的家务开支。此外，所有公共祭祀的费用也应由城邦承担。

土地必须分为两个部分，一部分公有而另一部分为私有。其中每一部分还须再次划分为两部分，公有部分一部分用于承担祭神的开支，另一部分用以承担共餐的费用；私有的部分一部分靠近边界，另一部分靠近邦城，这样做是为了每人分得两份地，以立法形式规定所有公民均须在两种地方拥有土地。如此既满足平等和公正原则，又有利于公民们在骤遇边界战争时更加团结一致。在没有实行这种做法的地方，一些人对边境的敌情漠然置之，另一些人则过于谨小慎

微以致有失体面。因此，有些地方的法律不允许那些居住在边陲地带的人参加有关边界战争的议事，因为由于私情他们不能够有得体的论断。根据先前提到的理由，土地必须如此划分；至于农民，如果能随意选择，最好不过是奴隶，但不要属于同一种姓，也不要生命力旺盛的类型，这样既有利于他们完成任务，又可以减少其暴动的风险。其次是以野蛮的柏里奥科(农奴)为农民,他们的本性大致与要求的相近。其中一些用于私有的土地，属于拥有地产的私人，另一些用于公有的土地，为全邦共同所有。将在后面论述，应当如何使用奴隶，以及为何对表现较好的奴隶要给予自由作为奖赏。

【11】 我们已经说过，邦城为什么应该尽可能地成为全邦本土的共同中心，无论是就海路还是就陆路联系而言。对它的位置依照我们的希望，应该有四个着眼点。首先要考虑健康问题，朝东的城市常受来自太阳升起的方向的风的吹拂，最有利于健康，其次是避开了北风的城市，它能有一个温和的冬季。其余的两点是,适宜于进行政治活动和战争。为战争起见，邦城应便于己方外出，同时使敌人难以入侵或包围。而且，要有尽量充足的河水或泉水，倘若没有，就须修建大型水堰积蓄雨水，以保证在战争期间乡郊的供水被切断时不至陷入困境。城内居民的健康是一个须多加小心的问题，它依赖于居住的地方及其良好的市容，其次，供水对于

健康至关重要，对此绝不可掉以轻心。因为最多和最经常为我们的身体所用的东西对于健康所起的作用也就最重大，水和空气就具有这样一种本性。所以那些谋远虑深的城邦，若是水源情况不一或是净水供应不够充足时，就明确规定将饮用水与作其他用途的水分开。

关于城防问题，各种不同的政体适宜有不同的设防方式，高地筑城适合于寡头政体或君主政体，平地筑城适合于平民政体，贵族政体则不同于前两种，它宁愿建筑众多的堡垒。私人居住区倘若按照希波达摩斯①的新式设计，建造得整齐划一，其排列在人们看来就美观舒适，且有利于其他活动，不过，为了战时的安全，还是反其道而行之，依照更早一些时期的设计为好，因为居住区应设计得让陌生人难以找到出路，让进犯者摸不清东西南北。故两种方案均应采用，因为可以这样来修建，即仿照农民种植葡萄的斜地——有些人称之为“丛地”，一方面在整体上城市不能整齐划一，但某些部分和地区可以规则修建，如此就完美地兼顾了安全和美观。

至于城墙，有人说那些横行于世的城邦用不着城墙，这种说法已经过于陈腐了，他们最好看一看事实给那些以此自负的城邦的教训。的确，当敌人与自己大体相当而且人数上并不占多大优势时，便求庇于防卫森严的墙垣实在算不上体

① Hippodameios，公元前 5 世纪的一位希腊城市设计家。

面。但是，进犯之敌也可能而且经常异乎寻常地强大，具有极少数人才能有的骁勇①，此时此际若想保全自身或者避免屈辱或惨败，那么最坚固的城墙就能提供最安全的军事保障，尤其是在今天投石装置和其他攻城机械的技术发明已经 1331a
日臻精密的情况下。主张建造一座没有城墙环绕的城市就好比主张在四周开敞的旷野筑城并且还要夷平四周的高地一样，仿佛私宅周围就不该砌墙，免得别人说宅中住户怯懦无能。不应忘记的一点是，那些四周有城墙的城市都有两种选择，即可以利用也可以不利用其城墙，然而那些没有城墙的城市就无法这样进退裕如了。

或许可以这样主张，城市不仅要有城墙围绕，而且要注意使城市既美观大方又便于御敌，足以应付其他种种事端和各种新近的发明。正如进犯之敌总要尽量想方设法寻求突破一样，防守的一方也应悉心寻求发现各种防御方法。对于那些固若金汤的城池，敌方将领往往会退避三舍。

【12】 既然在共餐制中对众多的公民应该进行分配，而城墙又应按一定的间隔分设据点和岗楼，很容易想到把一些共餐小组安置在一些武装据点中。适宜以这样的方式来安排，让主管祭祀的人员与行政首脑一起在某个特定的地方进

---

① arete，此词主要译作“德性”，但词根来自战神 Ares，故本义是在战争中的本领和特长，即勇猛。

餐，当然法律或神谕规定应该与外界脱离的那些神庙除外。这一地方要远近瞩目，能够充分展示其地形之利和睥睨四邻的强大①。在它的下方应修建一片广场，类似帖撒利人称为“自由人广场”的地方。所有的商旅之人、工匠、农民和诸如此类的其他人员不经主管官员传唤一概不得入内。如果在广场上安排年长者的健身活动，这个地方就会适得其用。因为应当以这种顺序按年龄分组，让某些官员与年轻人呆在一起，让年长者与各类官员们呆在一起。因为官员们亲临现场是使人们庄重收敛和使自由放任之人有所敬畏的最好办法。还应另给商旅之人单独修建一个广场，其地址应选在便 1331b 于货物集运的地方，包括所有从海上或从内陆运来的货物。

接着就应该分排城邦的祭司和行政官员，应当把祭司们的共餐地点，安排在其主持祭祀事务的地方周围。那些主管各种契约合同、书面诉讼、传唤以及其他诸如此类事务的官员，再加上市场法监和所谓的城市法监，他们的共餐地点应该靠近广场或某个人群聚集地。市场②必然是这样的一个地方，上面的广场我们可以用来消磨闲暇的时光，市场则可供我们交换各种生活必需用品。

这里所说的安排在乡村也同样适用，那里的官员人们有时称之为“林木法监”，有时称“乡村法监”，同样应该在靠

① 此处原文意义不明。

② agora。

近他们执勤的地方设置据点和共餐点。在乡间各处也应分设祀庙，用以敬奉神灵和城邦的英雄。

然而过多地纠缠于这些细枝末节恐怕是徒耗光阴。想起来这些也并不难，难的是将之付诸实施。因为谋事在人，而成事在天。所以，关于这些事情我们就不再多讲了。

【13】 关于政体本身，让我们来讨论，要成为一个治理有方的至福城邦，其组成部分应该是什么和有什么样的性质。所有处境优裕的人都做到了两件事，一者是选择了正确的人生目的和行为目标，二者是发现了有助于达到此一目的或目标的行为方式，因为行为方式或手段可能与其目标相符或不相符。有些时候目标就在咫尺之间，而行为者却交臂失之；另一些时候人们尝试了一切有助于达到目的的行为手段，孰料最终结果却不如人意；有时候则是两个方面都一塌糊涂，例如医术，有时候医师非但不具备关于身体健康的恰当知识，而且又开出无助于健康这一目标的处方。在各种技术和知识领域，都必须同时掌握两点，即目的和达到目的的行为手段。显然所有人都追求幸福和优裕的生活，但是一些人如愿以偿，而另一些人由于某种机遇或天性的关系终究与幸福无缘，因为优裕适意的生活需要配备某些外在事物，那 1332a
些出类拔萃之人对此所需甚少，但天性不如人者就非常需要它们。还有一些追求幸福的人一开始就背离了正道，尽管他们拥有获致幸福的条件。可是这里我们正在讨论的是最优秀

的政体，即据此城邦能得到最出色治理的政体，而最出色的治理则在于据此城邦能最大限度地获得幸福，所以显而易见我们不应忘记幸福究竟是什么。

我们主张（并见《伦理学》中曾做过的规定①，假如那些讨论对此还有点用处的话），幸福在单纯的意义上而非相对于某一前提条件是德性的完满运用和实现活动，我所说的前提是指某些必然的事物条件，而单纯就是完美。以公正的行为为例，公正的判罚和刑惩的确根源于德性，但这些良好行为乃是迫于必然——因为无论是个人还是城邦都更加情愿没有这类事情；而以荣誉和慷慨待人则是单纯意义上的最优良的行为。迫于必然的行为可以说是选择了另外某种恶，而后一种行为则与其相反，是产生善的基础和源泉。善良之人对于贫穷、疾病和其他一些不幸遭遇均能处之泰然，然而巨大的快乐或幸福却在相反的那些事物之中（在伦理学的论述中已经对此作了说明，善良之人是这样一种人，由于他的德性善的事物在他面前得以成为单纯意义上的善的事物，显然他对这些事物的运用必然是善良而高尚的，而且是在单纯的意义上），因此人们便认为外在诸善是幸福的原因，仿佛竖琴悠扬的琴声归因于竖琴胜过归因于演奏者的技艺似的。

从以上所说必然可知，有一些事物是业已存在的，有一些则要靠立法者来营建。因此我们祈愿自己的城邦有着充足

① 见《尼各马科伦理学》，1098^{a}16，1176^{b}4，以及本卷 1328^{a}37。

的物资配备，这些配备全凭命运决定（因为我们设定了其主宰地位），然而城邦的善良却与命运无关，而是在于知识与意愿。要想成为一个善良之邦，参加城邦政体的公民就必须是善良的。而在我们的城邦，所有的公民都参加了本邦的政体。应该考察，一个人怎样才能变得善良。因为可以设想一个城邦的公民整体上是善良的，但并非个个公民都是善良的，但还是后一种情况更为可取，因为整体的善跟随个人的善。

人们通过三种途径成为善良贤明之人。这三种途径是本性、习惯和理性。本性应当在先，比如首先必须是人而不是其他某种动物，从而他就具备了某种本性，具有了身体和灵魂。有一些自然禀赋是没有什么用处的，习惯会逐渐改变它 1332b
们；另有一些禀赋天生就有两种可能，受习惯熏染变坏或变好。其他种类的动物最主要地靠自然本性生活，只有极少部分会受习惯影响。人类还能够依靠理性，因为只有人才具有理性。因而，本性、习惯和理性三者应该彼此一致。很多时候为了求得更好的结果，人们在理性的劝导下采取了违背习惯和本性的做法。具有哪一种本性的人更容易为立法者驾驭，前面已经作过说明，剩下的事情就有赖于教育。因为人们求学致知既靠习惯，亦靠聆听他人教导。

【14】 既然一切政治共同体都由统治者与被统治者构成，那么我们就应该考察，统治者与被统治者是否应该有所

更替或终身固定不变。显然，应当根据对此的不同选择来制订城邦的教育体例。假如有人超出常人到众神和英雄超出人类的程度，首先是体魄大大超乎寻常，其次是灵魂，那么他们就是无可争议的统治者，明显超乎被统治者之上，于是就皆大欢喜地决定了同一些人永远是统治者或被统治者。既然这种事情并不常见，而类似斯居拉克斯的记载，在印度人中间国王们就远远超出他们的臣民，这样的事情也非我们所能见到，那么，从种种理由必然可以得出一个明显的结论，即让所有公民一律轮番参与统治与被统治。因为平等就是对所有同等的人一视同仁，而背离了公正原则建立起来的政体是很难维持其存在的。因为在这种政体下所有的乡下人就会伙同那些心怀叵测的被统治者共同图谋革命，而执政者寥寥数人想压倒所有这些人简直是一件不可能的事。当然，统治者们确实胜过被统治者，这一点无可置疑。故立法者应该筹谋，如何对待两者的差异以及让他们以何种方式加入政体。这在前面我们就讲明白了。自然本性已经做出了这一选择，它使得同一种属的人之中一些较为年轻，而另一些较为年长，从而让其中一些人适合于被统治而另一些适合于统治。青年人不会由于根据年龄受人统治而恼恨，他也不会认为自己更加了不起，尤其是在明知自己一旦达到适足的年龄就将接替统治者的美差的情况下。

所以，一方面统治者和被统治者固定是同一些人，另一
1333a 方面又有所差异。因此对公民的教育也必须随之相同或不相

同。因为常言道，想学习做一名好主人的人应先学习服从。正如我们在前面论述过的一样，统治者有一个准则[①]，被统治者也有一个准则，一即所谓的专制，一即所谓的自由人统治。有一些安排在效果上没有什么不同，但在其所为的目的上却各不相同。因此许多明显是低贱的工作被分派给自由人青年，他们也十分体面地完成了这些任务。因为区分体面与不体面的标准不在于行为自身，而在于最终结果或行为所为的目的。既然我们说公民和统治者应有的是同一种德性——同于最优秀的人的德性，而且一个人应当首先甘为人下人随后才擢升为一名统治者，那么，立法者应当设法使他们成为善良之人，明察通过什么途径才能做到这一点，以及什么是最优良的生活的目的。

灵魂分为两个部分，一部分就其自身具备理性，另一部分虽则就自身而言不具备，但有能力听从理性。具有了这两个部分的德性，一个人就能因此在某种程度上被称为善良之人。其中哪一个部分更适合于目的的存在，凡接受我们的这种划分的人都不难断言。因为较为低劣的事物总是以较为优越的事物为目的，这种情况无论是在技术造成的事物还是在自然造成的事物中都极为明显；而优越在于具备理性。根据习惯的划分理性又分为两个部分，一是实践的理性，一是思辨的理性。如此一来，灵魂的部分显然也必须作进一步的划

① arkhe，又作“本原”、“始点”等。

分。行为也就有了类同于此的区分，那些有能力实施灵魂的全部三部分或其中两部分的相应操行的人必定更加愿意选取本性上更为优越的行为。因为对于每一个人来说，他最愿选取的东西往往就是他造诣最深的东西。全部生活也可以分为劳作的与闲暇的，或分为战争的与和平的，各种行为则可分为必需又实用的与高尚的两类。我们对这些行为的选择，必然要依据灵魂的不同部分以及与之相应的操行，如战争是为了和平，劳作是为了闲暇，必需又实用的事物以高尚的事物为目的。一个政治家在拟定法律时应当注意到以上所有事项，并且要考虑到灵魂的部分以及相应这些部分的操行，尤其是那些更为优越的作为最终目的的事物。同样他还须留意人类生活和行为方面的轻重缓急，公民们既应勤劳善战，更应1333b 该致力于求致和平与闲暇；既应完成各种必需和有用的事务，又更应该有不为实用的高尚行为。因此，儿童以及其他年龄的一切尚需教育的人都应学习这些重要的道理。

今天的希腊人以拥有最优良的政体闻名遐迩，而那些立法者们是这样来建立他们的政体的：既看不出以最佳的目的为建制安邦的根本，其法律和教育体例也没有以全部德性为宗旨，而是俗不可耐地极力奉行实用的和种种有利可图的政策。与这些人相近，后来的某些著作家们也持同样的观点，他们称颂斯巴达的政体，赞扬其立法者以强权和战争为全部法制体系的显著目标。从理论上可以轻而易举地驳倒这种观点，而且今天的种种事实早已做出了驳斥。正如大多数人谋求建立统治众多臣民的帝国，为的是借这个好时机大发横财，西勃隆以及其他各位记述斯巴达政体的著作家显然就是怀着这种心情去称颂斯巴达的法制的，赞扬斯巴达人由于被训练得不惧危险，确立了自己的霸权地位。既然斯巴达人的统治如今已经一去不复返了，就不能认为他们是幸福的，也不能认为他们的立法者是贤良的。而且假如人们都奉守这些法律，没有人阻挠其实施，结果竟然是人人都偏离了高尚的生活，这也就未免显得可笑。关于立法者应当崇尚哪一种统治方式，这些著作家也持错误的观点，因为自由人的统治较之独裁专制的统治更加高尚且富有德性。一个城邦或一个立法者若是以对邻人的强权统治为己任，这样的城邦就不能说是幸福的，这样的立法者也无足称道，因为这类做法为害匪浅。很明显，公民们一贯追求强权，他们中有能耐的人在可能的情况下难免会攫取在本邦的霸权，例如鲍桑尼阿斯王就试图做这样的事情从而受到了斯巴达人的指责，尽管他那会儿已经显赫一时。

这类言论和法律无一属于正常的政治范围，也无一有益和真实。因为无论对个别的人还是对城邦共同体而言，最优良的事物是相同的，立法者应该把这些事物植入公民们的灵魂中去。战事训练不应以奴役那些不该受奴役的人为目的，而首要的是保证自身不被奴役；其次为被统治者的利益着想可以谋求领袖地位，但是不能谋求对所有人的专制统治；第 1334a
三是可以对那些真正该受奴役的人实行专制。记载下来的事实证明，立法者关于军事和其他事项的立法最好以闲暇与和平作为法制的目的。因为大多数尚武好战的城邦在战争期间反倒平安无事，然而一旦霸业告成，其统治就开始分崩离析。就像一柄铁剑，在和平时期就失去了它的锋芒。对此立法者咎不容辞，他没有教会公民经营闲暇的生活。

【15】 既然个别的人与城邦共同体所追求的是同一目的，那么最优秀的个人和最优秀的政体必然也具有同一目标。显然，闲暇的德性是二者共同的目的，因为正如多次重复过的一样，和平是战争的目的，闲暇是劳作的目的。因为有益于闲暇和消遣的东西，既包括人们在闲暇时也包括在辛勤劳作时所修养的德性。因为在获致闲暇之先，须准备好许多必需的条件。所以一个城邦应该具备节制、勇敢和坚韧等德性，俗谚云：奴隶无闲暇，那些不能勇敢地面对危险的人免不了沦为入侵者的奴隶。勇敢和坚韧适用于劳作之时，而哲学的智慧适用于闲暇时期。节制和公正在两种时期都是必需的，但尤其适用于和平和闲暇时期。因为战争迫使人们变得公正和节制，而和平的良辰美景带来的享受和闲暇生活更容易导致人们的放纵。那些在所有人中处境极为优渥、其一举一动都受人极度钦羡的快乐之人更为迫切地需要公正和节制——比如说，假如果真有一些诗人们所描述的居住在“极乐群岛”上的人，他们会尤其需要哲学、节制和公正，愈是如此，他们愈是闲暇，其境遇也愈是优渥。由此清楚可见，

要想成为一个幸福而善良的城邦，就必须要具备这些德性。不能运用生活中的诸善是可耻的，而在闲暇时期仍不能运用它们就更加可耻了，这些卑陋之人在战争时期表现出良好的品质，然而一到和平闲暇时期便沦为奴辈。因此一个城邦不能像斯巴达那样来操持德性。他们对最高的善的认识跟其他人没有什么两样，而且完全相同，但在认为最高的善只需要 1334b
借助于某一种德性这一点上，他们就走入了歧途。既然这类善事以它们带来的享受胜过诸种德性的结果……①。……并且凭借其自身，从所说的这些很容易明白。应当思考，怎样和借助何种途径才能实现它（德性）。

我们在前面曾经说过，必须借助本性、习惯和理性。其中，公民们应具有什么样的本性或性质前面已经做了规定。剩下需要考虑的是，理性的教导在先，还是习惯的教导在先。这两者需要彼此一致，一致之后方能产生最佳的效果。因为理性有可能偏离最优良的宗旨，而习惯的力量也同样难以幸免。首先要注意的一点是，就像在其他事情上一样，生成来自本原或开端，而来自某一开端的最终目的又可以是另外一些最终目的的开端。对我们来说，理性和理智是自然本性的目的，所以公民们的出生和习惯的培养训练都应以它们为准则。其次，由于灵魂与身体是不同的两个部分，而且我们知道灵魂自身又分为非理性与理性两个部分，它们有两种相

① 此处原文有缺漏。

应的状态，一是情欲，一是理智，正如身体的降生先于灵魂，非理性以同样方式先于理智。从下列事实便可知道：孩童们与生俱来地具有忿怒、意愿以及欲望，而只有当他们长大后才逐渐具备推理和理解的能力。因此，应当首先关心孩童们的身体，尔后才是其灵魂方面，再是关心他们的情欲，当然关心情欲是为了理智，关心身体是为了灵魂。

【16】 如若立法者想看到城邦养育的儿童一开始就具有最健壮的体格，他首先就应该关心城邦的婚姻状况，确定公民们在什么年龄、什么样的公民之间可以结为配偶。在立法时他既要考虑这些共同的因素，又要考虑公民们的生命周期，从而使配偶双方的年龄彼此相配而又不致相差悬殊，出现男方尚有能力生育而女方已经不能或女方尚能生育而男方不能的情况，因为这类事情是产生争吵与不和的根源。然后，应该考虑公民生育子女的时间，子女的年龄不能与双亲的年龄相差太大，一则子女们对长辈的感戴之心将会十分淡
1335a 漠，同时双亲对子女也帮不上什么忙。但子女与双亲的年龄也不能太接近，因为这样会有许多难堪的地方，子女们将不大尊重几乎与他们同代的父母，而且在家务管理中大家年龄相近就难免出现许多口角。再其次就是我们刚才岔开了的本题，即立法者按其意愿培育出儿童们健壮的体格。

几乎只需采取一项措施就可满足上述所有要求。因为按照通常的说法，男子的生育年龄终止于70岁，妇女终止于

50岁，故男女双方的结合应该遵循这一年龄界限。年轻男女双方的结合对于生儿育女是不利的，因为在所有其他动物中，年轻的双亲新生的后代都发育不全、体格弱小，且多为雌性。故人类的情况也不会例外。以下事实可以为证：那些习惯于男女早婚的城邦，人们往往体格弱小，发育不良。在生产期间年轻母亲更痛苦不堪，许多人死于分娩。因此有些人说这就是特罗埃岑人所求得的神谕的意思①，即许多年轻妇女死去是因为她们结婚过早，这跟庄稼的耕种和收成没有什么关系。婚嫁年龄偏迟，对于节制也很有益处。因为一般说来年轻的女子婚后在房事方面易于放纵自己。而男性倘若在精液还在增长的时候便行房事，就会阻碍身体发育（因为精液也有一定的生长时间，会有不再或很少增长的时期）。因此，女子适合于在18岁左右结婚，男子适合于在37岁左右结婚。此时婚配，男女的身体都正值鼎盛时期，他们的生育能力的衰退也将彼此同步。此外，假如他们很合理地马上要了小孩的话，当子女们开始步入鼎盛年华之际，他们已年近70，垂垂老矣，正好完成了传宗接代的任务。

关于适当的婚姻年龄已经作了说明，让我们进而考虑人们选择的成婚时间。如今婚期一般都定在冬天，这一选择十分得当。已婚的夫妇应当向医生或自然哲学家学习生育方面的知识，因为医生们会向他们详细讲述身体方面的有关知

① 特罗埃岑人所求的神谕是："莫耕休闲的田地"。

1335b 识，自然哲学家们会告诉他们风向方面的情况，他们大都认为北风比南风有利。

父母有什么样的体格对子女最为有利，这个问题待我们论述儿童的监护时再详加讨论。此处大略讲一讲就行了。运动员的体格对公民的正常品性以及健康和生育都没有什么好处，过于虚弱的体格同样不好，介于二者之间的体格最为适宜。公民的体质应当能够胜任劳作，但不应单单胜任某一方面过于剧烈的劳作，就像运动员的体质那样。他只须胜任自由人的种种行动，男子和妇女都一样。

怀有身孕的妇女应当注意保养自己的身体，不宜流于疏懒，也不要吃营养不恰当的饭食。立法者很容易有效地纠治她们的疏懒，可以让她们每天步行去某一祀庙，朝拜专司生育的神祇。她们的思想与身体正好相反，需要保持轻松和安静。因为胎儿从母亲那里获得自己的性情，恰如植物得之于土壤。

关于婴儿的丢弃与抚养，最好立法规定，凡畸形的婴儿均不得抚养。至于婴儿的数量过多，有些地方的习俗又禁止丢弃婴儿，在这种情况下可以限制每对夫妇生育子女的数量，假如在允许范围外有了妊娠，应在感觉和生命尚未开始之前实行流产，因为做得合法不合法应凭生命和感觉而定。

既然已经规定了男女可以开始结合的适当年龄，让我们进而讨论适宜于生育的时期的长短。因为父亲年纪太大，就会像过于年轻的父亲一样，生下的子女在身体和心智两方面都发育不良。晚年所得的子女往往十分孱弱，所以生育子女要以智力发育的顶点为限，诗人们以数字 7 作为度量年龄周期的标准，根据他们的说法，大多数人的智力发育的顶点约在 50岁左右。因而再过4或5年，他们的生育任务就可以解除了，剩余的岁月里夫妻相伴就只是为了健康或别的什么缘由了。

关于男女间的通奸，姑且认为，任何已婚的、已经作为夫或妻的男子或妇女与其他人通奸一概是不光彩的。如果正在生育子女的期间发生通奸，就应根据罪行轻重剥夺其一部 1336a
分公民权利。

【17】 孩子出生之后，给他们什么样的营养，对他们的身体机能会产生极为不同的影响。看看其他动物的情况以及那些一心想使其后代具有适于征战的体质的民族就不难明白，奶是营养丰富的食品，对身体最为适宜，饮酒愈少则愈不容易生病。其次，儿童们能够进行的所有运动对他们都有益处。为了使儿童的幼肢不致变形弯曲，如今有一些民族使用器械来保证儿童身体挺直，从幼年开始就训练儿童抵御寒冷是明显有益的，这样其健康和战斗能力都可以加强。因而不少野蛮民族有把新生的婴儿投入冰冷溪水的习俗，另有些民族则仅仅给婴儿裹上单薄的襁褓，如凯尔特人就如此。因为所有能够通过习惯适应的事物，都以及早开始培养这一习惯为宜，但应当循序渐进。儿童们的温暖体质很容易训练得

适应寒冷。

关于儿童的早期保育应按上述方式或其他类似的方式进行，接下来是5岁以前的时期，这一时期的儿童不能有任何学习任务或强制性的劳动，否则会阻碍其身体发育，同时还须注意使儿童保持一定的运动，以免他们的肢体僵滞，通过其他一些活动或嬉戏都可以做到这一点。但这些嬉戏不应流于卑俗，不应过于劳累或过于散漫。被称为“儿童法监”的官员要细心遴选适于儿童倾听的故事或传说。所有这些事项都应为儿童未来的生活道路作好铺垫，各种各样的嬉戏玩耍应当是他们日后将热心投入的人生事业的仿照。在法律中禁止儿童们哭叫的那些人做得并不正确，因为哭叫有益于儿童的生长发育，对他们的身体是一种锻炼。儿童们哭叫如同深呼吸运动一样，可以增强身体的力量。

儿童法监们应监督少儿的成长，此外尤其要注意的是避免儿童与奴隶在一起。7岁以前他们都应在家中抚养。即使
1336b 尚且年幼，耳闻目睹都很容易使他们染上不良习气。总的说来，立法者务必尽力在全邦杜绝一切污言秽语，把它当成一件事来办。因为哪怕是轻微的丑话也会很快产生秽行。特别是年轻人，绝不能说或者听这类秽语。一个还没有取得参加共餐资格的自由人如果被发现在言语或行为上犯禁，必须施之以责斥和体罚。年长的自由人如果言行与奴隶无二，就须剥夺其共餐资格。既然我们禁止这类言语，显然也应该禁止人们观看淫秽的图画和戏剧表演。要委任行政官员监察一切

临摹和图画，防止它们模仿淫秽的行为，不过法律允许的为某些这类神祇举行的节庆场合要除外。法律允许成年人为了他们自己以及妻子儿女崇拜这些神祇。但是在青年达到有资格参加共餐和饮酒的年龄之前，立法者应禁止他们吟诵长短格[1]的诗歌或观看喜剧，达到年龄后教育才能使他们摒绝这类作品的不良影响。

我们已经粗略地论述了顺便涉及的这些问题，后面将更为详细地加以阐明，并将确立依照我们假拟的必要法规，执政者应不应该首先对这些事情进行管理，以及怎样进行管理。悲剧演员德奥尔罗不允许任何别的演员（哪怕是位微不足道的演员）先于他登台，他这样做很有几分道理。因为观众对他们首先听到的演唱总是动情的。这一点同样也适用于诸多的人物或行为，我们经常偏爱最初的所见。所以少年们应当对一切恶劣的事物保持陌生，其中尤须摒绝包藏仇恨和邪恶的事物。5 岁之后，到 7 岁为止的两年时间里，他们应当观看将来要学习的事情。教育要分为两个年龄阶段，即从7岁至青春期的阶段和从青春期到21岁的阶段。那些以7为单位来划分年龄周期的诗人们大体上没有说错，不过我们应按自然的差异来划分，因为一切艺术和教育都谋求弥补自 1337a
然的不足。

此后，我们应首先考虑，是否应确立某种关于儿童的制

---

① iambos，亦作“抑扬格”。

度；其次，是否应由全邦公民共同监护儿童或者应采取私人监护的方式（如今这种方式正在大多数城邦流行）；第三，这种制度应该具有什么样的性质。

第 八 卷

【1】 谁也不会有异议，立法者最应关心的事情是青少年的教育，因为那些没有这样做的城邦的政体都深受其害。应该教育公民适应他生活于其中的政体，因为每一政体一开始就形成了其固有的习俗，起着保存该政体自身的作用。例如，平民制的特征之于平民政体，寡头制的特征之于寡头政体，其习惯特征愈优良，由之而来的政体也就愈修明。

一切能力和技术的个别运用，都需要预先的训练和适应，显然德性的运用也是如此。既然整个城邦有着唯一的目的，那么很明显对所有的公民应实施同一种教育。对教育的关心是全邦共同的责任，而不是私人的事情——今天的情况则是各人关心各自的子女，各人按自己认可的准则施教。然而对于共同的事情应该实施共同的教育。同时不能认为每一位公民属于他自己，而要认为所有公民都属于城邦，每个公民都是城邦的一部分，因而对每一部分的关心应当同对整体的关心符合一致。以此而论，斯巴达人应该受到赞扬，因为他们尽了最大努力来训练儿童，把儿童的教育作为全邦的共同责任。

【2】 显而易见，在教育方面应有立法规定，并且教育应是全邦共同的责任，但也不能忽视教育的内容以及实施教育的方式。关于教育的实例，如今是众说纷纭。无论是有关德性还是有关最优良的生活，人们对年轻人应该学习的内容莫衷一是，至于教育应该偏重于思想内容还是偏重灵魂的伦理特性，人们同样是争论不休。现今实施的教育也令人迷惑难解，谁也不清楚应当进行什么样的训练，不清楚应当注重
1337b 生活的实用还是应注重德性的修养或卓越的智识。所有的观点都有人称是，一旦涉及德性问题，依然是各执一词。因为不同的人所崇尚的德性不会直接相同，从而他们关于修养德性的观点理所当然地要彼此相异。有一点很清楚，就是儿童应该学习种种必需的和实用的事务，但还不是全部实用的事务，因为它们明确分为自由人的和非自由人的两类，儿童们只能从事工匠们不能从事的有关实用事务。任何工作、技术和学识倘若使得自由人的身体和思想不适合于德性的运用和实行，都应认为与工匠的营生同类。因此我们称为工匠的贱业的种种技艺都败坏公民的身体，而领取酬金的活计会劳瘁公民并贬抑其思想。还有一些自由人的知识领域，某些人大致可以不失身份地参与其中，但如果他们过于尽力、刻意求精，就同样会受到上述的危害。一个人行为或学习所为的

目的能产生很大的差异，为自己为朋友或者是出于德性的行为都不会丧失身分，然而一旦出于其他目的，同样的行为往往就会显出卑贱和奴性。

现行的教育科目，根据前面所说，就可以分为这样两类。

【3】 习惯上教育大致可以分为四种，即读写、体育、音乐和有些人加上的绘画。读写和绘画知识在生活中有许多用途，体育锻炼有助于培养人的勇敢，关于音乐则有些疑问。今天大多数人修习音乐都是为了娱乐，但是最初设置音乐的目的则在于教育，我们多次说过，人的本性谋求的不仅是能够胜任劳作，而且是能够安然享有闲暇。这里我们需要再次强调，闲暇是全部人生的唯一本原。假如两者都是必须的，那么闲暇也比劳作更为可取，并是后者的目的，于是需要思考，闲暇时人们应该做些什么。自然不应该是嬉戏，那样的话嬉戏就会成为我们生活的目的。如果不是这样，那么嬉戏就更多地是在辛勤劳作时所需要（因为辛劳之人更需要松弛，嬉戏就是为了放松，而劳作总是伴随着辛苦和紧张），那么我们只能在适当的时候引入嬉戏，作为一剂解除疲劳的良药。它在灵魂中引进的运动是放松，在这种惬意的 1338a 运动中我们获得了松弛。然而闲暇自身能带来享受、幸福和极度的快活。忙碌之人与此无缘，只有闲暇者才能领受这份怡乐。忙碌者总是以某一未竟之事为目标而终日奔波，然而

幸福就是一个目标，所有人都认为与幸福相随的应该是快乐而不是痛苦。当然，对于快乐，根据每个人的不同品格，各人自有各人的主张，最善良的人的快乐最为纯粹，源自最高尚的事物。因而显然应该有一些着眼于消遣中的闲暇的教育课程，这些教育和学习只为了自身范围的事物，而那些必需的有关劳务方面的教育则以自身之外的其他事物为目的。所以前人们把音乐归入教育，既不是作为必需之物——因为它不具备这种性质，也不是作为实用之物——因为音乐不像读写，在理财、家务、求知和政治活动等方面有着广泛的用途；它也不像绘画，有助于更好地鉴别各种艺术作品；它也不像体育，有助于健康和强壮，因为我们看不到音乐能起这样的作用。于是，剩下的可能就是在闲暇时的消遣，显然这是设置音乐课程的初衷。音乐被认为是自由人的一种消遣方式。故荷马在诗中这样说道：

恍如邀友同享欢宴①，

接着又有一句描写应邀赴宴的宾客：

吟游诗人使一切人快乐②。

在别的一些地方奥德修斯说这是最高尚的消遣，当朋友们开怀欢畅——

华堂列坐绮筵，

① 荷马：《奥德塞》，xvii，383，但与原文不符。

② 同上书，xvii，385。

共听诗人清吟①。

因而，应当有一种教育，依此教育公民的子女，既不立足于实用也不立足于必需，而是为了自由而高尚的情操。后面将要讨论，这样的教育应是一种还是多种，它们有什么内容，应采取什么方式等问题。至此我们已经做好了铺垫，从古人们那里可以找到某些证据，他们的规范教育体例中早就列进了音乐。此外，儿童们的教育中包括一些实用的课程，例如学习读写，但并非仅仅为了实用，而是为了通过它们得以步入更加广阔的知识天地。同样，学习绘画也并非为了在私下的交易中不致出差错；或者在各种器物的买或卖中不致 1338b
上当受骗，而毋宁是为了增强对于形体的审美能力。处处寻求实用是对自由大度胸怀的极大歪曲。既然在教育方面习惯先于理性，身体先于思想，由此，显然预先应把儿童交给体育教师和角力教师，这些人分别能造就儿童的体质和教给他们身体方面的本领。

【4】 如今在那些似乎是最关心儿童的城邦中，有的只是造就了儿童运动员一般的体质，却损害了他们的体形和阻碍了他们的发育。斯巴达人虽然没有犯这种错误，他们却对儿童进行艰苦的训练，认为这样可以大大增强其勇敢。然而，正如我们多次重复的一样，教育不能仅以一种德性或最

① 荷马：《奥德塞》，ix，7。

主要地以这种德性为关心的目标。即使他们致力于这一目标，也并没能付诸实现。因为在其他动物和人群中间，我们看到勇敢并不是与残暴结合在一起，而总是伴随着温顺的类似狮子的性格。有许多部落的人群喜好杀戮和宰食生人，例如居住在滂沱海沿岸的亚该亚人和亨尼沃契人，另有一些内陆的部落一方面与这两个部落相像，另一方面则有过之而无不及——他们靠劫盗为生，却没有勇敢的品德。我们熟知的斯巴达人，尽管他们不畏辛劳超出常人，而如今在体育竞技中和在战争中都已远落人后。他们早先的强盛并不起因于训练青年的方式，而是由于只有他们才进行了这种无人匹敌的训练。由此可知，首要的东西是高尚而不是残暴，狼或其他凶残的野兽不可能面临一个高尚的危险，只有善良之人才有可能慷慨赴险。有些人教育儿童过于注重粗野的身体训练，却忽略了必要的教诲，其实际的结果是把儿童变成了低贱的工匠。他们仅仅教给儿童们于政治有用的事情，可是就按这种做法其结果也不如他人。所以我们不需以过去的业绩来评价斯巴达人，而要看他们现在的情况；因为如今他们在教育或训练方面终于有了敌手，而早先却没有。

对于体育训练的作用和什么样的训练方式才能起作用，人们有一致的认识，青春期以前的儿童只应从事轻微的锻炼，并要避免严格的饮食限制和强制性的劳累，以免阻碍其
1339a 身体发育。这类训练措施可能产生的恶果在奥林匹亚竞赛的获胜者身上清楚地得到了印证，他们中最多只有二三人既

能在少年时获胜，又能在成年时获胜，因为过早的剧烈训练损伤了少年选手的身体机能。青春期到来之后的三年里，应该学习一些其他课程，随后的年龄才适于从事剧烈的运动和接受严格的饮食限制。因为人的思想和身体不宜同时操劳，两种劳动天生彼此颉颃，身体的劳累妨碍思想，思想的劳累又妨碍身体。

【5】 关于音乐，有一些理论上的疑难在前面已经提到了，此处让我们重提旧话，做更进一步的完善论述，以便这些论述能够作为有关这一论题的任何探讨的引论。很难讲明，音乐具有什么样的力量，或人们为什么要修习音乐。是不是像睡眠和酣饮一样，音乐只是为了娱乐和放松呢？这些活动就其自身而言并非善良之举，只不过是安逸的享乐，因而欧里庇德斯说道："逸然思于止。"为这一缘故人们把三种同类事物并列：睡眠、酣饮和音乐，有些人还加上了舞蹈。是否应当认为，音乐能够培养人们的某种德性——就像体育对身体有所裨益一样，音乐造就某种习惯，使人们得以感受真实的愉悦；或者，音乐有益于充实人们的消遣和智慧（这是第三种论点）。然而教育少年明摆着不是为了嬉戏娱乐，学习并不是娱乐，它需要付出辛劳。这种年龄的少年也不宜逸乐，因为这终极的目的与尚不完全的人生状态并不相称。或许可以说少年们学习音乐，是为了他们长大成人后将能享受到的娱乐，果真如此的话，为何他们要躬身求学，而

不像波斯或米地亚诸王那样通过听取他人演奏来获得享受和学识呢？况且那些专门从事音乐的演奏者的演奏技巧和效果肯定不是仅学了一鳞半爪、勉强能够演奏的少年所能企及。如果说人们必须不吝辛劳地学习音乐，那么为什么不可以认为他们也该去学学烹饪呢？实在是有些荒谬。即便是音乐可以陶冶性情，为什么他们一定要自己学习仍然是一个疑问，
1339b 为什么就不能像斯巴达人一样在倾听他人的演奏中毫不费力地获得愉悦和鉴赏力呢？据说斯巴达人不学韵律，但对音乐有着良好的鉴赏力，能判断旋律是否得体。假如音乐有助于增加欢乐与自由的消遣，根据同样的道理我们还得问，为什么人们一定要亲身学习它而不愿舒舒服服地听人演奏呢？这里我们可以引证有关诸神的传闻，诗人们说宙斯自己并不唱歌弹琴。事实上我们把这类人称作乐工歌伎，一个人若非酒醉或嬉戏取乐，就不会做这种事情。

这些问题大概留待以后讨论为好。此处首先要考察的是教育是否应该设置音乐，以及在我们提到的三件事情——教育、娱乐和消遣——中音乐能够起哪一种作用。很有理由认为音乐与全部三件事情相通，显出全部三种性质。娱乐是为了松弛，而松弛必定带来享受，它是医治劳苦的良药；至于消遣，人们公认它不仅包含高尚，而且包含愉悦，幸福就由这两者构成。所有人都说音乐是最令人愉快的事物，无论仅是旋律还是伴有歌唱，诗人缪塞奥说道：

歌声是有死者的最大的快慰，

因此，音乐作为令人抒怀的事物合情合理地进入了人们的交往和消遣活动。由此有人主张用音乐来教育青少年。因为所有有益无害的享乐不仅有利于人生的终极目的，而且可以带来轻松。尽管能够实现人生目的的幸运儿寥寥无几，但是人们时常可以暂释种种心头重负，仅仅为求开怀而坐享这份安娱之中的轻松和欢愉。来自音乐的享乐直抒人们的胸臆，自然是多有益处。

时而出现人们把娱乐当作人生目的的情况，或许是因为人生的目的之中确实包含几分享乐，不过不是偶发的欢乐，人们寻求终极的享乐时却以偶发的快乐取而代之，其原因在于诸种行为之中都有某种同于目的的东西。因为终极的目的不再企求任何未竟之物，而种种即刻的欢乐也无一企求将来的事物，仅仅是缅怀过去，比如说劳累和苦痛。这正是人们要从这类欢乐中享受幸福的原因，如果有人要追问这种原因的话。然而人们共享音乐，并非仅仅为了过去，而是由于认为它能带来轻松的感受。谁能断言音乐的本性中就不会产生比普通的快乐更为崇高的体验呢？人们不仅从中得到彼此共同的快乐感受(因为音乐的享受是自然而然的，所以不分年龄和性情，所有人都能倾心于音乐)，而且应该察觉到音乐对性情和灵魂的陶冶作用。若是人们的性情通过音乐有了某种改变，上述这一点就十分清楚了。事实上人们的性情通过这样那样的韵律有了种种改变，当然奥林帕斯的歌喉所起的作用也不可低估。毋庸置疑，这些音乐造成灵魂的亢奋，这种亢奋是灵魂性情方面的一种激情。此外，当人们听到模仿的声音时，即使没有节奏和曲调，往往也不能不为之动情。

既然音乐带来快乐的享受，而德性在于快乐和爱憎的分明，那么，必须阐明的是，没有比培养正确的判断能力、学习在良好的情操和高尚的行为之中求取快乐更要紧的事情了。节奏和曲调模仿愤怒和温和、勇敢和节制以及所有与此相反的性情，还有其他一些性情。其效果十分明显，灵魂在倾听之际往往是激情起伏。在仿照的形象面前感到痛苦或快乐与亲临其境面对真实事物的感受几乎相同，好比一个人面对某人的雕像时倘若仅仅因其优美造形而不因别的缘故而生欣喜，他在亲睹雕像所仿照的原型时也必定会同样感到欣喜。其他各种感觉无一能够仿照性情，比如触觉和味觉；在观看事物方面有几分仿照关系，因为所见之物是事物的形象，不过只是在很小程度上的仿照，并非全部事物都进入这种感觉之中。此外，形象和颜色这类派生的视觉印象并不是与性情相同的东西，而只是性情的表征，即对激情状态的临摹。所有这些视觉形象与性情或情操的联系都不明显，因而不宜让青年人观看鲍桑的作品，而要让他们看波吕葛诺托或其他画家和雕塑家表达道德情操的作品。然而，旋律自身就是对性情的模仿，这一点十分明显，各种曲调本性迥异，人们在欣赏每一支乐曲时的心境也就迥然不同，有一些曲调令
1340b 人悲郁，例如所说的吕地亚混合调；有一些令人心旌摇曳，例如轻松的曲调；另有一些令人神凝气和，似乎只有多利亚

调才有这样的效果；弗利吉亚调则令人热情勃发。那些研究这一教育科目的人对此已经做了睿智的论述，他们以事实本身来支持他们的理论。关于节奏的道理也是一样，有的节奏习于沉静，有的习于轻捷，后者中又有一些较为粗俗，有一些较为高雅。从上述论述中可以知道，音乐对灵魂和性情能有什么样的影响，如若这种影响属实，显然就应该以此来教育青年。音乐的教导很适合少年的本性，青少年们由于年龄关系极不情愿忍耐那些缺少快乐的事物，而音乐在本性上就属于令人快乐的事物。而且，音乐的旋律和节奏可以说与人心息息相通，因此一些有智慧的人说灵魂就是一支旋律，另一些则说灵魂蕴藏着旋律。

【6】 青少年是不是需要亲自学习歌唱和演奏，对于这个前面提出的疑问，此处我们要明确指出，如某人亲身投入音乐活动，他感受到的影响就会大不相同。那些不参加音乐演奏的人很难或几乎不可能成为评判他人演奏的行家。同时，儿童们总须有事可做，阿尔古太的响器就被认为精巧适宜，这是父母为了使孩子们不致损坏家中什物给他们的玩具，因为小孩总是不能保持安分。这种响器与孩子们的童心极其吻合，其实（音乐）教育就是稍大一些的少年的响器或玩具。因而从以上所说可知，音乐的教育应该让青少年亲身参加演奏。

至于音乐对于不同年龄的人相宜还是不相宜，这并不难断定，而所谓研习音乐会流于低贱的说法也容易解答。首先，必须依据亲身体验，所以要趁青春年少时练习音乐，俟年岁长进，他们就可以不再躬身演奏，而此时他们已经由于少年时的学习造就了良好的判别能力和地道的欣赏能力。其次，关于修习音乐将会流于低贱的某些反对言论，其实很容易作答，我们只须考虑为了培养公民政治方面的德性，他们
1341a 参加的音乐活动应有什么样的数量界限；他们应采取什么样的曲调与节奏；他们在学习中应该使用哪种乐器，因为乐器也有雅俗之别。明确了这些方面，就能答复上述反对意见，因为没有什么妨碍音乐产生某些粗俗或低级的效果。当然，不能让音乐的学习妨碍青少年日后的事业，也不能损害他们的身体，使他们不适于战争或政治方面的训练，无论是对当前的学习，还是对日后的应用而言。

音乐的学习要遵循的原则是：不能为参加竞赛而刻苦进行技术训练，也不能追求惊奇和高超的表演，这类表演在今天的一些竞赛中日趋流行，并且从竞赛进入了教育体制；应以青少年达到能够欣赏高雅的旋律和节奏的水平为限，而不能仅限于某些其他动物、奴辈和幼儿都能欣赏的普通音乐。显然，应慎重择取所用的乐器，笛管就不宜在教育中采用，其他需要技巧的乐器也一样，如竖琴一类的乐器，应该采用那些能够使学生在音乐或其他教育科目方面有所长进的乐器。此外，笛管不能表达道德情操，它过于激越，故在需要引发人们的宗教情感的场合使用笛管，较之在学习中使用它

更为适宜。还有一种反对在音乐教育中采用笛管的意见，认为吹笛对发声有阻碍。因而前人果断地禁止少年和自由人使用笛管，然而最初他们一度允许吹笛。因为充足的财富使他们拥有更多的闲暇，对于德性亦是踌躇满志，再加上在波斯战争之前和战争期间所取得的辉煌成功，他们抛开了一切谨慎和小心，急于罗求所有的学科知识。因此笛类被列入了音乐课程。在斯巴达曾有一位合唱队指挥吹着笛管指挥合唱，而笛管在雅典是如此地受欢迎，以致大多数自由人在这上面都有一手，塞拉斯波在颂扬合唱队时给笛师埃克凡底德的赞辞就明显地体现出这一点。后来的经验使人们能够更好地判断什么对德性有益或无益，于是他们舍弃了笛类和其他许多古老的乐器，例如四角八弦琴、多弦琴等旨在取悦听众的乐器，以及所有需要相当的指法知识的乐器，如七角琴、三角 1341b
琴和三角四弦琴等。关于笛管的古老神话也有几分道理，它描述了雅典娜如何发明又抛弃了笛管。传说女神厌恶这种乐器是因为它使面部变得丑陋难看，这固然说得不错，不过更有可能是因为修习笛器对思想没有补益，而我们把知识与技术归于雅典娜。

于是，我们应当杜绝需要专门技巧的乐器和专重技巧的音乐教育——所谓专门技巧，是指旨为参加竞赛而训练的技巧。因为参赛者的表演不是为了自身的德性，而是为了取悦听众，追求一些庸俗的快乐。所以这种行当该由雇工而不是由自由人来干，表演者因此成为低贱的工匠，因为他们追求的目的是卑下的。观众的低级趣味往往降低了音乐的格调，结果是专业的乐工想方设法投合观众的喜好，观众从而造就了乐工的品性，甚至包括他们的身体动作。

【7】 关于曲调和节奏，我们还须考察，是所有的曲调和节奏都适用于教育还是应当有所区分。又如，在推行音乐教育的过程中应采取同一种区分原则还是有所差别。既然我们看到音乐在于旋律和节奏，就不应忽略两者对教育分别有什么影响，以及是否我们应该向往好的旋律和好的节奏。但是关于这些问题，今天的一些音乐家和碰巧关心过音乐教育的哲学家已经恰如其分地做了大量的阐述，在这方面有志于做更细致研究的人不妨去研读这些人的著述，此处我们只是想从立法者的角度做些概要的论述。

依据某些哲学家给出了的划分，旋律可分为道德情操型的、行为型的和激发型的三类，各种曲调在本性上各自与其中某一特定类型相对应。但是我们仍然主张，音乐不宜以单一的用途为目的，而应兼顾多种用途。音乐应以教育和净化情感（净化一词的含义，此处不作规定，以后在讨论诗学时再详加分析）为目的，第三个方面是为了消遣，为了松弛与
1342a 紧张的消释。显而易见，所有的曲调都可以采用，但采用的方式不能一律相同。在教育中应采用道德情操型，在赏听他人演奏时也可以采用行为型和激发型的旋律。因为某些人的灵魂之中有着强烈的激情，诸如怜悯和恐惧，还有热情，其

实所有人都有这些激情，只是强弱程度不等。有一些人很容易产生狂热的冲动，在演奏神圣庄严的乐曲之际，只要这些乐曲使用了亢奋灵魂的旋律，我们将会看到他们如疯似狂，不能自制，仿佛得到了医治和净化——那些易受怜悯和恐惧情绪影响以及一切富于激情的人必定会有相同的感受，其他每个情感变化显著的人都能在某种程度上感到舒畅和松快。与此相似，行为型的旋律也能消除人们心中的积郁。所以那些在音乐剧场参加竞赛的人可以采用这类曲调和旋律。由于观众有两类，一类是受过教育的自由人，一类是工匠、雇工和其他诸如此类的鄙俗之人，也应该设立一些令后一类观众开心的竞赛和表演。这些音乐应当投合他们偏离了自然状态的灵魂，由于这个缘故他们喜欢听怪异的曲调，偏好紧张和过于花哨的旋律。每个人依照其自然本性来取乐，所以专职的乐师在为鄙俗的观众演出时，可以选用与他们相宜的那种音乐。在教育方面，据先前所说，则应采用道德情操型的旋律和曲调，比如前面提到过的多利亚调；但是我们也应接受那些通晓哲学和音乐教育的人所赞同的其他乐调。《国家篇》① 中的苏格拉底在多利亚调外只保留了弗利吉亚调是不妥当的，特别是在他反对使用笛类乐器的情况下。因为乐 1342b
调中的弗利吉亚调与乐器中的笛类有着同样的功用，两者都令人亢奋和激越人心；诗歌便是证明。酒神热狂和所有这类

① 见柏拉图：《国家篇》，第三卷，399。

冲动最适宜以笛管来表达，在各种乐调中则首推弗利吉亚调。第西朗布诗体[①]就与弗利吉亚调相配，对此音乐方面的行家可以列举出众多的论证，他们熟谙许多掌故，并说斐罗克塞诺斯曾经尝试用多利亚调来谱写他的（等茜朗布诗）《缪苏人们》，终究未能行通，其后不得不顺应诗体的本性采用与之协调的弗利吉亚调。所有人都承认多利亚调最为沉凝庄严，最能表达勇敢刚强的情操。既然我们主张避免极端以采取中庸，而多利亚调本性上在各种乐调中居中，那么在教育青少年时，显然适宜采用多利亚的旋律。

存在着两种目标：可能的目标与适当的目标，人更应该追求可能的目标，又应追求与自身情况相宜的适当目标。这些目标受年龄差异的影响，那些饱经岁月风霜的老者很难再唱紧张高亢的曲调，自然本性要求给这种年纪的人一些轻松的乐曲。正是在这一点上，一些擅长音乐的人十分恰当地批评了苏格拉底，责备他把轻松的曲调排挤于教育之外，其理由倒不是它们能使人飘然陶醉，而是这种陶醉本身不同一般（因为酒醉更主要是令人亢奋），竟然趋于消靡。所以一旦老之将至，就应额外选用一些轻松的曲调和旋律。此外，假如某一曲调井然有序且富教育作用，就宜于在儿童时期的教育中采用，例如吕地亚调，它在所有的曲调中显得最具备这种特征。这样，教育明显应基于三项准则：中庸、可能的与适当的。

① dithurambos，一种热狂的诗体，为酒神节的狂欢歌舞专用。

家政学

崔延强
李秋零　译

* Oikonomika 据《洛布古典丛书》希腊和拉丁本文。

第　一　卷

【1】 家政学有别于政治学，正如家庭之别于城邦（分别是两门学问探讨的对象），而且政治学涉及众多的统治者，家政学只涉及唯一的管理者。 1343a

我们可以对某些技艺进行分类，创制的技艺不同于使用创制品的技艺，例如，竖琴和笛子的创制与使用就是这样；政治学的功用既在于首先建立一个城邦，同时又在于管理好所建立的城邦。显然，家政学的功用也必定是既要组织一个家庭，又要妥善处理家庭中的事务。

城邦是由房舍、土地和财产，这些足以维系幸福生活的东西所构成的集合体。事实表明，如果人们的生活达不到这个目标，社团就会解体。正是为了这个目的，人们才生活在一起；为了存在和产生，也正是个别事物的本质之所在。

显然，家政学先于政治学而产生，因为家政学的功用先于政治学，家庭是城邦的一部分。我们首先考察家政学以及什么是家政学的功用。

【2】 家庭的组成部分是人与财产。因为我们首先通过分析事物的最细微、最简单的成分，来沉思事物的本性，对于家庭同样适用，所以根据赫西俄德的描述，在家庭应当具备的组成部分中

第一位的是房舍、女人以及耕耘的牛。

我们首先考虑生活资料，然后再来考虑自由人。因此，我们应当处理好丈夫与妻子之间的关系。也就是说，夫妻之间本当具备一种什么样的关系。

我们首先关心那些出于自然的财富。根据自然的顺序，农业是首位的，其次是那些从大地掘取物产的技艺，如采矿业和其他类似的技艺。农业最为重要，因为它是公正的；它既不像零售贸易和雇佣术那样，在征得他人同意的条件下，从他人身上获得什么，也不像战争术那样，没有征得别人同意，就从别人那里掠取好处。再者，农业是合乎自然的；因为万物从母亲那里获取养料正是合乎自然的，同样人类也
1343b 从大地之中撷取生活资料。此外，农业最有益于炼就阳刚之气；因为它不像机械术那样，使身躯变得毫无用处，而能使身体处于野外，饱经劳作之磨炼；而且农业能使人们铤而走险、勇于对敌，因为唯有农夫的财富不在设防范围之内。

【3】 至于家庭中人的因素，首先应该关注的是妇女。因为对于雄性和雌性来说，共同生活乃是最为根本的事情。

我们在其他地方已经提到，自然意于产生许多这类结合的形式，每种动物雌雄之间的结合就是一例。如果没有雄性，雌性不可能完成这种结合，如果没有雌性，雄性也无法完成这种结合，因此两性结合的产生是必然的。

在其他动物中，这种结合是非理性的，依赖于它们所具有的大量的自然本能，并仅仅出于生育的目的。然而，在受过教化的和较为有理性的动物中，这种结合就比较复杂（因为从中表现出更多的相互帮助、良好意愿和携手合作），对于人类来说，情况最为复杂，因为男女之间的结合不仅意于生存，而且意于幸福的生存。生男育女不只是在履行自然赋予的义务，而且自身也能得到好处；因为如果父母在年富力强时对没有劳动能力的孩子们付出了艰辛劳作，那么这种付出将会在他们年老体衰时，得到正当鼎盛之年的孩子们的报答。

同时，自然周而复始地完成其永恒存在的目的，以持续作为属的人类的永存，但不能保存个体的永存。因此，男女共同生活的本性是由神明所预先决定了的。男女有别，因为他们各自具有的能力不适合同一种工作，而适合相反种类的工作，尽管相反种类的工作趋于同一目的。自然造化出一种性别比较强健，另一性别较为孱弱，后者由于柔弱的本性而 1344[a] 比较适合于看管工作，前者由于刚猛的本性而比较适合于保卫工作；一方从户外获取生活资料，一方在家内照料家务。在劳作方面，一方能够静坐室内，但无力于户外劳动，另一方尽管不太适合静坐室内，但却具备健壮的体魄以参加户外活动。至于生男育女，两性承担相同的生育责任，但各自分享不同的抚养义务，一方哺育子女，另一方教育女子。

【4】 现在谈谈男人对待妻子的原则，第一条就是不能不公正。因为如果遵循了这条原则，他自己也就不会受到不公正的待遇。这一点为公众习俗所倡导，正如毕达戈拉学派的人所声称的那样，如果把妻子视为远离娘家的乞讨者，这是不公正的。丈夫有外遇，就是他给妻子带来的不公正。

在夫妻共同生活方面，妻子不应强求丈夫，也不必在丈夫外出时如坐针毡。无论丈夫在不在家，都应习惯于忍受。赫西俄德说得好：

娶少女为妻，教她养成谨慎的习惯。

因为习惯上不同就不会有感情。

对于夫妻之间的虚饰问题，我们的观点是：夫妻之间不应借助于容颜举止上的或肉体上的虚假做作来相互亲近。依赖于这种虚饰的夫妻生活无异于粉墨登场的演员的表演。

【5】 在财富方面，首要的和最必需的东西也就是最好的和最适合于家务劳动的东西，这就是人。因此，首先必须备有上乘的奴隶。奴隶有两类，监工和劳力。经验表明，教育可以塑造青年人的某种个性，所以我们必须在现有的奴隶中培养那些能够胜任自由人所干的活计的奴隶。

同奴隶打交道，既不能容忍他们蛮横无礼，也不能使他们感到悲苦万分。对那些较多地做自由人活计的奴隶，应给予部分荣誉，而对那些做苦力的奴隶，应给予丰足的食物。饮酒甚至可以使自由人变得粗野无羁，因此许多国家都禁止自由人饮酒，例如，迦太基人在远征行军时就不允许饮酒。显然，我们或者完全不许奴隶饮酒，或者只许少量地饮酒。

我们给予奴隶的东西有三种：劳作、惩罚和食物。只给食物，而不给惩罚和劳作，会使他们变得粗暴傲慢。只是一 1344b
味地让他们劳作和受惩罚，而不给食物，这是一种暴虐压迫，会损伤他们的积极性。剩下的选择只能是既让他们劳作，又给他们足够的食物。因为如果不把报酬施之于人，我们就无法控制他们，食物正是奴隶的报酬。

像其他人一样，奴隶们在做了好事之后而得不到善待，或看到对善恶之举无奖惩，他们是不会变得更好的。因此我们不得不仔细考察，根据需要来分配或给予食物、衣物、闲暇和惩罚。在言语和行动上，我们应仿效医生开药方的方式，但同时也应注意，食物毕竟不同于药物，因为食物需要不断地被给予。

最适合于劳作的那种类型的奴隶应当既不过分怯弱，又不过分勇悍。因为两种极端形式的奴隶都有缺陷，过于怯弱者缺乏吃苦耐劳的忍性，而过于勇悍者不易控制。

我们应当在所有的奴隶面前设置一个有限的目标。因为把自由作为奖赏提供给奴隶，是一件正确而有益的事；一旦在奴隶面前设置一种奖赏，并规定得到这种奖赏的有限的时间，那么他们必定会自愿地投入劳动。我们应当允许奴隶生男育女以作为人质，但不要让为数众多的同族奴隶聚居一家，正像不能让为数众多的同族奴隶聚居一邦一样。我们应当为了奴隶而不是为了自由人，提供更多的节日和欢乐，因为自由人为了创设这些东西，已经充分享用过了。

【6】 家务①管理者对财产有四种管理方法。首先，他得具备获取财产和保管财产的能力，如果没有保管能力，即使获取了财产也无济于事，这正是竹篮打水，或如谚语所说的漏壶盛酒。再者，他应当能够合理安排财产，正确使用财产。因为正是为了这个目的，我们才需要获取财产和保管财产。

我们应当对每一种财产进行划分，生产性的财产应多于非生产性的财产，劳动所得也应合理分配安排，不能一次性地将全部财产拿来冒险。在保管财产方面，最好采取波斯人和斯巴达人的方式。阿提卡的家政术也是有用的，因为他们直接卖出买进产品，在较小的家业中，不必再添设储藏室。

根据波斯人的管理方式，一切事物被安排得井井有条，主人亲自督察，正像迪翁谈及的第奥尼修斯那样；因为没有

① oikonomos。

一个人会像关心自己的事情那样去关心他人的事情，因此人们应尽最大可能，躬身于自己的事情。波斯人和利比亚人说 1345a 得恰到好处。当有人问前者，什么东西饲马最好，答：“主人的眼睛。”当有人问利比亚人，何种肥料最佳，答：“主人的足迹。”

按照家务劳作的不同分工，有些事务由男主人来检查，有些事务由女主人来检查。对于小家业来说，这种检查偶而为之即可；但在雇佣监工进行劳作的情况下，检查应时常为之。因为正像在其他事情上，在雇佣监工劳作上，如果没有好的榜样，就不可能有好的效仿。如果主人不能勤于家政，那些被任命作监工的奴隶也不能勤于家政。

主人应当比家奴早起晚睡，这种习惯既有益于造就善的品性，又有利于家政管理。正像对待一个城邦一样，我们切不可使一个家庭处于无照管状态。无论是白天还是黑夜，应当完成的工作就不能不完成。黎明前即起，这种习惯有益于健康，有利于家务管理，也能使人聪慧。

对于小家业来说，阿提卡人处理产物的模式是有用的。但对于大家业来说，其中要做出每年的花销与每月的花销之间的区别，同样也要做出每日的工具使用情况与偶而的工具使用情况之间的区别，诸如此类的事情应授权他人去进行管理。此外，为了能够确知剩余何物和缺乏何物，还应定期检验资产状况。

房舍的构造设计必须考虑到所有物以及居民本身的健

康和生活舒适等因素。所谓“所有物”①，我的意思是指，应当考虑到什么样的房舍适宜于放置物产和衣服。在物产方面，又应考虑什么样的房舍适宜于放置干燥的物产，什么样的房舍适宜于放置潮湿的物产。至于其他的所有物，应考虑到什么样的房舍适宜于放置有生命的东西，什么样的房舍适宜于放置无生命的东西，以及什么样的房舍适宜于奴隶、自由人、妇女、儿童、异邦人和同邦人。至于“健康”和“舒适”② 两个因素，是指房舍应当夏天空气畅通，冬天阳光充足。

房舍应坐北朝南，长宽不等。在大家业中，那些不能胜任其他劳作的人似乎可以被用来做守门人，看护进出的货
1345b 物。在工具的合理使用方面，可仿效斯巴达人的方式。每种工具应放在合适的位置，因为这样可以信手拿来，不必再去费力寻找。

① ktemata。
② euremeria。

第　二　卷

【1】 那些试图管理财政的人应当充分了解其工作的范围，具备自然赐予的优秀禀赋以及通过选择获得的勤奋与正直的生活方式；因为如果缺少其中的任何一个方面，他都会在所从事的工作中犯许多过错。

财政管理①有四种主要类型(因为从中我们还可以划分出其他的类型)：君王式的、地方政府官员式的、城邦式的和个人式的。君王式的财政管理规模最为庞大，同时也最简明单一。② 城邦式的财政管理最复杂，但也最容易实施。个人式的财政管理规模最小，然而也最复杂。所有这些类型的财政管理必须具备一些共同特征，但我们考察的是那些属于每一种类型的特殊性质。

我们首先讨论一下君王式的财政管理。其职能是普遍的，但主要管辖四个部门：货币流通、货物输出、货物输入

---

① oikonomia，该词在第二卷中已超出 oikos 即“家”的范围，泛指城邦和个人的一切财政管理。

② 该句后面一段原文空缺。

和经费支出。分别来谈，所谓“货币流通”是指应当在什么时间，铸造什么样的货币；所谓“货物输出和输入”是指什么样的货物，在什么时间有利于出售，有利于从地方官员那里获取税款；至于经费支出，是指什么样的开支，在什么时间应当削减。应当用货币支付花销呢，还是用与货币等值的实物来支付。

接下来谈谈第二种类型，即地方政府官员式的财政管理。它有六种不同的收入来源：土地、国家中的特殊物产、商贸、税赋、牲畜以及其他东西。其中，第一位的和最重要的是来自土地的收入（有人称之为土地物产税[①]，还有人称之为什一税）。第二是来自特殊物产的收入，即来自金、银、铜以及其他能够被发现的物产的收入。第三是来自商贸的收入。第四是靠征收土地和市场税款而得到的收入。第五是来
1346a 自牲畜的收入，又称为头产牲畜税或什一税。第六是来自其他东西的收入，我们称之为人头税或工艺作坊税。

至于第三种类型，即城邦式的财政管理，最重要的收入来源是国家中的特殊物产，其次是商业和贸易，最后是日常税赋。

第四种，也是最后一种类型的财政管理或个人式的财政管理。这种形式的财政管理纷繁复杂，没有定规，因为个人的家政管理不必趋于相同的目标。同时它的规模最

---

① ekphorion，即“土地物产税”，别于 ton kata gen telon 即“土地税”。

小,因为其收入和支出是不大的。其主要收入来源是土地中的物产,其次是可动产①,第三是投资的利润。此外,还有一件属于各种类型的财务共同考虑的事情,尤其是个人式的财政管理更应留意关注的事情,那就是:支出切不可多于收入。

我们已经谈过各种财政管理的划分,接下来我们必须考虑,上面业已讨论过的地方政府官员式的和城邦式的两种财务究竟哪一种能够获取上述各种形式的收入,或至少能获取最主要的几种形式的收入。② 哪一种能做到这一点,那它就应当充分利用这些收入。另外,我们还得考虑哪一种形式的收入虽然目前完全不存在,但可能潜在;或当下微不足道,但可以增值变大。还应考虑哪一种眼下正在实施的开支,有多少支出的数目可以在不影响整体财富的前提下进行削减。

我们业已叙述了各种类型的财政管理及其组成部分。我们还进一步收集了很多理财方法的实例,我们自认为这些方法值得一提,因为昔日的先贤为了聚敛财富,发明并有效地运用了这些方法。这些理财方法的例子对我们来说不无用处,因为人们可以把它们用到自己亲手处理的事务中去。

① egkuklema。

② 该句后面的原文空缺。

【2】 科林提亚人绪普色鲁斯曾向宙斯起誓，如果让
1346b 他做城邦的主人，他将把科林提亚人的全部财产供奉给宙斯。因此他命令人们把自己所有财产的登记注册单交给他。事毕，便从每个公民财产中抽取十分之一，并告诉他们用剩余的财产从事贸易活动。一年结束，他又重复了同样的做法。结果在十年的时间内，他完成了供奉给神明的全部祭品，而另一方面，科林提亚人也获得了其他财产。

那克索斯的吕哥达米斯把一部分居民作为流放者驱逐出境，过后他发现，没有一个人愿意购买他们的财产，除非把价格压得很低，于是他就把这些财产卖给被流放者本人。本当由流放者加工的大量献祭品，现在处于半成品状态，闲置在手工作坊中。他把这些东西卖给流放者和任何愿意购买的人，并允许购买者让人将名字镌刻其上。

拜占庭人由于缺少金钱，便拍卖了属于公共所有的祭神用的土地。对肥田沃土，他们按定期出租；对不毛之地，他们便无限期地卖出。用同样的方式，他们卖掉了适宜于祭祀神明和朝拜祖先的土地，甚至私人的房地产也不例外。因为其他财产的拥有者愿意出高价购买这些土地。他们把环绕竞技场、市场和码头的公共土地卖给了祭神者，这些卖掉的土地实际上成了贸易市场，在这里各种商品都可以出售。海鱼贩子、海盐小商、玩杂耍的、占卜的、江湖郎中以及其他形形色色的人充斥其中。但他们指令这些商贩必须从所得中交

足三分之一的税赋。他们把兑换货币的权力卖给了唯一的一家钱庄，任何人不准把钱币兑换给别人，也不准从他人那里兑换钱币。如果有人不遵守规定，就要受到没收财物的惩罚。他们制定了一条法律：如果父母双方都不是本地公民，其子女不得具有公民权。但由于缺钱，他们又颁布了一条法规：如果父母有一方是本地公民，其子女须交纳30米那即可获得公民权。苦于粮食和资金的短缺，他们把全部商船从彭透斯招回。日子久了，商人们便滋生了抵触情绪，于是他们从所得中提取百分之十利润付给商人。之后他们又规定，无论购置什么东西，除了支付原价外，须交纳百分之十的税 1347a
款。某些客居商人为了保证自己财产的安全，曾将之出租给当地公民，因为他们没有财产的占有权。因此拜占庭人颁布了一条法规：任何试图得到自己财产的占有权的客商须向政府交纳占财产三分之一的保安金。

雅典人希庇阿斯把位于公共街道上的楼房的顶层房间以及楼梯，楼前的围栏，向外开的门一起拿来出售，房产的占有者买了下来，这样他敛聚了一大笔钱。他还声称当时流通于雅典的货币是伪劣的，因此他下令按固定的价格将货币回笼。当人们打算考虑铸造新币时，他又将回笼的货币重新发行出去。如果有人想指挥战船，或统率骑兵分队，或领导悲剧歌队，或渴望在其他公众事业上尽心费力，希庇阿斯规定：如若本人愿意，交纳适度的金额，即可被登记列入完成公共事业者的名单中去。他还规定，如果有人去世，死者家属应以死者名义献给阿克罗波利斯山上的雅典娜神庙中的女祭司一个考爱尼克斯①的大麦，一个考爱尼克斯的小麦和一个奥布罗斯②的银币。谁有孩子出生，也应交纳同样的供奉。

居住在波提达亚的雅典人由于缺乏从事战争的费用，便命令把所有公民的财产状况登记注册。但不是把每个人在其所在地的全部财产集中起来一起登记，而是根据财产所在地的不同，对每份财产分别进行登记，这样以减轻穷人的负担，而那些没有财产的人则按每人 2 个米那进行估价。根据这个估价，每个人就可交足战争税。

安提萨的（索西波力斯）③看到人们习惯于十分奢华地欢庆狄奥尼索斯节，每年人们都要为准备昂贵的献祭品而耗费巨资，为此城邦资金匮乏。在节日来临之际，他规劝人们向狄奥尼索斯起誓，他们来年以双倍的贡品奉献给神明，并规劝人们把所有的贡品收集起来卖掉。这样一来，他们聚敛了大笔钱财，解决了燃眉之需。

拉姆普撒克斯人预料到他们将会遭受一支庞大船队的攻击，命令商贩们把每个迈第姆努斯④单位的大麦饭卖 6 个德拉克玛，而市场价是每个迈第姆努斯单位的大麦饭卖 4 个德

---

① khoeniks，古希腊干量单位。
② obolos，古希腊货币单位。
③ 希腊本文此处空缺，拉丁文本为索西波力斯。
④ medimnos，古希腊干量单位。

拉克玛；每个考乌斯①单位的油卖 4.5 德拉克玛，而市场价是每个考乌斯单位的油卖 3 个德拉克玛。此外，还用同样的方式销售葡萄酒和其他商品。个体商贩收回了原价，而城邦则获得了盈余，国库丰足起来。 1347b

赫拉克利亚人打算派 40 艘战船去攻打鲍斯波鲁斯的僭主，但苦于资金匮乏。因此他们从商人那里买下了所有的粮、油、酒及其他商品，并确定了将来还账的日期。把商品整批卖出，不再受零售之累，这使得商人们很是称心如意。赫拉克利亚人预支给士兵们两个月的军饷，并派遣一支满载给养品的商船队与士兵同行，每条船都由一名政府官员负责。当他们抵达敌国的疆界时，士兵们早已从政府官员那里把所有的给养品抢购一空。在政府官员再次给士兵们发放军饷之前，钱币已经收集回来了。于是同一笔钱分来分去，直到他们返航回家。

当萨米安人恳请斯巴达人发放盘缠以重返家园时，斯巴达人则颁布了一条命令：他们自己及其家眷、奴隶、驮畜都要戒食一天。这样，从每个人那里省出的花费就可以发给萨米安人了。

卡尔克多尼亚人的城邦中驻扎着许多外国雇佣兵，他们无力把拖欠的军饷发给士兵。因此他们声明，任何具有依法拘押城邦或个人财产的权力的公民或移民，如果愿意实施这

① khous，古希腊液量单位。

种权力，可以报名登记。很多人报了名，然后他们以似是而非的借口扣押了驶向彭透斯的商船，并指定了一段时间，在这段时间内他们向众人解释这种行为的原因。此时一大笔财捞到手了，他们把军饷发给了雇佣兵，并解雇了他们，对自己的拘押商船的行为通过法庭做出裁决，结果是仅从城邦所得的收入中拿出一部分来补偿那些遭受不公正劫掠的商人。

在丘兹库斯，公民相互之间发生党争，平民派占了上风，把许多殷实富户投入牢笼。因为他们欠了军队的钱，所以颁布了一条法令：他们可以不把囚犯处死，但只要囚犯交纳一定量的钱财，就能得以流放。

在开俄斯有一条法律：所有的债务都要在公家的登记簿上注册。因为资金缺乏，他们又规定，债务人应当向国家偿还债务，而国家也应当从收入中向债权人支付一定额的利息，直到债权人收回相当于原来外借的那笔款项的数额为止。

当波斯王派人向卡里亚的僭主墨索鲁斯催逼贡奉时，墨索鲁斯便把国中的富户巨贾召集起来并告诉他们，国王想要贡奉，他自己却无力交纳。一些事先曾受他唆使收买的人即刻走上前来声称愿意尽力，并说明每人准备交纳何种贡品。由于在众人面前的这番表演，比他们更富有的大户们部分出于羞惭，或部分出于恐惧，纷纷答应贡献更多的东西。

还有一次也是因为缺钱，墨索鲁斯把缪拉西亚人召集起来并告诉他们，他的这个城邦，也是他们的母邦①，没有修建防御工事，而此时波斯王正准备向他进攻。因此他命令每个缪拉西亚人都应尽全力交纳钱财，并声称现在他们所交出的钱财可以确保其他剩余财产的安全。当大笔钱财到手之后，他又扬言此时此刻神明不允许他们修筑城墙。

墨索鲁斯的僚属康达鲁斯无论何时外出履行公务，途中总是有人向他贡奉绵羊、猪或小羊。每当遇到这种情况，他就把贡奉者的名子和贡奉的日期记录下来，并命令他们把牲畜带回家去好生喂养，直到他返回时再拿来进献。当他思忖些许日子过去之后，便要回为他喂养的这些牲畜，并计算和收取了牲畜税。另外，他还把那些伸展到皇家公路上的树木或倒在那里的树木卖掉，以增加国家的收入。每当某个士兵死掉，他都要收取 1 个德拉克玛作为运送尸体出城门的税款。通过这种方式，他不仅可以使收入增加，而且军队的指挥官也无法伪造士兵的死期来欺骗他。当他看到吕西亚人喜爱蓄长发，便声称，波斯王已经派人来了，命令他把头发送去为国王的马做头上装饰的毛。因此受墨索鲁斯国王之命，他要把他们的头发剃掉。他又说，如果他们能够交纳一定数额的人头税，他可以到希腊去征收头发。他们表示乐意满足他的要求，于是他从众人那里赚了一大笔钱。

罗德斯岛的亚里斯多德在做佛凯亚的统治者时，非常缺

① metropolis。

乏资金。他注意到，在佛凯亚有两个敌对的党派，因此便秘
1348b 密地召集了其中一个党派的会议。会上他声称，另一个党派准备给他资金，条件是让他偏心于他们的事业。然而，他宁肯收取正在这里开会的这些人的钱，并赋予他们管理城邦的权力。听罢他的一席话，与会者立即把钱给了他，满足了他所提出的所有要求。然后他又跑到另一党派那里告诉他们，他已经从他们的敌党那里收取了资金。因此这一党派的人也表示愿意给他至少和敌党所给的相同数额的资金。于是他从两个党派那里得到了资金，并调停了他们之间的相互纷争。他还发现，在公民之中有许多诉讼以及由战争所引发的很深的宿怨。因此他设立了法庭，并声明：如果人们没有在他指定的时间内把案子诉诸法庭，那么法庭将不再仲裁这些过期的案子。通过控制大量的案子和涉及处罚的诉讼，还通过其他种种手段，他从双方当事人那里收取了钱财，这样他就获得了一笔数额不算太小的款子。

克拉佐门尼人苦于饥荒和资金奇缺，便宣布了一条规定：任何储蓄橄榄油的个人应当把油有息租赁给城邦。这个城邦盛产橄榄。当他们把油借来以后，就租了船只，将油运到市场，以油的价格作抵押，从那里换回粮食。当他们欠了雇佣兵 20 个塔兰通的军饷，并无法找到这笔钱的时候，便只付给指挥官每年 4 个塔兰通的利息。但这并没有减少原来所欠的债款，而且他们还在继续白白地花钱。于是他们铸造了面值为20塔兰通的铁币来代替相同面值的银币，并把铁

币按所占财产的比例发给最富有的公民，然后换取等额的银币。这样一来，个人既有钱应付日常需要，城邦也从负债中解脱出来。接着，他们从城邦的收入中拨出一部分资金，作为利息付给那些预支银币的富户，一点一点地按所占财产的比例偿还给他们，最后把铁币也回笼了。

塞琉布里亚人有一条禁止出口粮食的法律。他们曾一度资金匮乏，此时正值其他城邦闹饥荒，而他们却拥有先前储备起来的粮食，于是他们颁布了一条规定：所有公民应当按固定的价格把粮食卖给城邦，每人只留一年的口粮。他们允许任何自愿出售口粮的人，按他们认为能够获利的价格出售。

在阿庇多斯，党派之争使耕地荒芜。居住在当地的异邦人拒绝向城邦交纳任何钱财，因为城邦欠了他们的债。于是他们便发布了一条命令，任何愿意向农夫贷款，促使他们耕种土地的人，可以享受头茬庄稼，而其他的人只能得到剩余的庄稼。

爱菲索斯人由于缺乏资金，便制定了一条法律：禁止他们的女人佩戴金制首饰，应把所藏的金制品借给城邦。另外，他们还准许那些自愿交纳一定数目资金的公民，把名字作为捐款者镌刻在神庙的柱子上。

叙拉古的第奥尼修斯打算聚敛钱财，便召集了公民大会。声称德墨忒尔显相于他，令他把妇女用的装饰品送到她的神庙中去，还说他已经把自己家中此类的东西送去了。人人都得如是做，否则女神就会降怒于他。他又说，任何拒绝这样做的人是在犯渎神罪。或出于对女神的敬畏，或出于对这位暴君的恐惧，人们纷纷交出自己所拥有的女用装饰品。把这些东西献给女神之后，他便私吞了它们，还谎称这些东西是他向女神借来的债务。过了一段时间，妇女们又戴起装饰物了，他又发布了一道命令，任何想佩金戴银的妇女都得向神庙交纳一定数额的税金。第奥尼修斯准备营造战船，他深知当下是急需资金的时候。因此他召集了公民大会，声称某个城邦企图叛离他，而为了此事他很需要资金。他要求每个公民向他贡奉 2 个斯塔泰拉，公民们遵命交了钱。两三天过后，他又谎称他的行动计划完全流产了。盛赞了公民一番之后，又把钱退还给每个公民。通过这种方式，他赢得了公民的信任。当他再度向公民索要金钱时，人们便慷慨解囊，认为不久还会把钱收回的。然而，这一次他却把钱拿去造船了。还有一次，由于银币短缺，他就让人铸造了锡币，并召集了公民大会，会上大谈特谈新币的好处。尽管人们很不情愿，还是被迫通过了法令：每个人应当把他们所收到的硬币
1349b 看成是银的，而不是锡的。曾有一次，也是缺钱，他要求公民捐款，但公民们声称他们已无钱可捐了。于是他就把自己家中的东西拿来出售，显出一副为穷困所迫而为之的样子。当叙拉古人购买这些东西的时候，他把每人购买的物品一一记录下来，当他们付钱之后，便勒令每人把所购置的东西全部送回。

因捐税过重，公民们不再饲养牲畜了。第奥尼修斯便声称目前他已经得到足够的资金了，因此谁现在饲养牲畜，谁就可以不必交纳税赋了。于是很多人都信以为真，便纷纷占有大量的牲畜。当他认为合适的时机一到，就下令对牲畜进行估价，并收取了税款。公民们对这种欺骗行为颇感愤慨，屠杀并卖掉了牲畜。为了避免这种情况，他又命令人们尽量只杀那些日常所需的牲畜，然后把它们作为牺牲贡奉给神灵，但他禁止用雌性牲畜祭奠。有一次还是因为缺钱，他下令把所有后嗣为孤儿的家庭的财产状况进行登记注册。事毕，他占用了属于孤儿的那部分财产，直到每个孤儿成年为止。当占领雷吉翁之后，他召开了公民大会，并告诉他们，他完全有理由把他们当作奴隶卖掉。但只要他们付给他战争的花费，此外每人再交纳 3 个米那，他就可以放了他们。于是，雷吉翁人便把先前藏起来的财富拿出来了，穷人向富人和客居商人借来了钱财，支付了他索要的那笔款项。尽管收了钱，他还是把他们卖为奴隶，而且还掠走了所有他们先前藏起来的、现在又重新拿出来的财宝。

第奥尼修斯曾向公民借贷，并答应归还他们。当他们向他索要时，他命令他们把所有的银币都交给他，如果不交，则处以死刑。当人们把银币交上来之后，他便把 1 个德拉克玛的银币改铸成具有 2 个德拉克玛面值的银币，并重新发行出去。这样，他不仅偿还了原来的欠款，而且也偿还了这次向公民征收的银币。他曾经用 100 只战船攻克了第勒尼亚，

并从留科提亚神庙中掠取大量的金银财宝，还有为数可观的装饰品。他猜度，水手们大概也私藏了不少贵重的东西。于
1350a 是他下令，每人须向他交纳一半的私藏品，剩下的另一半可以据为己有。如果有人抗命不遵，就处以死刑。水手们以为如果交出一半私藏品，那剩下的便可以安然无恙了，于是就遵命行事了。然而，一旦第奥尼修斯把财宝拿到手，就勒令他们回去把另一半也给他交来。

门德人惯于收取港口税和其他一些税款以支付城邦管理方面的费用，而不征收土地税和房产税。因他们拥有财产占有者的登记清册，一旦需要资金，他们就收取税款。当这段时间一过，财产占有者就可以免税使用财产了。当门德人与奥林突斯交战时，很需要资金，便下了一道命令：每个拥有奴隶的公民，除了保留一男一女两个奴隶，其余的都得以城邦的名义卖掉以作为私人向城邦提供的等价贷款。

在马其顿，入港税的开价通常是 20 塔兰通，而雅典人卡里斯特拉图斯使这个价格增加了两倍。因为他发现，实际上只值 1 个塔兰通的货物得花 20 塔兰通作担保，所以只有富商才支付得起这个价格的入港税。因此他声明，只要按占货物实际价值三分之一的比例交纳担保费，或按其他可信的比例交纳担保费，任何人都可以支付入港税。

当雅典人提莫透斯向奥林突斯发动战争时，十分需要银币，于是他铸造了铜币，并发给了士兵。当士兵们牢骚满腹时，他告诉他们，商人和小贩会像以前那样按相同的价格卖

给他们商品。然后他又告诉商贩，如果他们收到铜币，就接着用它购置产自本国可以销售的物品，或者购置任何带给他们的战利品。他还声称，如果他们把手里剩余的铜币给他，还可以换取银币。当他向科尔库拉发动战争时，处境困难。士兵们向他索要军饷，并拒绝听从他的指挥，并扬言要投奔敌军。于是他召集会议，告诉他们，由于天气恶劣，军饷一时难于到来。并且说，他手里存有大量的给养品，因此可以把已经发下去的三个月的给养作为礼物赠给他们。人们难以 1350b
相信提莫透斯会为他们作出如此大的牺牲，除非他确实打算从他们身上得利。所以人们在军饷问题上也就不再说话，而他也达到了预期的目的。在围攻萨摩斯的时候，他把粮食和当地的物产全部卖给了萨摩斯人自己，这样他就捞取了一大笔钱，作为军饷发给了士兵。由于援兵的到来，军营中的给养发生短缺，于是他下令禁止出售磨好的粮食，禁止出售少于1个迈第姆努斯的粮食，或少于1个迈特莱苔斯的油或酒。军队的指挥官们则整批地买下了给养品，并分给了他们的士兵。援军自带给养，离开时，他们卖掉了剩余的一切东西。结果，士兵们得到了充足的给养。

波斯人狄达莱斯只能从敌国那里掠取给养以维系士兵们的日常需要，但苦于没有军饷发给他们。当规定的发饷时候一到，士兵们就向他索要，于是他便精心策划了这个圈套。他把众人召集起来，告诉他们，他根本就不缺钱，只是这些钱放在一个他称作某某的地方。随即部队开拔，朝那个方向进发。当马上就要到达那个地方时，他自己最先冲进去，从那里的神庙中夺走了所有的银制器皿。然后把这些东西若隐若现地驮到骡背上，使人觉得骡子好像满载着银块。部队又继续向前行进了。士兵们看到这种情形后，窃以为骡子驮着的都是银子，想到不久就要得到军饷了，便军心振奋。但狄达莱斯告诉他们，必须把这些银块运到阿米索斯去铸币。而奔赴阿米索斯的路途旷日持久，而且还得匍匐于冰天雪地之中。在整个这段时期内，他都在不停地利用他的军队，只发给他们必需的给养。

狄达莱斯曾把军队中所有的工匠以及经营商品的小商贩控制起来，为他自己服务，其他任何人不得从事类似性质的工作。

当埃及国王塔奥斯打算进行一次远征而苦于资金缺乏时，雅典人卡布里亚斯建议他去告诉祭司们，为了节省花费，必须查封某些寺院，解除大部分祭司的职务。祭司们听到这个消息后，每个人都想保住自己的寺院和职位，因此便
1351a 从自己的私产中拿钱给他。当国王从每个祭司那里收到款项以后，卡布里亚斯又向他建议，应当命令祭司们在寺院和他们自己身上的花销只能占过去花销的十分之一，把剩余的资金借给他，直到他同波斯王的战争结束为止。卡布里亚斯还曾规劝国王，命令每人、每户按确定的比例向他交纳贡金。在货物买卖时，买方和卖方除了原来价格以外，都应追交每阿尔塔拜 1 个奥布罗斯的税款。他还命令造船业、手工业以

及其他形式的生产行业，都应从所得中交纳十分之一的税款。当塔奥斯准备离开国家进行远征时，卡布里亚斯向他提议，命令人们把所有私藏的、没有被铸成货币的金块和银块交给他。当大多数人交上以后，卡布里亚斯又建议国王去使用这些东西，并把借金银给他的这些债权人推荐给行省长官，让他们从税收中拨款偿还债务。

当考透斯招募军队时，雅典人伊菲克拉底向他提供了下述敛钱的方法。他建议考透斯命令其部下，每人用 3 迈第姆努斯的谷种为他播种一块耕地。这样，一大批谷物收集起来了。然后他把这些谷物运到市场上出售，于是得到了一大笔钱。

色雷斯的考透斯为了给士兵发放军饷，向培林透斯人借钱，但培林透斯人拒绝贷款给他。于是他恳请他们，无论如何也要从他们的公民中派遣一些人去守护他的某些军事要塞，这样他就可以让那些目前驻守在那里、服役期已满的士兵退役了。他们很快接受了这个请求，窃以为他们可以夺取这些要塞的控制权。然而，考透斯把他们派来的人全都投进监狱，并命令他们，只要送来他原来想借的那笔钱，就可以把这些人赎回。

当罗德斯岛的门托拘捕了赫尔米亚斯，并夺取了他的领地之后，他让那些曾由赫尔米亚斯委任的政府官员们官居原职。当他们感到自信和安全时，就把昔日私藏起来的，或放在其他较为安全的地方的财产全部拿出来了。于是他便拘捕了他们，并剥夺了他们具有的全部财产。

1351b 罗德斯岛的迈蒙做了拉姆普萨库斯的主人之后，发现资金十分匮乏。因此他对最富有的公民加收重税，并声称，这些最富有的公民也可以向其他公民征税。当其他公民交税之后，他又命令最富有的公民把收到的这笔税款借给他，并指定了偿还的日期。还有一次也是为了缺钱的缘故，他要求人们借钱给他，并声称他们可以从城邦的收入中得到偿还。于是人们一想到马上就能把钱收回，便慷慨解囊。然而当由收入还债的日子已到，他告诉他们，他同样也需要这笔收入，所以只能以后连本带利地偿还他们了。他还免去了每年有 6 天为他服役的雇佣兵的给养和军饷，声称在这些日子里，他们既没守卫任务，又没有行军作战，也没有花费什么，他称这些日子为“被省去的日子”。另外，他曾习惯于在每个月的第二天发给士兵给养，于是他便在第一个月推迟 3 天，在第二个月推迟 5 天，这样他总能每个月凑足 30 天来发放给养。

当奥柔斯的卡里德穆斯占据着爱俄利亚的某个城镇时，阿尔塔巴宙斯正准备向他进攻，因此他急需军饷发给士兵。起初，公民们向他贡奉资金，但后来他们声称已无钱可给了。卡里德穆斯命令那些他认为是当地最富的公民，把他们所占有的全部资金或其他有价值的财富运到另外一个地方去，并答应派人护送。十分明显，他同时也得运送自己的财富。人们遵命之后，他就护送他们出城，刚走了很少一段路，他便检查了他们的财产，掠走了所有他想要的东西，又把他们遣送回家。他还在他所统治的城邦颁布了一条法令：任何人不准在家中私藏武器，如果有人抗命不遵，便罚以一定数额的银币。之后他没有进一步采取任何行动，也没有再去关注这件事情。公民们以为他不想十分严厉地推行这条禁令，便继续把偶然得到的武器放在家里。但卡里德穆斯突然下令挨家挨户地搜查,那些在家中被查出武器的人受到了处罚。

一个名叫费罗克塞努斯的马其顿人，曾做过卡里亚的地方官。由于缺钱，他便声称，他打算欢庆狄奥尼索斯节，并 1352a
指派了卡里亚最富的商人来支付歌队的花销，还指示他们应当提供什么样的东西。当看到众人大为不快时，他便暗地派人去向他们询问，为了从公众事业中解脱出来，他们愿意交纳什么东西。他们表示，准备提供一大笔比他们预想在公共事业上的花费更多的资金，为了不再增加麻烦，不再使自己的私事受到干扰。费罗克塞努斯接受了这笔资金，又把其他公民列入为公共事业服务的名单。这样，他就从每人那里获取了所有他想要的东西。

当叙利亚人优阿塞斯做埃及的统治者时，发现地方官员正在预谋反叛他。于是他把他们召集到宫殿内，全部绞死，并下令告诉他们的亲属，说他们正被关押在监狱中。因此他们的亲属为骨肉的安全，开始同国王谈判，试图用钱把他们赎出来。优阿塞斯答应了每位亲属的要求，在收到他规定的那笔数目的资金以后，他便把尸首还给了每个人的亲属。

亚历山大里亚人克莱俄迈奈斯曾做过埃及的统治者。有一次其他各地的饥荒甚为严重，而埃及受影响不大，于是下令禁止出口谷物。地方官员声称，由于谷物不准出口，所以他们不能再交纳贡金了，因此他又取消了禁令，但把很重的税赋加在谷物上。① 结果，他以少量的谷物出口为代价，捞取了大笔的税款，同时地方官员也失去了逃税的借口。他曾经乘船路过某个地区，这里鳄鱼被视为神灵。他的一个奴隶被鳄鱼吃掉了，于是他把祭司召集起来，并告诉他们，由于受到无故的伤害，他要向这些鳄鱼进行报复，并下令捕杀它们。为了使自己的神明不受轻慢，祭司们把所有能够找到的黄金全都收集起来送给他，这样他就停止了这项行动。

亚历山大国王命令他去法柔斯附近建立一座城市，并把以前卡诺布斯周围的市场迁移过去。于是他乘船去了卡诺布斯，告诉那里的僧侣和财产占有者，他来此地是要把他们迁走。僧侣和当地居民收集了一大笔钱给了他，试图劝说他，让他们的市场确保安全。他收了钱，匆匆离去。但当他把营建城市的工作准备就绪之后，又重返卡诺布斯，向他们索要
1352b 更大的一笔款项，还声称，这笔款项对于他来说，表示在法柔斯建市场和在卡诺布斯建市场之间的不同。当他们表示不能给他这笔钱时，他就把他们全部迁走。有一次他派某个人

① 此句后面一段原文空缺。

去购置货物，并得知这个人已经获得一个好价钱，但此人试图向他索要高价。于是他便告诉此人的朋友，他听说此人出高价买了货物，因此不想做这笔生意了。还故作气恼，责骂此人的愚行。当此人的朋友们听罢这番话之后，请求他不必轻信他人对此人的攻击，等此人返回，让他自己报价就真相大白了。当此人回来后，朋友们把克莱俄迈奈斯所说的话都告诉了他。为了给朋友和克莱俄迈奈斯留下好印象，此人便把购买货物的真实价格报给了克莱俄迈奈斯。

当粮食在这个城邦中以10个德拉克玛的价格出售时，克莱俄迈奈斯把商贩们召集起来，问他们出什么价钱来和他做生意，他们排定了一个比市场价还要低的价格。但是，他却命令他们以同卖给他人一样的价格，把粮食全部卖给他，然后他又以32个德拉克玛的价格，把粮食倒卖出去。克莱俄迈奈斯还把祭司召集起来，并告诉他们，这个城邦用于寺院的花销太大，因此必须废止某些寺院，解除绝大部分祭司。祭司们以为他会真地履行这项法令，每个人都想使自己的寺院免遭厄运，都想保留自己的祭司职位，因此便纷纷以个人和集体的方式向他交纳钱财。

罗德斯岛的安提迈奈斯曾受亚历山大委任，做过巴比伦行省的公路督察官，他曾以下述方式敛聚资金。在巴比伦有一条古老的法律：任何进入境内的东西都得交纳原价的十分之一的税款，但从未有人去实施这条法律。安提迈奈斯监督着 所有被期盼着到来的政府官员和士兵，应邀前来的使节

和工匠，随同而至的其他办理私事的人们，对所有这些人携带入境的东西及大量礼品，安提迈奈斯都按既定法律，收取
1353a 十分之一的税款。有一次，他命令军营中所有拥有奴隶的人，按自己估计的价格把奴隶登记注册，他们必须每年付给他 8 个德拉克玛。如果有奴隶逃走，奴隶拥有者便可以得到同注册价一样多的赔偿。于是许多奴隶被登记，他也敛聚了一笔可观的收入。一旦有奴隶出逃，他就下令给军营所在地的地方官员，或者把奴隶捉回，或者赔偿奴隶拥有者的损失。

奥林透斯的奥菲拉斯派了一位官员奔赴阿兹里比斯行省督察政务。行省地方官员前来向他表示，他们愿意交纳大笔税款，并恳请他把刚刚委派的官员撤回。奥菲拉斯向他们询问，是否能够把许诺的款项确实交上。当他们肯定地答复以后，他便把督察官留在那里，令他收取了他们自己曾经做出估价的贡金。他并没有认识到，罢黜自己委任的官员和加收超出人们自己规定的重税是一件不光彩的事，他从他们那里掠取了一大笔资金。

雅典的皮索克勒斯向雅典人建议，城邦应当从私人手里把出自劳瑞姆矿井的铅，以 2 个德拉克玛的市场价全部买下来，然后他们自己再以 6 个德拉克玛的固定价格倒卖出去。

卡布里亚斯募征了 120 条船的壮丁为塔奥斯国王服役，但塔奥斯只需要 60 条船的人数，于是他便命令剩在后面的60条船的壮丁应给前面服役的壮丁提供两个月的给养，如

若不愿，他们自己就得服役。这些人为了免除额外的麻烦，就满足了他的要求。

按照当地的习惯，安提迈奈斯命令地方官员把皇家大道两旁的货栈装满了货物。一旦有军队或其他没有伴同国王一起来的什么人路过，他常派自己的人前去货栈，把里面的货物卖给他们。

当每月的第一天来临，克莱俄迈奈斯不得不发给士兵给 1353b
养的时候，他便有意乘船出走。当新月一过，他又乘船归来，给士兵发放给养。这样一来，到下个月的第一天为止，中间就留下一段间隔。士兵们由于刚刚收到给养，也就不再说话了。通过这种方式，克莱俄迈奈斯每年克扣士兵一个月的给养。

当缪西安人斯塔拜勒比奥斯欠了士兵的军饷，便把政府官员召集起来，告诉他们，他不再需要私人军队了，只需要官员。一旦需要时，他会发给每位官员一笔费用，让他们去招募雇佣兵，他宁肯把钱给官员，也不愿把钱给士兵，因此他命令他们每人把属于自己编制的士兵驱逐出境。官员们猜测，这或许是一次赚钱的机会，便遵命解散了士兵。没过几天，他又把官员们召集起来，并告诉他们，正像没有歌队的笛手是无用的，没有私人军队的官员也同样无用，故而他下令把他们逐出城邦。

每当第奥尼修斯巡视神庙时，他都发现有一张金制的或银制的桌子放在那里，于是他下令，把奠酒注满杯子以祝福至善的神灵，然后让人把桌子抬走。当他发现在神像群中有一位手持十分贵重的酒杯时，他便说："我接受你的信物"，让人把神像搬走。他还把神像上的金制装饰物和金制花冠剥蚀一空，声称他会给他们更轻便、更芬芳的衣着，然后用白色罩衣和白杨枝做的花冠打扮他们。

第 三 卷*

【1】 一个好的女人应该在家中主持家政，按照制定好的规则关照一切；如果她的丈夫不知道，她就不让任何人进入家中；她应该特别畏惧那些使游手好闲的女人们的灵魂堕落的流言蜚语。至于家中发生的事情，只要她自己知道就行了；但倘若由外来者造成了什么损害，则应由她的丈夫负责。她必须学会掌管丈夫所允许的用于节庆上的开支，服装、家具所使用的经费也应低于国家法令所规定的水准，并且应考虑到，无论是服装的花样翻新还是金钱的众多，都不像在任何事情上都保持节制和对高尚而有条理的生活的追求那样对一个女人的德性有所增益。事实上，每一种这样的事情都是她灵魂的装饰和升华，由于这将给她自己和她的子女带来应有的荣耀，从而对她的老年来说是更为可靠的保障。

因此在这些事情上，女人要使自己学会有条理地主持家

* 本卷现只存拉丁文译文，贝克尔没有收入他所编的《全集》中，所以也没有标准页码。本卷由李秋零据《洛布古典丛书》拉丁本文译。

政（要一个男人了解家中发生的事情，显然是不适宜的）；但是，在所有其他事情上，她应当力求服从自己的丈夫，既不打听任何公共事务，也不要打算去做某件显然与婚嫁有关的事情。即使到了为自己的子女安排婚嫁的时候，她也应该在所有事情上服从自己的丈夫，征询他的意见，一旦他有所吩咐就顺从他；她应该知道，男人在家中做些什么并不像女人打听外面的事务那样不成体统。但是，一个贤淑的妇女必须认识到，丈夫那由神确立的品格通过婚姻和命运与她连结起来，为她的生活建立了规范；如果她能够耐心地、谦恭地承受这些品格，她治理家庭就会很容易，若不然就会很困难。因此，她不仅必须在她的丈夫遇到好运和其他荣耀时与他一心一德，在他身边心甘情愿地为他服务，而且即使在他身陷逆境时也是如此。甚至在她的丈夫失去好运，或者身染疾病，或者神智昏迷时，她也应该始终好言慰藉，保持体面，不做任何卑贱的或者与她身分不相称的事情。她必须注意，如果丈夫由于神智的这种状态而对她犯了什么过错，她不应有任何抱怨，好像这事是丈夫自己做出似的，而应把这一切归咎于他的疾病、昏迷和偶然的过失。她愈是在这种情况下小心顺从，受到精心照料的丈夫一旦摆脱了厄运和疾病，对她表示的赏识也就会愈大；如果女人不顺从丈夫在状态不佳时所吩咐的事情，丈夫在病愈后对她的认识也就会更深。因此，女人必须避免这种不适当的顺从，在另一方面她也要比被买到这个家里来更谨慎得多地服侍丈夫：她确是被以昂贵的代价买来的；这就是共同生活和生育子女，再也没有比这些事情更重要、更神圣的了。此外，纵然她与一个富有的男人一起生活，她也不能同样地闻名遐迩。适度地、正当地享受好运固然绝非低下的事情，但恰恰是安贫乐道才更值得尊敬：因为处在众多不公正和痛苦之中而又不做任何卑贱的事情，需要一个坚强的灵魂。因此，女人必须祈求丈夫不要陷入厄运，但如果他真的遇上了什么不幸，她应该相信这是一个明理女人的最高荣誉，因为她应该考虑到，倘若是与一个富有的男人一起生活，那么，阿尔刻斯提斯就不能获得那么大的声望，珀涅罗珀也不能赢得如此多的荣耀；然而，阿德墨托斯和乌利西斯①的厄运使她们赢得了不朽的怀念。由于她们在逆境中对自己的丈夫保持忠诚和公正，她们当之无愧地受到诸神的尊敬。寻求幸运的共享者并不困难，但只有最好的女人才会愿意分担厄运。由于这一切，女人必须更多得多地尊敬自己的丈夫，不可为他感到羞愧，即使像赫拉克勒斯②所说的那样，勇敢精神的产物、神圣的羞怯和富强不再伴随着他。

【2】 因此，女人必须遵守这种类型的法则和风俗，但男人也可以在类似的东西中发现指导自己妻子的法则，因为

① 希腊文作 Odusseus（奥德修斯）。

② 或作 Orpheus（俄尔普斯）。

妻子是作为他的子女和他自己的生活伴侣走进他的家，并给他留下将继承他的祖先和他自己的名字的子嗣。还有什么事情比由一个最好的、最高贵的妇人所生，作为父母最好的、最纯洁的保障和整个家庭的维系者的子女更神圣、更让有健康理智的男人向往呢？因为子女在父母的正确培养下成为能笃敬地、公正地对待父母的人，这就好像是对父母的美好酬报，但是，不坚持这样做的父母就要遭受一种背弃了。如果父母不能给子女的生活树立榜样，那么，子女也就可以找到这样做的正确无误、情有可原的理由，他们将会终生担心由于自己的生活不高尚而受到子女的轻视。

因此，在教导妻子方面男人不可有任何疏忽，以便尽可能由最好的血统繁衍后代。就连农民也力求没有任何疏忽，以便在最好的、最精心地耕耘的土地上播下种子，因为他期望以这样的方式获得最大的丰收；他决心使土地不致受到任何破坏，如果发生了这样的事情，他不惜死于同敌人的战斗，这样的死将会受到极大的尊敬。但是，如果这样的执着是为了灵魂的种子播种于其上的身体的食粮，那么，为什么不把这所有的执着用于其子女的母亲和乳母呢？因为只有这样，一切不断地产生出来的凡人才分有不死，而所有的祈祷和企求都是对着祖先的神灵而发出。谁忽视了这一点，显然他也就是蔑视了神灵。男人把祭品供奉在诸神灵面前，把妻子带到家中，为了诸神灵，他在父母之外给予妻子以更大的尊敬。

但是，对一个贤惠的女人的最大尊敬就是让她看到自己的丈夫对自己保持忠诚，不与其他任何女子有更多的牵连，而是认定自己的妻子与其他所有女人相比是对自己既热爱又忠诚的。这样，妻子就会更加努力这样做了：如果她认识到自己亲爱的丈夫对自己既忠诚又公正，那么她也会对丈夫报以应有的忠诚。因此，一个聪明人既不能不知道对父母保持应有的尊敬，也不能不知道对自己的妻子和儿女保持应有的尊敬，以便使自己得到应有的东西，并成为公正的、受人敬重的。因为每一个被剥夺了自己尊严的人都会感到极度的不快，一个人在自己的东西被剥夺时即使被给予更多的原属别人的东西，他也不会乐意接受。同样，对于一个妻子来说，没有比和自己丈夫的值得尊敬的、忠诚的共同生活更重要、更切身的东西了。因此，一个具有健康理智的人不应该为了有机会在无论什么地方播下自己的种子就接近不管什么样的女人，以免由卑贱的、不适宜的女人产生出与合法子女等权的孩子，并由此使他的妻子蒙受耻辱，给他的孩子招来骂名。

【3】 因此，对所有这些事情男子都应该给予重视：他应该带着敬意、带着更多的谦虚和敬畏①接近自己的妻子；倘若她做得对，应该对她说一些亲近的话；对于他所允许的

① timor，宗教性的、尊敬的惧怕。

和赞扬的举动应表示更多的尊重和信任；应该宽恕她那些微不足道的不自觉的过失；如果她由于无知而犯了什么过错，他应该提醒她，不能毫不尊重、毫不恭敬地恫吓她；他既不应该漫不经心，也不应该严酷无情。一个淫妇与其奸夫之间的情感就是如此，而带着尊重和恭敬相亲相爱、相互敬畏，则是一个自由的女人与其丈夫之间的情感。事实上有两种敬畏：一种产生自明理的、值得赞扬的子女对父母以及守法的公民对仁慈的统治者所表现出的尊重和恭敬，另一种则产生自敌意和仇恨，就像奴隶对主人以及公民对不公正的、喜怒无常的暴君所表现出的那样。

一个男人必须从所有这一切中选出较适用的，使自己的妻子成为与自己和睦一致、对自己忠诚、与自己一心一德的，以便无论丈夫是否在场，妻子的表现始终如一：当丈夫在场时，他们仿佛都是共同事务的管理者：当丈夫不在场时，妻子应该感到再也没有人比自己的丈夫更好、更谦虚、更与自己一心一德了。她应该表现出这一点，从一开始就以共同的幸福作为自己的使命，尽管她在这些事情上是新手。如果男子能够在最大限度上统治自己，他就会成为自己全部生活的最佳管理者，并教会妻子做同样的事情。荷马决没有赞扬没有谦恭的友谊和敬畏，但他到处提倡带着谦虚和恭敬的爱，提倡像海伦对普里阿摩斯所表达的那种敬畏。海伦说："最亲爱的公爹，你对我来说是既可畏，又可敬，又可怖的"。她这样说的意思无非是说她带着敬畏和恭敬热爱自己的公爹。此外，乌利西斯也对瑙西卡说过这样的话："夫人，我非常欣赏和敬畏你"。荷马的确认为丈夫和妻子应该相互如此，他相信，如果夫妻双方都这样做，那么对双方都有好处。因为从来没有一个人会热爱一个更差劲的人，也不会欣赏她，更不会恭敬地敬畏她。这样的情感只会对更高尚、天资高的人产生，知识较贫乏的人对知识更丰富的人产生。乌利西斯就对珀涅罗珀怀有这种情感，在他离家外出期间没有犯过任何过错。但阿伽门农就由于克律塞伊斯而做了对不起自己妻子的事，他在集会上说这个没有高贵出身、甚至可说是野蛮人的女俘在妇女德性上并不比克吕泰涅斯特拉差；他如此对待那个为他生育了子女的女人是不高尚的，和另一个人的同居也是不公正的；既然他在知道这个女人会如何对待他之前很久就用暴力劫持了她，这怎么能是公正的呢？但乌利西斯却在阿特拉斯的女儿请求他与她一起生活并许诺他得到永生时，并不愿为了得到永生而出卖自己妻子的温柔、爱情和忠诚；他相信，如果他作为一个坏男人得到了永生，将会遭到最严厉的惩罚。即使是同喀耳刻，他也只是为了自己朋友们的安全才留下；他对喀耳刻说，再也没有比能够重见他的故乡更美妙的事情了，尽管这是非常艰难的；他祈求能够重见其作为凡人的妻子和儿子，更甚于祈求自己的生命；就像他坚定地保持对自己妻子的忠诚一样，他也由此而从自己的妻子那里得到了同样的东西。

【4】 显然，诗人在乌利西斯对瑙西卡所说的话中极大地赞扬了男人与其妻子通过婚姻形式的纯洁的结合。他祈求诸神赐予瑙西卡一个丈夫和一个家，赐予她所渴望的与丈夫的和谐，但不是任一种和谐，而是一种高尚的和谐。他说，对于人们来说，再也没有比丈夫和妻子志同道合地治理家庭更美好的事情了。由此又可以看出，诗人所赞扬的并不是一种几乎是恶劣的奴役性的和谐，而是以灵魂和智慧正确地结合起来的彼此和谐，因为它也意味着以这样的意志治理家庭。而这又说明，由于以这样的方式产生了爱慕，使仇者痛，亲者快，人们也就最赞成他说的话，因为他说出了真理。如果丈夫和妻子能够达到最大程度的和谐一致，他们双方的朋友就必然也能够和睦相处，这样，他们作为强者对敌人来说是可怕的，而对他们自己人来说是有益的。如果他们不能和睦相处，他们的朋友也会如此，那么，他们将会以上述方式最强烈地感到自己是弱者。

在这里，诗人明确地劝谕夫妻双方要在坏事和不道德的事情上相互抑制，同时尽可能地在道德的和正确的事情上相互支持，首先就是必须尽力关怀父母。丈夫对妻子父母的关怀不得少于对自己父母的关怀，妻子也应该同样地关怀丈夫的父母。其次，他们必须把子女、朋友、财产和整个家庭当作共同的事情来关怀，相互比赛，看谁为共同的幸福作出更大的贡献，表现得更高尚，更公正；他们应该戒绝傲慢，以一种谦让的、仁和的方式正确地治理家庭，以便能够在老年时，当他们摆脱了职责和繁重的操劳以及年轻时代偶尔出现的贪欲和享乐之后，相互之间并对子女们作出回答，看二人中谁对家庭的幸福作出的贡献更大，并且当即知道，究竟是命运造成了苦难，还是德性带来了幸福。谁在这些方面取得了胜利，谁就从诸神那里得到了极大的报酬；就像品达所说，美好的心灵和希望支配着凡人们多变的意志，其次就是幸福地被子女赡养到老年。因此，在私人和公共事务中必须对所有的神和神所赋予生命的人有一个正确的态度，尤其是对自己的妻子、儿女和父母。

修辞术

颜　一　译

* tekhne Rhetorike　据《洛布古典丛书》希腊本文，译文部分参考了《牛津古典本文》。

第 一 卷

【1】 修辞术是辩证法的对应部分，因为两者关心的对象都是人人皆能有所认识的事情，并且都不属于任何一种科学。故所有人都以某种方式运用这两者，因为所有人都会试图批评或坚持某一论证，为自己辩护或控告他人。多数人这样做，或者出于无意，或者是由于积习成性。既然两者都是可以使用的，显然可以从中理出一条头绪，因为可以研究为何有些人出于习惯而另一些人出于自发成功地运用了它们，人们公认这种研究是技术的功能。 1354a

今天，编纂修辞术的人只涉及了这种技术的一小部分，因为只有说服论证①才属于技术范围，其他则是附属的。关于作为说服论证之躯干的推理论证②他们只字未提，却大谈特谈种种题外的话。敌意、怜悯、愤怒以及灵魂诸如此类的激情其实并不切题，不过是意在影响陪审员的判断。其

① pisteis，为 pistis 的复数形式，源自动词“相信”，有“确信”、“说服”等含义。

② enthumema，或音译为“恩梯墨玛”。特指与逻辑三段论相对的修辞推论，其结论不一定必然可靠。

结果是，如果审判都像在今天的某些城邦——尤其是法制优良的城邦——那样进行，这些人就无话可说了。因为所有人或是认为应当这样制订法律，或是运用法律禁止题外的发言，就像在战神山上的审判一样，在这一点上他们是正确的。因为不应干扰陪审员，致使他们产生愤怒、嫉妒或怜悯的情感，这类情感可能会改变陪审员准备采用的尺度，从而就形成了干扰。此外，诉讼人除了证明事情如此或不如此、发生或没发生以外，显然不应再添旁论。至于事情的大或小、公正或不公正，凡是立法者没做规定的，都应由陪审员自己来裁定，用不着诉讼当事人来指教。

所以，那些制定缜密的法律最应该尽可能地对所有案例做出规定，从而尽可能少地把事情留给审判者来裁决。首
1354b 先，找到一位或少数几位具有良好实践智慧并能胜任立法和仲裁的人总比找到多人要容易；其次，立法是长时间深思熟虑的产物，而法庭判决却出自一时的抉择，因此审判者很难作出既公正又适宜的判决。所有之中尤其突出的是，立法者的判断并非基于某一特例，而是着眼于将会发生的情况，是普遍适用的；与此同时公民大会和陪审员却是对当下发生的已经确定的讼案进行裁决，其中时常夹杂着爱憎和个人利益，以致他们不再能够充分考虑事实真相，个人的快乐和痛苦给他们的判断蒙上了一层阴影。

关于其他方面，照我们所说，应该尽量少地把事情留给主审官员，他们只须断定事情已经发生或未曾发生、将会发

生或不会发生、存在或不存在，这些事情必须留给审判官员，因为立法者不可能预见它们。如此一来，就能一眼看穿添枝加叶的花言巧语，它们旨在扰乱其他所有确定的事情，比如应当如何提出诉讼和如何进行陈述，以及法庭审理的其他各种程序。他们①心中除了如何造成某种性质的判决外不考虑别的事情。他们完全没有说明修辞术范围内的说服论证，而由此一个人才能达到推理论证。

因而，尽管公民大会上的演说和法庭上的演说采用了同样的方法，并且前一种演说比局限于私人往来事务的法庭演说更加高尚和更加投合平民政治，然而他们完全没有说明前一种演说技巧，而是一无例外地追求法庭上的辩论技巧。其原因在于，在公民大会上的演说如果离题效果只会更差，故这种演说很少像法庭演说那样玩弄伎俩，因为它更有共同性。在前一种情况下，仲裁者要裁决的是自己切身的事务，所以除证明提议人所说属实外没有别的事情可做。但在法庭审判中这就不够了。这里需要赢得听众，因为法官裁决的是别人的事情，他们有自己的着眼点，依照自己高兴听取他人发言，受诉讼能手的支配，就是做不出自己的裁决。1355a
这正是我们先前所说的许多地方的法律禁止做题外发言的原因，而在公民大会上，仲裁者自身须在这方面多加小心。

显然，技术的方法同说服论证相关联，说服论证是一种

① 指编纂修辞术的人，见 1354a10—15。

证明，因为我们认定事物得到了证明之时就是我们达到最大限度的信服之时。修辞的证明就是推理论证，它在单纯的意义上可以说是最有效力的说服论证。推理论证是一种三段论，正如每一种辩证法，或者是全部或者是某一部分，就在于认识三段论推理，显然一个非常精通三段论的构成及构成方式的人将会是推理论证方面的行家里手，假如他进而知道推理论证有什么样的性质以及它与逻辑三段论有哪些区别的话。因为真实和同于真实的东西是由同一种能力来认识的，同时人类有趋于真理的自然倾向，而且在许多事情上达到了真理，因而对真理作出猜测的人也能猜测众口一辞的东西。

所以很明显，其他的修辞术编纂者并没有切中本题，他们更加偏重诉讼演讲。然而修辞术是有用的，因为真实和正义的事物在本性上胜过与它们对立的事物。所以假如法庭判决不当，原因必然在于败诉者自己，其不善言辞应是受到责备之处。此外，面对有些听众，即便我们拥有最精确的知识，也难以将其说服。因为依据科学知识的论证与教导有关，这些人却不听教导。所以必须使用通俗易懂的说服论证，就像《论题篇》① 中说当我们面对众多听众时应该采取的讲话方式一样。此外，正如在三段论推理中，应该能够从正反两方面进行说服，这并不是说我们要同时做到两方面（因为我们不能劝人相信坏的事物），而是为了不致忽视真实

① 《论题篇》，101ª30。

的情况，并且，假如其他人不正当地使用论证，我们就能予以揭穿。其他各种技术无一从正反两方面进行推理，只有辩证法和修辞术才这样做，因为两者都同样从相反的方面得出结论。当然，基本的事实并不具有同样的性质，简单说来，总是真实和良好的事物在本性上更易于推论和说服。此外，认为一个人不能用身体来帮助自己是不光彩的，不能用言辞 1355b
来帮助自己却算不上不光彩，而较之使用身体，人更经常地使用言辞，故这种看法是荒唐的。如果说一个人不正当地使用言辞的力量可以害人不浅，这一点也适用于除德性外的所有外在诸善，尤其是那些最有用的东西，如气力、健康、财富、帅权等。这些东西运用得当可以产生最大的效益，若是运用不当就会祸害无穷。

显然修辞术不限于任何一种确定的事物对象，而是和辩证法一样；而且它是有用的。它的功能不在于说服，而在于发现存在于每一事例中的说服方式。在其他所有技术中也是一样。因为医术的功能不在于造成健康，而在于达到使病人可以开始逐渐恢复健康的程度为止，即使对于最终不能重获健康的病人，也可以进行出色的治疗。由此可见，应当由同一种技术来发现真正 的和表面的说服，正如由辩证法来发现真正的和表面的三段论推理一样。因为造就智者的不是他的能力，而是他的意图。与此不同的是，修辞家既可以指他的知识也可以指他的意图。诡辩者在于他的意图，而辩证论者则不在于其意图而在于其能力。

关于修辞术的方法，让我们来说明，以什么方式和通过什么手段才能达到预定的目的。因而让我们就像重新开始规定什么是修辞术一样，来论述其余的问题。

【2】 姑且把修辞术定义为在每一事例上发现可行的说服方式的能力。其他的技术则不具备这种能力，每一种其他的技术只在自身的对象范围内才有教导和说服的功能，例如医术之于健康与疾病，几何术之于形体的偶性，算术之于数目，以及与此相类似的其余各种技术和科学。然而修辞术如所说的那样似乎能够在任何一个给定的范围内发现说服的方式。所以我们说修辞的技术不限于任何一种特殊的事物对象。

在种种说服论证中，有的不属于技术范围，有的则属于技术范围。我所说的不属于技术范围，指不是由我们提供的而是预先就存在的说服论证，例如见证、拷问、契约以及所有的这类事物；所谓属于技术范围，指的是凭借修辞方法和我们的努力可以达成的说服论证。其中一种可以现成地运用，一种则有待我们去发现。

1356a 由言辞而来的说服论证有三种形式，第一种在于演说者的品格，第二种在于使听者处于某种心境，第三种在于借助证明或表面证明的论证本身。

依靠演说者品格的演说，是指这样的演说能使听者觉得可信。因为在所有事情上我们都更多和更愿意信赖好人，在那些不精确和有疑议的地方也毫无保留地相信。但是这种相信应当由演说本身引起，而不能依靠听众对演说者的品性的预先风闻。事情并不像有些修辞术编纂者在他们的“修辞术”中所讲的那样，演说者的善良品格无补于其说服力，其实基本上可以说演说者的品格具有最重要的说服力量。至于旨在赢得听众的演说，在于通过演说引发听者的情感。因为我们在忧愁或愉快、友爱和憎恨的情况下做出的判断是不相同的，我们说这一方面的技巧正是今天的修辞术编纂者唯一涉及的事情。当我们讨论诸种情感的时候，将分别论述这些事情。至于借助论证本身说服他人的演说，是指通过关于每一事例的说服论证来证明真理或表面的真理。

既然说服论证是通过这些方式产生的，那么，一个人若想掌握这些方式，显然应该能够进行逻辑推理，能够研究人的品格与德性，以及第三种东西——各种情感，明白每一种激情是什么，有什么性质，产生于什么和产生的方式是什么。于是修辞术就像是辩证法和伦理学说的分支，后者可以被恰如其分地称作政治学。所以，修辞术也可以纳入政治学的框架。那些号称掌握了这门技术的人，要么是由于缺乏教育，要么是由于自夸，要么是由于人性的其他弱点。因为正如一开始我们所说，修辞术是辩证法的某一部分或者是同类的技术，两者都不限于任何一种确定的事物对象，也不是一门专门的科学，实际的情况是，它们都是提出论证的某种能力。关于它们的这种能力，它们与其他技术或科学的关系，这些论述已经很充分了。

关于证明或表面的证明的方式，就像在辩证法中既采用
1356b 归纳法又采用演绎法或表面的三段论一样，修辞术也同样如此。因为例证就是一种归纳，推理论证是一种三段论，表面的推理论证是一种表面的三段论。从而我们把推理论证称为修辞演绎，把例证称为修辞归纳法。所有的演说者都通过使用例证或推理论证得到证明来进行说服论证，此外不用别的方法。由此可知，如果一般而言必须采用三段论推理或归纳法来证明任一事情(在《分析篇》中①我们已经讲清楚了)，那么前两者必然等同于后两者。例证和推理论证的差别是什么，从《论题篇》中②便可明白，在那里我们曾经讨论了三段论和归纳法，指出根据众多同类事物的证明在辩证法中称为归纳法，在修辞术中则称为例证法。给定了某些条件，从这些条件中推出另外某一结论与它们并列，普遍地或经常地，这在辩证法中被称为三段论，而在修辞术中被称为推理论证。

明显地，修辞的形式具有每一种长处，就像在《论方法》③ 中说过的一样，此处也同样适用。因为修辞演说有时采用例证，有时采用推理论证，从而修辞演说者分为擅长例证的一类和擅长推理论证的一类。依据事例的论证并非缺乏

① 《前分析篇》，第二卷，【23】；《后分析篇》，第一卷，【1】。

② 《论题篇》，第一卷，【12】。

③ 据第欧根尼·拉尔修等人记载，亚里士多德曾著有此书，但没有留传下来。

说服力，但是依据推理的论证更受人们欢迎。后面我们说明它们的原因以及应当如何运用每一种论证，此处且让我们更清楚地规定这两种论证自身。

既然说服是对某人的说服，说服力或者是直接凭借自身，或者是由于显得为诸如此类的事实所证明。而且，没有一种技术着眼于个别的事物，例如医术不研究健康对苏格拉底或卡里亚斯是什么，而是研究健康对这一类人或那一类人是什么；这才属于技术范围，而个别的事物是无限的，并且不能作为知识的对象。修辞术也不研究针对个别情况的可行办法，比如针对苏格拉底或西比阿斯，而要研究这一类人的情况，辩证法也是这样。辩证法的推理不基于偶发的事实（就是神智不健全者也能浮想），而是从所需的论证中推出结论，修辞术则从已经是约定俗成的东西中得出结论。

修辞术的功能在于研究我们有意研究却又缺乏这方面的技术的事物，或者针对有些听众不能总览演说论证的众多步骤或不能领会复杂的推理过程的情况。我们有意讨论的是显出两种可能的事物，至于那些在过去、现在和将来都不能有另一种可能的事物，没有任何明知如此的人愿意拿来讨论，因为在这上面没什么好多说的。也可以根据先前已有的推论进行推理或得出结论，也可以根据那些没经过推论但需要推论的没有得到公认的前提。这两种推理中一种由于繁长难于为人领会（设定评判者是头脑单纯的人），另一种则没有什么说服力，因为其前提没有得到一致的同意和公认。必然的结果是，推理论证和例证所涉及的事物在多数情况下可以有另一种状态，例证是一种归纳，而推理论证是一种来自少数的前提的三段论，往往少于原初的三段论的前提，因为倘若某一前提是众所周知的，就无须提及，听者自己会把它添加上去。例如，要证明多里尤斯在一场以桂冠为奖品的竞赛中是胜利者，只须言及他在奥林匹亚赛会上获胜就足够了，而不必赘言奥林匹亚赛会的奖品是桂冠，因为这一点人皆尽知。

修辞三段论的前提很少是必然的，因为要判断和考察的事物都可以有另一种状态。人们行为、意愿和筹谋的对象就是这类事物，行为的一切对象都属于这一种类，绝没有可以说是出于必然的东西。不过，经常可能发生的事物可以根据另一些同类的事物被推知，必然的事物则根据必然的事物（在《分析篇》中①我们论述过这一点）。很明显，推理论证所依据的事物有一些是必然的，但大多数只是经常发生的。推理论证根据的是或然的事物和表征，二者分别与推理论证的每一种形式相契合。或然的事物是指经常会发生之事，但并非如有些人所说的是在绝对的意义上，而是允许有另一种可能的事物，这样的事物对于那些它们相对其而成为
1357b 或然事物的事物，就同普遍的事物与各部分事物的关系一样。至于种种表征，有一些是作为个别事物与普遍的关系，

① 见《前分析篇》，第一卷，【8】。

有一些作为普遍事物与个别部分的关系。必然的表证又称肯定的证据或证明，非必然的表证则没有一个可区别的名称。我所说的必然的表证可作三段论由之产生的根据，这类表证由此被称为肯定的证据或证明。因为当人们觉得他们所说的无懈可击的时候，就认为自己提出了一个肯定的证据①或证明，作为已经证明完结了的东西。在古时的语言中，tekmar 和 peras 是同一个词②。

作为个别事物与普遍的关系的表证，可举例如下：假如有人想说所有有智慧的人都是公正的，便以苏格拉底既有智慧又公正作为一个表证。尽管这是一个表证，但即使所说事实为真，它也不是一个三段论推理。另外一种表证例如，假若有人想说一个人在生病，其表证是他在发烧，或者说一位妇女生了小孩，因为她有奶水；这便是必然的表证。只有这种表证才是肯定或确实的表证，因为只有在这种情况下，事实为真其推论就无懈可击。还有一些表证作为普遍事物与个别部分的关系，比如有人说一个人在发烧，其表证是他呼吸急促。但是这不足为凭，即使事实为真，也可以既呼吸急促又没有发烧。

我们已经论述过了，什么是或然的事物，什么是表证和肯定的证据或证明，以及两者间的区别。先前曾经更清楚地

---

① tekmerion。

② tekmar 与 tekmerion 词源相同，意思也相近，peras 则指事物的界限或端点。

说明过①，由于什么缘故一些不属于三段论推理而另一些属于三段论推理。

我们曾经说过，例证是一种归纳，并说明了例证所归纳的对象事物具有什么样的性质。它既不作为部分对于整体的关系，也不作为整体对部分的关系或整体对整体的关系，而是作为部分对于部分、同类对于同类的关系。这种情况下两者都源于同一个种，但一者比另一者更加为人所知，这便是例证。例如要证明狄奥尼修斯要求配备一支卫队是图谋成为一位暴君，就可以指出，从前庇西斯特拉图曾要求有一支卫队，到手之后便成了一名暴君，麦加拉的忒阿根尼斯也是一样。在人们不知道他这样做有什么企图的情况下，其他所有已知的暴君都可以用来作为狄奥尼修斯的例证。所有这些例证都来自于一个普遍的根据，即要求配备一支卫队的人意在成为暴君。

1358a 关于人们认为有证明作用的说服论证所根据的事实材料，我们已经作了阐明。但是几乎所有人都没有注意到在推理论证中存在的巨大差别，尽管它也存在于三段论的辩证方法之中。有一些推理论证属于修辞艺术，就像三段论中有一定的辩证方法，另有一些推理论证属于别的艺术或能力，有的业已存在，有的则还没有合适的名称。所以人们忽视了这些，……②人们研究得过于细致，反而产生了混淆。但是

① 《前分析篇》，第二卷，【27】。

② 原文据认为有缺漏。

通过更进一步的论述，所说的这些就会变得清楚起来。

我所说的辩证法和修辞术的三段论是指它们与某些主题有关，这些共同的主题包括公正理论、物理学、政治学以及诸多不同属类的学科。对这些主题的侧重不同，可以使三段论或推理论证正好适合于公正理论、物理学或诸如此类的学科，这些学科当然在属类上彼此相异。不过，各种专门的主题又根据每一属或种的科学所特有的命题，例如，关于物理学的命题不能用来构成伦理学的推理论证或三段论，而伦理学的命题也不能用作物理学的立论基础，在所有学科中情况都是一样。前一类共同的主题不能使人获得有关每一种学科的实践智慧，因为它们不涉及每一种学科的对象事物；但是对于后一类专门的主题，一个人越是擅长选择命题，就越是在不知不觉中造成了不同于辩证法和修辞术的另一种知识或科学。因为假如他找到了本原，就不必再理会辩证法和修辞术了，而是有了一种可以探得本原的科学。大多数推理论证根据的是这些属类的所谓部分的专门的题材，相形之下很少根据共同的题材。正如在《论题篇》中所说的一样①，此处我们也应区分各种推理论证的属类和它们所根据的主题。所谓属类，我指的是有关个别的种的特殊命题，主题则是一切命题共同关涉的东西。在讨论推理论证的属类之前，让我们首先来确定修辞演说的种类，确定了它们的数目后，我们就

① 实际上见于《辩谬篇》，【9】，但《辩谬篇》可以当作是《论题篇》的结束部分。

可以单独研究各种元素或命题。

【3】 修辞演说分为三种，因为有三类不同的听众。演说由三种成分组成：演说者、演说的题目和演说针对的对
1358b 象，最后一种成分我指的就是听众，是演说的目的所在。听众必然是观察者或评判者，评判过去发生和将会发生的事情。例如，公民大会上的审议者须对将要发生的事情作出判断，法官则须对过去发生的事作出判决，观察者则须对演讲人的能力作出评判。由此可知，必然有三种不同的修辞演说：议事演说、法庭演说和展示性①演说。

议事演说意在劝说或劝阻，私人场合的劝告者或在公众场合的平民领袖都使用其中某一种方式。法庭演说或是控告或是辩护，因为诉讼当事人必须做其中某一种事情。展示性演说或是赞颂或是谴责。

以上每一种演说对应于不同的时间。议事演说涉及未来的事情，因为演说者无论意在劝说还是劝阻，都围绕将会出现的结果；法庭演说涉及过去发生的事情，因为总是围绕已经做过的事情一些人控告而另一些人辩护；展示性演说最主要涉及当下的事情，因为所有的赞颂或谴责都是针对业已存在的人或事，虽然演说者也时常附带采用回忆过去或预见将来的做法。

---

① epideiktikon，来自动词 epideiknumi，意为“指明”、“展示”。

每一种演说的目的各不相同，三种演说有三种相应的目的。议事演说的目的在于阐明议事提案的利或弊，劝说者力陈提议的益处，劝阻者则力陈提议的害处，所有其他问题如公正与不公正、高尚与丑恶，都不过是附带牵涉到而已。法庭演说的目的在于公正或不公正，所有其他的问题只是附带牵涉到的。展示性演说的目的在于高尚或丑恶，同时也牵涉其他一些问题。我所说的每一种目的有一个证明，即有时候演说者顾不上在别的问题上争论。例如，被告人不会说没做某事或没造成伤害，但绝不会承认其行为不公正，否则就用不着对他进行审判了。同样，发表议事演说的人尽管时常在其他方面做些让步，但绝不会承认自己赞成的提议没有益处，或者自己正在劝阻人们采纳某一有益的提议；但是对于奴役无辜的邻人是否不公正的问题，他们往往不予理睬。同样，那些赞颂或谴责他人的人不会考虑一个人的行为是有益还是有害，他们往往树立一些榜样，称颂其不顾自身的利益 1359a
做出了高尚的事情。例如，他们赞颂阿基里斯，因为他明知自己必死无疑，还是挺身帮助其同伴帕特里克洛，尽管袖手旁观即可存活。对他来说死亡是一件更加高尚的事情，生存则是一件有益的事情。

从以上论述中可以明白，演说者必须掌握有关方面的命题。肯定的证据或证明、或然性和表征构成演说的命题。一般而言，三段论由命题构成，而推理论证则是上述命题构成的三段论。既然不能在过去或将来做不可能的事情，而只能做可能的事情，而且未曾发生和将来也不会发生的事情绝不会是已经做过或将来要做的事情，那么议事演说者、法庭演说者和展示性演说者必须掌握有关可能与不可能的命题，弄清楚事情已经发生还是未曾发生、将会发生或不会发生。此外，所有演说者无论是赞扬或谴责、劝说或劝阻、控告或辩护，都不仅要努力证明其所说，而且要试图指明这些好或坏、高尚或丑恶、公正或不公正的事情是重大还是微末，无论是就其自身而言还是与别的事物相参照；那么，很明显，我们必须掌握有关重大与微末以及更重大和更微末的命题，无论是普遍的还是个别的；例如，什么是更大或更小的善，什么是更公正或更不公正的行为，可以以此类推其他的事情。

关于演说者必须掌握的命题所围绕的主题，我们已经作了说明。此后，我们要单独区分每一种主题，即，议事演说和展示性演说的主题，以及法庭演说所围绕的第三种主题。

【4】 我们必须首先确定议事演说者为之游说的是什么样的善事或恶事，因为他们不能在所有的事情上这样做，而只能针对那些可以发生或不发生的事情。那些出于必然的已经存在或将会存在的事情，以及不可能存在或发生的事情，不属于计议的范围。甚至对于可能的事情也不是全部加以计议，因为可能发生或不发生的事情之中有一些本性上是善事，有一些通过机遇才成为善事，对于它们进行计议是徒劳

无益的。显而易见，计议的范围只限于那些我们对之有商议余地的事物。这类事情是自然而然地提交给我们的，其生成的本原在我们这里。我们在心中反复惦量，直到发现我们能 1359b
够或不能够做出这些事情为止。

对于人们习惯讨论的话题，此处我们还不必试图精确列举其数目和区分其属类，或者尽可能地对它们作出如实的规定。因为这不属于修辞术范围，而属于更为明智和更真确的科学，而且，修辞术已经附加了许多超过其特定研究范围的对象。我们先前碰巧说过的是正确的，修辞术是分析科学和伦理方面的政治学的结合，所以它部分像辩证法部分像通情达理的论证。但是一个人越是不把辩证法和修辞术当作如其本身所能是的某种能力，而要当作科学来追求，就越是摧毁了它们的本性，因为这样做就改变了它们的性质，侵犯了有特定事物对象而不是仅仅研究言辞的科学。尽管如此，我们在这里还是要提及那些有实际效用的事物，但进一步的考察则留给政治科学。

所有人计议的和议事演说者所游说的最重要的事情大致上有五种，它们是：赋税的征收、战争与和平、疆土的防卫、进口与出口，以及立法方面的事务。

想要就赋税的征收问题做议事演说的人应当知道该城邦的财政收入有哪些项目，数量是多少，以便发现有某项漏交就补收，有某项不足便予以增补。他还须了解城邦的所有开支，纯属浪费的要予以废止，过多的要予以削减。因为致富的途径不仅在于增加已有的财富，而且也在于减少其开支。要想遍览这些问题，就不能只限于私下的经验，为了在这些问题上进行游说，一个人必须熟知在其他地方发现的种种办法。

关于战争与和平，演说者必须熟知城邦的军事力量，知道它已经是什么情况和将会变成什么情况，以及它是什么性质和将会增加什么性质；还有，它已经进行过哪些战争，是如何进行的。在这些方面，他不仅要对本邦的情况熟谙在胸，而且必须明察其他城邦的情况，尤其是那些被认为有可能与本邦作战的城邦，从而才能对那些更强大的邻邦持媾和态度，对较弱的城邦持主战态度。他还应该知道本邦与外邦的军事力量性质相同还是不相同，因为从中也可分出高低来。不论是本邦进行的战争，还是其他城邦间的战争，他都应研究这些事情的始末，因为相似的条件自然会产生相似的结果。

至于疆土的防卫，演说者不能忽视具体的保卫情况，他必须了解防卫的实力和形式，以及要塞的地势（不熟悉城邦地理的人不可能了解这一点），如果防卫力量薄弱，对于军事要冲则须格外警惕。

关于粮食问题，演说者必须了解，多大量的开支足以维持城邦的生存，邦内自己生产或进口哪种粮食，哪些出口和进口是必需的，从而才能知道应同有关地方签订什么样的契约与合同。他必须清楚，有两种城邦不能冒犯：比本邦强大的城邦和在贸易往来中有益于本邦的城邦。

为了城邦的安全，他不得不考虑以上所有问题，但是立法方面的考虑却是刻不容缓的，因为法律是城邦的安全保障。所以演说者必须知道有多少种政体形式，哪一种政体适用于哪一种城邦，它们是因为什么自然的缘故——政体自身固有的因素和与政体相对立的因素——被毁灭的。所谓被自身固有的因素毁灭，我指的是除最优秀的政体外，其他所有的政体都是由于张弛失度而覆灭的。例如平民政体不仅在过于松弛的情况下，而且也在过于严酷的情况下削弱了自身的力量，最终转入寡头政体；好比钩鼻和塌鼻失去其特征，不仅因为程度太轻，而且也因为过于弯曲或塌陷以至到了看起来不再像鼻子的程度。

在立法方面，为了知道哪一种政体适合于本邦，不仅研究过去的情况会有所帮助，而且了解其他城邦的政体也是有益的，以此明白哪一种政体与哪一种城邦相适宜。因而，旅行札记很明显对立法有用，因为它们有助于我们了解其他民族的法律。研究人类行为的历史著作对于了解政治上的各种见解也有补益。不过所有这些都是政治学而不是修辞学范围内的事情。

上述这些就是要想成为议事演说者的人须掌握的最重要的情况。现在让我们重新来阐述，在这些问题上以及其他一 1360b
些问题上进行劝说或劝阻时，应该依据什么前提。

【5】 几乎每一个人和所有的社会共同体都有某种目标，为达到这一目标人们有所选择或有所回避。这个目标简单说来就是幸福及其组成部分。让我们通过证明来确定什么是单纯意义上的幸福，幸福由什么部分组成。因为所有进行劝说或劝阻的人都会涉及幸福，涉及有助于增进幸福的事物和有悖于幸福的事物。因为人们应做的是构建幸福及其组成部分，努力增多而不是减少它，并且不能做损害、阻碍和有悖于幸福的事情。

让我们把幸福规定为具备德性的优良行为；或者是自足的生活；或者是有安全保障的最快乐的生活；或者是有充足的财产和可供使唤的下人，并且有能力保护和使用它们；因为几乎所有人都同意这些事情中的一项或多项就是幸福。如果幸福就是这样，它的组成部分必须如下：出身高贵、朋友众多、挚友、财富、爱子、多子多女、舒心的晚年；还有身体方面的德性，比如：健康、健美、力量、体形、竞技能力、名声、荣誉、好运和德性。因为一个人一旦自己拥有了内在和外在的诸善，就最大限度地实现了自足，因为在此之外便无须他物。内在自身的诸善一是灵魂方面的善，一是在身体之中的善；外在诸善是指高贵的出身、朋友、钱财和荣誉。此外我们认为还应添上种种能力和机会，因为如此生活才有最可靠的保障。现在，让我们以同样的方式逐一说明它们中每一种是什么。

高贵的出身对于一个民族或城邦是指土生土长和古老的血统、其最初的首领声名显赫，其后裔中很多人由于拥有为人羡慕的事物也是遐迩闻名。对于个人来说，高贵的出身来自父亲或母亲一方，纯正的血统则来自父母双方，就同城邦的出身一样，它意指其祖先因为德性、财富或其他代表荣耀的事物而著名，这一族的后裔中也有众多出名之人，无论是男是女、是老是少。

爱子和多子多女十分清楚，对社会共同体而言，这指的是有众多的善良青年，拥有符合身体方面的德性的诸善，1361a 例如体形、健美、力量、竞技能力；在灵魂方面青年人的德性是节制和勇敢。对个人而言，爱子和多子多女是指拥有众多的这样的亲生子女，男孩或女孩。女子在身体方面的德性是美丽和高大，她们灵魂方面的德性应当是节制、勤劳和不失自由人的身分。个人和社会共同体应该同样致力于使男子和妇女都具有上述每一种特点。因为像斯巴达那样的城邦，妇女的情况很糟，几乎是导致了一半的城邦不幸福。

财富的部分在于拥有充足的钱币、土地和财物，以及拥有可动的牧群和奴隶，它们以数量充足、外形高大而漂亮令人瞩目，所有这一切都是安全的、自由的和有用的。收益性的财富更加有用，而有助于消闲的财富更加自由。所谓收益性的财富，我指的是可以带来收入的东西，消闲性的财富指的是不能带来什么实用的东西，至少没有值得一提的用处。

安全的含义是在这样的情况下拥有财产，对财产的使用取决于拥有者自己，是否出让财产也是拥有者本人的固有权利；我所说的出让是指赠送或出卖。总而言之，财富在于使用更甚于拥有，因为这些事物的使用和实现就是财富。

良好的名声在于被所有人认为是善良的，或者是具有为大多数人或善良的人或有实践智慧的人一致追求的这类品质。

荣誉是一个人有操持善行的名声的标志，那些实施了善行的人，而不是那些有能力实施善行的人，公正地得到了最大的荣誉。操持善行或者是为了保存，或者可以归结为生存方面的所有原因，或者可以归结为财富、或者归结为其他某一种善事，这种善事一般说来或在那种情况下或那种时候不容易获得；因为很多人都是在那种看起来微不足道的事情上获得荣誉的，但是有些是归因于地点，有些是归因于时间。荣誉的组成部分还在于牺牲、文章和诗歌中的追忆、特权、领地、公共典礼上的前排座位、隆葬、高位、公费抚养、野蛮人中的降服和顺从，以及每一个民族或城邦用来表示荣誉的赐礼。一份赐礼既是一份赠产又是荣誉的标志。所以热爱
1361b 金钱与热爱荣誉的人都要追求赐礼，得到了它们就可以双双满足他们的欲求，因为前一种人追求的是财产，后一种人追求的是荣誉。

身体方面的德性是健康，即能够使我们的身体免受疾病

侵染的状态。很多人有着据说赫罗狄科斯[①]曾有过的那种健康，但没有人会因这种健康而幸福，因为人的全部或绝大部分正常生活都被剥夺了。

健美因年龄不同而不同。青年人的健美在于拥有能承受种种劳累的身体，无论是奔跑还是角力，看起来令人感到愉快和欣慰。所以从事五项全能的运动员最为健美，因为他们自然地具有力量和速度的结合。一个人达到了鼎盛年龄，健美在于承受战争的劳累，此时看上去令人既愉快又有几分敬畏。对老年人来说，健美在于从容地承受各种必不可少的劳累，并且完全不因衰颓而感到痛苦。

力量在于按自己的意愿运动他人的能力，为了运动他人就必须拉、推、举、握、抓，所以强壮者之为强壮，就在于他能做到全部或某一些这类事情。

体形的优美指的是在高度、厚度和宽度上超过常人，其程度应以不至因过于庞大造成运动迟缓为限。

擅长竞技的身体产生于体形、力量和速度，因为快速就是强壮。能够以某种方式迈腿，大踏步快速移动的人就是一名出色的赛跑手；能够抓和摔的人就是一名出色的摔跤手；能够一拳击开对方的人就是一名出色的拳击手；能够同时做到前两个方面的人就是一名出色的摔跤拳击手；能够做到所

① 赫罗狄科斯（Herodikos），公元前5世纪塞涅布里亚的一位宣讲运动医学的医生，据说他让他的病人徒步往返雅典与麦加拉之间的路程，约100公里左右。

有这些事情的人适于从事五项全能运动。

舒心的晚年是缓慢地、没有痛苦地走向衰老，因为那些迅速衰老或者虽然衰老得不明显却伴随着痛苦的人都与舒心的晚年无缘。它来自身体方面的德性和机运，因为只要一个人不是无病无灾、身体强壮，他就不能免受痛苦折磨，如果命运多舛，就不可能安然长寿。除了力气和健康以外，幸福还需要某一种能力，因为许多幸福长寿者并不具有身体方面的优势。但是仔细研究这些问题对我们目前的讨论没有什么用处。

朋友众多和挚友从朋友的定义中就不难明白，朋友是做他认为对另一个人有好处的事情的人。他做这些事是为了另一个人。一个人在许多人眼里是这样的人，他就有了众多的朋友，如果他们是善良之人，他就有了挚友。

好运在于获得和拥有或者是全部，或者是大部分，或者
1362a 是最重要部分的诸善，而机遇是它们的契因。以机遇为契因的事物中，有些是技术的对象，有一些则与技术无关，例如缘于自然的事物（尽管也允许有偏离自然的事物存在），因为技术是健康的原因，而自然是健美和体形的原因。总而言之，缘自机运的诸善是引起人们忌妒的事物。机运还是那些情理之外的诸善的原因，例如一个人的其他兄弟都相貌丑陋，唯独他自己却十分俊秀；其他人都没能发现宝藏，唯有他发现了；飞来的箭射中了刚好站在旁边的人却没射中他；一个经常去某个地方的人唯有一次没去，而一些第一次去这

个地方的人便遭到了灭顶之灾。所有这种事情看来就是好运的范例。

德性差不多是进行赞颂的人最本己的主题，让我们等到讨论赞颂的时候再来规定德性。

【6】 我们已经清楚了，什么将会发生或业已存在的事情应当成为劝说者的目标，以及什么事情应成为劝阻者的目标，因为它们正好与前一种事情相反。议事演说者面前的目标是有利，人们进行审议时考虑的不是目的而是达到目的的手段，而这些手段对我们的行为来说应是有利的；而且，有利的事物是善的事物，所以我们应当讨论，在单纯的意义上有利的事物和善的事物可能有些什么成分。

姑且假定，善的事物是为了自身的原因而被选取的事物；或者是人们为了它才选取另外的事物；或者是所有事物或所有具有感觉或理智的事物所为的目的；或者是获得了理智的事物所追求的目的。凡是理智分配给每个人的东西和凡是理智在每种情况下分配给每一个人的东西对每个人来说都是善的东西。还有以下一些善的事物：它的存在能使一个人感到舒适和自足的事物；自足自立；能造成和保持这类事物的事物；为这类事物所追随的事物；有能力阻止或摧毁与这类事物相对立的事物的事物。

事物的相随有两种方式：同时和后于。例如知识后于学习，而生命与健康同时。造成某物有三种方式，一如健康的体质造成健康，一如食物造成健康，一如锻炼造成健康——在多数时候如此。设定了这些就必然可知，获得善的事物和摆脱恶的事物都是善事，因为除去恶的同时，或者是获得善之后就有善的事物相随出现。并且，我们宁可求取较大的善以代替较小的善，宁可求取较小的恶以代替较大的
1362b 恶；这些都是善事，因为根据较大者超过较小者的程度，就会产生一方面的获得和另一方面的失去。种种德性必然是善的事物，因为人们具备了德性才能处境优裕，它们还有能力造成和实践诸善。但是应当分别阐述每一种德性，阐明其是什么，有什么性质。快乐也是善的事物，因为一切生物天生都追求快乐。由此可见，种种快乐和美好的事物必然是善的事物，因为前一种事物可以造成快乐，而美的事物之中有的是快乐的事物，有的是就其自身为人乐于选取的事物。

逐一述说的话，诸种善的事物就有以下这些：幸福，因为它是就其自身而为人选取的自满自足的事物，为了它我们才选择种种别的事物；公正、勇敢、节制、大度、大方以及其他这类品质，因为它们是灵魂的各种德性；健康、美丽和诸如此类的事物，因为它们是身体方面的德性并且能造成许多好的结果，例如健康造成快乐和生活，因此被认为是最宝贵的东西，它是大多数人最为崇尚的两样事情——快乐和生活——的契机；财富，因为它是获取方面的德性，也可以造成许多好的结果；朋友和友谊，因为朋友是就其自身为人选

取的，并且可以造成许多好的结果；荣誉和名声，因为它们令人愉快并可以造成许多好的结果，而且常常与它们相随的是人们崇尚的事物；讲话的能力和做事的能力，所有这些能力都可以造成善的事物；又如，天资聪颖、记忆力强、好学、敏捷以及所有诸如此类的禀赋，因为这类能力均可以造成善的事物；同样，一切科学、艺术、甚至是生活也都是这样，因为即使不造成其他善的事物，它们也是就其自身为人选取的；还有公正，因为它对社会共同体有利。

上述这些基本上都被公认为善的事物，在有争议的地方，可以这样推断，其反面为恶者是善的事物，其反面对仇敌有利的也是善的事物，例如，如果我们的怯懦对敌人尤其有利，那么勇敢显然就是公民最有益的品质。一般而论，凡是敌人愿望或感到欣喜的东西，其反面似乎就是有益的事物，所以诗人说得好：

普里阿摩斯一定会感到欣喜①，

这倒不是一成不变的法则，只不过是经常如此。因为没有什么东西会妨碍同一事物同时对敌对双方有利，由此俗话说祸事能够把人们团结到一起——当同一件事对双方都有害的时 1363a
候。

不超出限度的事物是善的事物，大于其原本应有的限度的事物是恶的事物，凡是为之付出了几多劳累和钱财的事物

① 荷马：《伊利亚特》，i，255。

都是善的事物，因为它立刻就显出善的一面来；这样的事物被认为是目的，是众多事物的目的，而目的即是善的事物。因此诗中说道：

他们会把（海伦留给特洛伊人）和
普里阿摩斯去夸耀①，

又：

拖了这么久是可耻的②，

还有一句谚语："在门口摔破了水罐。"

还有为大多数人追求的和明显为人竞求的事物，因为所有人追求的事物即是善的事物，而"大多数人"显得与"所有人"相差无几。受到称颂之事也是好事，因为没有人称颂不好的事情。敌人所称颂的事情也是好事，因为这就好比人人都一致承认了一样；假如连遭受过恶劣待遇的人也承认其为好事，这是由于它们是明白无误的好事。正如朋友谴责，而敌人不谴责的人是平庸无能之辈一样。所以科林斯人感到被西蒙尼德斯侮辱了，因为他在诗中写道：

伊利翁并没有非难科林斯人，

还有任何一位精明或善良的人，男子或妇女，所选中的事物，例如雅典娜选中奥德修斯，忒修斯选中海伦，女神们选中阿勒克桑德罗，荷马选中阿基里斯。

① 荷马：《伊利亚特》，ii，160。
② 同上书，ii，298。

善的事物又如：一般意义上为人有意选择的事物，人们有意去做以上所说的这类事情，和对敌人为恶而对朋友为善的事物，力所能及的事情；后一种情况分为两种：可能做到的事情和容易做到的事情；容易做到的事情是指不费劳苦和很少花时间就可以做到的事情，因为困难的定义就在于劳苦和大量的时间。又，只要能够符合人们意愿的事情，人们意愿的或者完全不是恶事，或者至少善多于恶，若是判罚不为人瞩目或者十分轻微就可以做到善多于恶这一点。又，那些特殊的事物，或者是再没有人拥有，或者是绝无仅有的事物；因为这样就更加荣耀。又，与人相称的事情，这类事情与人的出身和能力相配。又，人们认为自己缺少的事物，尽管它们可能是些琐屑之事，也丝毫不减人们去做这些事情的意图。又，那些容易实现的事情，因为作为容易的事情它们也是力所能及的事情，所有人或大多数人或才能平平或不及他人之人均可顺利完成这类事情。又，令朋友喜悦令仇敌嫉恨的事物。又，那些令人惊奇的跃跃欲试的事物。又，那些投合人的天资或经验的事情，人们认为更有把握做到它们。又，平庸无能之人无一能够做到的事情，因为这些事毋宁是受到称赞之事。又，人们正巧欲望的事情，因为这类事情不仅令人快乐而且显得更为优越。又，每一个人格外向往的事物，例如胜利之于热中胜利的人，荣誉之于热中荣誉的人，金钱之于热中金钱的人，并且以此可以类推其他。以上这些事情就应是我们讨论善的事物和有利的事物时建立说服论证的来源或根据。

【7】 既然人们经常承认某两件事情都是有利的，但谈及哪一件更有利时，则往往争论不休，那么，接下来或许我们应当讨论关于更大的善和更加有利的问题。姑且认为，一事物等于另一事物再加上一些余量，它就超出了另一事物；当一事物存在于另一事物之中时，它就小于另一事物。“更大”和“更多”总是相对于不及而言，大和小、多和少总是相对通常的大小而言。“大”即是超出，“小”即是不及，“多”和“少”也同样如此。既然我们所说的善的事物不是由于其他原因而是由于其自身而为人选取的事物，或者是为一切人追求的事物，或者是一切获得了理智和明智的人所选择的事物，或者是能够造成和保存善的事物或这类事物所跟随的事物；并且，既然事物的何所为就是其目的，而目的即是其他事物所为的东西，对一个人为善的事物能对他显出所有上述属性；那么，必然较多的善比单一的或较少的善是更大的善，如果单一和较小的善与更大的善可以一并计数的话；因为后者在数目上超出，而存在于其他事物之中就必然被超出。

如果一类事物中的最大者超出另一类事物的最大者，那么此类事物就超出另一类事物；而且凡是一类事物超出另一类事物，此类事物中的最大者就会超出另一类事物的最大者。比如，要是最大的男子比最大的妇女更大，一般说来，男子就会大于妇女；要是一般说来男子大于妇女，最大的男子就会大于最大的妇女。因为种类的超出与种类中的最大事物的超出有类比关系。一事物跟随另一事物，但另一事物并不跟随此事物，那么另一事物就是更大的善，因为对另一事物的利用就包含了对与其相随的事物的利用。跟随或者是同时，或者是相继，或者是潜在地；比如生命同时跟随健康（但后者并不跟随前者），知识后继于学习，欺诈潜在地跟随渎神，因为渎神之人就可能是欺诈之人。以更大的量超出同一事物的事物是更大的善事，因为它们超过了比同一事物大的事物。而且，能造成更大的善的事物是更大的善事，因为这就是能造成更大事物的事物。同样，产生于更大事物的事物是更大的善事，因为假若造成健康的事物比造成快乐的事物是更大的善，那么健康较之快乐就是更大的善。就其自身而为人更愿选取的事物比不是就其自身被选取的事物是更大的善，例如力量较之健康是更大的善，因为一者不是就其自身而为人选取，一者是就其自身为人选取，而善的事物正是这样。目的比不是目的的东西更善，因为一者为了别的事物，一者为了自身；例如，锻炼是为了身体强健。不大需要附加另一或另一些事物的事物是更大的善，因为它更加自足，“不大需要”指的是需要附加的事物很少或很容易。当一事物离开了另一事物就不存在或不可能生成时，另一事物则可以离开此事物，那么不需要其他事物者就是更加自足的事物，因此显得是更大的善事。

又如，是本原的事物比不是本原的事物更善，是原因的事物比不是原因的事物更善，其道理完全相同；因为没有原因和本原事物就不可能存在或生成。在有两种本原的情况下，来自更大本原的事物是更大的善事；有两种原因时，来自更大原因的事物是更大的善事。反之，有两种本原和原因时，更大的善事的本原和原因更大。从以上所说可以清楚，事物可从两方面显得更大：假若它是本原而另一事物不是，它就显得更大；假若它不是本原而另一事物是本原，因为目的或结果是更大的东西但不是本原。所以勒奥达马斯在控告卡利斯特拉托时说，出谋划策之人比干事之人更加有罪，因为倘若没有人出主意，也就不会有人去那样做。相反，在控告查布里亚斯时他说，干事之人比出谋划策之人更加有罪，因为假使无人去做，事情就不可能变成现实，而出谋划策正是为了有人去付诸实现。

较为稀少的东西比数量充足的东西更善，例如金之于铁，尽管它用处较小，但由于更难获得，所以就有更大的价值。从另一种意义上说，数量充足的东西比较为稀少的东西更善，它们的用处超过后者，因为经常使用超过很少使用。因此诗中云：

水最宝贵①。

又如，一般说来更困难的事情比更容易的事情更善，因为它

① 品达（Pindaros，公元前522—前442年）：《奥林匹亚颂》，i，1。

更加稀少。另一种意义上，更容易的事情比更困难的事情更善，因为人们更可以任意支配它们。又，其反面为更大的事，其缺乏为更大的事都是更大的事。又，德性比非德性、邪恶比非邪恶更大，因为德性或邪恶都是目的，非德性或非邪恶则不是。又，其效果更高尚或更丑陋的事物是更大的事物；其邪恶或德性更大的事物，其效果也更大；例如各种原因和本原及其后果，其后果的大小与原因和本原的大小一致。又，其优越之处更加可取或更高尚的事物更大，例如敏锐的视觉比敏锐的嗅觉更加可取，因为视觉比嗅觉优越。1364b
又，爱朋友比爱金钱更高尚，因此对朋友之爱比对金钱之爱更高尚。反过来讲，事物越是美好和高尚，其优越之处也就越是美好和高尚。又如，事物引起的欲望越高尚和美好，事物就越是高尚和美好，因为更高一级的欲望相应于更高一级的对象。根据同样的道理，事物越是高尚和美好，它们引起的欲望也就越是高尚和美好。

又，事物的科学越是高尚或良善，事物本身也就越是高尚和良善；其科学是什么情况，事物真正就是什么情况。每一种科学管辖着其自身范围内的对象事物。根据类比，科学的对象事物越是高尚和良善，科学本身也就越是高尚和良善。明智的人，或所有人，或大多数人，或较重要的人，或最有本领的人可能判断或已经判断为更善良的事物，必然就是这样，或者是在单纯的意义上或者是根据实践智慧的判断。这一点对于种种其他事物也是共同的，因为事物的什么[1]、数量、性质都是由科学或实践智慧来述说的。但我们所说的仅限于诸善，因为我们把善定义为一切明智的人在每一种情况下都会选择的东西。所以，实践智慧更注重的事物显然是更大的善。于是更优秀的人所具有的东西在单纯的意义上或作为更优秀的东西是更大的善，例如勇敢之于力气。还有更优秀的人所选择的东西，在单纯的意义上或作为更优秀的东西都是更大的善，比如，受不公正待遇比不公正要好，这是更公正的人的选择。那些更加令人快乐的事物比不大令人快乐的事物更善，因为所有的人都追求快乐，而且对快乐的欲求均以快乐自身为目的，善和目的正是通过这些事物才得到了定义。而且，更令人快乐的事物更少招致痛苦而且令人快乐的时间更长。更高尚的事物比不大高尚的事物更善，因为高尚当然就在于令人快乐或就其自身而为人选取。人们更加愿意为自己或者为朋友争来的那些事物是更大的善，人们极不愿意去争取的事物是更大的恶。持续时间更长的事物比持续时间短的事物更善，更加安全可靠的事物比不安全可靠的事物更善；因为时间使得前类事物更加有用，意愿使得后类事物更加有用——只要人们愿意，他们就可以更多地利用安全可靠的事物。

此外，就像在同根或同格的事物中一样，其他事物中也存在着类似的关系，例如，假若“勇敢地”比“节制地”更

① 即实体。

加高尚和更加可取，那么“勇敢”就比“节制”、“勇敢的”就比“节制的”更加可取。为所有人选取的事物比不是为所有人选取的事物更善；为大多数人选取的事物比为少数人选取的事物更善；因为善就是为所有人所追求的东西，因此更 1365a
大的善就是更为人们所追求的事物。而且，争论的对方或仇敌、判断者或被判断的人都认为是善的事物是更大的善，因为一则可以说所有人都认可了，一则可以说重要的人或者在行的人都认可了。有时所有人分有的事物是更大的善，因为不分有是不光彩的；有时，没有任何人或很少有人分有的事物是更大的善，因为它们更加稀罕。还有更受赞颂的事物，因为它们更加高尚。与此相同，更有荣誉的事物是更大的善，因为荣誉好比是某种价值。又如，能够招致更大惩罚的事物是更大的事物。又，比公认是或显得是最大的事物更大的事物。又，分解成部分之后显得更大的事物，因为数目一增多就显得超过了先前。因此诗人描述麦勒阿格洛斯被说服奋起参战——

城市失陷，人们蒙受种种困苦，
生灵惨遭杀戮，城邦毁于一炬，
孩子们也被陌生人掠去。①

又如，像埃比哈尔莫斯那样把事物组合或堆砌在一起，根据同样的理由，也能产生同分开时一样的效果；(因为组合

① 荷马：《伊利亚特》，ix，592—594。

能显示数目众多的优越之处）而且本原显得是最大事物的原因。既然困难的和稀少的事物是更大的事物，那么，时机、年龄、地点、时间和能力之中都能产生极大的效果；因为如果事物超出了一个人的能力、年龄和同他一样的人，而他在这种情况下在这种地方与这种时候做到了，那么他就拥有了高尚的、善良的、公正的或者相反的显著品质。因此有一首短诗这样称赞奥林匹亚赛会的获胜者：

从前，我肩挑一根粗制的扁担
把鱼从阿尔戈斯运到忒格亚。①

又如，伊菲克拉底曾经自豪地说道："看看我是从什么地方开始的！"又，自发的东西比得来的东西更善，因为它更难于为人获得。由此诗人云：

我可是全凭自学②。

又如，最大的事物的最大部分，例如伯里克利在一次葬礼演说中讲道："城邦丧失了青年，好比一年之中缺少了春天。"③ 又如，在更为急需之际有用的事物，如在年迈或有病之际需要的事物。又如，两件事之中更接近目的的事物。又如，对某个人有用较之于在单纯意义上有用的事物。又，可能的事物较之于不可能的事物；因为一者对某个人有用，一者则不然。又，在人生目的之中的事物；因为目的胜过趋向

① 西蒙尼德斯，残篇 163（柏克本，1914）。
② 荷马：《奥德赛》，xxii，347。
③ 修昔底德：《伯罗奔尼撒战争史》，ii，35。

目的的事物。

又，趋近真理的事物比趋近意见的事物更善。趋近意见 1365b
的事物的定义是，如果将不会为人注意就没有人选择去做的事物；因此，意见认为受惠比施惠更加可取，因为即使没有人注意到，一个人也愿意选择前者，但是假如没人注意，一个人就不会选择去做好事。又，凡是人们愿意其存在胜过其看起来存在的事物，因为它们更加趋近真理；所以，人们说公正算不了什么，因为看上去的公正的存在更受人欢迎，然而关于健康人们的态度就不是这样了。又，在许多方面更加有用的事物，例如有益于生活、舒适生活、快乐和行为高尚的事物；从而财富和健康似乎是最有益的事物，因为它们具有全部这些特性。又，更加没有痛苦的并且伴随快乐的事物，因为它们不止一种好处，快乐和没有痛苦都属于善。又，在有两件事物的情况下，添加到同一事物上能造成更大的整体的事物是更大的善。又，其在场不会被忽视的事物较之于会被忽视的事物，因为前一类事物显得更加接近真实；由此财富显得比看上去的财富是更大的善。又，珍贵的事物，有时候是唯一的，有时伴随着其他事物，对某些人是更大的善；因此弄瞎了独眼人的眼睛比弄瞎了双眼人的一只眼睛要受到不同的惩罚，因为前一种人被夺走了珍贵的事物。

【8】　关于劝说或劝阻中采用的说服论证应当根据什么题材，差不多已经讲完了。但对于说服力和高明的劝说来说，

所有之中最有效和最重要的办法在于掌握全部各种政体，区分每一种习俗、法制及其利益所在。因为所有人都会因利益而动心，而对政体起保存作用的事物是有利的。此外，当权者说的话是有决定性的，而当权者根据不同的政体又分为不同的类型；有多少种形式的政体就有多少种类型的当权者。

政体有四种形式：平民政体、寡头政体、贵族政体和君主政体；因此当权者和裁决者永远是这些政体的一部分或全体。平民政体是这样一种政体，其官职是通过抽签的办法来分配的；寡头政体下，官职是根据拥有财产的份额来分配的；贵族政体下，官职是根据受教育的程度来分配的。所谓教育，是指为法律规定了的内容，因为在贵族政体中，居官掌权者都是一些恪守法律的人。这些人必然显得是最高贵之人，贵族政体就是由此而得名的。在君主政体下，正如其名
1366a 称所示，是一个高踞万人之上；其中一种是受某种律例限制的君主制，一种是没有任何限制的独裁制。

不能忽视每一种政体的目的，因为人们总是选择有助于实现其目的的事物。平民政体的目的在于自由，寡头政体的目的在于财富，贵族政体的目的在于获得教育和奉公守法，独裁统治的目的在于自卫。显然，关于有助于达到目的的事物，我们必须区分每一种习俗和法制及其利益所在，人们选择这些事物正是为了实现其目的。既然说服论证不仅产生于证明的论证，而且也有赖于伦理的论证（因为我们相信表现

出某类品质的演说者，如善良、好意或兼具二者），那么我们就应该掌握每一种政体的习惯特征；这些习惯特征只能通过同样的方法才能被理解，因为习惯特征体现人们的意图，而意图则取决于与人们的目的相关联。

我们已经阐明了，劝说者应当着眼于什么样的事物——无论是将来的还是当前的事物；在利益方面应当根据什么题材来建立说服论证；以及应当通过什么途径和什么方式来充分了解各种政体的习惯特征，当然只须符合目前的特定需要；因为在《政治学》中①已经详细讨论过这些问题。

【9】 接下来让我们来讨论德性与邪恶、高尚与丑陋等问题，因为它们是赞颂或谴责的目标；在讨论它们的同时，我们还能表明，通过什么途径才能让听众感受到我们在品格方面的某些特征，这正是说服论证的第二种方式；因为我们使自己和他人对与德性有关的事物产生信赖感根据的是相同的方法。既然人们时常认真或不认真地不仅赞颂人或神，而且也赞颂无生命的事物或随便什么其他动物，故我们应该以同样的方式通晓这方面的有关命题。现在，为树立一个范例，让我们来讨论这些问题。

高尚的事物是由于其自身而为人选取并且值得赞颂的事物，或是善良并且因为善良而令人愉快的事物。如果这就是

---

① 《政治学》，第三卷，【7】—【18】；第四卷。

高尚，那么德性就必然是高尚的，因为德性既善良又值得赞颂。德性看来是一种能力，能够提供和保存诸善，而且是一种可以在诸多事情或最重大的事情上，以及在一切方面的一
1366b 切事情上带来好的效果的能力。德性的组成部分是公正、勇敢、节制、大方、大度、慷慨、和蔼、明智以及智慧。最高的德性必然是对其他人最有用处的德性，倘若德性是带来好处的能力的话。由于这一点，公正和勇敢最受人们尊崇，因为一者在战争期间一者在和平期间对别人有用。其次是慷慨，因为慷慨之人乐善好施，不因钱财与人争执，而钱财乃是其他人拼命追求的东西。公正是这样一种德性，每个人通过它拥有自己合法的份额，不公正则在于不合法地侵占他人的份额。勇敢在于通过它人们在危险之际遵照法律的旨意，服从法律，做出高尚的业绩；其反面是怯懦。节制是这样一种德性，通过它人们把身体的快乐控制在法律允许的范围之内；其反面是放纵。慷慨指的是在钱财方面多行善事，其反面是吝啬。大度是这样一种德性，它能产生最大的好处，其反面是狭隘。大方是这样一种德性，使人在花销上十分洒脱，其反面是狭隘和小气。明智头脑或思想的德性，依据它人们对以上所说的诸善及诸恶能有贴切的见解从而增进各自的幸福。

关于德性和邪恶的普遍的方面及其各个部分，这里的论述已经很充分了；关于其他方面也并不难看清，因为那些造成德性的事物必然是高尚的（因为它们趋近德性），而且来自德性的事物也必然是高尚的；这类事物是德性的标志或业

绩。既然德性的标志同善良之人的业绩和遭遇一样是高尚的，那么勇敢的一切业绩或标志，或者一切勇敢之举都必然是高尚的；公正的事物和公正的行为也是一样（但不包括对公正的遭遇，因为种种德性之中，唯独在这种情况下公正的做法不一定总是高尚的，公正的惩罚往往比不公正的惩罚更加不体面），其他的各种德性均亦如此。又，以荣誉为奖赏的事物是高尚的；为了荣誉胜过为了金钱的事物。又，一个人不是为了自己所做的值得人选取的事情。又，单纯意义上的善，比如一个人为了祖国不顾自己的利益所做的事情。又，本性善良的事物；以及不是对某个人善良的事物，因为这类事物是为了自身的利益。

高尚的事物又如，人在死后而不是在生前得以拥有的那些事物，因为生前拥有的事物更多是为了自己。又如，凡是为了他人所做的事情，因为它们更少顾及自身。又，对于其他人而不是对于自己有好处的事物。又，对于那些施惠的人有好处的事物，因为那是公正的。又，所有良好的事迹，因为它们不是归入自身的利益。又，与丑陋可耻的事相反的事物，因为我们为丑事感到羞愧，无论是丑陋的言语、做法还是念头；正如当阿尔凯俄斯说：

我有话想说
又羞于开口，

萨福写道：

若是你意想的是高尚、美好的事情，

你的舌头也没有掂转着污秽的言语，
你的眼睛就不会充满羞愧，
正直的话就会脱口而出。

高尚的事情又如，人们无所畏惧地争着要做的事情；因他们对能带来名声的善事就有这种感受，又，本性更加贤良的事物的德性和业绩更为高尚，例如男子较之于妇女。又，引起他人惬意胜过引起自己惬意的事情，正是由于这个缘故公正和公正的事物是高尚的。又，向仇敌报复胜于同仇敌和解；因为复仇是公正的事情，而公正的事情又是高尚的，而且一名勇敢的人不能甘受欺凌。又，胜利和荣誉也在高尚事物之列，因为即使无利可图，人们也要选取它们，而且它们是德性之优越的明证。又如，那些值得记忆的事物，记忆越经久它们就越高尚。又，那些在生前没能看到的事物；它们往往伴随着荣誉。又如，那些超乎寻常的事物。又，唯独一人拥有的事物是更高尚的，因为它们更值得人们记忆。又，无利可图的财物；因为它们更符合自由人的身分。又，每一民族独有的东西；以及每一民族所赞誉的事物的标记；例如斯巴达人以长发为高尚的东西，它是自由人的标记，因为有了长发再去干佣工的活就很不方便。又，不从事任何工匠的贱技是高尚的，因为不仰他人鼻息的生活才是自由人的生活。

在赞颂或谴责方面必须把接近实际存在物的事物当做与实际存在物相同的东西；例如，谨小慎微之人是冷静和足智多谋之人，愚笨之人是可靠之人，麻木之人是脾气随和之人。而且，在每一种情况下我们都可以从诸多相似的词汇中找到一个最堂皇的字眼，例如把暴躁刚烈之人说成是坦率开 1367b
朗之人，把大模大样的人说成是气派不凡之人。又如，把过度的事物说成是有过人的德性，例如把鲁莽说成勇敢，把挥霍说成慷慨。因为大多数人会这样想，同时，还可以从起因上推出错误的观点；例如，假若一个人在不必要的事情上甘冒危险，那么就可以认为在高尚的事情上他会甘冒许多更大的危险；假若一个人对随便什么人都解囊相助，那么他对朋友就会更加慷慨。因为德性的优越之处就在于对一切人做好事。还需注意的是，我们是当着谁的面在进行赞扬，正如苏格拉底所说，在雅典人中间赞扬雅典人并不困难①。我们还应当多讲各种人所崇尚的事物，就像他们在场一样，比如在斯居泰人、斯巴达人及在那些哲学家们中间。一般而言，光荣的事物可以归结为高尚的事物，因为两者似乎很相近。又，凡是得体的行为都是高尚的，例如，对得起一个人的祖先或他本人先前的业绩的事情；因为增添荣誉是幸福和高尚的事情。又，即使是不得体的事情，只要是怀着更好更高尚的心愿，也是高尚的事情，例如，一个人对好运取其中道，对恶运大度处之；或者一个人越是发达，变得越是贤良和宽厚。伊菲克拉底就说过这样的话：“看看我是从什么地方开

① 见柏拉图：《梅内克塞诺斯篇》，235D。

始的!”又如一首赞扬奥林匹克获胜者的短诗：

从前，我肩挑一根粗制的扁担……

西蒙尼德斯也说道：

父亲、丈夫和兄弟都是暴君。

赞颂取材于各种行为，善良的行为根据其意图又各不相同，我们应当证明人们的这些行为是以意图为根据的。对此，了解人们曾经做过哪些事情经常显得是有用的。因此，应当假定，各种偶然的、缘于机遇的事情都是在人的意图之中的，因为若是再能附带列举大量的同类事例，这些事情就会被认为是德性和意图的标志。

赞颂是显示德性之宏大的语言，故必须表明受到称颂的行为是这样一类行为。而赞誉之辞总是围绕种种业绩，至于背景情况，如高贵的出身和教育等，则只是有助于增强其说服力；因为善良的父母可能有善良的子女，或者一个人在什么环境下长大，就可能成为什么样的人。因而，我们赞誉那些已经做到了的事情。不过，种种业绩只是人的品质的标志，我们也可能赞扬尚未成就事业的人，如果我们相信某人是这样一种人的话。至福和幸福是相同的，但是与受到称颂或赞誉的事物并不相同，这些事物存在于幸福之中，正如德性存在于幸福之中一样。

赞颂和劝说具有共同的形式，因为劝说的提议换一个说
1368a 法，就变成了赞颂。而且，一旦懂得了我们应该做什么和应该具有什么品质，就应该换一种表达方式，把这些事情当做

提议。例如，说一个人不应对凭借机遇得来的事物感到自豪，而应对凭借自身得来的事物自豪，这样表达能起提议作用，但如此一说就成了赞颂："他不对凭借机遇得来的事物感到自豪，而是对凭借自身得来的事物感到自豪。"因此，当你想赞颂什么的时候，就该看一看这样能提出什么建议；当你想提出什么建议的时候，就该看一看这样能赞颂什么。当有阻止作用的表达和没有阻止作用的表达互换时，两种表达方式必然彼此反对。

还应当采用多种夸张手法，例如，一个人单独或首先或同少数人一道做出了某件事情，或者只有他做得最出色，都可以大肆张扬；因为这些事都是高尚的。又如，从时间和时机方面着手，以此来掩饰不得体的事情。又，假如一个人多次在同一件事情上干得出色，就可以说这种了不起的事情不是出于机遇而是凭借了这个人自身。又，假如由于某个人的缘故创立和设置了某些奖励和荣誉；假如某人是赞誉第一个落到他头上的人，就像赞誉落到希波罗科斯的头上一样；或者像哈尔摩狄俄斯和阿里斯多格通一样，在市场上有自己的一座竖像；与此相反的事例也都同样可以加以夸张。又，假如就他自身而言没有太多的话好说，你可以拿他同别人相比，伊索克拉底就常常这么做，因为他不熟悉法庭用语。而且必须与声名卓著之人相比较，因为如果表明某个人比贤明之人更出色，就可以夸大其高尚的一面。很有理由把夸张归入赞颂之中，因为夸张在于渲染某种超越，而超越属于高尚的事物。所以如果不能拿某个人同著名人物相比，也应该拿他同周围的其他人相比，因为超越就是德性的明证。一般地，在各种演说的所有共同的论证方式中，夸张最适合于展示性演说者，因为他们的主题是种种有口皆碑的行为，从而他们要做的事情只剩下弘扬和美化这些行为。各种例证最适合于议事演说，因为通过过去的事例我们才能对未来的事情做出猜测和判断。推理论证对法庭演说尤为适合，因为过去的事情由于模糊不清，尤其需要给出理由和证明。

赞颂或谴责大致就由上述题材构成，我们也清楚了进行赞颂或谴责时应注意哪样一些事情，以及赞誉和诋毁由什么题材构成，掌握了这些，其反面就会清楚可见。因为谴责是由与此相反的题材构成的。

1368b **【10】** 接着要讨论控告和辩护方面的三段论由以构成的命题的数量和性质。有三点需要掌握：一点是做不公正之事的动机的性质和数量；第二点是行为不公正者的心理状态；第三点是遭受不公正行为者的性质和情况。在对不公正的行为做出规定之后，我们将依次讨论这些问题。

姑且把不公正的行为规定为有意违法造成伤害。法律可分为特殊的法律和共同的法律。所谓特殊的法律我指的是各种政体下书写成文的法律；所谓共同的法律，是指似乎为一切人所公认的不成文的法律。有意做某事是指人们明知自己在做什么事情，并且没有受到强迫。有意的事情并不全是有预谋的，但所有有预谋的事情都是明知的，因为没有人对自己预谋的事一无所知。人们有预谋地违法害人、做出下等的事情的缘故是邪恶和放纵。因为假如某些人有一种或多种邪念，在正好有邪念的地方，他们就会是不义之人；例如，吝啬之人在金钱方面，放荡之人在肉体快乐方面，文弱之人在安逸方面，怯懦之人在危险方面（由于恐惧他会抛弃与其共同面临危险的同伴）；又如，沽名钓誉之人由于荣誉，暴躁之人由于愤怒，贪功好胜之人由于胜利，嫉恨之人由于报复，愚蠢之人由于分不清公正与不公正，无耻之人由于不在乎他人的意见。与此相似，其他每个人都在各自的卑邪之处显出不公正。

这些问题一方面可以从我们关于德性问题的已有论述中得到说明，另一方面又可以从我们对各种激情将要做出的论述中得到说明。剩余的事情是讨论行为不公正者和遭受不公正行为者的动机和情况。首先让我们来确定，打算做不公正之事的人欲求什么、躲避什么。显然，控告者必须指明诉讼的对方具有的动机的数量和性质；被告人则须申明，自己没有这样一些动机。一切人的一切行为中，有些不是出于自身，有些则是出于自身。不出于自身的行为之中，有些是出于机遇，有些是出于必然。出于必然的行为中，有些是强迫所致，有些是本性使然。所以一切不出于自身的行为或者是出于机遇、或者是本性或强迫所致。出于自身的和以行为者自身为原因的行为之中，有些是出于习惯，有些是出于欲 1369[a]

求。出于欲求的行为，有些是出于有理性的欲求，有些是出于无理性的欲求。愿望是对善良事物的欲求；因为除非认为某件事情是善良的，否则没有人会愿望此事；无理性的欲求是愤怒和欲望。从而，人的一切行为必然是出于七种缘由：出于机遇、本性、强迫、习惯、心计、愤怒和欲望。

但是进一步按照年龄、品质或其他什么东西来划分人的行为就会是多此一举了。因为即使年轻人正好是性情暴烈或者欲望过盛，他们做那些不公正的事也并不是由于年轻，而是由于愤怒和欲望。不公正的行为也不是由于财富或贫穷，虽则穷人由于窘迫正好欲望钱财，富人由于财源充足正好欲望不必要的快乐。但是这些人的行为也不是由于财富或贫穷，而是由于欲望。同样，公正的人和不公正的人，以及所谓的依照道德品质行事的其他人，他们的行为都出于这些原因，或者出于理性或者出于激情，只不过有的出于好的品性或激情，有的出于与此相反的品性或激情。当然好的结果跟随好的一类品质和坏的结果跟随坏的品质只是一件偶然的事情。因为节制的人因为节制在令人快乐的事物方面伴有良好的名声和恰当的欲望几乎是自明的事实，但是放纵的人在同样的事物方面就正好与此相反。所以应该对这类划分置之不顾，专心考察哪一种情况通常伴有哪一种结果。假如一个人白或黑、高或矮，并不能说有与这些情况逐一对应的伴随结果；不过假如一个人年轻或年长，公正或不公正，确实会产生一些差别。一般而言，凡是给人的品性造成差异的周围情况都需加以考虑。例如，一个人觉得自己富有或贫穷，幸运或不幸运都会造成某种不同。后面我们将讨论这些问题，此处让我们首先讨论剩余的问题。

出于机遇的一类事情其原因都不确定，而且没有所为的目的，既非永久发生也非经常发生或按确定的规则发生。机遇的定义就能说明问题。出于本性的事物，其原因在于自身而且是确定的，因为它们永久地或经常地以同样的方式呈现 1369b 出来。对于偏离自然本性的事物，不必去细致研究它们是由于某种本性或者是由于其他原因而发生的，可以看出，机遇是这类事物的原因。出于强迫的事物，是指违反行为者本人的欲望和理性的事物。出于习惯的事物，是指由于多次做过而做出的事情。出于理性的事物，是指对于以上所说的种种善事显得是有益的行为，它们或者作为目的，或者作为有助于达到目的的手段，正是由于有益人们才做了这些事情；有些放纵之人也做一些有益的事情，但不是由于有益而是由于快乐。报复行为乃是出于激情和愤怒；不过报复和惩罚不同，惩罚是为了被惩罚的人，报复则是为了报复者，为了除去他心中的怨恨。在讨论各种情感时，我们将说明愤怒到底是什么；那些显得令人快乐的行为则是出于欲望。熟悉和习惯了的事情也在令人快乐的事情之列，因为有很多本性上不令人快乐的事，一旦习惯了，做起来也十分愉快。

总而言之，所有出于自身的行为或者是善良的或令人快乐的，或者显得是善良的或令人快乐的，凡是出于自身的行为都是有意做出的，凡是不出于自身的行为则不是有意做出的；结果只可能是所有出于自身的行为或者是善良的或令人快乐的，或者显得是善良的或令人快乐的。我们关于善的事物的准则是消除恶的或显得恶的事物，或者用较小的恶去取代较大的恶，这些方法在某种意义上是可取的；照此，关于令人快乐的事物的准则是消除痛苦或显得令人痛苦的事物，或者用较小的痛苦去取代较大的痛苦。所以我们必须要掌握有利的和令人快乐的事物的数量和性质。前面讨论议事演说的时候，我们已经阐述过有关有利的问题，这里让我们来讨论快乐问题。应该认为，只要每处定义既非模糊不清又不过于琐细，我们的各处定义就是充分的。

【11】 让我们假定快乐是灵魂的某种运动，是迅速的和可以感觉到的使灵魂回复其自然本性的运动，而痛苦是其反面。如果快乐就是这样一种东西，那么很明显，能够造成上述状况的事物是快乐的，而能够造成相反状况的事物则是令人痛苦的。故回复自然本性在多数情况下必然是令人快乐的，尤其在完全回复到了事物自身的本性的时候；各种习惯也是一样，因为习惯了的事物自然而然地产生快乐；习惯是某种同于本性的东西，因为“多次”与“永久”相近。自然本性属于永久的事物，习惯则属于多次的重复。不是出于强迫的事物也是令人快乐的，因为强迫违反了自然本性。因此

必然的事物是令人痛苦的，诗中说得好：

每件必然的事情都令人苦恼①。

所以专心、执著和紧张都是令人痛苦的，只要没有形成习惯，这些事情都是必然的和强迫性的；形成习惯后，习惯会产生快乐。与这些相反的事物则是令人快乐的，所以安逸、闲散、疏怠、娱乐、松弛和睡眠都属于令人快乐的事物；因为没有一件事是趋向必然的。出自内心的欲望的事物对象也是令人快乐的，因为欲望是对快乐的欲求。

各种欲望之中有些是无理性的、有些是有理性的。所谓无理性的欲望，我指的是没有出自某种主张或看法的欲望；这类欲望被称作自然的欲望，就同来自身体的欲望一样，例如食物引起的欲望、口渴、饥饿，以及对各种形式的食物的欲望，还有味觉方面、性方面和一般意义上的触觉方面的欲望，以及嗅觉、听觉和视觉方面的欲望。有理性的欲望，指的是内心信服的欲望；有许多事情，我们听到或相信之后就生出观看和占有它们的欲望。

既然快乐在于感受某种情感，而想象是某种微弱的感觉，那么进行回忆和有所期望的人必然伴有对他所回忆或期望之事的某种想象。若是这样，显然回忆和期望都是令人快乐的，因为其中有感觉。由此，所有令人快乐的事物或者是

① 欧文诺斯（Evenos，公元前 5 世纪巴洛斯的抒情诗人）残篇 8（柏克本，1915）。

感觉之中当下存在的事物，或者是回忆之中的往事，或者是期望之中的未来事物；因为人们感觉现在，回忆过去，期望将来。故回忆中的事物是令人快乐的，不仅包括当时令人快
1370b 乐的事情，而且包括在后来显出高尚和善良的事情。因此，有这样的说法：

幸存之后回忆苦难的确是令人愉快的①，

又：

一个人吃过太多的苦，受过太多的累
回忆起来，悲哀也变成了快乐。②

其原因在于，摆脱了恶事或磨难也是一件令人快乐的事情。期望中的事物也是令人快乐的，这些事物的在场带给我们极大的快感或裨益，而且是不带痛苦的裨益。一般而论，凡是其在场能带来快感的事物，在回忆和期望中常常也能带来快感。所以愤怒也可以是令人快乐的，正如荷马对盛怒所做的描述：

比下滴的蜂蜜要甜得多③；

因为没有人会对显然是不可能加以报复的人或对比自己力量大得多的人发怒，对这些人要么不发怒，要么很轻微。

大多数的欲望之中都伴随着某种快乐，因为对过去什么

① 欧里庇德斯：《安德罗墨达》，残篇 133（劳克本，1889）。
② 荷马：《奥德塞》，xv，400—401。
③ 荷马：《伊利亚特》，xviii，108。

事的回忆或对未来的期望都能让人享受到某种愉快；例如，发烧的人在口渴时回忆曾经有过的酣饮和期望再喝上一口水时都会感到愉快；情人们谈论、描写自己的意中人，或总是做某些与意中人有关的事情都会感到愉快，在所有这类回忆之中，他们觉得意中人仿佛是伸手可及。一切的情爱就是这样开始的：不仅意中人在场的时候让一个人感到快活，而且所有的回忆都能勾起其一片痴情。因此意中人不在了情人们会感到痛苦，但在凭吊和哀思之中也有几分快慰；因为痛苦应归因于意中人的不在，快慰则在回忆之中，以某种方式看见了斯人，看见了他昔日的举手投足，恍如真人再现。所以诗中说得真切可信：

他说话了，激起了所有人哭泣的欲望。①

报复也是令人畅快的事情；不成功时固然令人苦恼，成功时却会带来畅快。性情暴烈之人在未能实施报复时会感到异乎寻常的痛苦，但是报复的期望又会给他们带来愉快。胜利也是令人快乐的，不仅对热中胜利的人，而且对所有人都是如此；因为胜利能够产生一种超越的意境，所有人都或多
或少地怀有这种意境的欲望。既然胜利是令人愉快的，那么 1371a
战斗和争辩的游戏必然也是令人愉快的（因为其中常常有人获胜），这些游戏包括玩羊趾骨、球戏、掷骰子、下跳棋。比较紧张的游戏也是一样，其中有一些只要玩熟了就会产生

① 荷马：《伊利亚特》，xxiii，108；《奥德赛》，iv，183。

快乐，另一些则是一开始就令人快乐，例如逐猎和所有的野外活动；因为只要有竞争，就会有胜利。由于这一点，法庭上的争辩对那些驾轻就熟的能手而言也是非常愉快的事情。荣誉和良好的名声是最令人愉快的事情，因为它们使每个人把自己想象成某种贤良的人，在觉得恭维自己的人对自己讲了真话时人们更是会想入非非，那样的人是他的邻居胜过是远方来的人，是他的熟人和同乡胜过是没见过的人，是他的同时的人胜过是后来的人，是有头脑的人胜过是没有头脑的人，是多数人胜过是少数人，因为前一类人更可能对他们讲真话。至于那些很为人瞧不起的东西，比如幼童或动物，它们表示出来的崇敬或赞赏是不会有人在意的，如果有人在意的话，也不会是为了这些崇敬或赞赏自身，而是为了其他什么原因。

朋友也属于令人快乐的事物，因为友爱是令人快乐的(没有在酒中找不到乐趣的人会爱酒)，被爱也是令人快乐的，因为这种情况下人也会把自己想象成具有善良品质的人，而且人人都想体会拥有这种品质的感觉；被爱就是意味着由于自身而受到他人的珍惜。受到惊羡也是令人快乐的，这跟受到崇敬是出于同样的原因。谄媚和谄媚者也令人快乐，因为谄媚者显得像是惊羡者和朋友。多次做同样一些事情也是令人快乐的，因为我们曾说过熟练便生快乐。变化也是令人快乐的。因为变化趋向人的自然本性；永远保持同一就会造成过于固定的状态，故诗中云：

所有之中变化是十分甜蜜的事情①。

由于这一缘故，凡是间隔一段时间才能见到的人或事物，都会给我们带来快乐。因为这是对当下的存在状况的一种改变，同时，间隔出现的东西也是稀罕的。学习和惊奇多数时候也是令人快乐的，因为惊奇之中蕴含了学习的欲望；因而惊奇的对象就是学习的对象，而学习意味着回复人的自然本性。施惠和受惠也属于令人快乐的事物；受惠是指得到了我们想要的东西，施惠是指我们既拥有而且有富余的东西，两 1371b
种情况都为人们追求。既然施惠是令人愉快的，那么扶助邻人，缓解他们的窘乏也是令人愉快的。既然学习和惊奇是令人快乐的，那么与此同类的事物必然也是令人快乐的，例如摹仿的事物，如绘画、雕像、诗歌以及所有摹仿得逼真的作品；即便是被摹仿的原物本身并不令人愉快；因为引起愉快的并不是原物本身，而是观赏者做出的“这就是那事物”的结论，从而还学到了某种东西。戏剧性的突然转折和惊险地幸免于难也是一样，因为所有这种事情都令人惊奇。与自然本性符合一致的事情也是令人快乐的，同种的事物的自然本性彼此一致，因此一切同种的事物和彼此相像的事物在多数情况下能让彼此感到欢快，譬如人让人、马让马、青年让青年感到欢快。因此有这样一些谚语：

老娱老，少娱少，

① 欧里庇德斯：《俄瑞斯特斯》，234。

又：

总是使同样的人……①

又：

惺惺惜惺惺；

又：

穴鸟飞向穴鸟；

以及诸如此类的其他谚语。

既然每一样相像的和同种的事物自身都能感受到这种欢快，而且每一个都感到自己和自己最最相像，那么必然所有的人都会或多或少地自爱，因为所有的这类情况最大限度地存在于自己对自己的关系之中。既然所有人都是自爱的，那么所有人必然都为自己的东西感到愉快，比如自己的成就和言语。因此，喜好谄媚者、喜好荣誉者和喜好小孩者在多种情况下都能博得人们的欢心；因为孩子是人们的成就。缓解他人的窘乏是令人愉快的，因为这也可以成为人们的成就。由于统治他人是一件快乐的事情，被认为有智慧也是令人快乐的。因为明智就是统治能力，智慧即是关于许多令人惊奇的事物的知识。更进一步，既然常人多半是喜好荣誉之人，那么谴责邻人必然也是令人畅快的。另外，一个人认为自己最擅长什么事情，就会在上面花时间，正如欧里庇德斯说：

① 荷马：《奥德赛》，xvii，218。全句的意思是“神总是使同样的人聚在一起”。

他在这上面下功夫，
每天的大部分时间，都花在
他恰好最擅长的事情上。①

同样，既然娱乐与每一种逗趣和笑话都令人快乐，那么滑稽的事物，不论是人还是言辞或行为，都必然是令人快乐的。 1372a
关于滑稽，我们在《论诗》中已经做了规定。

关于令人快乐的事物，就讲这么多吧；从这些事物的反面就可以看清楚令人痛苦的事物。

【12】 不公正行为的动机，就是以上这些；现在让我们来阐述行为不公正的人是怎样的和谁是这种行为的受害者。做出不公正的事情的人是这样一种人：他们认为这件事是可能做到的，并且自己就能够做到；或者认为他们的所作所为不会被人发觉；或即使被人发觉了也不会受到惩罚；或即使受到惩罚，这种惩罚也比不上他们自己或他们所关心的人所得到的东西。至于显得可能或不可能的事物是什么样的事物，将在后面另行讨论，因为这是所有演说中都会遇到的共同的问题。行为不公正者认为只要他们能说会道，会办事，富有诉讼争辩的经验，或者即使没有这些，只要有众多的朋友或钱财就可以轻而易举地逃脱惩罚。而且，他们认为只要自己是上述的那种人，不然的话，只要他们有那样的朋

① 欧里庇德斯：《安提俄佩》，残篇 183（劳克本，1889）。

友、支持者或同伴就极有可能逃脱惩罚；凭借这些条件他就可以为非作歹而不必担心被发现或受到惩罚。又，他们认为只要自己是受害者或审判者的朋友也就可以逃脱惩罚；因为朋友不会防备这种伤害，而且愿意和解甚于对簿公堂，而审判者当然会偏袒自己的朋友，一般说来不是不予追究就是从轻发落。

行为不公正者的特征若是与指控的事实相差甚远或相反就有可能不被发觉，例如，一个文弱之人被指控殴打他人，或一个又穷又丑的人被指控与人通奸。又如，在众目睽睽之下明目张胆地做的不公正的事情，因为没有人会想到，所以也没有人会防备。又如，极其骇人听闻，以至没有一个人想尝试的事情；因为没人提防这些事情，所有人只是习惯于防备寻常的罪行，就像防备寻常的疾病一样，没有人生过的病就没有人会防备。又如，那些没有一个仇敌或者有很多仇敌的人，没有仇敌的人认为自己不被人提防，所以做了不公正的事也不会被发觉，有许多仇敌的人由于被认为不可能打那些有戒备的人的主意，因而也不至于被人发觉，在辩护时他可以一口咬定自己绝不可能有这种妄念。又如，那些有办法或有地方藏匿赃物，或者有很多处置方法的人。

行为不公正者即使被人发觉了也可以逃脱惩罚，或者拖延时间，或者贿赂审判官员；又，假如做出了判罚，也可以逃避赔偿或拖延时间；或者由于身无分文，也就不怕失去什么家当。又如，得到明确的、极大的或即时的利益，然而惩罚却很轻微，不明确或很遥远。又如，没有惩罚能顶得上带来的利益的那些不公正的事情，例如，僭主制。又如，那些不公正的事情获利匪浅，然而惩罚只不过是一顿辱骂。又 1372b
如，那些不公正的事情反倒带来某种赞许，例如像芝诺那样为父亲或母亲报仇，然而惩罚却不过是罚款、放逐或诸如此类的事情而已。人们做不公正的事就是出于以上两种原因，怀着以上两种想法，但是这些人不是没有差异的，而是彼此品性相反。又如，有些人多次不被发现或逃脱了惩罚，有些人却多次没有成功；在这类情况下，就如同在战场上一样，总有某些人要再谋一搏。又如，那些既图快乐又图钱财的人，然而随后痛苦还是不期而至；这种人是放纵的人，在他们欲求的事情上面都没有节制。与此相反，另一些人已经遭受了惩罚带来的痛苦，然而随后就是时间更持久的快乐和利益；因为有节制的人和更有头脑的人追求的就是这类事物。又如，那些可能被认为是出于机遇、出于必然、出于自然本性或出于习惯做了不公正之事的人，总之，毋宁说这些人是犯了一个错误，而不是犯了罪。又如，那些可望得到公道的人。又如，那些需要某些事物的人；有两种人需要他物：或者像穷困潦倒之人一样需要生活必需品，或者像富人一样需要奢侈品。又如，极有声望之人和声名狼藉之人；前一种人不至受人怀疑，后一种人不可能受到比已有的更多的怀疑。

企图做不义之事的人就有以上这些情况，他们对之施行不义的受害者有以下一些情况。比如，拥有这些人正缺少的必需品、奢侈品或享受品的那些人，无论是在远处还是在近处；在近处很快就可以得手，在远处报复就会来得慢些，例如劫掠迦太基人的希腊人。又如，那些信任他人的不谨慎的和没有戒心的人；因为所有这些人都很容易麻痹大意。又如，那些疏懒之人，因为投诉是一件费心劳神的事情。又如，那些羞怯之人，因为他不愿为得失与人动干戈。又如，多次受害却从不投诉的人，就同谚语中所说的“密细亚猎物”一样。又如，那些从未受害或未曾经常受害的人；因为这两种人都不够警觉，前者是因为没有受过害，后者是因为觉得不会再受害了。又如，那些受到诋毁或容易受到诋毁的人；因为这些人由于怕见法官，不会试图选择投诉，即使他
1373a 们投诉，也不能让别人相信；这些人是受到仇视和嫉恨的人。又如，那些给害他们的人留有口实的人，害人者可以说这些人的祖辈或他们本人或他们的朋友曾经对害人者自己或自己的祖辈或自己所关心的人做过或者试图要做恶劣的事情，正如俗谚所说：“恶行只需要一个口实。”又如，那些仇敌和那些朋友；因为伤害朋友是容易的，伤害仇敌是令人快乐的。又如，那些没有朋友的人。又如，那些不会说话和办事的人；因为这些人不是不投诉就是同人和解，或者什么东西也争不到。又如，那些花不起时间等待审理或赔偿的人，例如外邦人或自耕农；事情不大他们就得过且过，轻而易举地同人和解。又如，那些做过许多不公正之事的人，或做过别人正对他做的这种坏事的人；因为一个人身受自己惯常对

他人所做的那种坏事的祸害，似乎也不算是受到了祸害。又如，那些已经干过坏事，或者曾经想干或正在想干或将来会干坏事的人；因为惩治这种人是令人畅快的和高尚的事情，看起来差不多不算做得出格。又如，人们为了朋友、为了自己倾慕的人、为了自己的情人、为了自己的主人，或者一句话，为了自己生命所系的人去伤害的那些人；又如，我们对之施行了不公正但可望得到酌情宽赦的那些人。又如，我们已经控告了那些人，或与我们有过前隙的人，例如卡利波斯对狄翁所做的事情；因为在这种情况下的所作所为似乎算不上不公正。又如，如果他们不抢先动手的话，就将受到他人伤害的那些人，因为已经来不及多想了；正如人们传说，埃涅西得摩斯就曾经把投酒游戏的奖品送给格隆，后者在前者将要动手之前，抢先使一个城邦的人民沦为其奴隶。又如，对他们做了不公正的事情后能够使我们另做许多公正之事的那些人，因为我们觉得很容易弥补这种过错，正如帖撒利人伊阿索所说，一个人应当做一些不公正之事，以便能够做许多公正的事情。

人们习惯于做所有人或大多数人都做的不义之事，因为他们觉得这些事情可以得到谅解。人们窃取很容易隐藏的东西，这些东西可以很快处理掉，例如可以吃掉的东西，可以很快改变其外形、颜色或组成的东西；或者是到处都可以藏起来的东西，比如容易搬动且可以藏在窄小的角落里的东西；或者是一个人在作案之前已经拥有了许多与赃物一样的东西，使人很难从中分辨出赃物来。又如，人们做受害者羞于告发的坏事，比如虐待家里的妇女，或者落到自己或孩子头上的虐待。又如，诉诸法律的话则会落喜好诉讼之名的那些事情，这种事情是一些可以得到谅解的小事。

以上论述了行为不公正者的大致情况，不公正行为的性质和种类，以及他们做不公正之事的缘由。

1373b **【13】** 现在让我们首先从这里开始，来划分一切公正的行为或不公正的行为。公正和不公正肯定是相对法律和人而言，其中有两种方式。我所说的法律，一是特殊的法律，一是共同的法律。特殊的法律是指各个民族为自己制定的法律，又可以分为成文法与不成文法；共同的法律指的是依据自然本性的法律。存在着所有人都能猜出几分的共同律则，以此可以分为本性上公正或不公正的行为，即使在毫无共同之处、彼此不相熟悉的那些人之间。例如索福克勒斯悲剧中的安提戈涅所说的显然就是这个意思，她说安葬波吕涅克的尸首尽管受到禁止，但却是正义的，因为就自然本性而言这是正义的：

> 既不是昨天也不是今天，而是永永远远
> 这东西活着，没有人能道出它的由来。①

又如恩培多克勒规劝人们不要杀生，因为这对一些人不是公

---

① 索福克勒斯：《安提戈涅》，456—457。

正的，对另一些人是不公正的：

有一条贯穿万物的法则，它一直伸过
虚无缥缈的天空和无边无际的大地。①

阿尔喀达马斯在他的演说辞《梅塞尼亚科斯》中也说过这样的话。

相对于人而言，也有两种规定方式；因为应当做或不应当做什么都是相对于人群共同体或相对于共同体的一员而言。所以有两种公正或不公正的行为方式，或者是对一个特定的人而言，或者是对人群共同体而言。通奸或攻击他人仅限于某些特定的个人，拒绝服兵役则是对城邦共同体的冒犯。

一切不公正的行为就可以这样划分，有的相对于人群共同体，有的相对于其他人或其他一些人；让我们重温一下什么是遭受不公正的行为，再继续讨论其余的问题。遭受不公正的行为，是指被一个有意的人施加了不公正的行为，因为前面已经规定过，不公正的行为都是有意的。既然遭受不公正行为的人必然会受到伤害，而且是违背其意志的伤害，那么从前面的论述中就会知道这种伤害是什么。因为前面说过，善的或恶的事物根据其自身就可以区分开，而且有意的行为是明知故犯的行为。因此，所有的控告都必然要针对人群共同体或针对个别的人；被控告者或者是在不知不觉中无

① DK残篇135。

意做了不公正的事，或者是有意要明知故犯，后一种情况下被告或者是有预谋的，或者是出于一时的激情。在讨论各种激情时，我们将阐述盛怒的含义，至于蓄意做某事的人是什么样的人，他们的情况如何，前面已经讲清楚了。

1374a 人们往往承认自己做过某事，但不会承认诉状或诉状上的指控，例如，承认拿了东西，但不承认是偷窃；承认先动手打了人，但不承认是暴虐；承认同某个妇女交往，但不承认是通奸；承认偷窃，但不承认是渎神，因为那东西不属于神；承认非法侵入，但不承认侵入了公有的土地；承认与敌人交谈，但不承认出卖同胞。鉴于上述情形，有必要明确规定，什么是偷窃，什么是暴虐，什么是通奸，以便在我们要想证明某一行为属于或不属于某种罪行的时候，对眼前的讼案有一个明确的识见。在所有上述事例中，问题都在于确定某一行为是不公正或低劣的，或者并非是不公正的。恶意和不公正存在于人的意图之中，而诸如暴虐或偷窃之类的名称都依附于某种意图；因为即使一个人打了人，也不是说在任何情况下他都犯了暴虐罪，除非他为了某一目的，比如欺侮别人来为自己寻开心。又如，一个人拿了东西，也不一定在任何时候都算偷窃，除非是对其他人造成了伤害并且把这东西据为己有。其他各种情况也都与此相似。

我们已经讲过，公正或不公正的行为有两种形式（一种是有条文可依的，一种是不成文的），以及法律所管辖的行为的范围。不成文的一类行为又分为两种，一种具有过人的德性或邪恶，从而受到赞颂或谴责、称誉或诋毁，以及奖赏；例如，对施惠者的感激，以德报德，匡助朋友，以及所有诸如此类的其他事情；另外一类行为则是各种特殊的成文法没有提到的。因为酌情宽赦似乎是公正的，它是在成文法以外的公正做法。这种做法的产生，是由于立法者有意或无意的结果；无意是指疏忽了，有意是指来不及对这些问题做出规定，而是被迫泛泛地一笔带过，只好限于经常发生的案例，无暇兼顾这方面的案例。而且，立法者实在难于对数不清的案例作出规定，例如可用以伤害他人的铁器的大小和种类等等，要想一一细述它们，人的一生是远远不够的。故若是有些问题无法明确规定，却又不得不对之立法，就只好简单地提一笔；因此，假如一个人举起戴着戒指的手要打或已经打了别人，根据成文法他是有罪的，但实际上他并没有犯罪，这就是需要处分公道的一个例子。 1374b

如果这即是处分公道的含义，什么样的事情，什么样的人可以或不可以处分公道就很清楚了。对可以谅解的那些事情应处分公道，但是对错误与不公正的行为以及过失不能一概而论；过失是指出于意想不到的且没有恶意的行为，错误是指出于意想的且没有恶意的行为，不公正的行为是指意想之中的有邪恶用心的行为，因为出于欲望的行为是带有恶意的。处分公道是对人们的谅解，不以法律而论，而要考虑到立法者；不拘泥于法律的文字，而要考虑到立法者的用心；不以行为而论，而要考虑到行为者的意图；不以部分而论，而要考虑到整体；不以某个人当时是什么样的人而论，而要考虑到他过去一直或经常是什么样的人。又，要多记住好事，少想坏事；要在好事之中多记住自己受过的恩惠，少想对人施过的恩惠；并要忍耐他人对自己的伤害。又，宁愿诉诸理性而不是诉诸强硬手段。又，宁愿接受调停而不是交付审判，因为调停人着眼于酌情宽赦，陪审员则着眼于法律；正是由于这个原因，凡有调停人的地方，一般都是酌情宽赦居多。关于酌情宽赦，就讲到这里为止。

【14】 出于更重大的动机的不公正行为是较大的罪行；因此一些不起眼的事情可以是最严重的罪过，例如卡利斯特拉托控告梅拉诺波斯骗取了祀庙修缮人三枚半奥布卢斯的圣款，然而在一般的讼案中情况就会大不相同。人们看重的是寓于这些事情之中的可能性，因为偷走三枚半奥布卢斯的圣款的人是什么坏事都可能干得出来的。有时不公正的行为以这种方式显得更大，有时则依伤害的程度而定。假如什么惩罚都不相称，所有的惩罚都抵不上这种罪行，这就是较大的罪行。又如，对其没有什么补救办法的罪行，因为很难或者不可能挽回其造成的恶果。又如，一个人遭受的伤害非法庭判决所能弥补，因为这种伤害无可补救；而法庭判决和处罚不过是一种补救办法。如果已经蒙受不公正行为的人受到很严重的戕害，那么犯罪的人就须受到更重的处罚。譬如，
1375a 索福克勒斯替遭受暴虐后自杀身亡的欧克忒蒙控诉时说道，

他不会提出小于受害者加在自己身上的戕害的惩罚。又如，唯一的、空前的或只有极少数人参与的罪行也是更大的罪行。又如，多次犯同一种错误也是很大的罪行。又如，引起人们去寻求和发现新的禁止办法和惩罚的罪行也是更大的罪行，例如在阿各斯，人们为了惩罚某个犯人通过了一条新的法律，为某些犯人建造了一座新的监狱。更严重的不公正行为还包括，更加野蛮和残忍的行为，更加有预谋的行为；听起来更加令人恐怖而不是令人同情的行为。可以运用下列的这些修辞技巧：说一个人在许多事情上背离了或破坏了公正原则，比如在誓言、承诺、信用和婚约方面；这样就可以大大加重其罪名。又如，说一个人在处罚行为不公正者的地方做了不公正的事情，例如提供伪证的人；因为倘若一个人在法庭上尚且会犯罪，在什么地方他又不会犯罪呢？又如那些极其可耻的罪行；比如一个人伤害了自己的恩人，这就是罪上加罪，既做了坏事又没做该做的好事。又如，背离了不成文的公正原则的罪行；因为不受强制而行为公正的人是较好的人，而成文法是强制性的，不成文的法律才是非强制性的。以另一种方式而论，越是违犯成文法的行为越是严重，因为一个人在面临恐惧和惩罚的情况下尚会犯罪，在不用顾忌惩罚的情况下他怎能不犯罪呢。关于较大或较小的不公正行为，就讲到这里为止。

【15】 接下来我们要讨论所谓不需技巧的说服论证，

它们为法庭演说所特有。这些说服论证有五种方式：法律、见证、契约、拷问、誓言。

首先让我们来讨论法律，指明我们在劝说或劝阻、控告或申辩时应该如何利用法律。显然，当成文法对讼事不利时，便须利用一切人共同接受的法律，或者争取酌情宽赦，以得到更加公正的处理。而且我们可以说，陪审员发誓按自己最善的识见来做判决，意即不会处处拘泥于成文法。处分公道是永远存在的，不会更改的做法、共同的法律也是一样（因为它依据的是自然本性），然而成文法却经常更改；因此索福克勒斯悲剧中的安提戈涅申辩道，尽管她安葬自己的哥哥违反了克瑞翁的法律，但是没有违反不成文的法律：

1375b 既不是昨天也不是今天，而是永永远远……
所以我不怕触怒任何人……①

而且，公正的东西是真实的和有益的东西，但显得是公正的东西则不然，从而成文法也不包括在内，因为它并不是履行了法律的功能。陪审员就好比是一位银器鉴别者，专门识别真正的公正与假冒的公正。我们可以说较有才德的人更愿意利用和遵从不成文的法律，而不是成文法。还可以留心，某种法律是否与另一种颇得好评的法律或者甚至与自身相抵触；比如有一种法律禁止一切契约，而另一种法律只是禁止

① 前一行出自索福克勒斯《安提戈涅》456行（参见1373^{b}10—15），后一句出于485行。

违法订立的契约。如果对法律条文有争议，就须反复斟酌，看哪一种引申更符合公正和有利的原则，然后照此运用法律。如果法律所针对的事实已经不复存在了，但法律本身还存在，就应当尽力表明这一点，以此来同这种法律抗争。假若成文法对讼事有利，我们就可以说，陪审员“要按自己最妥善的识见来判决”的誓言并不是为了做出违背法律的判决，而只是为了他们一旦在心中无数、说不出法律的所以然的情况下，不至于犯伪誓的过错。我们还可以说，没有人会选择单纯意义上的善，事实上人人都选择对他自己是善的善；或者说，不用法律就同没有制订这种法律没有什么不同。还可以援引其他各门技术中的情况，比如，在医生面前卖弄聪明并没有什么好处，因为医生的错误所造成的危害比不上不服从统治造成的危害。谁要想比法律更加聪明，这在各种深受赞许的法律中都会被严加禁止。关于法律就做这些规定。

见证分为两类，即古时的见证与近时的见证。后一类见证中，有一些须承担一定风险，有一些则没有什么风险。所谓古时的见证，我指的是诗人及其他著名人物，他们的见解人所尽知；例如，雅典人以荷马为萨拉米事件的见证人，而不久前忒涅多斯人把科林斯的培里安德洛斯当做见证人来反对西格翁人。克勒奥丰曾援引梭伦的挽歌来诋毁克里蒂阿斯，以证明这一家族很早就有放荡的恶名了，不然梭伦就不会有这样的诗句：

叫红头发的克里蒂阿斯听听他父亲的话①。

这类见证人与已经发生过的事情有关，关于未来的事情，则 1376a 可以以神谕解释者为证。例如，忒米斯托克勒把“木墙”解释成必须迎战敌人的舰队的见证。此外，如前所述，谚语也可用作见证，如劝人不要同老年人交朋友，便可以引证这句谚语：“切莫交好老人”。劝人在杀了孩子的父亲之后再杀掉孩子，就可以引证这句谚语：“杀了父亲却放过孩子的人真是个傻瓜”。所谓近时的见证，是指一些著名人物对某些问题有过断言，就同一些问题发生争执的人可以对此加以引用。例如欧布洛斯在法庭上控告卡瑞斯时，援引了柏拉图②影射阿尔克比昂的话：“这个城邦中公开声称自己是坏人的人越来越多了。”另一种见证若是被认为是伪证的话，就会有一定的风险。它们只能用来证明某件事情发生了或没有发生，属实或不属实，而事关案情的性质，比如公正不公正，有利或不利，这类见证就不足为凭了。那些与此案无涉的见证才最为可信。古人的见证即是最可信的，因为谁也没有办法收买古人。

关于见证的说服作用，在没有见证的时候，一个人可以声称，应该根据或然性来判决，说这就是“按自己最好的识见来判决”的含义。或然性不会被收买来欺骗法庭，自

① 梭伦，残篇 22（柏克本，1915）。

② 这个柏拉图大概是某位喜剧诗人。

然不会被冠以伪证的罪名。在己方有见证而对方没有见证的情况下，我们可以说或然性这东西又无法拿来审问，并且说假如论证便已可以充分说明问题，还要见证干什么呢。各种见证之中，有些是自己方面的，有些是对手方面的；有些是事实方面的，有些是品性方面的；由此明显可见，一个人在什么时候都不会欠缺可资利用的见证。因为倘若没有事实见证——或支持己方或反对对方，我们总还可以找到品性方面的一些见证，以显示己方的正当和对方的猥琐。关于见证的其他方面，比如一个人是朋友还是敌人抑或是中立者，是名声良好还是恶名昭彰抑或是不好不坏，以及诸如此类的其他差别，在这些方面的论证应当依据与我们建立推理论证时所依据的题材相同的题材。

关于各种契约，可以通过论证来夸大或贬低其重要性，以此来表明它们可信或不可信。如果契约于己方有利，就要 1376b
说它们是可信的和重要的，如果它们于对方有利，就要说相反的话。说契约可信不可信，跟处理见证问题的方式毫无二致。因为契约的可信度全在于签约人和保管人是什么样的人。一旦契约得以达成，并且适宜于我们，就应予以夸大，声言契约即是私下的、局部的法律。而且，虽说并不是契约使法律有了约束力量，法律却使得合法契约有了约束力量。总起来看，法律就是某种契约，故谁不遵守或破坏契约，谁就等于是在破坏法律。此外，大多数自愿交易的实现，都以契约为凭据，如果契约失去了约束作用，人类的相互往来就将毁于一旦。其他在此适用的论证也是一目了然。然而假如情况正好相反，契约竟于对方有利，首先，一个人用以同不利于他的法律相抗争的那些论证在这里是适宜的，因为倘若我们一方面认为可以不遵从那些由于制订者的错而显得不妥当的法律，一方面却仍要强迫自己遵守这类契约，那未免也太让人笑话了。或者我们可以说，审判者的任务就是裁定什么是公正的，因而他不应纠缠于契约本身，而应考虑什么才是更加公正的。而且，一个人不能用欺诈或强迫的手段去篡改正义（因为正义是植根于自然的），而契约则可以通过欺诈或强迫产生。在此之外，还可考虑某一契约是否违背了各种成文法及共同的法律，是否违反本邦或其他地方的成文法，或是否违反了在此之后或之先的其他契约。因为，或者是后订的契约有效而先订的契约无效 ，或者先订的契约才是正当的而后订的契约纯属欺诈；怎么样管用，我们就尽可以怎么样论证。此外，我们还须着眼于利益问题，看看契约是否与法官的利益相冲突。还存在着诸如此类的其他论证，因为类似的论证几乎是随处可见。

拷问也是一种见证，似乎也是可信的，因为它附带了某种强制。在这方面也不能看出可能采取什么样的说法，以便这种拷问对己方有利时就夸大其重要性，说它是唯一一种真
1377a 实的见证，若是这种拷问于己方不利而于对方有利时，我们就可以从总的方面道出拷问这种事情的真相，从而把拷问说得一钱不值；因为即使受到强迫，也毫不影响人们既可讲真

话又可讲假话这个事实，有的人忍受到底也不讲真话，有的人一受拷问就以假话诬害他人，以求尽快解除皮肉之苦。另一种必要的办法是能够举出为审判者所熟悉的已经发生了的事例。还应当说，拷问得来的口供并不真实，因为有很多人老奸巨滑，或者厚颜无耻，还有不少内心高傲之人，他们能够承受一切逼供刑讯；然而那些怯懦之人和胆小怕事之人，却只有在没有看到种种刑讯之前才能鼓足自己的勇气；由此可以得知，拷问一点也不可信。

关于誓言，可分四种情形；因为我们要么提供并接受誓言，要么既不提供也不接受，要么做其中的一件而不做另一件事情，要么提供且不接受或者接受且不提供誓言。此外要注意的一种情形是，在发誓的这人自己或另一方是否已经有过这样的誓言。一个人不愿提供誓言时，便可说人们很容易发假誓；并说对方只要发了誓就可以不付钱了，然而他若不发誓本来是会败诉的。还可以说，自己甘冒由陪审员来审判的风险，因为陪审员总比自己的对手更可信赖。

若是一个人不愿接受誓言，他可以说誓言总是与钱财离不开，说如果自己是一名无赖，马上就可以发誓，因为为了某件事情才做无赖总比什么都不为的无赖要强；并说发誓的人得以胜诉，而没发誓的人却不能胜诉。这样一说，不愿接受誓言就仿佛是出于自身的德性，而不是由于担心伪誓。克塞诺芬尼的话在这里也适用，即“由一位不敬神的人来逼迫敬神的人是不公正的”，这无异于由一位强壮的人逼迫一位孱弱的人去打人或被打。

如果一个人接受了誓言，他又可以说他相信自己，但不相信对方。把克塞诺芬尼的话转过来说，就变成了由不敬神的人提供誓言而由敬神的人接受誓言才是公正的事情；如果自己不愿接受誓言，而法官却得接受了誓言才能判决，自己就会失之鲁莽了。如果人们已提供了誓言，又可以说愿意把事情交给诸神监管是虔敬的，对方其实全无必要指盼其他的审判者，因为我们允许他全由自己判断。而且，对方自己不愿发誓，却认为别的人应该发誓，未免也太荒唐了。

既然在每一种情形下应如何理论已经清楚了，那么在两两发生的情况下应如何理论同时也就清楚了。例如，若是一个人愿意接受却又不愿提供誓言，或愿意提供却不愿接受誓
1377b 言，或愿意接受并提供以及既不愿意接受也不愿意提供誓言。因为这样的情况必然是由上述每一种情况合并而成，故必然可以把上面分别说过的话合并起来应用。

假若一个人曾经立下了与现在誓言相反的誓言，他就可以说那并不是伪誓，因为不公正的行为是自愿的，而伪誓即是一种不公正，但是在强迫或欺诈之下的行为却是非自愿的。这里的结论是，伪誓在于一个人的用心①而不在于其言辞。然而假若争论的对方立过这样的誓言，我们就可以说，不遵守自己的誓言的人可以践踏或毁坏一切，正是由于这一

① dianoiai。

原因，执法人员在运用法律时都要宣誓。还可以说："他们要求你们这些陪审官信守你们的誓言，而他们自己却不守他们的誓言。"而且，一个人还可以运用其他的夸张手法。关于不属艺术范围的说服论证就讲这么多罢。

第　二　卷

【1】 以上就是我们在进行劝说或劝阻、赞颂或谴责、控告或申辩时应当依据的题材，以及有助于形成说服论证的意见和命题。推理论证也以此为内容与题材，每一种论证或演说都单独涉及个别的题材。

既然修辞术以判断为目的（议事演说要让人们形成判断，而法庭审理就是作出判决），那么一位演说者不仅必须考虑如何才能使其演说具有证明和说服力量，而且还须表现自身的某种特性，并使判断者处于某种心情之中。这对增强说服力大有裨益，尤其是在议事演说中，其次是在法庭演说中，演说者应表明自己的某种特性并让听者觉得他在以某种态度对待他们，以使他们也以某种态度来回报他。在议事演说中，演说者表现出某种特性是较为有用的，而在法庭演说中，更应该使听者处于某种心情之中，因为人们在友爱之中与在仇恨之中、在愤怒与在温和的心情下的表现绝不相同，要么全然不同，要么有相当大的不同。当一个人对他所要判决的人怀有友爱之心时，就会认为此人无罪或者罪过很轻，1378a 怀有憎恨之心时他的看法就会截然相反。对于一个欲求某事并对之怀有美好希望的人来说，如果将要发生的事情是令人快乐的，他就会觉得这事将要发生，并且将会是一件好事情，然而一个冷漠的甚至心里不舒畅的人对此就会有完全相反的心情。

演说者使人信服要依靠三种素质，这三种素质无需证明就能使我们信服。它们是明智、德性与善意。演说者说出不真实的话或提出不中肯的劝说要么是由于缺乏全部这三种素质，要么是在三种中有所缺乏。缺乏明智就无法形成正确的意见，即使有了正确的意见由于心地邪恶也不会说出其意见，或者是因为既明智又贤良但缺乏善意，因此他们有可能不把自己最好的识见作为劝说提出来。在这些素质之外无需他求。所以，拥有全部这些素质的演说者必然能使他的听众信服。从我们关于各种德性的讨论中可以发现如何表现出明智和善良，因为使别人显出这类素质与使自己显出这类素质通过的是同样的途径。在讨论各种情感时我们将涉及善意和友爱。

各种情感是能够促使人们改变其判断的那些情感，而且伴随有痛苦与快乐，例如愤怒、怜悯、恐惧和诸如此类的其他情感，以及与它们相反的情感。每一种激情都可以分成三个方面，以愤怒为例，应区分人们在什么境况下会发怒，人们习惯于对什么人发怒，以及人们在什么样的事情上会发怒。如果只知其中一二，却不知全部三端，我们就不能致使人们发怒；这同样适用于其他各种情感。正如在前面论述中我们曾涉及了一系列命题，在此也可依照同样的方式来做划分。

【2】 姑且让我们把愤怒定义为一种伴随有痛苦的欲求，明显的怠慢激起明显的报复心，这种怠慢对于一个人及其朋友来说本来是不应有的。假若这就是愤怒的定义，那么一个愤怒的人必定总会是对某一个别的人发怒，如对克勒翁发怒，而不会对“人”发怒。由于某人已经做了或将要对他
1378b 或他的朋友做某种不恭的事情，他才会感到愤怒。而且，每一种愤怒中都伴随着某种快乐，它来自复仇的强烈愿望。因为想到自己将会如愿以偿，自会给一个人带来快乐；而且，没有人会期求显然不可能实现的事情，因而愤怒的人追求的也是自己力所能及的事情。关于激怒，诗中说得很好：

比下滴的蜂蜜要甜得多，
这东西在人们的心中膨胀。①

因为这种激情中有着某种快乐，故一个心中想着复仇的人愉快地打发着每天的时间。在眼前出现想象的时候也能产生快乐，就如梦幻引起快乐一样。

怠慢或轻视是对那些显得无足轻重的事物的看法的公然显现②。我们认为，各种恶的事物与善的事物都是十分显著

① 荷马：《伊利亚特》，xvii，109。
② energeia。

的，那些将会成为这样的事物的事物也是如此，只有那些无足轻重或微末的事物才会为我们所忽视。怠慢有三种形式，即轻蔑、刻毒和暴虐。轻蔑者怠慢于人，是因为凡是人们认为无足轻重的事物都会受到轻蔑，而人们怠慢的也正是那些被认为无足轻重的事物。刻毒者表现出轻蔑，因为刻毒就在于阻碍他人的意愿，不是为了自己有所收益，而是为了让他人不能称心。既然他不是为了自己有所得，这就是对他人的怠慢；因为很明显他并没有觉得会受到伤害，否则他的态度就会是恐惧而不是怠慢了；同样，他也没有觉得别人会给他带来任何值得一提的好处，否则他就会挖空心思地要同人交朋友了。

暴虐者怠慢于人，是因为暴虐能造成伤害和痛苦，受害者因此感到羞辱，而暴虐者这样做并不是为了自己从中得到什么，而是为了一时的痛快。那些横施暴虐的人之所以感到痛快，是因为他们认为作恶能显示自己高人一等。因此年轻人和富人们容易对人施暴，因为他们认为暴虐显示了自己的优越。剥夺他人名誉是一种暴虐，从而夺人名誉也是对人的侮慢。因为毫无价值之人才不能享有名誉，无论是在善的方面还是在恶的方面毫无价值。因此，愤怒中的阿基里斯说道：

他使我不光彩，把奖品据已有①；

又说：

① 荷马：《伊利亚特》，i，356。

(他把我)当作一个没颜面的流浪汉①。

看来他是由于这些事情才发怒的。人们认为，在出身、能力、德性以及一般地在可能产生很大程度的高低贵贱的某一
1379a 方面不如自己的那些人理应对自己毕恭毕敬；例如，在钱财方面富人之于穷人，在口才方面修辞行家之于不善言辞者，以及统治者之于被统治者，自认为是当然的统治者之于被认为是当然的被统治者。故诗中说道：

宙斯养育出来的国王们是激情旺盛的②，

以及：

可是日后他总会为此怀恨③，

因为国王们地位高，脾气也就大。此外，人们认为那些应当回报恩惠于自己的人也应对自己毕恭毕敬，这些人曾经受过或正在领受着他的恩惠，施惠者或者是他自己，或者是他委托的某人或他周围的某人，打算或已经施惠。

从以上论述中显然可知，发怒的人处于什么样的心情之中，他们对什么人发怒，以及由于什么事情发怒。人们感到痛苦时就会发怒，因为处于痛苦中的人往往追求某样东西。倘若有人在任一事情上直接阻碍他，如在他口渴时不让他喝水，或者不这样直接，但同样表现出想造成同一结果；或者倘若有人同他作对或不肯相助，或当他处于这种心情时用别

① 荷马：《伊利亚特》，ix，648。

②③ 同上书，ii，196；i，82。

的什么事情来扰乱他，那么，他就会对所有这些人发怒。因此病人、穷人、（同人交战的人、）情人、口渴之人，总而言之有所欲求却又不得满足的人都易于发怒，十分容易激动，尤其在面对那些对他们的处境漠不关心的人时。例如，病人在他的疾病不受重视时，穷人在他的贫穷不受重视时，战士在他的战争不受重视时，情人在他的情爱不受重视时，以此可以类推其他各种情况。在每一种情况下，他们胸中的激情都为愤怒铺平了道路。此外，人们在事情与预期相反时也会心生忿怒，因为事情越是出乎预料，就越是引人痛苦，就好比那些合人心愿的事情越是出人意料就越是令人欣喜一样。由此可知人们在什么季节和什么时间，处于什么心情，在什么年龄最容易被激怒，以及什么样的时间与地点能引人发怒；显然，人们越是处于这样的情境就越容易发怒。

以上是易于动怒的人所处的心情，他们向嘲笑、愚弄及奚落他们的人发怒，因为这是对他们的粗暴对待。他们还对那些伤害他们的人发怒，这类伤害正是暴虐的明证。这类行为既不是存心同某人作对也不是能为肇事者带来好处，因为在那种情况下就会被认为是出于暴虐了。而且，人们也会对那些恶语中伤或对自己最看重的东西表示轻蔑的人发怒，例如有些人当着热心盼求哲学家之名的人贬损哲学，有些人当着以相貌自负的人贬损其相貌，以及在其他方面说同样的话。假如人们自度并不具有这些可笑的特点，或者总的说来不具有，或者程度上并不严重，或者周围人认为他们并无这

1379b 样的特点，他们就会怒上加怒。因为若是他们十分肯定地觉得自己确实具有这些受人奚落的特点，他们就不会在意别人的取笑了。朋友这样说比不是他们的朋友的人更能惹他们发怒，因为他们认为理应受到朋友的善待而不是相反。又，人们对过去习惯于尊敬他们如今却一反常态的那些人发怒，因为他们觉得受到了这些人的轻蔑，而这些人本可以跟以前一样尊敬自己。又，人们对那些不思报恩之人发怒，也对那些不够交情的人发怒。又，人们对那些不如自己却偏要同自己作对的人发怒，因为所有这些人都是在明目张胆地蔑视自己，似乎他们反倒低人一等而这些人却得以拔高了似的。

无足轻重之人若是怠慢了他人，就更能惹人发怒。因为对怠慢的愤怒也就是对不合时宜的行为的愤怒，而不如人者怠慢别人即是不合时宜。若是朋友们对自己不讲好话或不做好事，甚至居然有相反的言行，或者是察觉不到自己的需要，人们就会心生忿怒，就像安提丰的悲剧中普勒克西波斯对麦勒阿格洛斯发怒一样。因为对朋友的需求无所察觉是怠慢的一个标志，因为我们心里想着朋友，就不会忽视他们的需求。那些幸灾乐祸的人，以及总的说来那些对人们的不幸感到欣喜的人，都是人们发怒的对象，因为这是敌意或怠慢的明证。又如，那些不留意他人痛苦与否的人，因为这个缘故，人们往往对报告坏消息的人发怒。又如，那些打听人们的坏处或者一心想着人们的坏处的人，因为这跟怠慢或敌视没有什么不同。朋友们会为我们的坏处同感痛心，而所有的人想到自己的坏处都会痛苦不安。此外，还有那些在五种人面前怠慢他人的人，即在人们与之竞争的人面前、在人们所景仰的人面前、在人们想受到其景仰的人面前、在人们所敬畏的人面前和在敬畏他们的人面前，假如有人在这五种人面前怠慢了人们，人们就会怒不可遏。又如，怠慢了人们若不对之进行护助自己就会丢脸的一类人，比如怠慢他人的双亲、子女、妻室及仆从。又如，那些不知感激的人，因为怠慢就是不合本分。又如，那些在别人认真讨论时故作不知的人，因为故作不知即是一种轻蔑。又如，那些施惠于他人却不施惠于我们的人，因为这也是一种轻蔑，认为其他所有人都值得施惠而惟独我们不值得。遗忘也是引人发怒的一个原因，譬如忘记了别人的名字，尽管这只是一件小事；因为，遗忘被认为是怠慢的一种标志。遗忘产生于不关心，而不关心即是一种怠慢。

我们一并阐明了人们处于什么心情、出于什么性质的原 1380a
因以及对什么样的人发怒。显而易见，演说者必须凭借其演说使他的听众进入一种倾向于发怒的心情，表明对方具有引人发怒的那些特点，对方就是引人发怒的人。

【3】 既然趋于发怒是趋于温和的反面，愤怒是温和的反面，就应当确定，什么样的心情使人温和，人们对什么人温和，以及由于什么原因人们趋于温和。不妨把温和定义为愤怒的平息或平静。如果人们对怠慢了自己的人发怒，而怠

慢又是有意的，那么，显然人们要对没做这种事情或者在无意之中或显得是在无意之中做了这种事情的那些人表现出温和。又，对那些做了与其意愿相反的事情的人表示温和。又如，对那些待人如己的人表示温和，因为看来谁也不会怠慢自己。又如，对那些承认自己的怠慢行为并有悔改之心的人表示温和，因为怠慢者对自己的所作所为感到痛苦即可以看成是对他们的一种惩罚，人们的愤怒也就得到了平息。对役仆的惩戒就是一个例子，役仆们若是敢于违抗主人或者否认他们的过错，对他们的惩戒就会更严厉，然而对于那些承认自己应当受罚的役仆我们的忿怒就会归于消失。其原因在于，否认明显的事实即是无耻或不恭，而无耻就是一种怠慢或轻蔑；因而，在那些为我们极度蔑视的人面前，我们往往会大为不恭。再如，人们对那些对自己表示谦恭并且不会违逆自己心愿的人表示温和，因为这些人似乎承认不如自己，而不如人者就会畏惧他人，没有畏惧某人的人敢于怠慢某人。在表示谦恭的人面前人们的愤怒得以平息，这可以从狗的行为中得到说明，因为狗不咬那些坐着的人。又如，人们对那些在自己认真时他们也认真的人表示温和，因为人们认为自己受到了认真对待而不是轻蔑。又如，对那些给予自己更大的回报的人。又如，对那些对自己有所求或恳请自己的人，因为这是更为谦恭的姿态。又如，对那些不怠慢、不愚弄和不暴虐他人的人，或者不对任何人，或者不对有身分的人，或者不对像自己一样的人这样做。总而言之，可以从相反的方面来看使人温和的原因。再如，人们对自己畏惧或尊敬的那些人表示温和，直至这种感觉消失为止，因为一个人不可能既畏惧某人同时又向某人发怒。再者，人们不对那些由于愤怒而做了某事的人发怒，即使发怒也较轻，因为这些人这样做显得并非是出于怠慢。没有一个人在发怒时怠慢他人，因为怠慢之中并无痛苦，而愤怒总是伴随着痛苦。人们 1380b
也不会对尊敬自己的那些人发怒。

显然，温和的人和被激怒的人所处的心情是截然相反的，例如在嬉戏、玩笑、宴饮之际，在得志、成功、富足之际，或一般地，在没有痛苦、没有暴虐的快乐和善良的希望之中。此外，时间一长，人们的愤怒也就失去了势头，因为时间可以抚平愤怒。而且，先前对某人的报复也可以平息人们对另一个人的更大的愤怒；因此，当平民向斐罗克拉忒斯发怒时，有人问他："为什么不替自己辩解？"他回答得很好："还不到时候。""那么要到什么时候？""到我看见别的人也受到这种指控的时候。"因为一旦人们的怒火在另一个人身上消泄殆尽，他们就会变得温和起来，埃耳戈菲罗斯就遇到了这样的事情：尽管雅典人对他比对卡利忒涅斯更加愤恨，但还是豁免了他，因为在前一天他们宣判了卡利忒涅斯的死罪。又，人们若是已经给某人判了罪就会变得温和，或者若是某人已经遭受了比人们在愤怒时可能会加给他的折磨更大的折磨，因为人们觉得就像已经实施了报复似的。又，人们若是认为自己行为不公且理应受到惩罚时也会变得温和，因为愤怒不会以公正为对象；因为他们将不再认为受到了不应遭受的对待，而愤怒原本产生于此。因此，人们一定要预先以言辞来惩戒，因为即使是奴隶，此后在受到真正的惩戒时也不会那么恼恨了。又，人们若是认为受罚的人不会得知惩罚来自他们以及由于冒犯了他们才受到惩罚时，他们也会变得温和，因为愤怒总是针对个人的，从愤怒的定义中就可以得知这一点。所以，诗中说得不错：

你就说是奥德修斯，劫掠城市的那个人①，

意思是假如圆目巨人不知道是谁以及为什么弄瞎了他的眼睛，他似乎就受不到报复。因而，人们不对感觉不到其愤怒的人发怒，不对死去的人发怒，因为这样的人已经受到了无以复加的惩罚，再也感觉不到痛苦或其他什么事情了，而这正是人们发怒时想要达到的目的。所以，想制止阿基里斯对死去的赫克托尔的愤怒时，诗人讲得很好：

盛怒的他在对毫无知觉的泥土倾泄其忿恨②。

于是很明显，想要使听众的心情趋于温和就应当以这类题材为依据；应当使听众进入这样一种心情，而且要把惹他们发怒的人说成是令人畏惧或值得尊敬的人，或者是他们本应感激的人，或是无意之中做了某事并对其所作所为深感懊恼的人。

① 荷马：《奥德赛》，ix，504。

② 荷马：《伊利亚特》，xxiv，54。“泥土”指赫克托尔的尸首。

【4】 现在让我们来定义友谊与友爱，并讨论人们喜爱什么人和憎恨什么人，以及出于什么原因。姑且把友爱定义为替某一个人想往我们以之为善的事物，是为了这人而不是为了我们自己，并根据我们的能力尽量这样去做。朋友是对 1381a
人友爱而又受人友爱的人。凡是认为彼此间有这种关系的人就会认为彼此是朋友。假定了这些之后，就必然要得出这一结论，即朋友是共享我们的欢愉并且分担我们的痛苦的人，他们不是为了别的什么，而是为了我们自己。因为所有的人在愿望得以实现时都会感到愉快，在相反的情况下感到痛苦，所以人们的这种痛苦或快乐是其意愿的标记。而且，在他们看来同一些事物同是好事或坏事、同一些人同是朋友或仇敌的那些人彼此也是朋友，因为这些人必定愿望同样的事物，故一个替另一人想往自己想往的事物的人就显得像是另一人的朋友。

我们喜爱那些对我们或对我们所关切的人做过好事的人，这些好事或者十分重大，或者是他们乐于相助，或者投合了某种情形下的急需，而且是为了我们而做的；凡是我们认为想对我们做好事的人都会得到我们的友爱。而且，我们的朋友的朋友，喜爱我们所喜爱的人的人都会得到我们的友爱。又如，与我们有共同的敌人的人和憎恨我们所憎恨的人的那些人，以及被我们所憎恨的人憎恨的那些人；因为对所有这些人来说，对我们为善的事物对他们也同样为善，因而他们为我们的好处着想，而这正是我们曾已阐明的朋友的特征。此外还有那些在钱财或安全方面济助我们的那些人，因此，人们赞誉慷慨、勇敢和仗义的人。而且，我们认为不依赖别人而生活的人就是这样的人，这种人自食其力，他们中有的是农民，而在其他人中首推亲自操劳之人。再如，那些节制之人，因为他们不会做不义之事。又，那些不惹事生非的人，其原因与上述相同。又，那些我们想与之结交的人，只要他们表示愿意的话；这些人在德性方面堪称善良，并且在一切人或者在最优秀的人中间，在我们景仰的人或者在景仰我们的人中间享有良好的声誉。此外，还有那些我们能愉快地与之共同生活或共同消磨时光的人，这些人是脾气好的人，不爱指责我们的过错，不爱同人争吵或竞争，因为所有这类人都好斗，而好斗的人正好意愿与我们的意愿相反的东西。

我们喜爱的人又如，擅长打趣并能忍受他人的打趣的人，因为这样的人与他的邻人都努力追求同样的东西，既能奚落他人又能不失风度地忍受他人的奚落。又如，那些赞扬我们拥有的善良品质的人，特别又数那些赞扬我们担心自己并未拥有的品质的人。又如，那些给人以整洁的印象的人，无论是在形象、衣着方面还是在其整个生活方面。又如，那些不就我们的错误或不就他们对我们的善举做文章的人，因为这两种人都是爱挑剔的人。又如，那些不记仇、不记旧账而且易于和解的人；因为我们认为只要他们对其他人持这种态度，也就会对我们持同样态度。又如，不讲别人的坏话、不想知道他们的邻人及我们的缺点，只想知道别人的优点的那些人，因为每一个善良之人都会这样做。又如，在我们生气或紧张忙碌之际不来阻碍我们的那些人，因为这类人乃是好斗之人。又如，那些对我们抱有真诚的善意的人，如景仰我们的人、觉得我们是好人的人和高兴同我们在一起的人，尤其是那些在我们特别想在这方面为人景仰或被认为是善良或令人愉快的事情上这样对待我们的人。又如，那些与我们相同的人和与我们有相同的旨趣的人，只要他们不与我们撞到一起操持同一生计，因为那样就会是：

陶工憎恶陶工①。

又如，与我们欲求相同的事物的那些人，只要我们得以与他们一同分享这些事物，不然的话又会发生与上述相同的情况。又如，那些与我们处于这样一种关系的人，在他们面前我们做了受公众舆论谴责的事情也不会感到羞愧，只要没有受到他们的轻蔑。又如，在他们面前我们做了真正该受谴责的事情时会感到羞愧的那些人。又如，那些是我们的竞争对手的人，我们乐于与其竞争而不会受到嫉妒，我们或者对这些人怀有友爱之心，或者想同他们交朋友。又如，那些在我们的帮助下得以达成善业的人，只要我们不因此而蒙受更大的恶。又如，那些不论朋友在场不在场都怀有同样的友爱的

① 赫西俄德：《劳动与时令》，25。

人，因此所有人都喜爱以这种态度对待其死去的朋友的人。

又如，人们总的说来喜爱那些极其热爱其朋友而不会抛弃朋友的人，因为在善良的人们中间，我们尤其喜爱那些喜爱善良之人的人。又如，那些在我们面前不加掩饰的人，这些人甚至愿意把自己的弱点告诉我们。因为我们说过，在朋友们面前我们不会因为受到公众舆论谴责的事情而感到羞愧；要是为此感到羞愧的话，就没有把他们当做朋友，看来不在他们面前羞愧才是对他们怀有友爱。又如，那些不让我们感到畏惧的人，以及在他们面前我们能感到自信的人，因为没有人能够喜爱他所畏惧的人。

友谊有伙伴、亲近、联姻以及所有诸如此类的形式。友谊产生于做好事，在没有受到请求的情况下做好事，做完还不向人张扬，因为这样才显得仅仅是为了朋友而不是为了另外某种缘故。

1382a 至于敌视和憎恨，显然要从与上述相反的方面来考察。产生敌视的原因是愤怒、刻毒和谣言。愤怒产生于对我们的冒犯，而敌视的产生甚至无须受到冒犯；因为只要我们觉得某人是这样一类人，就会憎恨于他。愤怒总是要牵涉到个别的人，如卡里亚斯或苏格拉底等，而憎恨则是针对某种人，比如人人都憎恨窃贼和告密者。时间可以医治愤怒，但是不能医治憎恨。而且，愤怒意在造成痛苦，憎恨则意在造成灾祸；因为愤怒的人想要对方感到自己的愤怒，而憎恨的人根本就不在乎对方如何感觉。所有引人痛苦的事物都是可以感觉到的，然而最大的恶却最难为人察觉，譬如不义与愚蠢；因为恶的存在并不引人痛苦。愤怒伴随有痛苦，憎恨则无痛苦相随；因为发怒的人感受着痛苦，憎恨的人却不感到痛苦。再者，发怒之人在很多情况下都可能心生怜悯，憎恨者却从来不会感到怜悯；因为发怒的人想让对方也感受到这种痛苦，而憎恨者想的却是毁掉对方的存在。

从以上论述中可以明白，我们能够证明人们究竟是仇敌还是朋友，如果人们二者都不是，我们可以造成他们是的结果，结果他们伪称自己是，我们又可以予以揭穿；如果他们出于愤怒或出于敌视同我们争执，我们可以把他们引导到我们乐意选择的任一方面来。

【5】 接着我们将要阐明，人们对什么样的事情以及对什么人感到恐惧，人们感到恐惧时处于什么样的一种心情之中。姑且让我们把恐惧定义为某种痛苦或不安，它产生于对即将降临的、将会导致毁灭或痛苦的灾祸的意想。人并不对一切灾祸感到恐惧，例如对将会成为不义的或蠢笨的人，而只是对那些将会导致极大的痛苦与毁害的灾祸感到恐惧，而且只在这些灾祸显得并不遥远而是近到迫在眉睫的情况下。因为人们并不害怕十分遥远的灾祸，因为人人都知道自己终有一死，然而只要死亡并非近在眼前，他们就不会在意。倘若这就是恐惧的定义，那么凡是显得有巨大的能力造成毁灭或形成伤害从而导致巨大的痛苦的那些事物必然都属于令人

恐惧的一类。因此这类事物的信号也是可怕的，因为它表明这类事物正在迫近，而危险就是可怕的事物近在咫尺。能对我们做这种事的人的敌视和愤怒便是这种信号，因为这表明了他们正想这样做，故他们的行动已经为期不远了。又，不1382[b] 义之人掌握了权力也是令人恐惧的，因为不义之人之所以不义，就在于意图做不义之事。又，受过欺凌的能干者一旦拥有了权力也是可恐惧的，因为很明显，每当受到欺凌的时候，它总是意欲伸张，而如今它已然权力在握。又，能对我们有所戕害的人的恐惧也是令人可怕的，因为这种人必定时时准备动手。既然大多数人都很坏，既贪得又怕险，那么就多数情况而论，落到其他人手里是一件可恐惧的事情；所以，那些同人一道做了某种可怕的事情的人，害怕受到同谋的告发或背弃。再如，那些能够害人的人对于可能受其害的人来说也是可恐惧的，因为就多数情况而论，人只要能够，就会加害于人。又，那些受了害或者自认为受了害的人也是令人恐惧的，因为他们随时都在寻求机会。又，那些曾经害过人的人一旦拥有了权力也是令人恐惧的，因为他们害怕反过来遭到报复，而这种情况已被假定为是令人恐惧的。又如，与我们争夺同一样事物而这事物不可能同时为双方共得的那些人，因为人们总是同这种人开战。又如，那些对比我们更强大的人来说也属可怕的人，因为他们更有可能伤害我们，如果他们甚至能伤害比我们强的人的话。又如，根据同样的理由，那些为比我们更强大的人所恐惧的人。又如，那些毁掉过比我们更强大的人的人；那些攻击比我们弱小的人的人，因为他们要么已经是可恐惧的，要么在力量增强后会是令人恐惧的。

在曾经受过我们的害的人、我们的仇敌或对手当中，可恐惧的倒不是那些性情暴烈、想啥说啥的人，而是那些性情温和、言语温柔、阴险刻毒之人，因为我们搞不清楚他们是否就要对我们下手了，也无从得知这种威胁是否还很遥远。而且，一切可恐惧的事情，若是一旦做错就无可补救，或者总的说来无可补救，或者我们自己无法补救而只有对方才有这种能力，那么它们就会更加令人恐惧。再如那些我们无法救助或难以救助的事情。简单说来，凡是发生在或将会发生在别人身上又能激起人们的怜悯的那些事情都是可恐惧的。

大致上可以说上述这些就是为人们所恐惧的、最大的可怕的事情。现在让我们来讨论人们恐惧时所处的心情。假如恐惧伴随有对即将遭受的某种毁灭性打击的预感的话，显而易见没有人在认为将不会遭受任何打击时会畏惧他自认为不会遭遇到的事情，或者畏惧他自认为不会使他蒙受打击的人，或在他自认为不会发生这种事情的时候感到恐惧。故那些自认为将会遭遇某种祸事的人必然会有所恐惧，或是对将加祸于他的人、或是对他将遭受的事、或是在祸事降临的时 1383a
间感到恐惧。那些处境极为优渥的人，自认为不可能会遭受祸害，所以往往是暴虐、怠慢、鲁莽之人；造就这种人的背景条件是财富、气力、朋友众多、权力等。再及，那些自认为业已遭受过所有怕人的苦难遂而对未来漠不关心的人也不复有所恐惧，就像那些已经被折磨得奄奄一息的人一样；要使他们有所恐惧，就必须存在着几分获救的希望，让他们为此焦急不安。一个证明是，恐惧使人用尽心计，而没有人会为毫无希望的事情费心劳神。因而，在最好让听众处于恐惧状态的情况下，就应该把他们说成是这样一种人，即，将会遭遇祸害的人，根据是比他们更了不起的人已经遭受了不幸，而与他们不相上下的人正在遭受或已经遭受了不幸，而且，这种祸害出自他们意想不到的人，是一些意想不到的事情，将在意想不到的时间发生。

既然我们已经清楚了恐惧是什么，可恐惧的事情是什么，以及每种感到恐惧的人处于何种心情，从中便不难明白什么是胆量，人们在哪些事情上有胆量，以及有胆量的人处于什么样的一种心情之中。因为，胆量是恐惧的反面，使人有胆量的事物是使人恐惧的事物的反面，故胆量是伴随着对唾手可得的获救的想象的一种希望，而且令人恐惧的事物要么不存在，要么相距十分遥远。怕人的事物尚在远处或者给人壮胆的事物就在近处都能给人带来胆量。只要可能有救治的办法，抑或是可望得到帮助，无论是众多的还是极大的，还是既众多又极大的帮助；只要我们没有害过人也没受过害；只要我们总的说来没有竞争对手，或者对手没有力量，或者他们虽有力量却是我们的朋友，曾经施惠于我们或受过我们的恩惠；只要与我们利益相同的人为数众多或力量强大，或者既众多又强大。（在上述情况下我们都会有胆量。）

人们有胆量时处于这样一种心情，只要他们认为自己经常得以幸免而未惨遭不幸，或者只要他们多次涉险而又一一得以逃脱。因为，人在两种情形下不知畏惧，或者是从未吃过苦头，或者是有人相助；就好比在海上遇险时，那些从未遇到过风暴或坏天气的人与那些由于其经验有办法救助自己的人都不惧将要发生的事情。又及，当那些同我们一样的人无所畏惧时，或者当不如我们或我们认为自己比其更强的那些人尚且无所畏惧时（我们都能保持镇定），我们这样认为，或者是我们征服过这些人，或者是征服过比他们更强或同他们不相上下的人。又，只要我们认为，自己具有更多或更重要的使其具有者成为可怕之人的那些长处，比如大量的钱 1383b
财、强壮的体格、朋友、土地、武器装备等等，或具备所有这些，或具备其中最重要的。又，只要我们从未对任何人做过不义之事，或者没对很多的人或我们所畏惧的人做过不义之事。又，一般说来，若是我们同众神相处甚好，既有其他种种佑助，又有幸得到预兆与神谕的指引；因为愤怒使人胆壮，我们没有害人却为他人所害便可造成愤怒，而神灵被认为会佑助受害之人。又，当我们着手干某件事情，自认为肯定不会蒙受失败或者一定会成功的时候。（在上述情况下我们都不会畏惧。）关于令人恐惧和给人以胆量的事物，我们已经做了阐明。

【6】 从下面的讨论中将会清楚，人们对哪种事情、在什么人面前以及处于什么样的心情下感到羞耻或不感羞耻。可以把羞耻定义为一种与坏事相关的痛苦或不安，这些坏事发生在现在、过去或将来，显然会带来不好的名声；无耻则可定义为在同一些坏事上抱无所谓或满不在乎的态度。如果可以这样定义羞耻，那么人们必定会对那些在他们自己或他们所关切的人看来可耻的坏事情感到羞耻。这类事情全都是邪恶所致的结果，比如丢弃盾牌或临阵逃脱；因为这乃是出于怯懦。又如，侵吞替人托管的财产，因为这是出于不义。又如，在不当的地点或在不当的时间不应当地与某些人保持不当的关系，因为这是出于不检点。又如，占那些微不足道的或令人羞于启齿的便宜，或者占那些没有能力者的便宜，如穷困潦倒之人或已经死去之人，由此有这样一句谚语：掏死人的腰包；这乃是出于肮脏的贪欲和低贱的习性。又如，能在钱财方面提供帮助却不提供，或者较少地提供。又如，接受境遇不如自己富足的人的帮助；当别人似乎想借时自己却开口向人借，或者当别人想讨还借债时偏还向他去借，或者当别人想借时却向他讨还借债；为了表明其借意就奉承别人，而在碰了钉子之后还若无其事地继续跟人借；因为，所有这些行为都是品性卑贱的明证。别人在场的时候便大加吹捧，一面过分张扬别人的长处，一面替人掩盖短处；或者，别人在场的时候就过分表示对别人的伤心事感到伤心，以及所有诸如此类的其他行为；因为这一切都是谀媚的

表现。

又如，对年龄更大的人、在奢华的环境中长大的人、处境更优厚的人以及一般说来更不可能忍受的人都能忍受的那 1384a
些劳苦不能忍受，这之所以可耻，是因为它们全都是柔弱的表现。又如，接受别人的恩惠，并且时常接受，反而指责别人所施的这些恩惠；因为所有这些都是心地偏狭和卑下的表现。又，用尽一切手法自吹自擂，并把别人的功劳说成是自己的；因为这是出于吹嘘。同样，还有来自于其他每一种邪恶的品性的结果或表现或类似的东西，因为它们都是肮脏可耻的。又，不具有或分有人人都具有或所有或大多数同自己一样的人都具有的那些高尚的东西。所谓同自己一样的人，我指的是属于同一种族、同一城邦、同一年龄、同一家族以及总的说来与自己平等的那些人；因为别人有了自己却未能享有乃是可耻的事情，比如受教育的程度不及别人以及其他同类的事情。又，若是错误明显出自我们一方，上述这一切事情就更加令人羞耻；因为假若我们就是业已发生的、正在发生的或将要发生的那些可耻之事的作俑者，这就说明我们已然比他人跟邪恶更有渊源。又如可耻的遭遇，曾经遭受过或将会遭受能带来不名誉和责骂的那类事情都会令人感到羞耻；这些事情如，屈从于身体方面或可耻的事情方面的欲求所干的可耻的事情，这些事情也可能是遭受暴虐的结果。这些不检点的行为或出于自愿或出于非自愿（非自愿即受到了强迫）；因为，不经抵抗就甘受摆布乃是软弱和怯懦的结果。

上述这些以及这一类的事情，就是令人感到羞耻之事。既然羞耻是对不名誉之事的一种想象，而且就在于这种想象自身而不在其结果，而没有任何人会在乎他人的意见，除非他在乎持有这种意见的那些人；那么，我们在他们的话得到我们的看重的那些人面前就必定会有羞耻之心。而景仰我们的那些人所说的话能得到我们的看重，还包括那些受到我们景仰的人、那些我们希望受到其景仰的人、我们与之竞争的人，以及其意见不会受到我们的轻蔑的人。凡是拥有某种荣誉的人，或是掌握着某种为我们所急切需要的东西的人，如情人们，都是我们希望受到其景仰或为我们所景仰的人。我们与跟我们同等的人竞争，并且敬重那些有实践智慧的人，以他们为真实的楷模，这些人如，比我们年长的人或受过良好教育的人。再及，在众目睽睽之下或者在光天化日之下干出的丑事更加令人羞耻，由此有这样一句谚语：“眼睛是羞耻的家。”正是由于这一缘故，在那些长期和我们在一起或者关注着我们的人面前，我们更容易感到羞耻，因为这两种
1384b 情况中我们都在别人的眼睛的注视之下。

在他们面前我们会感到羞耻的人又如，那些没有背上相同的罪名的人；因为很明显他们的看法会与我们相左。又如，那些不宽谅犯过错误的其他人的人；因为一个人若是自己也做过同样的错事，他就会说周围人所做的这些错事并不可恨，因而显然人们只是对自己没做过的那些错事表示愤

恨。又如，那些四处向人张扬的人；因为不被人张扬就等于不被人认为有过错。而受过我们害的人由于时时伺机报复自然乐于张扬我们的过错，爱讲人坏话的人也是一样，因为如果说连那些没有过错的人他们也不放过，就更不必提犯过错误的我们了。又如，那些专爱就周围人的错误搬弄是非的人，比如那些爱嘲弄人的人和喜剧诗人；因为在某种意义上他们也是讲人坏话和向人张扬的人。又如，那些从来没在我们这里碰过钉子的人；因为我们差不多对于他们保持了一种受其景仰的姿态。因此我们在拒绝一个第一次向我们提出某种要求的人时会感到羞愧，原因在于在他们那里我们还没有落下过不好的名声。而且，这些人正开始想同我们交朋友，因为他们只看到了我们最好的一面(因此欧里庇德斯给叙拉古人的答复很有一些道理)；还有那些对我们的短处一无所知的老相识。人们不仅为那些说出口的丑事感到羞耻，而且还为这种事情的标记感到羞耻，例如不仅为性爱感到羞耻，还为性爱的标记感到羞耻。又及，人们不仅为做丑事感到羞耻，还为讲丑事羞耻。同样地，人们不仅在上述的这些人面前感到羞耻，还在将向这些人讲我们的丑事的人面前感到羞耻，例如他们的下人或朋友。总之，人们在他们对其讲述真实事实的意见抱有极度轻蔑的那些人面前不会感到羞耻（因为谁也不会在小孩或动物面前感到羞耻）；或者在熟人面前或陌生人面前人们不会为同样的事情感到羞耻，而是在熟人面前为被认为真正可耻的事情感到羞耻，在陌生人面前则是为不合法规或风习的事情感到羞耻。

人们感到羞耻时所处的情形如下：首先，有那些与他们处于这样一种关系的人在场，即如前所述人们在其面前觉得自己会害羞的那些人在场。这些人便是受到人们景仰的人，或景仰人们的人，或人们想受到其景仰的人，或者是人们对其有所求而没有他们的好感自己的需求就得不到实现的那些人。又，这些人也是目击者（就像库狄阿斯一样，他在就萨莫斯岛的土地分配问题发表演说时，要求雅典人设想希腊人就站在他们的周围，亲眼目睹而不仅只是随后才听说他们即将进行的表决）；或者是人们的邻人，或者是对人们将要做的事有所觉察的人。因此，人们蒙受不幸时不愿被自己的对
1385a 手看见，因为相争互竞之中本就有敬慕或景仰。又，人们与那些招致羞耻的行为或事情有牵连时也会感到羞耻，或者是他们本人，或者是他们的先辈或跟他们有某种密切关系的其他某些人须为这些行为或事情担当干系。总而言之，人们为那些他们感到羞耻时自己也会有同感的人感到羞耻，这些人即是上述的各种人以及与之有关连的人，例如人们曾经做过其教师或参谋的那些人，或者是别的与人们同等的人，他们是人们的竞争对手。因为由于在这些人面前感到羞耻，人们终究做了或不做许多事情。又，若是将会被知道自己的丑事的那些人看见，或者要在公开的场合从他们眼底下走过，人们就会更觉羞耻。因此，当诗人安提丰将被按第奥尼修斯的吩咐鞭笞处死时，看到那些将与他一同被处死的人穿过大门

时遮着自己的脸面，便说道："为什么要遮自己的脸？是不愿围观者中有人会在明天看见你吗？"

关于羞耻就做这些阐述，而不知耻或无耻显然可以从相反的方面得到很好的说明。

【7】　定义了善意①之后，我们将会清楚，人们对什么人以及为什么缘故抱有善意，善意的人处于什么样的一种心情。姑且把善意定义为这样一种心意，据此人们把拥有善意的人说成是对某些有所需求的人提供了帮助的人，而且这种帮助不图任何回报，也不想为帮助者本人带来某种好处，而仅仅为被帮助的那人着想。并且，若是那人的需要极其迫切，或者其需要的东西既重大又难得，或者在当下的场合是重大而又难得的，或者其帮助者是唯一无二的、最先的或最主要的，那么，这种帮助就是十分重大的。需求也就是欲求，其中尤其包括对得不到就会生出痛苦的那些事物的欲求，各种欲望就有这类性质，如情欲。还有在身体受到折磨时和在危险之中的欲求，因为一个身陷险境之人或一个痛苦之人都会有所欲求。因此那些济助贫困潦倒者和流亡者的人即使出力甚小也会令人感激不已，其原因就在于受其扶助者的需要之急切和当时情形之紧迫，例如当时在吕克昂送席垫的人。所以，善意的帮助肯定最应当满足与此相同的需求，

① kharis，有"好意"、"善举"、"恩惠"、"感激"等含义。

不然的话，也应满足与此平齐或更大的需求。

既然以上已经阐明了人们在什么时候①、为什么缘故抱有善意，以及善意者所处的心情，那么很显然我们应当从上述题材中构筑我们的论证，指出一些人过去曾经或至今仍然处于这样的需求和痛苦之中，而另一些人针对这种需求曾经提供或正在提供着这样一类帮助。而且，我们还可以清楚知道，由何才可能抹消人们的善意或使人显得缺乏
1385b 善意；我们或者可以说他们是为了自己好才帮助或曾经帮助别人的，而这是称不上善意的，或者说他们的善举不过是出于偶然或是被迫无奈，或者说他们与其是在馈施不如说是在回报，不论他们自知还是不知——这两种情形下的善举都是一种回报，所以在此谈不上什么善意。还应当从每种范畴方面来考察，因为善意之产生总是有赖于此事物、此数量、此性质、此时间及地点。缺乏善意的一个表证是：如果连较小的帮助也拒绝给予；如果对我们的仇敌也给予了相同的或相平等的或更大的帮助；因为，很明显他们做这些事并非是为了我们的缘故。或者他们提供的是较差的帮助，而且他们心里也有数；因为谁也不会承认，自己需要的是那些较差的东西。

【8】 关于善意的行为与缺乏善意的行为已经讲完了。

① 牛津本作“对什么人”。

让我们继续讨论，什么样的事情引起人们的怜悯和人们对什么人感到怜悯，以及怜悯者处于什么样的心情。可以把怜悯定义为一种痛苦的情感，由落在不应当遭此不测的人身上的毁灭性的、令人痛苦的显著灾祸所引起，怜悯者可以想见这种灾祸有可能也落到自己或自己的某位亲朋好友头上，而且显得很快就会发生。因为很清楚的是，一位将会感到怜悯的人必定就像这样一种人，他们觉得自己或自己的某位亲友有可能遭受某种灾祸，这种灾祸如上述定义中所提及的，或者与之类同或近似。因此那些彻底绝望之人不会有怜悯之情，因为他们认为自己饱受创伤，再也没有什么灾祸可遭受的了；那些自认为极度幸福的人也不会有怜悯之情，他们有的毋宁是暴虐之心。他们认为，如果说自己已经具备了人世间的一切善事，显然就不可能遭受任何灾祸了，因为这一点正是人们诸善之一端。那些认为自己有可能遭遇不测的人是这样一种人，他们曾经遭受过灾祸而又幸免于难，或者是上了年纪的人，由于其见识及经验方如此认为，或者是孱弱之人，特别是较为懦弱之人，或者是受过教育的人，因为他们会凡事三思。此外还有那些有父母双亲、子女及妻室的人，因为这些东西与这些人息息相关，并且有可能遭受上述的灾祸。又如，那些没有感受过阳刚之激情的人，如没有体验过愤怒与失控的人(那样的人是不管三七二十一的)；以及那些没有体尝过暴虐的人（这些人同样不去想将会遭受什么），但也不能是那些极度恐惧之人，只有介于二者之间的人才会

有怜悯之情①。那些惊惶失措之人由于为其自身的激情牢牢
1386a 控制住了，便不及感到怜悯。人们认为世上还有贤明之人，方能感受怜悯之情，因为若是认为这世上全无好人，那么就该认为所有人受苦受难都在情理之中了。总而言之，仅当人们忆及这样的祸事曾经在自己或自己的亲友身上发生过，或者预期在将来祸事还会重演时，他们才会心生怜悯。

上面阐述了怜悯者所处的心情，而引人怜悯的那些事情从怜悯的定义中就可以清楚。凡是引起痛苦和哀伤的毁灭性的事情以及所有破坏性的事情，均能引起人们的怜悯，还有那些以机遇为契因的大灾大难。令人哀伤的且又具有毁灭性的事物，乃是各种形式的死亡、身体上的伤害与折磨、衰老、疾病和食物的匮乏。以机遇为契因的灾祸中，包括孑然一身、朋友稀少（所以被迫与朋友和知己分离是可怜悯的事情）、相貌丑陋、身体孱弱和体有残疾；又如，从某些行为中本应有善的结果，不想却生出了某种恶果，而且这类事还屡屡发生；又如，人已经遇害，好事情才姗姗来迟，例如狄奥佩忒斯死后，国王的馈赠才送来。从未交过好运，或交了好运却无福消受的人也是可怜悯的。

引人怜悯的事情就是上述这些或这类。人们怜悯自己认识的人，条件是这些人不能跟他们关系太近，因为在那种情

① 这两句话的顺序依从牛津本，洛布本“但也不能是……”一句在“只有……”一句之后且两者间是句号。

况下他们就会觉得跟自己在遭受不幸一样。由此当自己的儿子被带去处死时，据说阿马西斯并没有哭，而当他看到自己的朋友向人行乞时，却忍不住落了泪；因为，后一种情况是可怜悯的，前一种情况则是可怕的。可怕之事不同于可怜悯之事，它能够赶走怜悯之情，其作用经常是引发与怜悯相反的情感。此外，可怕之事的迫近也能唤起怜悯。人们怜悯在年龄、性情、品质、价值或地位、门第等方面同自己一致的人，因为落在所有这些人身上的不幸都显得更有可能落在人们自己身上。总起来看，在此我们应当肯定，凡是在自己身上发生会使人们恐惧的事情，在其他人身上发生就会使人怜悯。既然劫难显得正在迫近是令人怜悯的，而在一万年之前曾经发生或在一万年之后将要发生的劫难对我们来说要么是不可追忆，要么是不可期待，总之它们不可能引起我们的怜悯或引起同样强烈的怜悯；那么，借助姿势、声音、衣着以及总体上的表演技巧来增强其效果就必然更能引人怜悯，因为这种人给人造成了灾祸正在迫近的印象，把灾祸直接呈现在人们眼前，宛若它们立刻就会发生或刚刚才发生。由于同一原因，刚才发生或即将发生的灾祸更加令人怜悯。又及，各种标记与行为也能唤起怜悯，比如受难者的衣物以及诸如 1386b
此类的一切东西，正在受难的人的吐诉以及其他——例如已经快死的人。而且，如果身处这些不幸场合的是一些善良之人，那就特别引人怜悯；因为所有这些事情格外令人怜悯，是由于劫难显得近在眉睫，而且要落在不应遭此不幸的人身上，而且那劫难已是依稀可见。

【9】 所谓的义愤最直接地与怜悯相反，因为因别人得到其不应得的好事情而感到痛苦在某种意义上正好与因别人遭遇其不应遭遇的坏事情而感到痛苦相反，而且是同一种性情的结果。这两种激情都体现良好的性情，因为我们应当对不应遭受的那些厄难表示同情和怜悯，对不应得到的那些好事表示义愤；因为同一个人不相称的事情是不公正的，由于这个缘故我们把义愤赋予了诸神。嫉妒看起来也以同样的方式与怜悯相反，因为嫉妒与义愤相近，然而两者实际上是不同的；嫉妒确实也是由他人的好运引起的一种痛苦的、让人不得安宁的情感，不过不是针对本来不应走运的人，而是针对与自己平等或同等的人。所有感到嫉妒或义愤的人都应有一个类似之处，即他们的这种情感并非是由于某种分外的事情将会落到自己头上，而是由于落在了他们的邻人头上。因为，假如这种痛苦与不宁是由于想见从他人的走运中将会产生出某种即将落到自己头上的恶果，义愤也好，嫉妒也好，它们均将荡然无存，取而代之的将是恐惧。显然，这两种情感或激情都有彼此相反的激情相随，因为一个人看见他人遭遇了不应遭遇的坏事情时感到痛苦，而当他看见他人遭受其活该的恶果时就会感到喜悦，至少是不感痛苦；例如，没有一个好人看到杀父凶手或杀人者受到惩罚时会感到痛苦；因为看着这些人受惩罚，就像看着别人得到其本应得到的善事

一样，一个人只会感到高兴。这两种情况都是公正的，都会使善良之人感到高兴，因为他必定期望与其同等的人遇上的好事自己也能遇上。所有这些情感都来自同样一种性情，与之相反的情感则来自相反的性情；因为一个幸灾乐祸的人也就是一个嫉妒的人，其原因在于，假若嫉妒之人看见别人走 1387a
运感到了痛苦，那么在看见别人好运顿失或毁于一旦时他必定就会感到高兴。因此所有这些情感都阻碍怜悯的产生，尽管由于上述理由它们各不相同，因而它们全都可以同样起到防止怜悯产生的作用。

首先让我们讨论，人们对什么人感到义愤，对于什么事情、在什么心情下感到义愤，随后再讨论其余的问题。其实以上的论述已经把问题讲清楚了，因为假如义愤即是因别人得到了显然不应得的好事情而感到痛苦，那么很清楚人们并不是对所有诸善都感到义愤，因为人们不会因看见别人公正或勇敢而感到义愤，也不会在看到别人获具了德性时感到义愤（看到别人有了与此相反的德性时人们也不会感到怜悯），然而财富、权力以及诸如此类的东西，或者简单说来只有善良之人才配拥有的东西却能引起义愤之情，还有天生具有的诸善，比如高贵的出身、俊美的相貌和所有这类的事情。由于悠久的事物显得更加近于自然，故就获得了同一种善事的人而言，人们对那些新近才碰巧获得此善并由此而走运的人更加感到义愤，因为新近的暴发户比早就富有或家传的富户更加让人着恼。同样可以推及官职、权力、众多的朋友、有出息的子女以及一切诸如此类的善事。假如这些善事又给这些人带来了另外某种善事，照样会引起人们的义愤；在此，暴发户或新富凭其财富担任官职就比那些由来已久的富户担任官职更能让人着恼，以此还可类推其他情况。其原因在于，后一种人拥有的似乎是他们自己的东西，前一种人则不然，因为一直如此的东西就显得像是真实的东西，所以后一种人没有拥有真正属于他们自己的东西。再者，并非随便什么人都配拥有每一种善，而是存在着某种比例或般配关系，例如精美的武器并不与公正者般配，而与勇敢者般配，荣耀的婚姻并不与新近发迹的暴发户般配，而与名门贵胄之后般配。所以，即使是一位善良之人，得到其所不配的东西时，也会令人感到义愤。同样令人义愤的是弱者同强者相争，尤其是在同一件事情上相争，因此诗人这样说道：

他避免同埃阿斯——特拉蒙的儿子——作战，
因为要是同更强的人作战，就会引起宙斯的义愤。①

1387b 即使不是这样，只要是弱者在任何方面同强者相争都会引起义愤，例如文雅的人同公正的人相争，因为正直或公正要优于文雅。

以上已经阐明，人们对什么人以及出于什么缘故感到义愤，大致的情况就有这些或这类。感到义愤者是这样一些

① 荷马：《伊利亚特》，xi，542。

人，他们正好应该得到最大的诸善或已经得到了它们，可是与他们不同等的人竟然也被认为应当得到同等的诸善，这就是不公正的了。其次，只要他们正好是善良或贤明之人（他们就更难按捺胸中的义愤），因为这样的人具备良好的判断力，并且对不公正之事同仇敌忾。又，只要他们是喜好名誉或谋求有所作为的人，尤其是在别的人不应得到却偏偏得到了的境况下的那些喜好名誉之人。又，总的说来那些自认为应该得到别人不应得到的东西的人都会对别人表示义愤。也正是由于这一点，奴隶们、卑贱者和没有野心的人不会有义愤之情，因为他们压根不认为自己应该得到什么。

从以上论述中不难明白，对于哪种人的不幸、厄运或不走运我们应是感到欣喜，或至少不觉痛苦，因为这些反面的情况在上面的论述中已经可以看清楚了。假如演说者能够这样来引导判断者或听众的心情，向他们表明那些声称值得人们怜悯的人并不值得怜悯，而正好值得无人怜悯，那么对他们的怜悯就不可能产生。

【10】 以上讲明了人们对于什么事情、什么人感到嫉妒，以及嫉妒者处于一种什么样的心情。嫉妒就像是某种痛苦的情感，由于看见与自己同等的人在上面提及的诸善方面交了好运而引起，不是为了自己得到什么，而是由于他人已有所得。嫉妒之人是这样一种人，他们与别人同等，或者显得与别人同等。所谓同等，我指的是在出身、血缘关系、年

龄、品质、名声、财富方面同等。在这些方面稍有或缺而未能全部拥有人们就会心生嫉妒。因此，那些干大事走大运的人多爱嫉妒，因为他们觉得所有人都想从他们那里捞一把。爱嫉妒的人又如，那些因某种特长而出名的人，尤其是在智慧或幸福方面。又如，那些喜好名誉的人，他们比不好名之人更爱嫉妒。又如，那些自以为智慧的人，因为在智慧方面他们是喜好名誉之人。又如，总的说来那些热中声名的人在与此有关的方面都是嫉妒的。又如，那些小气或心胸偏狭之人，因为在他们看来所有的东西都是至关重大的。人们在什么事情上感到嫉妒已经讲过了。大致上，所有使人们热中声
1388a 名或追逐荣誉以及渴望出名的作为或所得都是可嫉妒的，尤其是在人们自己有此渴望或者自认为理应获有的情况下，或者是在这种获得使他们略有超越或略有不及的情况下。

人们对什么人感到嫉妒也就清楚了，因为这已经同时得到了说明。人们嫉妒在时间、地点、年龄和名声上与自己相近的那些人，有诗为证：

亲属也知相嫉①。

还有人们与其争名的那些人，也就是以上提及的追逐名誉的人；没有人会同生活在一万年前的人或将要出生的人或已经死去的人争名，或者同生活在赫拉克勒斯之柱附近的人争名，或者同在他们自己看来或在其他人看来远远不及或超出

① 埃斯库罗斯，残篇 305（劳克本，1889）。

自己的那些人争名；人们只同同样一些人在同样一些事上争名。既然人们同自己的竞争对手、情敌以及总的说来同与自己有同样追求的人争名，那么这些人必然最招嫉妒。因此有言是：

陶工憎恶陶工。

再者，那些成功来之不易的人或未获成功的人嫉妒马到成功之人①。招人嫉妒的人又如，那些其获得或成功替人们招来骂名的人，这些人是嫉妒者的邻人或与之同等的人；因为显然人们自己未获善果应归咎于自身的过失，这种令人痛苦的想法就会引人嫉妒。又如，拥有或者业已获至其理当拥有或曾经拥有过的事物的那些人，由于这个缘故年长者嫉妒年轻人；又如，为同一件事情付出太多的人嫉妒那些付出甚少的人。嫉妒者对什么人、由于什么事情、在什么样的心情下感到高兴也很清楚了，因为若是他们未能拥有某种东西便会感到痛苦，那么在相反的情形下，得到了这些东西他们就会感到高兴。因而，要是能使其意见起决定性作用的人处于这样一种心情，而那些要求或自认应得到怜悯或其他某种善遇的人正是上述的各种人，那么很明显这些人是得不到决定者的怜悯的。

【11】 争强好胜之人处于何种心情，以及他们在什么

① 牛津本中将这句话调至24—25行。

事情上同什么人争胜，从下面的讨论中就会清楚。争强好胜是某种痛苦的情感，由于看见与我们生来同等的人得到了我们自己本可以得到的受人尊崇的好东西而引起，痛苦的原因不在于别人的拥有，而在于自己未能拥有。因此，争强好胜之人亦是善良之人或者说这种情感为善良之人所有，而嫉妒则是恶劣的或为恶劣之人所有，因为争胜心能使一个人设法
1388b 去达成诸善，而嫉妒心却使人设法使其邻人不得拥有诸善。必然地，争胜的人要求的是他们应该得到却没有得到的东西，因为谁也不会要求那些明显不可能的东西。所以青年人和志向远大之人①都是争强好胜的。还有那些拥有受到有价值的人尊崇的事物的人，这些事物包括财富、众多的朋友、官职以及所有诸如此类的东西。因为他们自觉是理所当然的善良之人，而善良之人又理应拥有诸善，所以他们就力争获至诸善。再者，被其他人认为应该得到诸善的人也是争强好胜之人。另外，为人们的前辈、亲近者、至交、民族及城邦所有的那些荣耀也能引起他们的嫉妒，因为他们认为这些荣耀为自己所固有，并且自己是应该得到它们的。假如受人尊崇的诸善是人们竞争的对象，那么各种德性就必须是这类对象，还有其他所有有益的和给人带来好结果的事物；因为成就好事者和善良者都受到人们的赞誉。又及，所有能使我们的邻人舒心得意的诸善，例如财富与美貌，它们更胜于

① megalopsukhoi，在伦理学中作“大度之人”。

健康。

人们同哪些人争胜，也是很清楚的，因为这些人是已经获得了上述这些或这类事物的人。上述这些事物即是勇敢、智慧、官职等；因为任职为官之人，如将军、演说家以及所有持有这类权力的人，都有能力为大多数人造福。又如，那些大多数人想成为与其同等的人的人，或大多数人想认识的人，或大多数人想成为其朋友的人；或者是受到大多数人景仰的那些人，或是为我们自己所景仰的人，或是受到诗人或著作家赞颂或褒扬的人。与此相反的人则会受到人们的轻蔑，因为轻蔑与争胜是相反的，轻蔑心与争胜心也是相反的。必然地，那些具有这种情感或激情的人，即同某些人争胜或是某些人与之争胜的对象的人，会蔑视那些具有与引人争胜的诸善相反的诸恶的人，其缘由正如上述。由于这个缘故，人们常常蔑视那些交了好运的人，要是这种好运落在了没有具备受人尊崇的诸善的那些人头上的话。至此我们已经讲明了，通过什么方法可以引发或打消人们的激情，以及在这些方面依据什么题材可以建立说服论证。

【12】　接着让我们来讨论各种品格，指明根据种种激情、品质、年龄和机运形成了哪样一些性情。所谓激情是指愤怒、欲望以及诸如此类的东西，这在前面已经述及。品质是指德性与邪恶，这也在前面讲过了，还有人们有意选择的那些东西，以及人们付诸行动的那些事物。年龄指青年、盛

1389a 年和老年。机运指高贵的出身、财富、权力以及与它们相反的事物，或总起来说指好运和厄运。

年轻人就性情而言总是欲望旺盛，做自己欲望的那些事情。在身体的欲望方面，他们最主要是听随性事方面的欲望，在这方面不能自制。然而他们的欲望极易变化，反复无常；他们在欲望发作时急不可捺，然而旋即就消失得无影无踪。因为年轻人的愿望就像病人的饥渴之欲一样，来势迫切却不能称大。他们是精力旺盛、热情冲动而且随时会发怒的人，难以控制自己的生命激情。因为由于热爱名誉，他们无法忍受他人的轻视，一旦认为自己受了委屈，他们就会勃然大怒。他们是热爱名誉的人，更是热中于胜利的人；因为年轻人追求超越，而胜利即是某种超越。他们热爱这两样事物胜过热爱钱财，其实他们是最不热爱钱财的人，因为他们还没有经历过窘困，恰如毕达库斯对安菲阿拉俄斯所说的话所示。他们凡事往好处而不是往坏处想，因为他们还没有见过太多的邪恶。他们是易于相信别人的人，因为他们还没有受过太多的欺骗。他们是满怀希望的人，因为就像喝多了酒的人一样，年轻人天生就是热血沸腾，同时，还因为他们没有遭过太多的挫折。他们多半靠希望过活，因为希望缅怀未来而记忆眷恋过去。对于年轻人来说，来日方长，去日尚短；因为在生命的第一天是没有什么可追忆的，而一切的一切都是可希望的。鉴此，他们极易上当受骗，因为他们太容易希望了。他们更为勇敢，因为他们有的是生命激情和美好的希望，一者使他们无所畏惧，一者使他们胆量倍增。他们是害羞的人，因为他们只接受了法律或戒规的教育，还没有领会另外的高尚的东西。他们是志向远大之人，因为他们还没有怎么受过生活的磨砺，还没有体会到必然性的威力；而且，他们自认为干得了大事，自命是心高志大之人，这也是满怀希望的表现。

他们宁愿做高尚的事情，也不愿去做有利的事情。因为他们的生活更主要地依靠性情而不是依靠心计，而心计以有利的事物为目标，德性则以高尚的事物为目标。他们比其他年龄的人更喜爱朋友和伙伴，因为他们高兴有这样的共同生 1389b 活，以及不以利害来衡量任何事物，当然也就不以此来衡量朋友们。他们的一切错误都起因于过分或过激，违背了基隆的格言，因为他们做一切事都有过之而无不及，爱人爱得太过，恨人也恨得太过，在任何其他事情上无不如此。他们认为并且确信，一切的一切他们都知道，这乃是他们一做事必过分的根源。如果他们做了什么不公正的事情，那也应归因于粗暴，而不是包藏祸心。他们是富于怜悯的人，因为他们觉得所有人都是好人，都比自己要好，其原因在于他们以自己的无辜来衡量周围的人，由此认为他们不应遭受危难。他们还爱调笑他人，因此是机智风趣之人；因为机智风趣是一种受过教化的暴烈①。年轻人的性情就是这样。

---

① hubris。

【13】 在大多数方面，年长者或已过盛年的人的性情几乎与年轻人截然相反。由于他们活过了许多岁月，受过了太多的欺骗，自己也做错过许多的事情，还由于人生诸事大多粗俗卑陋，他们便不再看重任何事物，做什么事都提不起精神。他们总是在想，但总也想不明白；事关是非曲直时，他们总是要添上“或许”、“就会”之类，他们无论说什么都离不开这类字眼，不会讲任何肯定的话。他们凡事往坏处想，往坏处想也就是对所有事物都取其坏的一面。此外，由于不信任人，他们总是疑虑重重，而不信任人则是由于不如意的经历。由于这些原因，他们爱人不切，恨人也不深，而是奉行比阿斯的准则，在爱时想着对方有一天将会成为自己所恨的人，在恨时想着对方有一天会成为自己所爱的人。他们是心胸偏狭的人，因为生活压抑了他们的志气；他们不追求任何重大或非凡的事物，但求与生活有关的那些事物。他们是不慷慨的人，因为财物是一种生活必需品，同时也因为通过经验他们深知财物来得艰难，去得却容易。他们是怯懦之人，在任何事情面前都畏畏缩缩；因为他们的心境同年轻人正好相反，他们是冷漠的人，而年轻人是热情澎湃的人。所以，老年是通向怯懦之路，因为畏惧是某种寒冷的感觉。他们是眷恋生命的人，尤其是在最后的日子里，因为欲望以不在的东西为对象，人们缺乏或需要什么，就格外欲望什么。他们是不必要地自私的人，因为这也是心胸偏狭的某种表现。他们活着是为了有利的事物，而不是为了高尚的事

物，而且往往超过了必要，因为他们是一心自爱的人，而有利的事物是对一个人自己的善，高尚的事物则是单纯意义上 1390a
的善。再者，他们与其说是害羞的人，倒不如说是无耻的人。由于他们并不像关心利益那样关心高尚的东西，也就不在乎别人的意见了。由于其经历，他们难得有什么希望，因为过去的事情大多数都是粗卑的，其结果多半也很糟糕；再一个原因就是他们的怯懦。他们靠记忆而不是靠希望为生，因为他们的有生之年已经所剩不多了，然而过去却是那么漫长；希望面向将来，而记忆追抚往昔。这乃是他们话多的原因，他们一个劲地追述过去，因为在追忆中他们感到快乐。他们的忿怒来得突然，但是并不强烈；他们的欲望有的已经耗尽了，有的已经十分微弱，所以他们不是欲望旺盛之人，也不凭欲望行事，而是凭得失行事。由此这一年龄的人显得很有节制，因为他们的欲望已经衰退，而且是得失的奴隶。他们靠心计而不是靠性情生活，心计使人追求有利的东西，而性情使人追求德性。如果他们做了不公正的事，那要归于祸心而不是归于粗暴。老年人也是怜悯别人之人，但是其缘由与年轻人不同；年轻人怜悯别人是出于爱人之心，老年人则是出于孱弱；因为他们认为所有的灾祸都离自己很近，随时都可能落在自己身上，而这正是怜悯的一个起因。所以他们总是满腹牢骚，缺乏机智风趣，不爱调笑他人，因为满腹牢骚与调笑于人是彼此相反的。

年轻人和上了年纪的人的性情便如上述。既然一切人都想听到合乎他们性情的演说，想听与他们性情相像的人演说，那么不难看出，我们应如何运用言辞才能使我们自己和我们的演说显示出这样一种特征。

【14】 显而易见，处于盛年或壮年期的人的性情将会介于上述两种人之间，他们没有上述每一种人的极端。他们既无太大的胆量（那就等于鲁莽），亦无过度的恐惧，而是恰到好处地兼具二者；他们不是对任何人都相信，也不是什么人都不相信，而毋宁是根据真实情况来做判断。他们的生活既不是为了高尚的事物，也不是为了有利的事物，而是兼
1390b 顾二者。他们既不吝啬也不挥霍，而是两相得宜。在生命激情和欲望方面也是如此。他们的节制之中有勇敢，勇敢之中又有节制，而这两者在年轻人与老年人那里是截然分开的；年轻人勇敢却不能自制，老年人节制却又怯懦。推而论之，凡是年轻人与老年人分具的有益的东西，都能为壮年人兼具；凡是在前两者那里过度或不及的东西，都能在后者这里居中得宜。身体的鼎盛期在 30 至 35 岁之间，而灵魂或心智的鼎盛期则在 49 岁左右。

关于青年、老年和盛年，哪种年龄具有哪种性情，就作这么些论述。

【15】 接下来让我们来讲述来自于机运的诸善，它们

或多或少地要对人的性情产生某种性质的影响。出身高贵者的性情是，拥有高贵出身的人更加热爱名誉，因为任何人只要开始有了点基础，就会在上面日积月累，而高贵的出身正是从前人那里承袭来的荣耀。出身高贵者甚至蔑视与自己的先辈同样的那些人，因为相同的事物，年代远的要比年代近的更具荣耀和更可吹嘘。高贵的出身是指就家族而言的德性，其高贵之处在于，没有偏离或丧失家族的本性，然而这在那些出身高贵者中通常是见不到的，他们中的大多数都是一些窝囊废。在人的生育中，就像在田里种庄稼一样，也有一个收获问题；有时候，只要家族优良，就能在一定时期内产生出卓异之人，但随后又会开始退化。资质聪颖的家族更有可能蜕变出一种疯狂的性情，阿尔克比阿多斯家族和老狄奥尼修斯的后人即是例子；意志沉稳的家族则易蜕变出愚蠢和懒惰的性情，例如克蒙、伯里克利和苏格拉底的后代。

【16】 与财富相对应的性情是谁都可以认出来的。富人们暴虐而又傲慢，占有财富给他们的内心造成了某种影响，从而使他们处于一种认为自己拥有一切好东西的心情；因为财富就像某种资格或标准，可用以衡量其他种种事物的 1391a
价值，由此一切事物似乎都可以用财富买到。他们是奢纵之人和自夸之人；之所以是奢纵之人，是由于他们生活的奢纵和向人炫耀自己的幸福，之所以是自夸之人以及是庸俗之人，是由于所有人都习惯于一心想着他们所钟爱和景仰的事

物，而富人们认为自己力争得到的东西也就是其他人都竞相争求的东西。他们有这种心情是可以理解的，因为很多人都有求于有钱的人。因此，在智慧与财富的问题上，当希厄罗的妻子问西蒙尼得斯做一位富人好还是做一位有智慧的人好时，他说："做一位富人好。因为我经常看见有智慧的人（哲学家）在富人们的门前消磨光阴。"富人们认为自己是理所当然的统治者，因为他们认为自己拥有作为统治者应当拥有的东西。归总为一句话，富人的性情乃是发了迹的蠢人的性情。不过新发财的富人跟由来已久的富人在性情上还是有差别的，其差别在于新富或暴发户具有全部甚至更多更坏的恶德，新富就好比是在财富方面的缺乏教育。他们做不公正的事不是出于祸心，而是一半出于暴虐一半出于放纵，例如造成人身伤害罪或通奸罪。

【17】 关于权力也是一样，大多数与权力有关的性情都是很明确的。因为权力与财富相比，在部分方面相同，在部分方面要好一些。当权者的性情比富人的性情更爱名也更勇敢，因为他们追求他们的权力允许其实施的作为。他们是更加认真的人，因为他们必须有所关心，在权力方面他们不得不保持专注。他们是更加有尊严而不是更加威风的人，因为他们的身分使得他们更加引人注目，因此他们要举止适度；这种尊严是一种温和的经过了文饰的威风。如果他们做不公正的事情，那就非同小可，一定会害人不浅。

好运根据其不同部分对应于上述几种不同的性情。因为被认为是最重要的好运的就有以上这些。此外，好运还使人安享天伦之乐，在身体诸善方面多福多寿。好运虽然使人变得傲慢和缺乏头脑，但也有一种最优秀的性情或习性相随， 1391b 那就是爱神或是对神的某种关系或态度。他们之所以虔信，是由于从机运中得来的那些好处。

关于与各种年龄和机运相应的性情，以上已经做了阐明。与上述性情相反的性情，例如穷人、不幸者和无权者的性情，从相反的方面就可以看出来。

【18】 意在说服的演说可用于促成某种判断；因为就我们知道并已经做了判断的事物而论，进一步的理论已没有必要了。即使只对某一个人演说，劝其做或不做某件事情，情况也是一样，就像那些忠告者和劝说者一样；因为，单独一个听众也照样是一个判断者，简单说来，凡是演说者必须对之进行说服的人都是一位判断者。无论他是在同一名对手还是在同一种假说进行争论，情况都不会两样。因为演说者必须借助其演说摧毁对方的论证，而对方的论证就好像是他与之争论的对手。在展示性演说中也是如此，因为这种演说以观众或听众为转移，把他们当做判断者。但总的说来，只有那些能就政治上的争端作判断的人才是单纯意义上的判断者，而在诉讼与议事争辩中，人们争论的是事物处于何种状态。前面我们已经讲过了各种不同的政体在议事演说方面的

不同的习惯特征，因而可以确定，以何种方式通过何种途径才能使演说体现出这些习惯特征。

每一种演说都有着与其他演说不同的目的，关于全部这些演说，我们已经掌握了各种意见与命题，正是依据这些意见与命题，议事演说者、展示性演说者和诉讼演说者才得以建立他们的说服论证。此外，我们还确定了依据什么样的题材才能使演说具有合乎要求的特征，剩余需要讨论的就是各种演说的共同的题材。任何一位演说者在他的演说中都不得不借用可能与不可能方面的题材，他需要竭力向人表明，有些事情将会发生，或有些事情已经发生了。此外，有关大小的题材也为各种演说所共有，因为所有人在议事、赞颂或谴
1392a 责、控告或辩护时都会使用贬抑或夸张的手法。这些题材得以确定之后，我们将尽力讨论为推理论证和例证所共有的东西，以求在补上对这些剩余问题的讨论后使我们一开始就设定的计划得以完成。在共同的题材中，夸张法最切合于展示性演说，这在前面已讲过了；已发生的事情最切合于法庭演说，因为判断总是关于过去的事情；而可能的或将来的事情最切合于议事演说。

【19】 首先让我们来讨论可能与不可能的事情。要是在彼此相反的事物中一事物可能存在或生成，那么它的相反者看来也是可能存在的。例如，假如人可能恢复健康，那么他也就可能生病；因为在相反者中，作为相反者，彼此的可

能性是同一的。又如，在相同的事物中，假如相同的一方是可能的，另一方也就是可能的。又，假如困难的事物是可能的，容易的事物也就是可能的。又，假如善良的和美的事物有可能生成，广义上的生成也就是可能的；因为一座美的房屋与广义上的房屋相比是更加困难的。又，假如开端有可能生成，最终结果也就可能生成；因为没有任何一件不可能的事情能够生成或能够开始生成，比如对角线的度量就既不可能开始生成也不可能生成。又，假如一件事情的最终结果是可能的，开端也就是可能的；因为一切事物都产生于开端。又，假如以实体或生成而论在后的事物可能生成，在先的事物的生成也就是可能的；如一个人要是可能生成，一个孩子也就可能生成，因为后者的生成在先；或者要是一个孩子可能生成，一个人也就可能生成，因为孩子是人的开端。又，为人们钟爱或欲望的事物自然就是可能的，因为就通常情况而论，没有人钟爱或欲望不可能的事物。又，作为各种知识和技术的对象的那些事物也都是可能存在和生成的。又，凡是其生成之开端在我们能通过强迫或劝说加以控制的那些人之中的那些事物都是可能的，我们是这些人的上级或朋友，可以左右他们。又，其部分是可能的事物，其整体也就是可能的；其整体是可能的，在多数情况下其部分也就是可能的。因为假如前部、顶端和皮面可能生成，鞋子也就可能生成；而假如鞋子可能生成，前部、顶端和皮面也就可能生成。又，假如整个的种属于可能生成的事物，属也就是可能 1292b

生成的；假如属是可能生成的，种也就会一样；如，船可能生成的话，三桨战船也就可能生成；三桨战船可能生成的话，船也就可能生成。又，假如两样自然相关的事物中有一样是可能的，那么另一样也就是可能的；如，要是倍数可能的话，半数也就是可能的；要是半数可能的话，倍数也就是可能的。又，假如一件事物的生成有可能不需技术与准备，那么凭借技术与小心其生成就更有可能。故阿伽松有言道：

有些东西我们凭技术做成，
有些东西全凭必然或机运带给我们。

又，假如事物对那些较差的、较弱的和较愚蠢的人来说也是可能的，那么对与他们相反的人来说就更不用说了，恰如伊索克拉底所说，要是他不能发现或想到欧图诺斯所学到的那点东西，那真是咄咄怪事。关于不可能的事情，很明显可以从与上述论述相反的方面推知。

事情发生了或没有发生，可以从下述方面来考察。首先，假如天生较后生成的事物已经生成了，那么更有可能生成的事物也就已经生成。又，假如通常生成在后的事物已经发生了，那么在先的事物也就已经发生；例如一个人要是忘记了某件事，那他先前就曾知道这件事。又，假如一个人曾经能做并且想做某件事情，那他就已经做过了；因为所有人在能做并且想做某事的时候都会见诸行动。此外，假如一个人曾经想做而又没有任何来自外部的阻拦，假如一个人曾经能做而且又在盛怒之下，假如一个人曾经能做而又跃跃欲试，他就已经做了；因为在大多数情况下，人们只要能够，就会做他们所欲求的事情，歹徒这样做是出于放纵，而贤人这样做是出于对好事物的欲求。又，假如一个人曾经即将做某件事情，那他也该是做了；因为人们很可能做他们即将要做的事情。又，假如所有自然而然地在一事物之先或为了该事物的事物都已经发生了，那么该事物也就已经发生了；如，假如已经闪了电，也就已经响了雷；假如某人已有图谋，他也就已经付诸行动。又，假如所有自然而然地在一事物之后或为了该事物才生成的事物已经发生了，那么在先的、为在后的事物所为的事物也就已经发生了；例如，假如已经响了雷，就已经闪了电，或假如某人已经有了行动，那他也就已经有过图谋。在上述所有情况中，有的是必然如此，有的则是经常如此。至于尚未发生过的事情，很明显可以从以上论述的反面来推知。

关于将会发生的事情，显然也可以依此类推。因为假如 1393a
一个人能做并想做某件事情，他就将会做这件事；又如，假如他处在欲望、愤怒和心计的影响下而且又有能力去做，他也会做这件事。由于这些原因，假如一个人有做某事的欲念和打算，他就将会去做；因为就多数情况而论，人们打算去做的事情比人们不打算做的事情更有可能发生。又，假如所有自然而然生成在先的事物都在先发生了，那么在后的事物也将发生；就如天上布了云，就将会有雨。又，假如为了某一事物的事物已经发生了，那么这一事物就将会发生；例如地基打好了，房屋也就将会建成。

在前面的论述中，我们曾经阐明了事物的大与小，更大与更小，以及广义上的大的事物与小的事物。在讨论议事演说的时候，我们讲到了大的善，以及单纯意义上更大或更小的善。既然每一种演说都以善为预定的目的，如有利、高尚或公正等，那么所有的演说者都应当掌握这些方面的夸张手法。而在此之外再来探讨单纯意义上的大小及超越，那将是徒劳无益的；因为在实际应用中，就个别而言的事物要比普遍的事物更加重要。

关于可能和不可能的事物，在此之先发生了或未曾发生的事物，将会发生或不会发生的事物，以及关于事物的大与小，就讲这么多罢。

【20】 既然我们已经从特殊的方面做了阐述，剩下来需要讨论的就是为一切演说所共有的说服论证了。共通的说服论证分为两种，即例证与推论；格言乃是推论的一部分。我们首先要讨论的是例证，因为例证类同于归纳，而归纳乃是推理的始点或本原。

例证有两种形式，一种形式的例证涉及在此之前发生过的事情，另一种则靠演说者自己杜撰一些事情。后一种又分为比喻和寓言，如伊索寓言与利比亚寓言。关于事实形式的例证，可以举这样一类例子：若是有人想说应当作好对付（波斯）大王的准备，并且不让他染指埃及，（便可借助下列

例证；）因为大流士在征服埃及之前，就未曾渡海前来进犯
希腊，而他一旦征服了埃及，随即就渡海来犯；又如，薛西 1393b
斯在征服埃及前，也没有渡海来犯，一旦征服了埃及，他也
前来进犯；因而这位大王要是征服了埃及的话，他定将渡海
前来进犯，所以对他不能听之任之。

至于比喻，可以说是苏格拉底式的。例如，若是有人想说不应用抽签法来委用官员，（他就可以说）因为这就好比是用抽签的办法来选用运动员，而不是根据其竞技能力来选用；或者，就好比是要在水手中挑选某人来做舵手，不根据其懂的多少而是凭抽签决定一样。

至于寓言，正如斯特西科罗斯关于法拉里斯和伊索关于平民领袖所讲的那样。当希米拉人推选法拉里斯为全权统帅，并打算给他一支贴身卫队的时候，斯特西科罗斯讲了许多话后，对他们讲了一个寓言：一匹马独占一片草场，一只鹿跑来践踏这片牧地；马想报复这只鹿，就问某个人能不能帮他一道惩罚鹿，这人说，只要马愿意给自己套上马勒，并且让他手持长枪骑在马背上就行；马同意了，这人骑上了马背，然而这匹马报复未竟，自己反倒成了那人的奴隶。“因此你们也得当心”，他说，“莫要在一心想着报复敌人的时候，落得与那匹马相同的下场。你们已经戴上了马勒，就因为推选了一位全权统帅；要是你们再给他一支卫队以便让他骑在你们背上，你们立刻就会成为法拉里斯的奴隶。”在萨莫斯岛，伊索在为一位将被判处死刑的平民领袖辩解时讲了

这样一个寓言，一只狐狸在过河时被冲进了一个岩洞，爬又爬不出来，受了很长时间的罪，大群大群的狗虱叮在它身上；一只四处游荡的刺猥看到它的可怜样便问，是不是要他帮忙除去这些狗虱，狐狸拒绝了，刺猬问这是为什么，它答道，这些虱子已经在我身上喝饱了，再也喝不了多少血了，可是要是除去它们的话，另外的虱子就会跟来，它们正值饥饿，会把我剩下的血都喝光。“你们也是一样”，伊索说道，“萨莫斯人啊，这人不会给你们造成进一步的危害了（因为他已经富了）；可是要是除掉这人的话，另外的还很穷的人
1394a 就会出来，盗走你们的公款，把它们挥霍一空。”

寓言适合用来对平民群众演说，这种做法很有益处，因为已经发生过的事例往往并不好找，但是寓言却俯拾即是。因为就像造一个比喻一样，一个人只要能看出事物的相像之处——这在哲学中并不是什么难事，他就可以造出寓言。然而尽管寓言援用起来很方便，对于议事来说，事实的例证却更为有用，因为在大多数情况下，将会发生的事情类同于已经发生过的事情。

在缺乏推理论证的情况下，就应当利用例证来进行证明，因为以此即可产生说服力。在有了推理论证的情况下，应当把例证作为证据来使用，作为对推理论证的收场白。因为若是把例证放在前面，就有点像归纳推理了，而除非是在少数的场合，归纳是不切合修辞演说的；若是把例证放在收尾处，就能起证据的作用，而一个证据无论在什么情况下都

能起说服作用。因此，若是例证在前，就应一并举出数例，而放在结尾时，一个例子就足够了，因为一个可信的证据就可以管用。例证有多少种形式，应当以何种方式在什么情形下使用它们，就已阐述完毕。

【21】 关于格言，说明了格言是什么之后就将很容易明白，在什么事情上、在什么时候、对什么人来说在演说中宜于使用格言。格言是一种陈述，不过不是针对个别事例的陈述，比如伊菲克拉忒斯是什么样的一个人，而是一种普遍的陈述；然而格言也不是关于任何普遍事理的陈述，比如直线与曲线相反，而是关于行为方面的普遍陈述，关于选择或避免去做某类事情。既然推理论证大致就是关于这些方面的三段论，那么就可以认为，格言即是从三段论中分离出来的、推理论证的前提或结论，如：

一个有头脑的人决不应当
把他的子女调教成过分聪明的人①。

这便是一句格言，但是添上理由和道理后，合起来就成了一个推理论证，如：

因为他们不仅会得到呆气的骂名，
还会招来城中居民的嫉妒和恶意。②

---

① 欧里庇德斯：《美狄亚》，294—295。

② 同上书，296—297。

1394b 又如：

没有谁在一切事情上都幸福①。

又如：

众生之中没有一个人是自由的②。

这是一句格言，而加上紧随其后的一句就成了推理论证：

因为人人都是金钱或机运的奴隶③。

假如格言即如上述，那么它必定有四种形式，因为格言或者有收场白或者没有。当这些说法令人费解或有争议的时候，就需要有相应的证明；但在并不费解的情况下，也就不需收场白或补充说明。在不需补充说明的格言中，必定有的是由于人们早就知道了，如：

健康是一个人最宝贵的东西，这正是我们的看法④。

多数人都会这么看；或者，有的是一经说出就一目了然，如：

不永远爱的人就不算爱人⑤。

至于有补充说明的格言，有的是推理论证的一部分；如：

一个有头脑的人决不应当……

有的则带有推理论证的性质，但不是推理论证的一部分，这种格言最受欢迎。这些格言的理由是显而易见的，如在这样

① 欧里庇德斯：《斯忒波涅亚》，残篇661（劳克本，1889）。

②③ 欧里庇德斯：《赫卡柏》，864—865。

④ 埃比哈尔莫斯，DK残篇19。

⑤ 欧里庇德斯：《特洛伊妇女》，1051。

一句这中：

身为有死者，不可迸出像不死者那样的愤怒。①

因为说一个人永远不应当像不朽者那样发怒，这就是一句格言，而附加“身为有死者”，就提及了理由。下面一句也与此类同：

有死者应有有死者的想法，而不是不死者的想法。②

从以上论述中显然可知，格言有多少种形式，每一种形式的格言在什么样的事情上适用。在其内容有争议或令人费解的情况下，需要有收场白或补充说明，不过也可以把收场白前置，以结论作为格言，例如，一个人可以这样说：“在我看来，一个人不应招人嫉妒，也不应成为呆子，所以我说不该教育子女。”或者是把这句格言前置，再附加上收场白。即使内容并不费解，但在意思并不明白的情况下仍需缀上尽可能简明的理由。在这类情形下，斯巴达式的警句和谜语就
十分合用，一个人可以说斯特西科罗斯对洛克里人所说的 1395a
话：切不要施暴，以免知了不得不在地上唱歌。格言适宜于年长者使用，并且与一个人有过经验的事情有关，因为还没到这个年龄的人使用格言就跟由他们来讲故事一样是不合时宜的，而在自己没有经验过的事情上使用格言，那将是愚蠢的和缺乏教养的。一个充分的证明是：庄稼人最爱使用格言，

① 作者不详，残篇 79（劳克本，1889）。

② 埃比哈尔莫斯，DK 残篇 20。

也最爱向人显示他们的格言。

把并非普遍适用的事情说成是普遍适用的，最宜采用的办法就是引起听众的怨愤和惧怕，或者在一开始就这样说，或者是在对自己的所说作了证明之后。只要管用，一个人甚至应当采用流俗的、通用的格言，由于其通用，人人都予以认可，它们似乎有其正确性，例如，还没有祭神就鼓励其士兵赴险作战时可以说：

最好的预兆就是为母邦而战①。

在己方兵力较弱的情况下可以说：

战神不偏袒任何一方②。

劝人杀了自己的仇敌后再杀掉其无辜的子女时可以说：

杀了父亲却放过子女的人真是个傻瓜③。

有的谚语同时也是格言，例如“阿提卡邻居”这句谚语。也可以以与最流行的说法相悖的方式使用格言（所谓最流行的说法，我指的是诸如“认识你自己”④ 和“勿过度”⑤一类），只要这样能使我们的性情或品格显得更出色，或者，只要这样的说话方式更加有激情。有激情的说话方式例如，一个怒不可遏的人可以说：一个人应当认识他自己这句话是

①② 荷马：《伊利亚特》，xii，243；xviii，309。

③ 参见 1376ᵃ5—10。

④ gmothi sauton。

⑤ meden agan。

骗人的，因为这人要是认识了他自己，就不会觉得自己配当你们的将军了。又如，这样说也能突出我们的品格：一个人在爱时不应像人们所说那样把对方当做自己未来的仇人来爱，而更应该在恨时把对方当做未来的朋友来恨。还应当用言语把我们的意图表达出来，不然的话，也应补充说明自己的理由。例如，或者可以这样说："不应像人们所说的那样去爱，而应把对方作为永远的朋友来爱，因为另一种爱法含有一种背叛"；或者这样说："那种说法让我不喜欢，因为真正的朋友应当把对方当做自己永远的朋友来爱"；以及："我也不喜欢'勿过度'这句话，因为恨恶人就应当恨之至深。"

格言对演说者有很大帮助，其一是因为听众的文化水平 1395b
低下，若是演说者讲到了某一普遍的道理，而听众正好部分地有着这种意见或看法，他们就会大为高兴。我所说的这些在下面将会清楚地显示出来，同时我们将会明白，应当怎样猎取或选中各种格言。如前所述，格言是一种普遍的陈述，而且，听众听到他们先就部分地意识到的道理以一种普遍的形式从演说者的口中说出来时，自会喜不自胜。例如，若是一个人正好有着不如意的邻居或子女，他就会附和这样的话说："没有比邻居更让人难对付的人"或"没有比要了孩子的人更愚蠢的了"。因此演说者必须猜测他的听众正好已有了什么样的看法，这些看法是如何形成的，然后便以普遍的形式把这些道理表达出来。以上是格言的一个用处，但格言还有另一个更大的用处，那就是它能使演说显出某种品格。

演说是有品格的，其中体现了人们的意图。所有的格言都能产生这种效果，因为使用格言的人以普遍的形式表达了自己的意图；假如格言是好的，也就能使讲格言的人显出好来。

关于格言，它是什么，有多少种形式，应当如何使用，以及它有什么好处，就讲到这里为止。

【22】 现在让我们从普遍的方面来讲推理论证，先需阐明应当以什么方式来进行探讨，随后再阐明其主题，因为这是两个不同形式的问题。我们在前讲过，推理论证是一种三段论，以及它是什么样的一种三段论，它与辩证法的三段论有着什么区别。结论不应从很远的地方推出来，也不应遍列全部的推理步骤，因为那样就或者会由于论证的冗长使得含义模糊不清，或者会由于大讲一些明显的道理显得是在多费口舌。正是由于这一点，那些没受过教育的人在大庭广众面前反倒比受过教育的人更加能说会道，恰如诗人们所说，没有受过教育的人“向大众讲话更加娓娓动听”①。因为一者讲一些共通的、普遍的道理，而另一者讲自己知道的、切身的体会。所以我们不能依据任何意见或观点来论证，而应
1396a 依据特定的意见或观点来论证，例如为判断者或他们认可其观点的人所持有的意见。还须清楚知道，这些观点对全体或大多数判断者是明白易懂的。再及，不能只依据必然的事情

① 欧里庇德斯：《希波吕托斯》，989。

来推论，而应依据经常发生的事情。

首先应当掌当握的是，无论我们的演说或推理涉及的是政治推论还是其他任何方面的推论，我们都必须全部或部分地了解与主题有关的附属事实，因为对此一无所知的人是无法进行推论的。我所说的例如，倘若不了解雅典的军事力量的性质，不知道它是海军、陆军还是兼有二者，以及它的数量；或者不了解雅典有多少财政收入；其友邦与敌邦；雅典已经进行过哪些战争，情况如何；以及所有其他诸如此类的事情；那么，我们怎么可能向雅典人提议是战还是和呢？又如，不了解萨拉米海战和马拉松之役，以及他们为赫拉克勒斯的后人所做的事情和其他诸如此类的事情，我们怎么可能赞颂雅典人呢？因为所有人在赞颂时都以发生过或人们认为发生过的那些高尚或光辉的事实为依据。同样，人们在谴责时则以与此相反的事实为依据，看他们是否有过或被认为有过某种这类的事情，例如对希腊人的奴役，以及对曾与他们一道英勇抗击野蛮人的埃吉那人和波提代亚人的奴役，还有其他所有诸如此类的事情，我们还可以列举雅典人做过的任何这类错事。同样地，控告者和申辩者都会注意对方的这类事情，依据发生的事实来进行控告或申辩。无论我们谈论的是雅典人还是斯巴达人，是神还是人，都没有什么差别，我们要做的是同样的事情。若是要对阿基里斯进行劝告，进行赞颂或谴责、控告或申辩，我们就必须掌握那些属于他或看来属于他的事情；如果他有某件高尚或可耻的事情，我们就可以据此进行赞颂或谴责，如果他有某处公正或不公正的地方，我们就可以据此进行控告或申辩，如果某件事情对他有利或有害，我们就可以对他进行劝告。在任何事情上都与此类似，例如在公正问题上，若是想知道其善良还是不善良，就应当依据隶属于公正以及善良的那些事实。

故所有人都照这种方式来进行证明，无论他们的推理较
1396b 为精密还是较为松散（因为人们不会依据任何事实进行推论，而要依据与每一主题有关的附属事实），而且，很明显不可能通过演说作出另一种方式的推论。正如我们在《论题篇》中所说，显然必须首先就每一主题收集一些与可能的、最为适宜的事情有关的题材。还应以同样的方式来寻找与突然发生的事情有关的题材；我们不应专注于那些不确定的东西，而应专注于隶属于我们的演说主题的那些事实，并且尽可能多地记下最接近事实对象的那些事实；因为我们掌握的事实越多，就越容易进行证明，而这些事实越是接近我们的主题，它们就越是专门适用于我们的演说，或越少具有共同性。所谓共同性，我指的是，在赞颂阿基里斯的时候，说他是一个人或说他是一位半神，或说他曾经远征特洛伊；因为，这些话也适用于其他许多人，这样的话用来赞颂阿基里斯并不比用来赞颂狄奥麦德斯更为恰当。而特殊的东西则是指其他任何人都没有的东西，只为阿基里斯所独有，比如，杀死赫克托尔——最优秀的特洛伊人，以及库克诺斯，这人刀枪不入，曾经阻止全部希腊军队登陆；再如，极年轻时就

随军出征，而且没有誓言的约束，以及其他所有诸如此类的事情。

有一种也是首要的一种搜集方式就是论题的方式。现在让我们来讲推理论证的元素或成分(推理论证的元素或论题指的是同一个东西)。不过首先我们得说些必须先说的话。推理论证有两种形式，一种形式是证明式的，一种形式是反驳式的；其间的差别犹如辩证法中的反驳与三段论的差别。证明式推理论证从公认的前提中推出结论，反驳式推理论证则从没有得到公认的前提中推出结论。

大致上我们已经知道了每一种形式的有用的和必需的论题，因为我们已经选出了与每一种论题有关的各种命题，在前面我们曾以这样的方式确定了为推理论证所必需的种种论题，诸如有关善与恶、高尚与可耻、公正与不公正方面的论题，以及有关性情或品格、激情和品质诸方面的论题。此外，我们在这里还要换一种方式，从普遍的方面来总述全部的推理论证，同时我们要指明，哪一些是反驳式推理论证， 1397a
哪一些是证明式推理论证，以及哪些是表面的推理论证——由于它们不是三段论，它们也不是推理论证。阐明了这些问题之后，我们就能对反对与反驳作出规定，确定应当如何从它们中导出推理论证来。

【23】 证明式推理论证的一个主题来自各种相反者。应当注意相反的一方是否具有与对方相反的性质；如没有，

就可推翻某一论证，如有，就可建立某一论证。比如，节制是有益的，因为放纵是有害的。又如在《梅塞尼亚科斯》演说辞中所说的："如果战争是眼前诸恶的根源，就应用和平来进行挽救。"又如：

如果对那些做了坏事
却又无意的人发怒并不公正，
对于那些被迫做了某种好事的人
我们也就不宜有感激之心。①

又：

如果谎言得到世人的相信，
你就得承认相反的一面——
真话常常是落得无人相信。②

另一个主题来自相同的变格。因为变格后在表达或不表达某种属性方面应当是相同的，例如"公正的事"并非全都是"好事"，因为那样的话"公正地"就会都是"好地"，而事实上人们并不选择"公正地"被处死。

另一主题来自事物的相互关联。因为只要高尚与公正的行为属于相互关联的一方，同样性质的遭受也就会属于另一方。故只要命令具有这类性质，执行命令也就具有这类性质，例如包税人狄奥麦多关于税款说过这样的话："如果你

① 作者不详，见残篇 80（劳克本，1889）。
② 欧里庇德斯：《特厄斯特斯》，残篇 396（劳克本，1889）。

们卖掉（税权）并不可耻，我们买来（税权）也就没什么可耻了。”如果“高尚地”或“公正地”属于遭受者，它们也就属于行为者；如果它们属于行为者，也就会属于遭受者。不过，在这里有可能出现错误的推论，因为假如一个人遭受某件事情是“公正的”，而且已经“公正地”遭受了，那也不等于说由你来做那件事情可称“公正地”。所以必须分开来考虑，看遭受者之遭受是否理应如此，以及行为者之行为是否也属当然，然后才能恰当地运用每一方面的论证。因为在有的时候，完全可能产生这类性质的差别，正如在塞奥德克泰斯的《阿尔克迈翁》中可以看到的一样：

竟没有一个世人厌恶你的母亲吗？

阿尔克迈翁答道：

事情应当分开来看。

阿尔菲西波亚问他如何分开来看，他回复道：

他们判了她死罪，但不该由我来杀她。

再如对德谟斯泰尼以及对杀害尼卡诺尔的人的审判。既然人们判定他们杀他杀得正当，那么就会认为他被杀也属正当。又如有关在忒拜被杀的那个人的案子中，被告请求审判者裁决那人被杀正当不正当，因为一个应当被杀的人之被杀就算不上不正当。

另一主题来自更多与更少。例如，“连众神都不是全知，更不用说人了”。这是在说，要是更有可能具有某种属性的事物都未能具有，很显然更少有可能具有这种属性的事物也不会具有。再就是打父亲的人也会打自己的邻人，其根据是，如果更少有可能发生的事情发生了，那么更有可能发生的事也就会发生；因为人们打自己的父亲比打自己的邻人较为少见。或者可以如此论证，或者也可以说，要是更有可能发生的没有发生或要是更少有可能发生的发生了，任取其中一方面都可以进行证明，或是证明某事会发生或是证明其不会发生。此外，还可以在那些没有更多与更少的地方使用这种论证，由此有这样的诗句：

你的父亲失去了自己的孩子固然可怜，
俄纽斯失去了他有名的儿子就不可怜吗？①

又如，要是忒修斯没有错，那阿勒克桑德罗也没错；要是图达里乌斯的儿子们没有错，那么阿勒克桑德也没错；要是赫克托尔杀死帕特罗克洛斯没有错，那么阿勒克桑德罗杀死阿基里斯也没错。又如，要是从事其他技艺的人并不卑贱，那么哲学家也不卑贱；要是将军们并不因屡屡战败而显得卑贱，那么智者们也并不卑贱。又如，“要是你们每一个人都应关心母邦的声誉，你们就都该关心全希腊的声誉”。

另一主题来自对时间的考虑。例如，伊菲克拉底在反对哈尔摩狄俄斯时说：“如果在做这事之前我要你们为我树像，你们自会答应，我替你们做了，你们就不肯了么？你们不该在期望得到什么时就许诺，在期望得以满足时就拒绝。”又

---

① 作者为欧里庇德斯或安提丰，见残篇 81（劳克本，1889）。

如在劝忒拜人让腓力浦借道前往阿提卡地区时，讲了这样一条理由：如果在帮助他们一起对付弗刻斯人之前他向他们提 1398a
出这个要求，他们自会答应；他丢掉了那个机会，并信赖他们，而如今他们却不让他借道通过了，这真是十分荒唐。

另一主题来自用对方就我们自己说过的话来反对对方，这是一种出色的论证方式，例如在《特乌克罗斯》中。伊菲克拉底在反对阿里斯托封时也使用过这种方法，他问对方会不会因受人钱财而出卖舰队，对方说不会，然后他说：“你阿里斯托芬都不会出卖舰队，难道我伊菲克拉底还会吗?”对方必须属于是那种更有可能做出不义之事的人，否则这样说就会显得滑稽可笑，比如设若一个人竟想用这种说话方式去指控阿里斯泰德，这种指控只能加于那些无人信赖的人。总而言之，控告者总想比申辩者显得更高尚一些，故这一点随时都可能招来反驳。普遍地讲，一个人指责别人做了自己也做或将会去做的事情，或者怂恿别人做自己不做或不会去做的事情都是很可笑的。

另一主题来自定义。例如，精灵不过是神或神的作用，故凡是认为神的作品存在的人，必然也会认为众神存在。又如伊菲克拉底的论证，他想表明，最优秀之人就是最高贵之人，并说哈尔摩狄俄斯和阿里斯托革通在做出某件高贵的事情之前是没有什么高贵之处的，他说自己毕竟与这两人更加接近：“至少我的业绩比你们的更加接近于哈尔摩狄俄斯和阿里斯托革通的业绩。”在《阿勒克桑德罗》讲辞中也有过这样的话，即人人都得承认那些不守规矩的人是不会满足于只在一个（女）人的身体上取乐的。再如苏格拉底拒访阿克劳斯的宫廷时所讲的理由，他说受了优待不能回报就如受了虐待不能回报一样丢人。上述所有这些人都是下了定义或掌握了事物的是什么之后，再据此进行推理，得出他们的结论。

另一主题来自一词多义，如在《论题篇》中我们对“尖锐的”一词的讨论①。

另一主题来自划分。例如，所有的害人者共有三类动机，即甲类、乙类或丙类，出于前两类是不可能的，而第三类是控告者自己也不会提出的。

另一主题来自归纳。例如依据那位培帕雷提亚的妇女的事例，可以得出这样的结论：无论在什么地方，在有关子女的事情上，妇女总是能断定真实的情况。在雅典也有过这种事情，当演说家曼提阿斯同他的儿子打官司时，孩子的母亲讲出了真情；还有一件发生在忒拜，当伊斯美尼俄斯与斯提尔波为一名孩子打官司时，多多尼斯出来证明那孩子是伊斯美尼俄斯的，由于这个缘故，塞塔利斯科被认做是伊斯美尼俄斯的儿子。又如，依据塞奥德克泰斯的《法律》讲辞可以这样推论：如果我们不能把自己的马匹托付给别人的马匹照管得不好的人照管，或不能把自己的船只托付给把别人的船弄翻了的人，而且如果在所有的事情上都是这样，那么，我

① 见《论题篇》，106^a13—20。

们就不能把自己的安全托付给那些未能很好地保护别人安全的人。又如，阿尔喀达马斯说所有人都尊崇有智慧的人："因为，帕里斯人尊崇过阿尔基洛科斯，尽管他说话伤人；凯俄斯人尊崇荷马，尽管他不是一位政治家；米提利尼人尊崇萨福，尽管她是一位妇女；斯巴达人推举基隆为元老院的成员，尽管他们最不喜欢有学识的人；意大利人尊崇毕达戈拉斯；兰普萨刻诺人安葬了阿那克萨哥拉，而且至今仍然尊崇他，尽管他是一名外邦人；再如，雅典人采用梭伦的法律、斯巴达人采用吕喀古斯的法律过着幸福的生活；在忒拜，哲人一旦上台执政，城邦立即走向昌盛。"

另一主题来自关于同一件事情或同样的或相反的事情的判断，尤其指所有人在所有的时间里的判断，不然的话，至少也该是大多数人的判断，或是全体或大多数有智慧的人或善良之人的判断，或是人们自己或那些判断者的判断，或是人们所认可的那些判断者的判断，或是其判断不像会遇上反对的判断者的判断，例如那些有权威的人的判断，或者是与之相反对的判断将属不得体的那些判断者的判断，如众神、父亲或教师的判断。正如奥托克勒斯在攻击密克西德密德时所说的话："连那些令人敬畏的女神都从容地在战神山接受审判，你密克西德密德却不能。"或如萨福所说："死亡是一件坏事，因为众神是这样判断的，否则他们就会情愿去死。"又如阿里斯底波在觉得柏拉图说话过于武断时，心想："我们的同伴可没这样讲过话。"他指的是苏格拉底。赫格西波

斯在奥林匹亚求过神谕之后，又去德尔斐问神，问(阿波罗)神的意见是不是跟他父亲的一样，言下之意是指说与父亲相
1399a 反的话是可耻的。如伊索克拉底所述，海伦是一位贤良的女人，因为忒修斯是这样判断的；阿勒克桑德罗是个好人，因为女神们选中了他。伊索克拉底还说，欧阿戈罗斯是一个好人，因为科农在背运时撇下所有其他人不找，单单去找欧阿戈罗斯。

另一主题来自事物的各个部分。例如我们在《论题篇》中所述：灵魂的运动有什么性质？一定会是这种或那种性质。塞奥德克泰斯的《苏格拉底》中就有这样一个例子：“他亵渎过哪一处圣地？他对城邦所奉认的哪些神灵有过不敬呢？”

另一主题来自可用于劝说或劝阻、控告或辩护、赞颂与谴责的后果，因为大多数的行为或事情都将落得某种或好或坏的后果或下场。例如教育的一个恶果就是招致嫉妒，其好的结果则是给人智慧。我们不应接受教育，因为我们不应招人嫉妒；而我们确实应该接受教育，因为我们应该有智慧。这一主题再加上来自可能或来自如前所述的其他方面的主题，就成了卡利波斯的“修辞术”了。

另一主题的背景是人们需要就两件相互对立的事情做出劝说或劝阻，而且要将上述的论证方式一并用于这两者。其差别在于，前一种情形下可以诉诸随便什么与所述事物相对立的事物，而后一种情形只限于相反者之间的对立。例如，一位女巫不让她的儿子去做公开演讲，她说：“因为要是你

讲公正的话，人将会恨你；要是你讲不公正的话，神又将会恨你。”但也可以反过来说他应当去公开演讲：“要是讲公正的话，神会喜欢你；要是讲不公正的话，人又会喜欢你。”这同谚语“把洼地与盐一起买下”毫无二致。这是一个两难推理，两件彼此相反的事情一并被赋以好的或坏的结果，这两种结果就像这两件事情一样彼此相反。

另一主题如下：由于人们在公开场合与在私下所赞颂的东西并不相同，在公开场合人们最为赞颂的是公正与高尚的事物，在私下里却一心想着有利的事物，故可以尝试从这些方面的一方面推出另一方面来。这一主题是暴露意见中的自相矛盾的最主要形式。

另一主题来自类比。例如，当人们强迫伊菲克拉底尚未成年的儿子担任公职时——因为他个头高大，他说：“如果你们把高大的儿童看做成人，你们也就会以决议的形式把矮小的成人看做儿童。”又如，塞奥德克泰斯在《法律》讲辞 1399b
中说过的话：“既然你们使斯特拉巴克和查里德莫斯这样的雇佣兵成为了公民——由于他们的贤良，你们会不会放逐那些在雇佣兵中造成无可挽回的危害的人呢？”

另一主题来自前因与后果的同一，即出自相同原因的事物其结果也相同，如克塞诺芬尼所说：“断言神有生与断言神有死同样是对神的亵渎，因为这两种说法导致的结果都是神在某一个时期并不存在。”总的说来，从每一特定事物产生的后果总是相同的：“你们将对之作出判断的并非仅仅关系到伊索克拉底，而将关系到这一职业，即应不应当研究哲学。”又如献纳水土表示归顺，或者，加入共同的和平就意味着服从命令。至于择定事物的哪一方面，则须视我们的需用而定。

另一主题来自同样的人在先与在后并非总是做出相同的选择而是有所反复这一事实。例如下面这一推理论证：“在流放期间，我们为返回而战；如今我们回来了，却情愿流放以躲避战斗。”这即是说，在一个时期他们为了留在本土情愿以参战为代价，而在另一个时期他们为了不参战又情愿以不留在本土为代价。

另一主题在于何所为或目的之将会存在或可能存在，而为了这一目的的事物像是存在或已经存在了。例如，一个人给某人以礼物，是为了在收回时让其感到痛苦。因此有这样的诗句：

神圣者给许多人施以莫大的幸运，
这并不是对他们心存善意，
而是为了让他们蒙受更加显著的劫难。

又如安提丰的《麦勒阿格洛斯》中的诗句：

不是为了杀野兽，而是为了让他们
向全希腊替麦勒阿格洛斯的神勇作证。①

又如出自塞奥德克泰斯的《埃阿斯》中的推证，即狄奥麦德

① 残篇 2（劳克本，1889）。

斯之选中奥德修斯，并不是出于对他的尊崇，而是为了有一个不如自己的随从，因为这才可能是他这样做的理由。

另一主题常见于诉讼演说与议事演说，着眼于劝说或劝阻，以及人们做或避免去做的原因。这些原因或条件乃是其具备使人应当做某事而其不具备使人不应做某事的那些东西，如，设若一件事情是可能的、容易的或对行为者自己及其朋友有益的，或者是对仇人有害的或惩罚性的，或者做这事的所得要大于可能受到的惩罚。依据这些情况我们进行劝说，并依据与之相反的情况进行劝阻。控告与辩护也是基于与此相同的情况，在宜于劝阻的情况下人们进行辩护，在宜于劝说的情况下人们进行控告。这一主题构成了潘非罗斯和卡利波斯的全部“修辞术”。

另一主题来自那些被认为发生了却又令人难以置信的事物。因为假如事物未曾发生或接近于发生，人们就不会那样认为。而且还因为，由于人们只主张或相信存在或有可能存在的事物，故那些事物更可能是发生了；即使它们不可信或不大可能，它们仍可能是真实的，因为人们如此认为依据的并非是可能性或可信度。恰如皮特苏斯的安德罗克勒所说的反对法律的话，他说到“种种法律需要某一种法律来纠正”时，听众鼓噪起来，他又接着说：“因为鱼需要盐，尽管在咸水中长大的东西还需要盐既不大可能又令人难以置信；再如，榨过的橄榄渣需要油，尽管出油的东西还需要油也令人难以置信。”

另一主题在于反驳，它着眼于对方推理中不一致的地方，看对方的推理在地点①、时间、行为和言辞方面是否有自相违背的地方，就可以或者单用于对方，如“他说他爱你们，可是他却与三十暴君同谋”；或者单用于己方：“他说我喜好诉讼，可是他却不能证明我究竟同哪一个人打过官司。”还可以一并用于争执的双方：“他从未把钱借给任何人，而我却把你们中的许多人赎了回来。”

另一主题适用于人或事情受到诽谤或者看来会受到诽谤的情况，它在于说出导致误解的起因，因为人们表露其看法总有某种起因。例如，一位妇女由于拥抱自己的儿子被认为是同那名少年有暧昧的关系，而一经讲出其原委，谣言也就烟消云散。又如在塞奥德克泰斯的《埃阿斯》中，奥德修斯告诉埃阿斯，尽管自己比埃阿斯更勇敢，但没人那样认为。

另一主题来自原因。若是原因存在，结果也就存在；若是原因不存在，结果也就不存在。因为原因和以其为原因的事物一起存在，没有了原因任何事物都不会存在。例如勒奥达马斯为斯拉苏布罗所指控，说他的名字曾被刻在卫城的石板上，在三十人当政时却抹掉了，他申辩道：“那是不可能的，因为要是我对平民的仇恨被刻在了石板上，那么三十暴君就会更加信任我了。”

① 此处依牛津本作“topon”（地点），而洛布本为“panton”（全体）。

另一主题在于考虑是否曾经可能有或仍然可能有比正在谋议或执行的或已经执行了的方略更好的方略。因为很明显，如果一个人（没有）这样考虑，他也就没有做过坏事， 1400b
其原因在于，无人在有意或明知的情况下作恶。不过这一论证是虚假的，因为常常要等到后来才能看清怎么样去做才更好，而在当初这一点并不清楚。

另一主题在于，当将要做的与已经做过的事情相反时，就把它们合起来一并考虑。例如，爱利亚人问克塞诺芬，他们该不该向琉科忒亚献祭并表示哀悼，他的建议是，如果他们把她看做神，就不应为其哀悼，如果把她看做人，就不应向其献祭。

另一主题来自对人们所犯的错误的控告或辩护。例如在卡尔克诺斯的《美狄亚》中，有人控告美狄亚杀了她的孩子，反正孩子们确实不见了，而她送走孩子乃是犯了一个错误；美狄亚申辩道，如果要杀，她也会杀掉丈夫伊阿索而不是她的孩子，如果没有做其中的一件事却做了另一件事，那才真是犯了个错误。推理论证的这一主题即是塞奥多罗的早期“修辞术”的总体形式。

另一主题来自名称，正如索福克勒斯所说：

西德罗你真是块钢铁，恰如你的名字。①

① 索福克勒斯：《图洛》，残篇 597（劳克本，1889）。“西德罗”（Sidero）发音与“铁”（Sideros）相近。以下数例均与名字的音与义有关。

这一主题常用于赞颂诸神。科农曾经常把斯拉苏布罗称为“敢于提意见的人”，而赫罗狄科斯也曾说斯拉苏马可“从来就不惧战斗”，并说包洛斯“永远是一匹包洛斯（小马）”，他还曾说立法者德拉贡的法律不是人立的，而是“德拉贡”（蛇）立的，因为它们非常严酷。欧里庇德斯剧中的赫卡贝也这样说阿芙洛狄忒：

> 这女神的名字正确地有着阿芙洛苏涅的开头①。

又如卡瑞蒙的评论：

> 彭苏斯——照日后的灾难取的名字②。

反驳式推理论证比证明式推理论证更受人欢迎，因为它以简短的形式把彼此相反的论证连结起来，而论证彼此并在一起就能使听众更容易看得清楚。但是在所有的三段论中，不论是反驳式三段论还是证明式三段论，凡是那种一开始就能让人预知结论而又不流于肤浅的三段论都格外受人青睐，因为听众很高兴自己能够预先察知结论，还有那种让听众一时跟不上但是一讲完立即就让人一清二楚的三段论。

【24】 既然三段论可以分为真实的三段论与不真实的、表面的三段论，那么推理论证也就必然有真实的推理论证与

---

① 《特洛伊妇女》，990。“阿芙洛苏涅”（aphrosune）的含义是“愚蠢”，其开头与女神名字的开头相同。

② 卡瑞蒙，残篇 4（劳克本，1889）。“彭苏斯”（Pentheus）的含义是“忧愁”。

不真实的、表面的推理论证之分，因为推理论证乃是一种三段论。

表面的推理论证的一个主题在于用语。其中的一个部分 1401a
或种类是，就像在各类辩证法中一样，尽管推论过程并没有采用三段论形式，却端出一个三段论形式的结尾，如“所以非此或非彼”或“所以必定非此或非彼”。而在推理论证中，简明的、相对立的说法也显得像是推理论证，因为这样的说法乃属推理论证的领域。这一表象似乎是由用语或措辞的形式[1]所致。为了形成三段论式的陈述，把许多三段论加以概括或总述的方法是有用的，如“他救了一些人，替另一些人报了仇，并且使希腊人获得了自由”[2]。其中的每一陈述都已经由其他陈述所证明，而把它们合并起来就显得是从中产生了某一新的结论。

其中的另一部分或种类产生于同名的现象。例如说老鼠显得是一种可贵的动物，因为最受尊崇的宗教仪式也用了老鼠的名称，所有仪式中最受人尊崇的就是秘密教仪[3]。又如一个人想赞颂狗，就把天狗星或潘神扯在一起，因为品达说过：

无比快乐的（潘）神啊！

① skhema。

② 伊索克拉底：《欧阿戈拉斯》，65—69。

③ musteria 的字头“mus-”意为“老鼠”。

奥林帕斯山上的众神称你为
至尊女神的狗
你的形状无奇不有。①

或者可以说，没有狗是不光荣的事情，所以狗能表征荣誉。再如，赫耳墨斯是最可亲近的神，因为只有他才被称为“可亲近的赫耳墨斯”。②又如，言辞是最可贵的，因为人被认为是善良的并非由于其财富，而是由于其值得称道③，因为“值得称道”并非只是一般说说。

另一主题在于对分开的陈述加以合述或对合并的陈述加以分述。因为并不相同的事物常常显得彼此相同；哪一种方式有用，就应当加以采用。这就是欧图德莫斯的论证法，例如，一个人知道在佩赖乌斯有一只三桨战船，因为他分别知道这两样事物。或者可以说认识字母的人也就认识了这个单词，因为字母与单词是同一回事。又如，由于两份这样的量不利于健康，那么一份也就不会有助于健康，因为要是两件好东西合在一起竟然成了一件坏东西，那就显得荒谬了。以这种方式可以构成反驳式推理论证，以另一种方式又可以构成证明式推理论证，即，一件好东西不能由两件坏东西组成。然而，从总体上看这一主题是错误的推理。再者，可以

① 品达：《处女颂》，残篇 96。

②③ “可亲近的赫耳墨斯”是一句惯用语，意为“分享好运”；“值得称道”也是一个惯用法，利用 logos 有“言辞”、“敬语”两种含义。

援引波吕克拉底对斯拉苏布罗所说的话，他说后者推翻了三十个暴君，因为他把他们累计起来看。又如塞奥德克泰斯的《俄瑞斯忒斯》中的推论，这一推理立足于分离的陈述：

这是公正的，杀死丈夫者①

应当被处死，而且儿子也应当替父亲报仇，俄瑞斯忒斯正是做了这两件事情；然而两件事合在一起就不见得仍属正当 1401b
了。这一推论也可以归咎于省略，因为它没有言明应由谁来处死那女人。

另一主题使用耸人听闻的言辞来建立或消除某种论证。在未能证明对方做过某事的情况下，就用夸张的手法对事情予以渲染，这能表明对方做了此事；若是受指控的人也采用这种夸张手法，那是为了表明自己没有做过此事；而指控者满腔愤怒，则是为了表明对方做过此事。所以这并不是推理论证，因为它使听众对被指控者做没做过此事产生错误的推断，然而他们的推断无从得到证明。

另一主题来自表征，这一主题同样不属推理证明。例如，设若有人想说“情人们对城邦有益”，便举出这样一个理由：哈尔摩狄俄斯与阿里斯托革通之间的恋情推翻了希帕科斯的统治；或者设若有人想说第奥尼修斯是一个贼，便以他是一名恶棍为理由。这仍然不属推理证明，因为尽管每一个贼都是恶棍，但并非每一名恶棍都是贼。

---

① 残篇 5（劳克本，1889）。

另一主题起因于偶然的事件。例如，波吕克拉底对老鼠的评论，他说它们咬坏了弓弦可真是帮了大忙。或者设若有人想说被邀请去赴宴是最荣幸的事情，便说因为没有被在特涅多斯的阿凯俄斯人邀请去赴宴，阿基里斯曾经大为光火，不过他发火的真正原因应当是感到了不光彩，然而，这只是由于没受到邀请而触发的一个偶然事件。

另一主题产生于后果。例如，《阿勒克桑德罗》中说阿勒克桑德罗是一位心志高傲之人，因为他不屑与众人为伍，独自一人住在伊得山下，而心志高傲者正是这样的人，而且他本来也可能被认为是心志高傲之人。又如，若是有人打扮得整整齐齐在夜间四处逛荡，他就是一个放荡的人。同样，穷人在神庙里唱歌跳舞，流浪汉愿住哪里就住在哪里，由于这些事情被认为属于幸福的人，而它们既已属于这些人，那么这些人也就该被认为是幸福的了。然而这些事情在属于的方式上有所不同，所以这一主题的推论应当归入省略推理。

另一主题产生于以不是理由的东西为理由。例如，一事物与另一事物同时或在其之后发生，人们往往认为在一事物之后发生的事物便是出于或由于这事物，尤其是那些在各种政体中谋事的人。例如，德马德斯说德谟斯泰尼的政制是一切灾祸的根源（理由），因为跟随其后的是战争。

另一主题产生于对什么时间与什么方式的省略。例如，说阿勒克桑德罗带走海伦是正当的，因为她父亲给了她选择
1402a 丈夫的权利。(这一论证之所以错误是)因为这种选择权并

非永久不变，而只是限于第一次选择，因为父亲的权威也是在那时终止。又如，设若有人想说殴打自由人是一种暴虐，（其错误也是）因为这种说法并非在任何情况下都成立，而只限于肇事者先动手的情况。

在此之外，还可以从将一般的意义与非一般的、某种特定的意义的争议之中产生出表面的推理来，就像在论辩术或诡辩术中一样。例如在种种辩证法中的论证：不存在是存在的，因为不存在的东西是不存在的；又如，不可知的东西是可知的，因为不可知的东西之为不可知是可知的。在各种修辞术中也是如此，从并非一般意义而是某种特定意义上的可能性中也能产生出表面的推理论证，然而这种推证并不普遍成立，正如阿伽松所说：

一个人可以说这件事是可能的，
世上遇上了许许多多不可能的事情。①

因为背离可能性的事物也确有发生，故甚至连背离可能性的东西也是可能的。若是这样，那么不可能的东西也将是可能的了。然而这并非是在单纯的意义上，正如在诡辩术中，由于没有附加情景、关系和方式而形成了不实之词，而在此背离可能性的东西并非是在一般的意义上可能，而是在某一特定的意义上可能。这一主题正好构成科拉科斯的“修辞术”。若是一个人没有可能犯有受到指控的罪行，比如他身体孱弱

① 残篇 9（劳克本，1889）。

却被指控犯有暴虐罪，他可以说那是不可能的；即使他有可能犯下此罪，比如他体格强壮，他也可以说那是不可能的，因为那是人们倾向于认为其可能。同样可以类推其他的情况，因为一个人必定要么有可能犯有受到指控的罪行，要么没有可能；二者都显得是可能的，然而，只有一种是一般意义上可能的，另一种则并非在一般意义上可能而是在人们所说的意义上可能。这正是“无理变有理”的含义。在此，人们不喜欢普罗泰戈拉的这句承诺是很有道理的，因为它不仅虚假而不真实，而且还显得是可能的；除了在修辞术与诡辩术中，在任何一种技术中都没有这样的论证。关于真正的推理论证与表面的推理论证就讲完了。

【25】 接下来我们要讨论反驳。反驳既可以是一个反三段论也可以是一个驳议。显然，从相同的主题中就可以构造出反三段论来，因为三段论依据的是可能受到驳斥的意见，而许多意见都是彼此相反的。驳议正如我们在《论题篇》中所说，共有四种方式：它既可产生于论证自身，也可以产生于相似的论证，或者产生于相反的论证或产生于已有定论的论证。

我所说的产生于论证自身，是指假如想建立一个推理论
1402b 证，说爱情是善良的东西，对此可以有两种驳议：或者从普遍的方面说所有为人需要的东西都是邪恶的，或者从某一方面说假如没有邪恶的爱情就不会有“考尼俄斯式爱情”这样

的说法了。

至于来自相反论证的驳议，例如善良之人对其所有朋友都做好事这一推理论证，可以有这样的驳论：一个恶人并不对其所有的朋友都做坏事。

至于来自相似论证的驳议，设若对方的推理论证是说受害者永远心怀仇恨，可以有这样的驳议：受惠者也并非永远心怀友爱。

至于来自著名人物已有判断的驳议，例如设若对方的推理论证是对喝醉了酒的人应予以宽谅，因为他们的错误在于无知，可以有这样的驳议：毕达库斯照此说来就不值得褒扬了，因为他本不该制定法规对错误地喝醉酒的人课以严惩。

推理论证所依据的题材共有四种，它们是：或然性、例证、肯定的证据或证明、表征。依据或然性的推证乃是依据在多数情况下存在或显得存在的伴随事件。依据例证的推理论证在于通过一件或数件相类同的事件进行归纳，并在这种情况得出普遍的结论，然后再把通过例证得来的结论用于推论部分的或个别的事物。依据肯定的证据或证明的推理论证依据的是必然的（和永远不变的）存在。依据表证的推理论证依据的是普遍地或部分地存在的东西，既可存在也可不存在。

或然性及或然的事物并非永久发生而是经常发生，故这类性质的推理论证总是可以为人提出驳议加以反驳，不过这种反驳也总是表面的而不是真实的，因为驳议者没有表明对方的推论是不可能的，而只是表明其并非是必然的。所以，由于推理上的错误这种反驳对于辩护者比对于控告者更有好处。因为控告者通过或然性来证明其论点，然而不可能或者没有或然性跟不必然并不是同一回事，而且以只是经常发生的东西为依据总是可以被人提出驳议，否则它就不成其为或然性了，而会是永久发生的必然的东西。然而判断者认为，若是这样提出反驳，那么要么这种指控是不可能成立的，要么根本就用不着他来判断；正如我们所说，这是推理上的错误。因为，判断者不能仅仅依据必然的东西来做判断，而是还要依据或然的东西，这正是“按自己最好的识见来判断”的意义之所在。所以反驳者只是指出对方的推论并不必然是不够的，他还必须指明，对方的推论是不可能成立的。若是反驳者的驳议依据的是更加经常发生的事实，他就可以做到这一点。这样的反驳可能有两种方式：或者依据时间，或者
1403a 依据事例；若是同时依据两者，其反驳就最有效力。因为假如事物以这种方式更经常地发生，它也就更有或然性。

各种表征以及依据表征的上述各种推理论证也是可以被反驳的，即使是真有其事，在一开始我们就这样说过了。在《分析篇》中我们已经阐明，任何表征都不能构成逻辑的推理。例证式的推理论证可以以与反驳或然的事实相同的方式来加以反驳。因为一旦我们找到某一并非如此的事例，就反驳了对方的推论，指明其并非属于必然，即使有更多的、更经常的事例不同于我们找到的这一事例。如若对方举出了更

多的、更经常如此的事例，就必须与之论战，或者说它们同当下的事件并不类同，或者说在方式上并不类同，或者说确实存在着某种差别。

然而对于肯定的证据或证明或肯定证据式的推理论证却不能这样反驳，即指出它们不能合乎逻辑地推出结论，这在《分析篇》中就已经讲明了。余下的唯一办法就是证明对方所说的事实并不存在。然而一旦对方所说的事实存在并且是一个肯定的证据这一点已经明白无误，那么对方的论证就已经成为无可反驳的了；因为对方所说的一切已变成了一个清楚明白的证明。

【26】 夸张与贬抑并不是推理论证的构成要素。所谓的构成要素，与主题指的是同一回事。要素或主题乃是诸多推理论证所归属的东西。然而夸张和贬抑不过是为了表明事物的大与小的推理论证，就像那样用来表明事物的善与恶、公正与不公正以及一切其他特性一样。所有这些都是三段论和推理论证要涉及的东西，因而倘若它们中无一能成为推理论证的主题，那么夸张与贬抑也不会例外。

反驳也不是推理论证的一个属类，因为反驳很显然或者在于提出证明，或者在于提出驳议。反驳者证明与对方的说法相反的结论，例如，假若对方表明事情已经发生了，反驳者就证明事情并没有发生；假若对方说并没有发生，反驳者就说已经发生了。在这点上双方并无区别，因为两者都使用了同一种论证方式，都提出推理论证来表明事情是有还是无。而且驳论并不是推理论证，正如我们在《论题篇》中所说，它不过是表达了某种意见，由此表明对方的推论不合逻辑或设定了某种虚假的前提。

关于演说，有三样东西需要加以研究，我们对例证、格言和推理论证以及总的说来与思想有关的东西就讲到这里，还包括我们提供论证和进行反驳的途径和方式。尚且有待讨论的就只剩下用语和安排①了。

① leksis kai taksis。

第　三　卷

【1】 关于演说有三个问题需要详加研究:第一是说服论证应依据什么题材，第二是用语问题，第三是应当如何安排演说的各个部分。我们已经阐述了说服论证及其依据题材的数目，并指明了这些题材共有三种，以及它们有什么性质和为什么只有这么多种。所有的演说之所以说服人，或者是依靠判断者自身所获的某种感受，或者是依靠他们对演说者形成某种性质的看法，或者是依靠给出了自己的证明。我们也阐述了各种推理论证，指明了它们应当从哪里获得题材；因为推理论证既有其属类，也有着主题。

接着我们要讨论用语或讲话方式；因为仅仅掌握了应当讲些什么是不够的，还必须懂得应当如何把它们说出来，这对使得演说显示出某种性质的特点大有帮助。按照自然而然的顺序，首先我们讨论了自然在先的问题，即通过什么途径才能使用语具有说服力；其次应讨论的是在演说中如何安排这些用语；再其次就是朗诵，它具有极大的影响力，但至今还未曾被人讨论过。它很晚才出现在悲剧和史诗诵读中，因为最初都是诗人们亲自表演他们的悲剧。所以很明显它同演说的关系就像它同诗的关系一样，对此忒俄斯人格老贡及另外一些人已经有所研究。朗诵在于声音，即如何利用声音来表达每一种情感或激情，比如说什么时候该大什么时候该小，及什么时候该适中；还有应当如何利用音调，比如对高音、低音和中音的运用；再就是在每种演说中应采用什么节奏。有三点需要加以注意：音量、调式与节奏。正确掌握了这些技巧的人几乎捧走了戏剧竞赛的所有嘉奖，正如在今天的戏剧竞赛中演员比诗人更有影响力一样，在政治竞争中也有类似的现象，这是由于我们政体的弊端。然而没有人总起来研究朗诵的艺术，当然用语方面的问题很晚才引起人们的
1404a 注意；而且朗诵被认为是一个庸俗的题目，人们的这种观点并无不得体之处。可是，既然整个修辞艺术都意在影响听众的意见，我们就不得不对此予以注意，尽管这并不正确，但实为必需。因为我们的确应当力求不使听众对我们的演说感到苦恼，也不使听众感到高兴，而应公正地依据事实自身进行争辩，因而在证明之外一切活动都属多余。尽管如此，正如方才所说，由于听众的庸俗卑劣，其他的活动能够产生很大的影响。所以在所有形式的讲授中，用语方面的考虑仍不免有几分必要，因为这样讲还是那样讲对于阐明自己的观点而言毕竟会产生某种差别，不过没有人们所说的那么大，事实上，一切这类的活动或考虑不过在于造成一种幻像，意在取悦于听众，所以没有谁这样来讲授几何学。

朗诵艺术一经形成，就能产生与表演相同的效果。有些人在这方面做了一点研究，如在斯拉苏马可的《论怜悯》中。而且，表演的才能是天生的，与技术关系不大，而用语则属于技术范围。所以在用语方面有才能的人在竞赛中一再获奖，与此同时在朗诵方面有才能的人在演说中常能取胜。因为书面的演说辞更主要地得力于用语而不是得力于思想。

自然而然地，是诗人们首先推动了用语的艺术。因为词汇或名称是一些摹仿，而声音也是我们的所有器官中最适于用来摹仿的一种官能，诗人们掌握了它们。由此产生了诵读、表演的技术以及其他各门技术。诗人们的话尽管极其简单，他们却靠在用语方面的功夫赢得了好名声，由于这个缘故，用语艺术最初也带有诗的风格，例如高尔吉亚的用语艺术。直至如今，大多数没受过教育的人还认为这些人的词章妙不可言。然而事实并非如此，因为辞章的用语与诗的用语是不相同的。从结果来看也很明显，因为悲剧作者们已经不再沿用原先的写作方式了，他们从四音步长短格转向了抑扬格，因为在所有的韵格中抑扬格最像人们的谈吐，他们还抛弃了日常谈话中不用的那些词汇，而早期的诗人们曾用它们来缀饰他们的作品，而且以六音步格写作的诗人至今仍在使用这些词汇。所以去摹仿那些连其发明者自己都不再采用了的写作方式是一件可笑的事情。因而，我们显然不必对有关用语方面的所有问题都细致地加以阐述，需要讨论的只是那些与我们所讲的有关的问题。关于另一种用语，在《论诗》

中已有讨论。

1404b 【2】 关于上述问题已经讨论完了。至于用语的优美①，可以规定为明晰。其证明是，如果一篇演说含混不清，就达不到应有的效果。用语不能流于粗俗，但也不能过于高雅，而应恰到好处。因为诗的用语可以说不流于粗俗，但这并不适用于辞章或散文。规范的名词或动词能使用语显得明晰，《论诗》中提到过的其他词藻可以使用语避免流于粗俗，因为这些词的不寻常使它们显得更加高贵。正如人们对外邦人的感觉与对本邦公民的感觉并不相同，人们在用语方面也能感觉到同样的差别。所以在遣词造句上要带上异乡情调，因为人们景仰远方的事物，而令人景仰的东西也会令人愉快。在诗歌（韵律）中有许多办法可以造成这一效果，而且在那里也是适宜的；因为诗中描写的事情与人物大都非同寻常。然而在辞章或散文里这种做法就很少能派上用场了，因为这里的题材或前提大大减少了；即使是在诗中，奴隶或过于年少的人讲出优雅的话来也是不合身分的，或者是在极其琐屑的事情上使用这样的词句，就是在诗中为了适当也不得不采用压低或抬高的手法。所以采用这些办法必须不露痕迹，不能矫揉造作地说话，而应做到自然流畅，因为自然的东西就有说服力，而矫揉造作只会适得其反。人们总是疑心讲话的人设有

① arete，在伦理等方面作“德性”、“特长”。

什么圈套,就像疑心酒里会被搀水一样。这就像塞奥多罗的声音与其他演员的声音的区别,因为只有他的声音才像说话人(角色)的声音,而其他演员的声音却像另外什么人的声音。一个人只要挑选一些常用的词汇,就能很好地隐蔽自己的意图;欧里庇德斯便是这样做的,他开了这方面的先河。

辞章是由名词与动词组成的。名词的种类正如我们在《论诗》中的分析所示。其中,奇词异字、复合字和生造字只应在极少地方和在极少时候使用。至于应在什么地方使用,在后面我们将作说明;其理由则已经讲明了,那就是这些字眼过于生僻。只有规范字、本义字和转义字才适合于散文的用语;其证明是,人人都只使用这些字。在交谈中,人人都使用转义字、本义字和规范字。所以只要一个人善于运用词汇,就将能够使他的用语既带上异乡情调,又可以不露痕迹,还可以达到明晰。这就是演说辞章的优美。在各种名词中,多义字对辩者们十分有用,他们正是靠这些字来变花
样,而同义字对诗人们很有用。我指的是既同义又规范的 1405a
字,例如 poreuesthai(行进)与 badizein(行走)。这两个字都是规范的而且彼此同义。

如前所述,在《论诗》中我们已经讨论了上述这些词汇中每一种的定义,指出了转义字或隐喻字有多少种形式,以及它在诗和辞章中极为重要的作用。而在散文或辞章中尤需在这方面下一番苦功,因为散文作者能借助的东西比诗人更少。转义或隐喻最能使用语变得明晰、令人愉快和耳目一新。

这是从其他人那里学不到的。不过使用隐喻就像使用附加词一样，必须用得恰当。这就要依据类比关系，如果类比不当，就会显出不相宜来，因为把事物彼此放在一起，就能最大限度地显出它们间的相反之处。我们应当考虑，什么颜色适合于老年人穿，就像紫红色适合于青年人穿一样；因为同一种颜色并不适合于这两种人的衣着。若是想恭维人，就应从同种的最动听的词汇中挑出转义字；若是想挖苦人，就挑不好听的字眼。我的意思是，在有同一种类中彼此相反的词汇的情况下，既可以说乞讨的人在祈祷，也可以说祈祷的人在乞讨，因为两者都是某种请求；这就是我们所说的用字方式。故伊菲克拉底称卡利阿斯为一位“托钵祭司”而不称“火炬祭司”，而后者则反称前者为“未入教的”，否则就不会称自己为“托钵祭司”而要称“火炬祭司”了。这两个称呼都与神事有关，但一者光彩一者不光彩。再如有些人称演员为“狄奥尼索斯的谄媚者”，而演员们却把自己称为“艺术家”。这两个字眼都是一种转义或隐喻，只不过一者意在贬损，一者正好相反。又如，海盗们如今自称为“征供者”；因此我们也可以说犯罪的人是犯错误，而把犯错误说成是犯罪，或者把偷东西说成是拿东西或抢东西。正如欧里庇德斯的《特勒福斯》中的诗句：

他统制着桨，在密细亚登陆。①

---

① 残篇 705（劳克本，1889）。

这句话并不恰当，因为“统制着”一词与题材不般配，因此手法显得缺乏掩饰或生硬。若是字词的音节没有代表着令人愉悦的声音，就同样会显出不恰当来。例如“青铜”诗人狄奥尼修斯在他的挽诗里把诗歌称为

卡利奥佩的尖叫，

因为两者都是某种声音。然而这是一个糟糕的隐喻，因为这样的声音并无意义。

此外，隐喻关系不应太远，在使用隐喻来称谓那些没有名称的事物时，应当从切近的、属于同一种类的词汇中选字，这些字一说出来就该让人明白这种切近的关系，例如那条广为传诵的谜语：

我曾看见一人用火把铜粘在另一人的身上。 1405b

这种遭遇是没有名称的，但是这里的动作与“粘”两者都是某种贴合，故出谜语的那人把拔火罐的贴合动作称为“粘”。再者，总的说来从好的谜语中可以找到高明的隐喻，因为隐喻就包含着谜语，因此很显然谜语的好可以转成隐喻的好。隐喻还取材于美好的事物，正如利康尼俄斯所说，词汇的美在于它们的声音和表意，词汇的丑亦是如此。此外以此还可以驳倒智者的这一论证；因为布鲁松说没有人讲丑话，假如这一说法与那一说法表示的是同一个意思的话；然而事实并非如他所说，他的这一论证实际上是虚假的。因为，不同的字眼或说法在把事物呈现在眼前时总会一者比另一者更加适合、更加类同和更加本己。此外，这一字眼或那

一字眼不会同等地表示事物，因此应当肯定不同的字眼之间一者比另一者更美或更丑一些。诚然这两者都能表达事物的美与丑，但不能表达作为美或作为丑的东西；或者即使能够，也有程度上或多或少的差别。故隐喻应当取材于在声音上、在表达能力上、在视觉上或在其他某种感觉上显得优美的那些词汇。因为这在表述上的确会产生差异，例如说“玫瑰色手指的报晓者”就要比说“紫红色手指的”或甚至更糟地说“红色手指的”更好。

至于附加词，既可以产生于坏的或丑的方面，例如“杀母者”；但也可以产生于好的方面，如“为父复仇者”。当那位在骡车竞赛中得胜的人钱给得少了时，西蒙尼德斯便不肯为他写颂歌，就好像为“半驴”写颂歌使他难为情似的，而那人给足了钱时，他便写道：

向你欢呼，风一般快的骏马的女儿们；

尽管它们也是驴的女儿。此外，使用示小词时也能产生同样的效果。示小词既减小了事物坏的程度，也减小了事物好的程度，就像阿里斯托芬在他的《巴比伦人》中开玩笑地所写的那样，他用“小金币”代替“金币”，用“小斗篷”代替“斗篷”，用“小嘲弄”代替“嘲弄”，用“小病痛”代替“病痛”。但是，在使用上述两类词的时候应当谨慎从事，要掌握好分寸。

【3】 用语上的呆板一共有四种形式：第一种形式在于

对各种复合字的使用，例如吕科富隆所说的“有‘高耸峰顶’的地上的‘多重面目’的天”，以及高尔吉亚所说的“托钵诗人奉承者”与“发假誓的人和一直信守誓言的人”。 1406a
再如阿尔喀达马斯所说的“狂暴的灵魂和火红的面孔”、“他们认为他们的激情将会解决问题”、“他用言语的劝告最终解决了问题”、“暗蓝色的海底”等等。所有这些词句由于使用了复合词才显得像诗。

以上是造成用语呆板的一个原因，另一个原因是对奇词异字的使用。如吕科富隆称薛西斯为“人怪”，称斯克戎为“‘西尼斯’人”，又如阿尔喀达马斯所说的“诗的玩偶”、“人性的荒蛮”、“在他内心的尖怒上砥磨过的”之类。

第三种形式是对附加词的使用，要么冗长要么不得宜或使用过多。在诗里说“白色的奶”是适宜的，但在辞章或散文里就不大合适了。用得太多就会露出人为雕凿的痕迹，以至于像诗了。然而我们不得不使用这些词，因为它们不落俗套，能使我们的用语令人耳目一新。不过必须注意保持适度，否则这样讲话就会比信口开河更加有害。后一种说话方式只是不好，前一种却已然是坏。正是由于这个缘故，阿尔喀达马斯的用语才显得呆板。他不是把附加词当做配料来使用，而是把它们当做一道正菜。他用得是那样地密、那样地长和那样地显眼，例如，他不说“汗”而说“潮湿的汗”，不说“赴伊斯特摩斯竞技会”而说“赴伊斯特摩斯的泛希腊集会”，不说“法律”而说“城邦的君王——法律”，不说

"在跑"而说"灵魂发动的飞奔"，不说"收藏馆"而说"从自然那里得来的收藏馆"，他还说"灵魂的满面愁容"，他不说"恩惠的制造者"而说"广受欢迎的恩惠的制造者"，还说"听众的快乐的'管家'"，不说"用树枝遮掩"而说"用森林林木的树枝遮掩"，不说"遮住了身体"而说"遮住了身体之羞"，他还说欲望是"灵魂的'对象'"（这既是一个复合词又是一个附加词，结果成了一句诗）以及"他在邪恶方面的过度无边无际"。所以，那些不知适度地滥用诗的语言的人造成了呆板而又可笑的文风，累词赘字反而引起了含混。因为一旦别人也明白，再用上一大堆隐涩的词句就会破坏行文的明晰。

人们使用复合字的背景是，事物没有名称，而字词又很
1406b 容易结合，例如"时间消磨"；可是一旦用得过多，就全然成为诗了。所以采用第茜朗布诗体的诗人最爱使用复合字，因为这种字很响亮；史诗诗人则爱用奇词异字，因为它们显得尊贵和庄严；采用抑扬格诗体的诗人爱用转义字或隐喻字，他们至今仍然乐于使用，这在方才已经说过了。

此外，用语呆板的第四种形式是对隐喻字的使用。因为隐喻字也有不合适的，有的是由于滑稽可笑（喜剧诗人经常使用这些字），有的是由于过于庄严，带有悲剧色彩。而且，如果隐喻关系转得太远，意思就会含混不清，如高尔吉亚所说的"浅绿色的、没有血色的事件"、"你种下了羞耻，收获了灾难"，这种话太有诗意了。又如阿尔喀达马斯称哲学为

“法律的堡垒”，称《奥德赛》为“人类生活的明镜”，还说“没有把这种玩偶带进诗里”。由于上述的原因，所有这类话都没有说服力。高尔吉亚对那只从他头上飞过时把粪便拉到他身上的燕子所说的话最优美地体现了悲剧风格，他嚷道：“真丢脸，菲罗梅拉！”对于鸟来说，这种事算不上丢脸，而对于一名年轻女子来说，这就十分丢脸了①。称呼她的过去而不称呼她的现在，便是这句解嘲语的巧妙所在。

【4】 直喻也是一种隐喻，二者间的差别是很小的，若是诗人说阿基里斯

像一匹狮子似的猛冲上去②，

这是一个直喻；而若是说“‘狮子’冲了上去”，这就成了一个隐喻。由于二者都非常勇猛，因此诗人转义称阿基里斯为狮子。直喻也可用于辞章或散文，但应当少用，因为它是属诗的。直喻的使用与隐喻的使用相仿，因为它与隐喻只有上述这点差别。

直喻有下面这些例子。如，安德罗提翁把伊德里乌斯说成是一只挣脱了锁链的小狗，它会向你扑来，咬你，所以伊德里乌斯挣脱了他的锁链后会是令人难以对付的。又如，塞奥达马斯用类比的方法说阿尔基达摩斯像是不懂几何的欧克

① 菲罗梅拉（Philomela）是雅典国王的女儿，后被丈夫追逐时化成了一只燕子。

② 荷马：《伊利亚特》，xx，164。

塞诺斯，从中将可以得知欧克塞诺斯被看成是懂几何的阿尔基达摩斯。又如，柏拉图在《国家篇》里把那些剥夺死者胄甲的人比做咬石头而不敢去碰抛石头的人的狗。他还把平民比做一位强壮却又有点耳聋的船长；把诗人的诗行比做青春旺盛却无美貌的人，因为青春一旦凋谢人就走向衰亡，诗行 1407a 一旦打散，也就顿失昔日风采。再如伯里克利关于萨莫斯人的比喻，他说他们像是一边接受小面包块一边哭泣的小孩；他还说波伊俄提亚人像冬青橡树，因为冬青橡树是被与它们同样的东西砍倒的，而波伊俄提亚人是在自己人之间的战斗中被打垮的。又，德谟斯泰尼把平民比做在船上晕船的人。又，德谟克拉底把演说家比做自己吞下了食物却用唾沫抹湿婴儿嘴唇的奶妈。安提斯塞尼把瘦削的刻菲索多托斯比做乳香，因为他在给人娱悦时也消耗着自身。以上所有这些既可以用作直喻，也可作为隐喻，凡是用得高明的隐喻，显然也都可以成为高明的直喻，而且，直喻没有说明时就成了隐喻。但是依据类比的隐喻可以互换，可用于两个同种事物中的任何一方，例如，假若可以把酒盏称做狄奥尼索斯之盾，也就很可以把盾称做阿列奥之盏。

【5】 演说就是由上述这些部分组成的。而纯正的希腊语才是用语的本原或基点，这种纯正表现在五个方面。第一是连接词的使用，应当按自然的顺序排出它们之间的先后，就如它们中有一些所要求的那样。比如，“men”和“ego men”要求有“de”和“ho de”相搭配。而且，必须在听者尚能记住上一个连接词之前给出相对应的连接词，而且它们不能相距太远，也不应在所要求的连接词前给出另一个，因为只在极少数的地方这样做才是适宜的。例如：“至于我，在他告诉我后（因为克勒翁跑来乞求并且恳请），就带上他们出发了。”在这句话里，在所要求的后续的连接词之前插入了好几个连接词，而一旦“我”与“出发”之间相距太远，意思就会模糊起来。所以首要的一点是使用连接词得当。第二是应当使用殊名而不应使用泛名。第三个方面则是应当避免模棱两可的用语，除非你有意要讲些自相矛盾的话，就像那些分明无话可讲却佯装有话要说的人所做的那样。这种人用诗的形式来说这些话，恩培多克勒即是例子，他用冗长迂回的话来糊弄听众，而他的听众们的感受就跟大多数听预言的人的感受一样。预言者即使讲一些模棱两可的话，他们也会点头称是；如：

克罗伊索斯渡过了哈吕斯就将摧毁一个大帝国。

泛泛而言就可以少犯错误，所以预言者谈论事实时总要借助 1407b
于笼统的词句。因为若是玩数目游戏，一个人猜单或猜双比猜有多少数目更有把握；同样，说一件事将会发生比说它在什么时间发生更有可能言中，由于这个原因预言者不进一步指明具体的时间。所有这些模棱两可的话都如出一辙，若是不为某种这类原因，就应避免这种说话方式。第四个方面是区分名词的种类，如普罗泰戈拉那样，把名词分为阳性、阴性和无生命的中性，在下面这句话中必须正确地用词："她来了并同我谈了话然后又走了。"第五个方面在于正确地表示名词的多数、少数与单数，如"他们来了后打了我"。

总而言之，书面的东西既应易懂亦应易读，这两者是一回事。而要是连接词过多，或者难以断句，就达不到上述要求，赫拉克利特的著作就是这样。要给赫拉克利特写的东西断句是非常费事的，因为很难断定某些词与前面还是与后面的词句相连，比如，在他的文章开头是这样一句话："这逻各斯存在永远地人们却茫然不知"，我们搞不清楚句中的"永远地"该断到前面的半句还是后面的半句。此外，若是用另外一个不适当的词来统连两个词也会造成文法错误；比如对于声音与颜色，"看"这个词就不能通用，而"感知"就可以通用。再者，若是打算在中间穿插许多细节，却又不在事先做出说明，也会致使语句含义不清。例如，说"我打算跟他谈了这事那事之后如此方才动身"，而不是说"我打算跟他谈了之后就动身，当然还有这事那事如此地发生"。

【6】 下面的方法可以使用语有分量。如使用描述而不是使用名称，比如不说"圆"，而说"周边各点与中心等距离的平面图形"。但是为了简明，就须取其相反，即使用名称而不是使用描述。若表述令人羞耻的和不得体的事情也可以采用同样的手法：若是描述起来令人羞耻，就直称其名；若是其名称令人羞耻，就转用描述。还可以用隐喻词或附加词来说明

事物，但是应当谨慎，不能过于诗化。又如，用多数代替单数，就像诗人们所做的那样；尽管只有一个港湾，他们却说：

到阿凯俄斯人的那些港湾去①。

又如：

这就是我写信用的那些写字板折叶②。

再者，不能用一个冠词统管两个词，而要一词一个冠词。例如“属于（这）我们的这女人”。但是为简明起见，也可以倒过来：“这个我们的女人”。再如，可在表述中带上连接词；但为简明起见又可省去连接词，当然不能破坏句子的连贯，比如“去他那里并且同他谈了话”与“去他那里同他谈了话”。安提马科斯的办法也是有用的，即谈论事物所没有 1408a
的性质，他正是这样来描写图迈索斯山的：

有一座多风的小山。

这样的夸张手法可以说无穷无尽。这一手法可用于谈论事物的善恶，怎么有用就可以怎么说。诗人正是由此出发来生造词汇的，比如“无弦的”或“无琴的”旋律。他们从相反或否定方面附加地造词，这个办法在依靠类比的隐喻中效果很好，例如，称号的声音为“无琴的旋律”。

【7】 用语若是能表达情感和性情，并且与事实载体

① 作者不详，残篇 83（劳克本，1889）。

② 欧里庇德斯：《在陶里斯人中的伊菲格里亚》，727。

或题材相比之下显得协调，就称得上得当。用语与题材之间成比例是指，对很有分量的事情不能随随便便，对大可不了了之的事情不能一板一眼，而且对十分寻常的字眼不能刻意雕饰，否则就会显得像是喜剧的风格。克勒奥丰就是这样做的，他用过一些荒唐的词句，如“尊贵的无花果树”之类。而且，用语表达激情或情感，要是谈到暴虐的行径，就应有愤怒的措辞；要是谈到不恭敬或可耻的行为，措辞就应显出难堪和谨慎；要是谈到可赞颂的事物，就应有喜悦的措辞；要是谈到可怜悯的事物，就应有感伤的措辞；其余各类情况皆可依此类推。贴切的用语或措辞使人觉得事情是可信的，可以使听众的内心误以为演说者说的是真话，因为在这些场合他们也会有同样的心情，故他们认为事情恰如演说者所说，即使实际的情况并非如此；而且，听众总是对激情冲动的演说者抱有同感，即使他的话毫无内容。所以，很多演说者只消大吵大嚷就可以压倒他的听众。

而且，通过各种表征的证明也可以表达性情，因为每一种人、每一种品质都伴有与之相适宜的表达方式。我所说的种可按年龄来划分，如儿童、成人和老人，也可以按性别分为男人和女人，按国家分为斯巴达和塞撒利亚；所谓品质，指人的生活依此而呈现出某种性质的东西，因为并非所有的品质都能据以形成人生的某些性质。因而，若是使用了与特定的品质切合的那些字词，就能表现出特定的性情来。一个乡下人与一个受过教育的人不会说同样的话，也不会以同样的方式讲话。另外，演说辞的作者们用烂了的一个打动听众的手法是“谁不知道这事呢?”或“人人都知道这事”，因为听者羞于不知道别的人全都知道的事情，只好点头同意。

所有这些形式的手法统统都有用得恰切与不恰切的问 1408b
题。任何一种手法，用得过火了时都可套用一个补救的办法，即讲话者来一句自我责备的话；这样人们就会相信他说的那些过火的话是真实的，因为讲话者本人也并不是不知道他在讲些什么。此外，不能同时使用所有相应的手法，因为这样才能使听众不知就里。这是说，用词若是犀利，声音、面部表情以及各种相应的细节就不要依样画葫芦，不然的话，每一细节的真实用意就会暴露无遗。然而若是采用这一手法但不采用那一手法，演说者的用意就可以隐而不露，尽管说的还是同一件事情。当然，若是用锋利的语气来表达温和的情感，或是用温和的语气来表达锋利的情感，都不会有说服力。

复合字、大量的附加字和奇异字最适合于激情冲动的演说者使用。因为要是一个正在发怒的人说某一灾害“有天那么高（深）”或“极其庞大”，我们是很能体谅的。而且，一个人若是控制了他的听众，激起了听众的热情——无论是凭借了赞颂、谴责、愤怒还是凭借了友爱，他都可以这样讲话，正如伊索克拉底在他的《泛希腊集会》的结尾处所说的那样：“声誉与声名!”以及“他们忍受着那些”。热情洋溢的演说者讲出这样的话来，与他处于同种心情的听众显然会予以接受。所以这种风格宜于入诗，因为诗是灵感的产物。或者应当如此来采用这一说话方式，或者应像高尔吉亚或《斐德罗篇》中的文字那样，以调侃①的方式。

【8】 辞章或散文的用语形式不应当有韵律，但也不应没有节奏。因为有了韵律就会造成没有说服力（因为那会被认为是做作的结果），同时它还分散了听众的注意，因为听众会期待同样的韵律在某一时候复现，就好比公告人问获得自由的人想选谁来做他们的监护人时，孩子们抢先答道："克勒翁！"若是没有了节奏，也就没有了限制；然而限制还是应当有的，只是不能以韵律来限制，因为没有限制的东西既令人不愉快也不易懂。所有事物都靠数目来限制，而用语形式的数目就是它的节奏，而韵律则是节奏的分段。因此，辞章或散文须有节奏，但不应有韵律，否则就会成为一首诗。而且这种节奏不应过于精确，而应适可而止。

在各种各样的节奏中，以英雄格的节奏最为庄严，但是它缺乏谈话的和谐感；抑扬格乃是很多人的讲话方式，所以在所有的韵律中抑扬格最常在言谈中使用。不过，演说应当是庄严的，应当能够超凡脱俗。而扬抑格很像科克斯舞的欢快节奏，它采用的四音步韵律就能说明这点，因为四音步格

1409a 律是一种轻快的节奏。

---

① eironeia，即有名的苏格拉底式"调侃"，以前译"反讥"、"讽喻"等。

剩下来的就是派安格或欢颂格了。从斯拉苏马可以来修辞学家们就开始采用这一格律，尽管他们未曾讲明这是一种什么格律。派安格是与上述两种格律有关系的第三种，其节奏的比例是三比二，而前两种节奏分别是一比一和二比一。由前两种节奏得出了一又二分之一的节奏，这就是派安格的节奏。由于上述原因，所有的其他节奏在散文中都应予以放弃；再有一个理由就是它们太格律化了。而派安格的节奏则是应当采用的，因为在方才述及的那些节奏中唯有派安格的节奏才不构成确定的格律，所以它最不易为人觉察。如今，人们在开头和结尾都只采用一种派安节奏，其实结尾应当不同于开头。派安节奏共有两种，它们彼此反对，其中的一种适于用在开头，人们也这样用了。这种节奏以一个长音节开始，以三个短音节收尾，如：

Dālŏgĕnĕs/eītĕ Lŭkĭ/an；

又如：

Khrūsĕŏkŏm/ā Hĕkătĕ/paī Dĭŏs；

另一种派安节奏正好与此相反，它以三个短音节开头，以一个长音节收尾，如：

mĕtă dĕ gān/hŭdătă tŏ/kĕănŏn ē/

phăn sĕ ĭ nūks。

这就收住了尾；而短音节由于不完善就使节奏显得残缺不全。句子应当以长音节收尾，而且句子的结尾不应通过抄写表明，也不应通过旁批，而应通过节奏来表明。

关于辞章的用语应当富于节奏而不应没有节奏，以及应当采用何种节奏和以何种方式采用节奏，就已经阐述清楚了。

【9】 辞章的用语应当连贯，由连接词连为一体，就像第茜朗布诗的前引那样；或者应当前后回转，就像古诗人的回歌那样。连贯体是一种古体，如“图里伊人希罗多德的（历史）研究在此提出”①。早先人人都使用这种文体，可是如今已经没多少人使用了。所谓连贯体，指的是其本身没有终点或结尾、不说完事情就不收尾的文体。它并不受人喜欢，因为没有限制，而人人都想看到一个终点。正是由于这个缘故，赛跑的人只是在到了终点之后才会喘不上气和垮下来，而在达到终点之前他们是不知疲乏的。连贯体就如上述，另一种文体由环形句构成。我所说的环形句，指其本身有头有尾而且其长度易于览视的句子。这种句子构成的文体
1409b 令人愉快而且易学。它之所以令人愉快，是由于它正好与没有限制的句子相反，并且它让听者总是觉得有所收获，觉得自己达到了某个终限；而预见不到任何终限也达不到任何终限则是令人不快的事情。这种文体之所以易学，则是因为它很好记忆。其原因在于，由环形句构成的文体是可以用数目来表示的，而数目是一切事物中最好记的东西。这正是人们

① 希罗多德：《历史》，i，1。

记格律诗比记散漫的文章更容易的原因，因为诗之格律是可以用数目来表示的。不过，环形句必须把意思完整地表述出来，而不能像索福克勒斯的抑扬格诗那样突然被打断：

这地方是卡吕冬，属于伯罗普斯的土地。①

因为这样断句就会让人得出与事实相反的看法，在上面的这句话中就会让人觉得卡吕冬是在伯罗奔尼撒境内。

环形句既可由子句组成，也可以简单成句。由子句组成的环形句是一种完整的句子，既有分断，又可一口气读完。它不像上面提到的那个环形句那样骤然分断，而是作为一个整体。子句是环形句的两部分之一；而简单的环形句只由一个子句构成。但无论是子句还是环形句，都不能削短或拖长。因为太短了常常会使听众向前倾跌，本来听众还在期望着自己一心追循的固定节拍继续下去，而讲话者戛然而止，反而把他往后拉，他就难免会由于受了阻碍而像跌跤似的。而若是句子太长，又会把听众落在后面，就好像那些到了界限仍然径自向前却不转回的人把他们的同行人落在了后面一样。同样，环形句太长就变成了一篇演辞，就跟第茜朗布诗的前引似的。由此有了凯俄斯的德谟克里特挖苦麦拉尼庇得斯的话，他嘲笑后者不写回歌却去写第茜朗布诗的前引：

一个想害别人的人很可能会害了自己，

① 欧里庇德斯，残篇 515（劳克本，1889）。

一篇冗长前引的最大受害者还是写的人自己；①

这句诗也适用于那些写出太长子句的人。可是，子句若是太短，又不能构成环形句，当然就会使听者向前倾跌。

由子句构成的环形句可分为分立式与对立式两种。分立式环形句例如：“我时常对那些召开泛希腊集会和创办体育竞赛的人感到惊奇”；在一对子句中，若是任何一个子句里
1410a 面加上了与另一个子句相对立的内容，或者同一个词统管两相反对的内容，这就构成了对立式的环形句，例如：“他们让留在家里的人和跟随他们的人都尝到了甜头，因为他们给后者弄到了比在家中更多的土地，给前者在家中留下了充足的土地。”此处的“留下的”与“跟随的”、“充足的”与“更多的”彼此反对。又如：“对于挣得钱财的人和贪图享受的人。”“享受”与“挣得”是对立的。又如：“在这些活动中常常是智者失败，愚者成功”；“他们立刻得到了勇武的褒奖，不久后又赢得了海上的霸权”；“在赫勒斯滂架桥，在亚索斯挖河，他们在陆上行船，在海上过兵”；“他们生为公民，却被一道法令剥夺了公民身分”；“他们中有些人悲惨地死去，有些人耻辱地逃生”；“在私人生活中他们把蛮族人用做家奴，在公共生活中又坐视许多盟友沦受奴役”；“或者是在生前拥有或者是在死后留下”。又如有人在法庭上这样控告佩托拉俄斯和吕科富隆：“这些人在家中出卖了你们，在

① 赫西俄德：《劳动与时令》，265—266行，不过第二行为戏拟。

这里又想收买你们。”所有这些句子都具有上述的结构。这种句子构成的文体令人愉快，因为彼此相对的意思最为易懂，而在它们彼此并列的时候就更是如此了，同时也因为对立句有点像三段论推理，对立的意思归并在一起就等于是反驳。

对立句就是上述这样；若是子句等长，那就成了平衡句，若是两个子句首尾两端发音相似，那就成了谐音句。相似的音节必须要在句子的开头或结尾处。若在句子的开头，就总是两个字的发音完全相似；若是在结尾处，就只需最末的音节相似，或是同一个字的变格，或是同一个字的重复。在开头处相似的句子，例如：

Agron gar elaben argon par' autou①，

又如：

doretoi t' epelonto pararretoi t' epeessin②。

在结尾处的音节相似，如：

oiethes an auton [ou] paidion tetokenai，all' autou aition gegonenai；

又如：

en pleistais de phrontisi kai en elakhistais elposin。

同一个字的变格，如：

---

① 阿里斯托芬，残篇 647，科克本。

② 荷马：《伊利亚特》，ix，526。

aksios de stathenai khalkous, ouk aksios on khalkou;

同一个字的重复，如：

su d' auton kai zonta eleges kakos kai nun grapheis kakos。

同一个音节的重复，如：

ti an epathes deinon, ei andr' eides argon。

1410b 同一个句子可以同时含有所有这些特征，即同一句子既是对立句又是平衡句又是尾音谐音句。在《塞奥德克特亚》中，（我们）几乎列举了环形句的一切开头方式。还有虚假的对立句，如埃比哈尔莫斯的诗句：

有一回我在他们那里作客，有一回他们在我这里作客。①

【10】 规定了上述问题之后，就该讨论如何方能讲出机智的和受人欢迎的话来。这两种话既产生于天资，也产生于有素的训练，我们的这番研究正是表明这点。让我们在此把这样的话列举出来，以此作为我们研究的始点。易于学会的东西自然是使所有人都感到愉快的东西；而文字表达某种含义，因而凡是便于我们学习的文字都是极其令人愉快的。

---

① DK 残篇，20a。

生僻字令人难懂，规范字则是人人都会；所以，隐喻字最能造成上述效果。当诗人称老年人为“残株”时，他是用种概念来教导和启迪我们，因为两者都已枯萎[①]。诗人们所采用的直喻也能产生同一效果；因此只要用得好，直喻也会显得很机智。因为如前所述，直喻也是一种隐喻，其差别不过在于附加了说明；由于较长，所以它就不那么令人愉快。而且直喻并不把这个说成那个，故我们心里不会对此加以思索。所以凡是能让我们迅速领会的用语或推理论证都是富于机智的。也正是由于这一缘故，那些肤浅的推理论证（我们所说的“肤浅的”是指人人都明白的东西，也就是没有什么需加思索的东西），以及说出来后让人听不懂的推理论证都不受欢迎。只有那些一说出来就让人听懂了，或者刚开始时不懂，但稍过片刻就让人想明白了的推理论证才受人欢迎，因为这样的推理论证让人长知识，而前面那样的推理论证无论在当时还是过后都没有这个作用。

就上述思想而论，只有这样一类推理论证才会受人欢迎。就用语而论，对立式的陈述才是受欢迎的形式；例如“他们把人所共享的和平视为对他们的私人利益的战争”[②]；句中的“战争”与“和平”相对立。至于文字或语词，只要含有隐喻就能受人欢迎，而且不能转折太多，因为那样就难

① 荷马：《奥德塞》，xiv，213。
② 伊索克拉底：《菲力浦斯》，73。

于总览，但也不能流于肤浅，因为那样就产生不了什么影响。此外，假如文章能把事物呈现在人们眼前，也能受人欢迎，因为人们应当看到的是正在发生的事情而不是将会发生的事情。因此，应当注重三点：隐喻、对立和现实性。

1411a 隐喻的四种形式中，类比式的隐喻最为受人欢迎。正如伯里克利说城邦中丧失了在战争中死去的青年“好比一年之中缺少了春天”①。又如，勒普蒂尼在谈到斯巴达人时说，雅典人不会坐视希腊“失去她的一只眼睛。”又如，当卡瑞斯急于要把有关奥林塞阿科战争的报告交付审查的时候，刻菲索多托斯很是愤慨，他说前者想趁“一手卡着人民的咽喉”的时候把报告付之审查。在另一个时候，他还劝雅典人立即开赴优卑亚，让他们“用米提阿德法令充当口粮”。又如，伊菲克拉底对雅典人同埃皮道罗斯人以及同沿海的邻邦讲和感到愤慨，他说雅典人“失去了开赴战场的路费”。佩托拉俄斯把帕拉洛斯称为“人民的大棒”，并称舍斯托为“佩赖乌斯的粮仓”。又如，伯里克利劝雅典人把“佩赖乌斯的眼中钉”埃吉那拔掉。又如，莫罗克勒斯提到过某位贤者的名字，说自己一点也不比那人更坏，因为那人之坏按年息要值百分之三十，而他自己不过只值百分之十。又如，阿那克桑德里泰的抑扬格诗句这样描写迟迟不出嫁的女儿们：

> 我的女儿们的婚期已经过了。

---

① 参见 1365a30—35 及注。

又如，波吕乌克托斯嘲弄某个名叫斯潘西波的瘫痪人，说他无法保持平静，“尽管他已经被命运套上了疾病的五孔枷”。又如，刻菲索多托斯称三桨战舰为“彩绘了的磨坊”。又如，那位犬儒称诸酒店为“阿提卡的公共餐厅”。又如，爱西翁说雅典人“把城邦泼在了西西里”；这是一个隐喻，它使事物活现在人们眼前。他还说“直至希腊放声高呼”；在某种意义上这也是一个隐喻，它也使事物活现在眼前。又如刻菲索多托斯劝雅典人要当心，不要开过多的“吵闹会”。而伊索克拉底也讲起过在泛希腊集会上“你争我挤的人群”。《葬礼演说》中有这样一句话：“希腊应当在那些死在萨拉米的英雄的墓前剪下她的头发，因为她的自由随同他们的英勇一起埋进了坟墓。”如果演说者说的是希腊应当流泪，因为她的英勇同他们一起埋进了坟墓，那样就会成为一个隐喻，一个使事物活现在眼前的隐喻，而且“英勇”与“自由”并列，又表达了某种对立。又如，伊菲克拉底说：“我的言辞 1411b
的道路直通卡瑞斯的所作所为的中心”；这是一个类比式的隐喻，“直通中心”一语使事物活现在我们眼前。又如，说一个人“以险救险”也是一个使事物活现在眼前的隐喻。又如，吕科勒昂为查布里阿斯辩护道：“他们甚至不尊重他的铜像的恳求姿势。”这在当时的场合是一个隐喻，但不是在什么时候都如此，它也是一个使事物活现在眼前的隐喻。因为当查布里阿斯正冒着危险时，他的铜像在为他恳求，无生命的东西成了有生命的东西，成了他对城邦的功绩的物证。

又如，“以一切方式培养谦卑的精神”也是一个隐喻，因为“培养”即是一种增强。又如，“理智是神在我们灵魂里点燃的火光”也是一个隐喻，因为理智与火光二者都照亮着某种东西。“我们并未结束战争，而只是将它推迟了”也是一个隐喻，因为“推迟”和“这样一种和平”都指向未来的事情。又如，说“这些和约是远比在战争中得来的胜利纪念物更为光荣的纪念物，因为一者只是对微小的、单个的成功的纪念；一者却是对整个战争结束的纪念”；这也是一个隐喻，因为和约和胜利纪念物二者都是胜利的标志。又如，“各个城邦在人类的谴责中受到了最大的审查”，因为审查即是某种公正的伤害。

【11】 前面说过，机智的话语来自类比式隐喻和使事物活现在眼前的手法。我们在此应讨论“使事物活现在眼前”究竟是什么意思，以及采取什么做法才能产生这一效果。我所说的“使事物活现在眼前”，指的是对现实活动的表达。例如，说一位善良之人是“正方的”就是一个隐喻，因为善良的和正方二者都是完美的，但是这一说法并不表达现实活动。而说一个人“正处在他的盛年”就表达了现实活动，又如，说“你是一头自由自在走动着的牺牲”也表达了现实活动，再如下面这句话：

因此希腊人的双脚开始动了①，

① 欧里庇德斯：《伊菲格里亚在奥利斯》，80。

句中的“开始动了”一词既表达了现实的活动，又是一个隐喻，因为它描述出了迅速性。而且，荷马也时常运用隐喻，把无生命的事物描写成有生命的事物。所有下面这样的句子都立足于现实活动，它们给荷马带来了良好的声誉，这样的句子就如：

那无情的石头又滚下平原①；

又如：

那支箭在飞②；

又如：

那支箭急急地飞——③； 1412a

又如：

（那些长枪）栽进了土地，依然想要吃肉④；

又如：

那枪尖迫不及待地刺穿了他的胸膛⑤。

在所有这些句子中，这些事物由于有了生命，就显出了现实性。“无情的（不知羞的）石头”与“迫不及待的枪尖”以及其他的用语都表达了现实的活动。诗人通过类比式隐喻把这些性质加于这些事物，如把那石头加于西叙福，把不知羞的人加于受到无耻对待的人。在他那广为传颂的直喻里，诗人这样来描写无生命的事物：

---

① 荷马：《奥德赛》，xi，598。

②③④⑤ 荷马：《伊利亚特》，xiii，587；iv，126；xi，574；xv，542。

弓着背顶着白沫，有的在前，有的在后。①

他使所有事物都活起来、运动起来，而现实性就是一种运动。

如前所述，隐喻应当来自与原事物有固有关系的事物，但这种关系又不能太明显，就好像是在哲学中一样，只有眼光敏锐之人才能看出相距甚远的事物之间的相似来。正如阿尔库塔斯所说，仲裁人和祭坛是一样的，因为二者都是受害者的避难所。或者，一个人也可以说锚与上面吊着的挂钩是相同的，因为二者有某种相同之处，只不过它们拉拽事物时一者在上，一者在下。又如，说“这些城邦都被夷平了”，也是把相距甚远的事物彼此等同，即把平面与权力相等同。

大多数机智的话语都来自隐喻，也来自预先伏下的出人意料的结局。因为当结局出乎意料时，听者更能明显地感到自己从中学到了点什么，他内心仿佛在说：“真是这样的！我竟然猜错了。”机智的警句来自于没有说出来的东西，例如斯特西科罗斯所说的“知了将在地上给自己唱歌”。由于同一理由，巧妙的谜语也能讨人喜欢，因为听者也能从中长些学识，而且也由于采用了隐喻的说话方式。又如塞奥多罗所讲的“奇句”；句中的立意新奇古怪，而且正如他本人所说，与人们原先的想法迥然不同，它们就像滑稽家们所采用

① 荷马：《伊利亚特》，xiii，799。

的变了形的字一样。改变一个词的字母也能产生这样的效果，因为它们也出人意料。在格律诗中也有这种语句，例如下面这句诗就出乎听者的料想：

他一步步走过来，脚下是——冻疮；

可是听者却以为接着念出来的会是“无面鞋”一词。这种笑话讲出来就应当十分清楚。而改变了字母的笑话不在于所说的那个意思，而在于对原词的一种转折。例如塞奥多罗对竖琴师尼康所说的：“你有心事（thrattei）”，其实他想说的是“你是色雷斯人（thraiks ei）”①，以此来掩人耳目，因为 1412b
他本来另有所指。所以知情人觉得好笑，而要是不知道尼康是一位色雷斯人，就不会觉得这句话有什么俏皮之处了。又如：“你想磨死（persai）他呀！”② 不过，这两种形式的笑话都应当讲得得当。与此类似的俏皮话就如说雅典人“在海上的霸权（arkhen）”并不是他们的“灾难的泉源（arkhen）”一样，因为他们从中得到了好处；或者也可以像伊索克拉底那样说他们的霸权是城邦灾难的泉源。上述两种情况都说出了人们意想不到的话，而且被认为是真实的。因为说 arkhe 是 arkhe 并没有什么妙处，但他说的不是这个意思，而是另有所指；而在前一句话中，否定了 arkhe 的一层意思，也是另有所指。在所有这些情况下，只要用词得当，

① 此句原文难以确定，此处从牛津本的校订，将“thrattei”拆为“thraiks ei”。

② “磨死”与“波斯人”（Persai）拼法相同。

不论采用多义还是转义字，都可以取得很好的效果。例如，“Anaskhetos ouk anaskhetos”①，这是一个加了否定的同名词，只要这个人令人生厌，这句话就是恰当的。又如：

你不要比陌生人更陌生人，

或者说“不要超过你应当的那样”，也能表达相同的意思。又如“陌生人不应当总是一个陌生人”，这同样是在不同的意义上使用一个词。阿那克桑德里泰的受人赞誉的那句诗也与此相同：

在做该死的事情之前死去是体面的；

这等于说“在不该去死的时候死去是值得的”，或“在值不得死的时候死去是值得的”，或“在没有做过该死的事时死去是值得的”。这些句子的用语形式是相同的，不过越是以简练和对立的方式来表达，就越是受人欢迎。其原因在于，对立的表达方式更能让人学有所得，而简短的方式能让人更快地领会。要使所说的话既真实又不肤浅，就必须总是要么切合所讲对象的情况，要么说得得当。然而有些时候句子只是分别具备了其中的某一个条件，如“一个人应当没做什么错事而死”，这句话就缺乏机智；又如“一个有价值的人应当娶一个有价值的女人”，这句话也缺乏机智。只有同时具备了上述两个条件，句子才会显得机智，例如“在不值去

① Anaskhetos 是人名，字义为“可忍受的”，这句话意思就是“‘可忍受的’让人不能忍受”。

死的时候死去是值得的”。句子具备这类条件越多，就越能显出机智来，比如这一句话中既有隐喻字，又是特定形式的隐喻，既有对立句又有平衡句，而且还包含着现实活动。

如前所述，直喻在某种意义上也是受人欢迎的隐喻。因为它们总是讲到两件事物，有如类比式的隐喻；例如，我们说盾是阿列奥之盏，弓是无弦的琴。但这并不是简单的隐喻，只有说盾是盏、弓是琴时才是那样。直喻也可以以这样 1413a
的方式来构造，如说笛师像猴子，近视的眼睛像爆裂的灯火——因为二者都在收缩。但是还是能够作为隐喻的直喻最好，可以把盾牌比做阿列奥的酒盏，把受难船上的货物比做房屋里的破烂布，把尼刻拉托斯比做为普拉拖斯咬伤了的菲洛克忒忒斯——对斯拉苏马可的一个直喻的借用，当他看见在一次朗诵比赛中被普拉拖斯击败了的尼刻拉托斯依然蓬头垢面时，就用了这个比喻。诗人们在这些方面若是运用得不好，就会被人大喝倒彩，若是运用得好，就会大受欢迎。我是指当他们给出一个对应句的时候；如：

他的腿弯弯曲曲像是香菜叶。

又如：

像菲兰蒙那样跟皮袋动拳头。

所有这类说法都是直喻。直喻也是隐喻，这已经重复过多次了。

谚语是从属到属的隐喻，例如，假设一个人从事某项买卖，指望将会从中得到好处，不想却反遭损失，便可以说这就像卡尔帕梭斯人养兔子一样；因为这两个人都蒙受了损失。

机智的话语从何而来，它们为什么显得机智，其原因基本上就讲完了。受欢迎的夸张语也是一种隐喻；例如形容眼睛被打青了人的话："你会认为他是一筐桑葚"，因为青眼睛有点发紫，但是如此多的数量就是一种夸张了。又如说某物"像这个和那个"也是一种夸张，只不过在措辞上有些差别，如：

> 像菲兰蒙那样跟皮袋动拳头。

或者说"你会以为他是同皮袋开战的菲兰蒙"。又如：

> 他的腿弯弯曲曲像是香菜叶。

也可以改成"他的腿如此弯曲，你会以为它们不是腿而是香菜叶"。夸张语十分适合年轻人使用，因为它们能表达激烈的情感，故愤怒的人最常使用它们：

> 即使他送给我的礼物多得像灰尘和沙粒……
> 我也不娶阿特柔斯之子阿伽门农的闺女，
> 哪怕她的美貌赛过了金色的阿芙洛狄忒，
> 哪怕她的手艺赛过了雅典娜。①

1413b 阿提卡的演说者尤爱采用夸张语，不过从上面可以得知，夸

① 第一行出自荷马：《伊利亚特》，ix，385 行，余下几行出自同卷的388—390 行。

张语不适合于年长者使用。

【12】 不能忘记每一种演说都有着与其相适宜的不同的用语。书面的用语不同于口头争辩的用语，公众演说的用语不同于法庭演说的用语。不过对这两种用语都应通晓，通晓了后者，我们就能掌握希腊语，通晓了前者，当我们想把自己的某种想法传递给他人时，就不至于像不谙写作的人那样被迫缄口无言。书面的用语是最为精确的，而争辩的用语最适于演诵。后一类用语又分为两种形式，即表达性情的形式与表达激情的形式。所以演员总是争着要这类用语形式的剧本，而诗人总是寻求这样一类演员。不过，专写供人阅读的文章的诗人也同样受人欢迎，例如卡瑞蒙，他的用语就像演说辞作者那样精确；又如写第茜朗布诗的诗人中的利康尼俄斯。相形之下，书面的演说辞在争辩的场合就显得单薄，而演说家尽管讲得头头是道，他们的东西拿在手里一读却显得十分平凡。其原因在于，它们只适合于口头的争辩；因而适于朗诵的东西离开了朗诵就发挥不出它们的效力，而且会显得笨拙。例如连接词的省略和同一个字的多次重复，在书面的文章里理所当然应予以排除，但在口头的争辩中演说家们却要加以利用，因为它们很适合朗诵。不过念同一个词的时候一定要变换语调，这才是通向朗诵之路。例如，“偷了你们的是他，骗了你们的是他，最终将出卖你们的还是他”。这就像演员菲勒蒙在阿那克桑德里泰的《年老昏聩》中所

表演的一样，当他念到“拉达曼苏斯和帕拉麦德斯”时，以及念到《虔敬者》的开场白中的“我”字时，都是这样念的。一个人在朗诵时不这样念，他就会被看做“一个扛横木的（愣）人”。

省略连接词的句子也应这样念，例如“我去了，我碰见他，我恳求他”。这也需要朗诵手法，不能以惯同的语气和腔调来念这句话，就好像它只讲了同一件事情似的。此外，省略连接词的句子还有一点特别的地方，那就是在同样的时间里仿佛讲出了很多件事情。由于连接词把多件事情连成一件，那么去掉连接词显然就能达到相反的效果，即把一件事情分为多件。因此省略连接词可以起夸张的作用：“我去了，
1414a 我同他交谈，我向他央求”，仿佛讲出了许多事情似的。又如：“我说什么他都不听。”荷马的下述诗句也想造成同样的效果：

尼柔斯也来自叙墨……

尼柔斯，阿格拉伊亚的儿子……

尼柔斯，最俊美的男子……①

要讲关于一个人的许多事情，一定得多次重复他的名字。因而只要多次提及一个人的名字，人们就会觉得讲了许多有关他的事情。所以，诗人利用人们的这种错误推断方式，夸大了尼柔斯的形象，尽管他只在这一段提起过这个

① 荷马：《伊利亚特》，ii，671—673。

人物；诗人使他留下了名声，然而在后面再也没有提到他了。

公众演说的用语风格完全就像一幅风景画，景群越庞大，景观也就越远。所以在这种演说与这种图画里，过于精确纯属多余甚至很糟。然而，法庭演说需要更加精确。面对单个的审判者时就更是如此，因为在那种情况下修辞手法几无用武之地，因为审判者更容易一眼看出哪些话与事实切合，哪些话是题外之谈。由于没有同人争辩，他的判断是清晰的。由于上述原因，同一些演说家不可能在所有这些演说中都大受欢迎。尤其在讲究演诵技巧的场合，其用语最不需要精确；在这种场合需要的是一副好嗓子，尤其是无比洪亮的好嗓子。而展示性演说的用语最为书面化，因为它的用处就在于供人阅读；其次就要数法庭演说了。

再进一步地分析演说用语，以及指出用语应当令人愉快，应当洒脱大方，那就会是多余之举。因为用语为什么就更应该表现这些特性而不是表现节制、慷慨以及其他任何一种伦理德性呢？只要我们对用语的优美（德性）的定义是正确的，显而易见，上述的那些规定就足以使用语令人愉快了。因为，为什么用语应当明晰而不流于低俗并且应当用得恰当？这是由于用语繁琐就失去了明晰，用语过简也是一样。显然，不繁不简的用语风格才是适当的。再说一遍，上述的那些规定已经足以使用语令人愉快了——只要是对常用字与怪僻字、节奏以及产生于恰如其分的说服力进行了很好的搭配。

关于用语，关于全部三种演说中的共同的方面与每一种演说中的特殊的方面就已论述完毕。尚且有待讨论的就只剩下安排了。

【13】 一篇演说有两个部分；因为必须对事情有所说明，然后才能加以证明。因此不能够只有说明却无证明，或者只有证明却无事先的说明。因为证明总是对某件事情的证明，而预先的说明总是为了进行证明。这两个部分之一是提出陈述，另一是说服论证；这种区分就像人们对问题与证明可能做出的区分一样。然而今天流行的区分却是可笑的，因为叙述仅仅属于法庭演说，在展示性演说和公众演说中怎么可能有规定意义上的叙述或对争讼对手的答复呢？再者，在
1414b 证明的演说中怎么可能有收场白呢？在公众演说中，只有在发生了争论的情况下才会有引言、对比和重述。而且，这种演说中也常常带有控告与申辩，但那并不是作为这种演说。此外，也并不是每一篇法庭演说都有收场白，例如那些叙述简短的与案情易于记忆的演说；因为，收场白的作用就在于除去演说之冗长，对其加以总结。

所以说，一篇演说必须具有提出陈述和说服论证两个部分。这些是演说所特有的部分，充其量也只能把演说分为引言、提出陈述、说服论证和收场白。因为对对方的反驳是说服论证的一部分，而对比不过是对己方论证的一种夸张，因

而也是说服论证的某个部分，其原因在于，这样做的同时也就有所证明，而引言与收场白却无助于证明，只不过有助于记忆而已。所以，一个人若是那样划分，就有点像塞奥多罗和他的追随者们的做法了，他们将叙述与“附叙述”、“预叙述”、“反驳”、“附反驳”相区分。然而引入一个名称必须能够表达某一个属或属差，否则就会是空无所指，愚不可及，就像是利康尼俄斯在他的“修辞术”中生造的那样一些名称：“速移法”、“离题法”、“分枝法”。

【14】 引言是演说的开端，有如诗的前引或笛乐的序曲，所有这些都是开端或始点，起着铺垫一类的作用。序曲就像展示性演说中的引言，正如笛师总是要先演奏一段他们拿手的乐曲再顺势步入即将演奏的作品一样，展示性演说也应如此写作。应当先讲一段他所能想出的精彩的话，再由此进入演说的主题。所有人都是这样做的；伊索克拉底的《海伦颂》即是一例，因为（引言中讲到的）争议者们与海伦本来没有共同之处。同时，即使这样有些离题，但是总比整篇演说形式单一要好一些。

展示性演说的序引取材于赞颂与谴责，例如，高尔吉亚在《奥林匹亚辞》中讲道：“希腊人啊，你们值得许多人景仰。”他是在赞颂泛希腊集会的那些召集者。而伊索克拉底却谴责这些人只奖励身体方面的德性，对那些智慧出众之人则全无嘉奖。这种序引也可以取材于规劝，比如“我们应当尊崇善良之人”，说这话的人是在赞颂阿里斯泰德；又如，“我们应当尊崇那些既不出名也不卑陋的人，或者说那些善良却又不为人知的人”；比如说普里阿莫斯的儿子阿勒克桑
1415a 德罗。说这种话的人是在劝告于人。这种序引还可以取材于各种法庭演说，即是说，取材于向听者的吁请，请其宽谅演说的内容背离常理，或者艰涩难懂，或者是人所尽知。就如科伊里洛斯所说：

> 如今整个园地已经分配完了。

上述这些就是展示性演说的引言所依据的题材，即赞颂、谴责、劝说、劝阻、向听者的吁请等。这些铺垫性的前述应当要么与主题无关，要么与主题切合。

至于法庭演说的引言，应当注意到它们能够起到与戏剧的开场白和史诗的序诗相同的作用；因为第茜朗布诗的序诗类同于展示性演说的引言，如：

> 为你，为你的礼物和你的战利品；

而戏剧的开场白和史诗的序诗则是演说的一个样品或交代，为的是让听众先对演说的内容有一个了解，不至于心存悬念，因为不确定就会使人迷惑。所以，这样做就好像是把演说的开端交到听众的手里，他们握着这一开端就能跟上演说的思路。因此诗中有这样的话：

> 缪斯女神，请歌咏忿怒……①

① 荷马：《伊利亚特》，i，1。

缪斯女神，请把那人的故事告诉我……①

请指引我讲另一故事，叙述一场大战

怎样从亚细亚的土地打到了欧罗巴。②

悲剧诗人也这样来点明剧情，即使不是像欧里庇德斯那样开门见山，他们也会像索福克勒斯那样在开场白中的某一处做出说明：

我的父亲是波吕玻斯③。

喜剧里也是如此。所以，引言最迫切的、特有的作用就在于说明演说的最终目的是什么；因此要是演说的题目十分清楚或无足轻重，就用不着引言了。

人们在演说中采用的其他各种形式的引言，都不过是某种补救手段，通用于各种演说之中。它们涉及演说者、听众、演说的题目以及演说者的对方。涉及演说者及其对方的引言，全都是为了消除或造成误解。不过在方式上并不一样，因为申辩者需要首先对付人们的误解，而控告者却要在收场白中才这样做。其原因没有什么不明白的，因为申辩者在将要讲自己的情况时，必须清除各种阻碍，所以首先就得消除人们的误解；而控告者在结束自己的发言时，必须造成人们的误解，为的是让人们记得更清楚。

至于向听者吁请，是想引出听者的善意或忿怒，有时候

---

① 荷马：《奥德塞》，i，1。

② 此二句引自科伊里洛斯的残诗。

③ 索福克勒斯：《俄狄浦斯王》，774。

则是为了吸引或分散听者的注意，因为引起听者的关注并非总是一件有利的事情，这也正是许多演说者极力要逗引听众发笑的原因。只要一个人愿意，他就可以采取一切手段来诱使听者就范，包括展示自己的贤良品质，因为具有这种品质
1415b 的人更能引起听者的注意。听众对那些极其重大的事情、与自己的切身利益相关的事情、惊人的事情以及令人愉快的事情尤为关注，所以必须让他们觉得他们听到的演说讲的正是这类事情。若是不想让听者注意，演说者就得说眼下的这些事情并不重要、跟他们毫无利害关系或者是令人痛苦的。

然而必须注意到，所有这一切都与演说的主题无关，这一类手段针对的乃是那些素质低下的、爱听题外话的听众。只要听众不是这种人，引言就派不上用场了，除非是为了总地介绍一下演题的头绪，就像身体有一个头一样。此外，吸引听众注意的办法若有必要在演说的所有部分中都可通用，因为听众的注意在演说的任何地方都比在一开始更容易松弛下来；所以把这种东西安排在开头是有点可笑的，在这种时候人人都竖起耳朵在听。因而只有到了适当的时候，才需要说“你们给我用心听着，因为这件事同我的关系并不比同你们的关系大”。或者说：“我要告诉你们一件你们从来没有听说过的事情，它是如此地可怕和惊人。”普罗狄科斯就曾说过这样的话，当听众开始打盹的时候，他就把他那篇值50德拉克玛的著名讲稿向他们抛出一小段。显而易见，这样的

办法是用来对付那些不够格的听众的。因为在引言中，人人都力求引起误解或消除畏惧，如：

主呵，我不能说很快就……①

这是什么开头话?②

这就是那些碰上了或看来要碰上倒楣事的人会说的话，因为随便扯到什么话题上去都比谈论眼下的事情要强。正是由于这个缘故，奴隶们不直接回答问话，却要绕着圈说话，并且要讲上一大段开头话。至此，我们已经阐明了通过什么途径才能引出听众的善意以及每一种诸如此类的其他情感。诗人说得好：

让我去那里寻得法伊埃克斯人的友爱和怜悯③；

这两种情感正是一名演说者应当追求的目标。

在展示性演说里，演说者应该让听众觉得他本人或他的家族或他的事业在某种意义上多多少少受到了赞颂。苏格拉底在《葬礼辞》中说得不假："在雅典人中间称赞雅典人并不难，而要在斯巴达人中间说这些话就困难了。"

公众演说的引言取材于法庭演说，可是这种机会自然是极少的。因为听众都知道演说有什么内容，所以所讲的事情并不需要什么序引，除非是想就演说者自己或对方说点什么，或者是听众过于注重或不注重所讲的事情，其所持的态

① 索福克勒斯：《安提戈涅》，223。

② 欧里庇德斯：《伊菲格里亚在陶里人中》，1162。

③ 荷马：《奥德赛》，vi，327。

度不合演说者的心愿。因此演说者必须相应地造成或消除听众的误解，并且夸大或缩小事情的重要性。为上述情况起见，引言就是必要的；或者引言仅仅是为了装饰门面，因为
1416a 要是没有了引言，演说便会显得像是即兴之作。高尔吉亚赞颂爱利斯人的那篇颂辞就是这样，也没有（像拳击家那样）预先练习几拳或做点准备活动，他一开口就来了一句："爱利斯，幸福的城邦！"

【15】 消除误解的一个办法也就是一个人可用以消除使自己为难的那些怀疑的办法；无论这些怀疑由某人讲了出来还是没有讲出来都是一样，故这是一个普遍的办法。另一种方式是就所争论的任何问题直接交锋，或者说没有那件事，或者说没有造成伤害或没对那人造成伤害，或者说伤害并没那么严重，或者说自己没有做不公正的事或事情没有那么重要，或者说自己没做可耻的事或事情没有那么可耻。因为这些就是人们所争论的问题，正如伊菲克拉底对劳西克拉底的答复——他承认自己做了受到对方指控的事情，承认造成了伤害，但是不承认自己做了不公正之事。或者，一个人可以承认自己行为不公正，再用其他托辞来加以抵消，比如说尽管这种行为伤害了对方，但它却是高尚的，或者说尽管这种行为造成对方痛苦，但它是有益的，或者说些诸如此类的其他什么话。另一个办法是说事情是一个错误、一次不幸或一种必然的结果。例如索福克勒斯说他之所以发抖，并不

是像那个中伤他的人所说的那样是为了装老，而是出于不得已，因为无奈自己已经年届 80。还可以用所为的目的来回避或开脱，比如，说自己并不想伤害对方，本想做的是某某事情，说自己并没有做对方栽到自己头上的那件事情，而伤害只是一个偶然的结果："要是我有意造成了这个后果，就活该招来你们的仇恨。"另一个办法是指出中伤自己的人本人或同他关系密切的人现在或过去也有过这样的行为。另一个办法是指出其他人也受到过这样的中伤，而人们公认他们没有受人中伤的那类行为。比如："如果说我穿戴整齐就是一个通奸者，那么某人和某人也就是通奸者了。"另一个办法是指出中伤者也这样中伤过别人，或者别人也这样中伤过他；或者是指出别人虽然像自己现在这样受到中伤，但也招致了这样的嫌疑，然而最终证明他们与这种事情无涉。另一个办法是对于中伤者以其人之道还治其人之身，说"相信一个不可信的人的话那真是太荒谬了"。另一个办法的背景是已经有过某一判决；例如欧里庇德斯对胡格埃农的答复，在一桩财产交换案中，那人指控他不敬神，因为他写了一句怂恿人立伪誓的诗：

我的口立了誓，但我的心并未立誓。①

欧里庇德斯回答道，对方把狄奥尼索斯节竞赛中的判决带到法庭上来是不公正的行为，在那里已经做出了说明，如果对

① 欧里庇德斯：《希波吕托斯》，612。

方仍要指控的话，自己还可以再作说明。另一个办法是指控中伤者，指出对方的做法实在是太有害了，它不仅使审判节外生枝，而且居然不相信事实。

为争讼双方共同采用的一个主题就是陈述事物的迹象或
1416b 标示，例如在《丢克罗斯》中，奥德修斯说丢克罗斯是普里阿莫斯的亲戚，因为他的母亲是后者的妹妹，而丢克罗斯则回答道，他的父亲特拉蒙是普里阿莫斯的仇人，而且他本人也没有（向普里阿莫斯）告发那些奸细。另一个办法适合于中伤者采用，即赞颂小事情时滔滔不绝，谴责大事情时却一带而过；或者，在额外地说了对方一大堆好话之后再抓住对方与本案有关的一个坏处痛加谴责；这种人诡计多端，害起人来不留情，因为他们极力把人的善恶好坏搅和在一起，以此来加害于人。

另一个办法为中伤者和辩解者所共用。既然人们做同一件事情可以有多种动机，中伤者就可以专挑较坏的动机来栽害于人，而辩解者则可求助于较好的动机。例如，狄奥麦德斯挑选奥德修斯做他的伙伴，既可以说他这样做是由于奥德修斯是最英勇的人，也可以说是由于在诸英雄中唯有奥德修斯平庸无能，不会同他相争。关于误解或中伤，就讲这么多罢。

【16】 展示性演说中的叙述或陈述不是连续的而是按部分间隔的；因为必须对演说所依据的种种行为也加以阐

述。演说是由不属于修辞技术的部分(因为演说者完全不是这种种行为的作者)与依靠修辞技术的部分构成的。后一部分或者表明行为已经发生了，尽管可能会令人难以置信，或者表明行为的性质或数量，或者表明所有这些情况。由于这个缘故，有时候就不应连续地叙述所有的事实，因为这样的表述方式令人难于记忆。可以用一些事实来表明某人是勇敢的，而用另一些事实来表明某人是智慧的或公正的。这种演说较为简单，另一种演说就比较复杂难懂了。对于那些著名的行为只需唤起听众的记忆即可，大多数听众都不需要这种叙述，例如，假如你想赞颂阿基里斯的话；因为人人都知道他的那些行为，只需要现成地加以引用就行了。然而假如你想赞颂克里蒂阿斯，就得叙述他的行为，因为大多数人并不知道他做了些什么……①。

如今，人们说叙述应当快速进行，这种说法是可笑的。这确实就像那个人说的话：当面包师问该把面揉得硬些还是软些时，他说："什么？就不能揉得正好吗?"他的话正适用于这里的问题。因为叙述不能太长，就如引言或者是说服论证不能太长一样。在此，"正好"并不在于快速或简明，而在于适中。这就是说，只讲这么一些话，它们能够表明事 1417a
实，或者使听众相信事情已经发生了或造成了伤害或构成了不公正的行为，或者使听众觉得事情正如你所期望的那么重

① 原文有缺漏。

要；另一方面，要提出相反的论证，就得讲一些相反的话。还应当讲一些有助于表现你的德性的话，如："我总是规劝他为人要正派，不要撇下他的儿女。"或者讲一些表现对方的邪恶的话，如："可是他回答道，不管他走到了哪里，总可以再有一些儿女。"这是希罗多德转述的埃及叛变者的答复①。或者，可以讲一些讨陪审员喜欢的话。

申辩者的叙述要短一些，因为争辩的地方是事情并没有发生，或者并未造成伤害，或者并未构成不公正的行为，或并没有这么重大，所以不能在双方都承认的事情上耗费时间，除非某件事情能替他开脱，比如说虽然做了某事，但并不构成不公正的行为。此外，还应把事情作为已经发生过的事情来陈述，除非是为了引起悲悯或忿怒时才把它们作为正在发生的事情。例如阿尔克诺斯听到的故事，在讲给佩涅洛佩听时就压缩到了 60 行。又如法雨洛斯的史诗传略，以及《俄纽斯》的开场白。

叙述应当表现人物的性情。只要我们知道是什么东西造就了性情，就可以做到这一点。一个方法是表明自己的意图，因为有什么样的意图就有什么样的性情，而有什么样的目的就有什么样的意图。由于这一缘故，数学论证就不涉及性情，因为它们不管人们有何意图（其中没有何所为之类的东西）。然而苏格拉底的对话却涉及人的性情，因为它们讲

① 希罗多德：《历史》，ii，30。

的就是这方面的内容。另外的表达性情的方法是描述每一种性情的特点，例如“他一边说一边向前走”，这就表现了此人莽撞的、大大咧咧的性情。而且，不能像今天的演说者那样，讲话发自于思想，而应发自于意图。如：“我愿意这样，我宁肯这样，即使这样无利可图，还是这样更好。”前一句话表现明智的胸襟，后一句话表现善良的品德；明智在于追求有利的事情，善良则在于追求高尚的事情。若是某些特点令人难以置信，就需要附加说明其理由，索福克勒斯在《安提戈涅》中给我们提供了一个例证，安提戈涅说，她关心她的哥哥胜过关心她的丈夫或儿女，因为失去了后者还可以再次得到：

可是我的父母都已去到冥土，
再也不会有一个兄弟生出来了。①

若是没有理由可讲，就说自己并不是不知道这些令人难以置信，但是你天生就是这样一种人；因为人们不相信除了有利的事情外，一个人还会甘愿去做其他什么事情。

此外，叙述还应取材于那些与激情有关的事情，叙述它们的后果以及人所共知的事情，还有己方与对方的特异之处；例如“他瞪了我一眼走开了”。又如埃斯基奈斯形容克 1417b
拉图鲁的话：“他发出嗤声并愤怒地挥舞着拳头。”这样叙述就有说服力，因为听众知道了这些之后，就用它们作为他们

① 索福克勒斯：《安提戈涅》，911—912。

所不知道的那些事情的标记。在荷马那里可以找到大量这类的例子：

她那样说了，那老妇人以手掩面①；

因为马上就要哭的人会把手放在眼睛上。还应直接展示出你的某种品性，以使观众觉得你是某种人，你的对手又是某种人，不过手法要隐蔽。这并不是什么难事，从报信人那里就可以看出来：我们并不知道他会报告什么消息，尽管如此，还是可以猜出几分。

叙述应当分散在演说中的许多地方，有时候是不能放在开头的。在公众演说中，几乎用不着叙述，因为没有谁会去叙述将来的事情，而若是有了叙述的话，那将是对过去的事情的叙述，为的是让人们记起那些事情，能够对后来的事情有更好的谋议。这样做也可以是为了谴责或赞颂，不过在这种时候演说的效用就不是议事了。假如叙述让人难以置信，应当承诺其真实性，并立即给出理由，并且照听众愿意接受的那样解释。例如卡尔克诺斯的《俄狄浦斯》中的伊奥卡斯苔在回答那个寻找她的儿子的人的询问时，一直承诺其所说的真实性；又如索福克勒斯剧中的海蒙的话。

【17】 说服论证应当起到证明作用。既然人们的争论有四种形式，证明也就应该视争论的问题而定。比如，要是

① 荷马：《奥德赛》，xix，361。

人们争论的是某件事情并未发生，那么在审判过程中最主要的任务就是提出关于这一点的证明；要是人们争论的是某种行为并非造成伤害，同样需要证明这一点；要是人们争论的是某种行为没有那么严重或者是正当的，可以依照证明关于事情的发生的争论的方式对此做出类似的证明。不过不要忘记，只有在引起争论的那个问题上，争论双方中才必须有一方是恶人；不知道在这里并不成其为一个借口，就像它在关于行为是否公正的争论中那样。所以在这种情况下应当为此花点功夫，在其他情况下就不应当了。

在展示性演说中，可以经常采用夸张手法来证明事情是高尚的或有益的。因为事实必定是可信的，它们很少需用证明，只有在它们显得令人难以置信或者在它们被安在其他人头上时才用得上证明。在公众演说中，争辩者可以指出某一提议将会行不通，或者说即使对方所建议的可以行得通，但那将是不公正的或没有益处的或没有对方所说的那么重要。还要注意对方在这件事之外的事情上有没有说过假话，因为那样的假话显得是对方在其他事情上也会说假话的有力证 1418a
据。例证尤其适用于公众演说，推理论证则比较适用于法庭演说。因为前一种演说讲的是将来的事情，故必然要从已经发生了的事情中寻找例证；而后一种演说涉及的是事情存在还是不存在，它就更需要证明和必然性；因为已经发生了的事情具有某种必然性。但是，不能一连讲出一系列的推理论证，而应穿插搀和在其他话之间，否则它们就会相互损害。

它们的数量是有限制的：

朋友，你讲了聪明人会讲的那么多话，

诗人却没有说“那类话”。而且，不能试图在一切事情上都运用推理论证，否则，你就会像是在做某些哲学家所做的事情，他们推出的结论比他们讲话时所依据的前提还要易懂和易信。在想要激起听众的激情的时候，切忌使用推理论证，因为它们要么会打消听众的激情，要么说了也等于白说。因为一并发生的运动将会彼此抵消，所造成的结果要么是使论证归于消失，要么是削弱了论证。在想要表现性情的时候，也不应试图使演说中有推理论证之类的东西，因为证明中既不包含性情，也不包含意图。然而，在叙述与说服论证中都应该采用格言，因为格言能表现人的性情，如：“我交给了他，尽管我知道‘不可相信他人’。”若是想打动人的情感，就说：“我并不后悔，尽管我受了害；他得到了利益，我却得到了正义。”

公众演说比法庭演说更难，这是合乎情理的；因为它涉及的是未来的事情，而法庭演说涉及的是过去的事情，这些事情是已知的，连预言者也知道它们，正如克里特人埃比门尼得所说（这人并不预言未来的事情，而只是预言过去的模糊不清的事情）。而且，在法庭演说中，法律是前提或根据，有了立足点，就容易找到证明的方法。在公众演说中没多少闲话好讲，比如攻击对方的话与介绍自己的话，或者是意在打动听众情感的那些话。如若不是有意离题铺叙，在这种演说中说闲话的机会比在所有其他演说中都要少。所以，在没有话说时，可以仿效那些雅典演说家以及伊索克拉底的做法，他在发表议事演说时就指责别人，如在《泛希腊集会》中指责斯巴达人，在《结盟》中指责卡瑞斯。

在展示性演说中应当穿插一些赞颂之辞，就像伊索克拉底所做的那样，他总是以这种方式引入一些人物。这也正是高尔吉亚所说的意思，他说他从不至于无话可说；因为假如要谈论阿基里斯，他就赞颂佩里斯，然后再赞颂埃阿科斯，再赞颂神灵；要谈论勇敢也是一样，他会赞颂勇敢所造成的这种或那种结果，或勇敢的这样一类性质。

要是拥有了证明，就应使演说既表现品格又体现证明性质。若是没有推理论证，就只表现性情。一个贤良之人表现自己的德行比表达自己讲话精确要恰当一些。反驳式推理论 1418b
证比证明式推理论证更加受人欢迎，因为在一切反驳中都能更清楚地展现逻辑推理过程，这是由于把不同的论证并在一起，它们间的对立就更加醒目。

对于对方的答复并不是证明的另外一种形式，而在说服论证中，一方面要用驳议来反驳对方，一方面要依靠推理。在议事演说和在法庭演说中，先讲话的人应当首先提出自己的说服论证，随后再答复对方的论证，预先在反驳中一一将其粉碎。如若对方的论证花样繁多，首先应针对那些直接反对自己的论证，就像卡利斯特托拉在梅塞尼亚的公民大会上所做的那样；他先驳斥了对方可能提出来反对自己的论证，如此才提出自己的论证。后讲话的人则应首先答复对方的论证，利用反驳或反三段论，尤其是在对方的论证受到赞扬的情况下。因为人心若是预先对谁有了偏见，就会对其持拒斥态度，对于演说也是一样，要是对方说过的话博得了它的好感的话。所以要设法让自己将要说的话能在听众的心中安营扎寨，要想做到这一点，就得把对方说的话从听众心里赶出去。因此，应当同对方的全部论证或最主要的论证，受到赞扬的论证或容易反驳的论证交锋，如此之后再提出自己的说服论证，如：

首先，我要站在女神们的一边……

我（决不相信）赫拉……①

在这里说话人抓住了对方论证中的最薄弱之处。

关于说服论证就讲这些。至于性情，既然有一些话用在自己身上或者会招来嫉妒，或者会显得啰嗦，或者会招致驳难，而有一些话用在别人身上或者会像是在责骂，或者会显得粗野，那么，就应当借别人之口来讲这些话，就像伊索克拉底在《菲力浦斯》和《交换财产》中所做的那样，或者像阿尔基洛科斯在谴责人时所做的那样，他在他那首抑扬格的诗里借一个父亲之口来责备其女儿：

没有什么超出意料，没有什么誓不可能。

他还在一首抑扬格诗的开头借木匠卡戎的嘴来说话：

---

① 欧里庇德斯：《特洛伊妇女》，969—971。

我不稀罕古格斯的财富，

索福克勒斯让海蒙在他父亲跟前替安提戈涅求情时，那些话就好像是从别人的口里说出来的。

有时候推理论证还应采取格言的形式，例如“有头脑的人应该在正得意的时候同人和解，因为这样他们才可能得到最多的好处”，若是以推理论证的形式表述就成了：“如果人们应该在最有利、能得到最多好处的时候同人和解，就应该在自己正得意的时候同人和解。”

【18】 关于发问，其最好的时机是在对方所说已经露出了破绽，再提一个问题就可以使其陷入荒谬的时候。例如 1419a
伯里克利对兰蓬的提问，他向其询问守护女神之秘密教仪的入教方式，兰蓬说一个没有入教的人是不大可能听说过这些事情的；伯里克利又问他知不知道这些事情，他说知道，于是伯里克利再问：“身为一个未入教的人，你是怎么知道的呢?”第二种好时机是在一个命题明显真实，而且通过向对方发问对方显然会承认另一个命题的时候。然而发问者在得到了对方的回答作为自己的前提后，不再追问那个明显真实的命题，却径自抛出自己的结论来。例如苏格拉底在梅内托斯指控他不信神时问后者指的是不是精灵①一类的东西，后者承认后，苏格拉底又问精灵是不是神的孩子或神圣的东

① daimonion。

西，后者说是，于是苏格拉底问道：“有谁相信神的孩子存在却不相信众神存在?”此外的（第三种）好时机是在表明对方的所说自相矛盾或与一般人的意见相悖的时候。第四种好时机是在对方无以答对只好用诡辩式的回答来抵赖的时候。因为对方要是这样回答：“它存在又不存在”，或者“有些存在而有些不存在”，或者“在某种意义上存在在某种意义上不存在”，听众就会起哄，认为他已陷入了困境。在其他情况下，就不要企图发问，因为若是招来了驳斥，就显得像是被对方占了上风似的；而且，由于听众智能低下，也不大好提太多的问题。因此推理论证应当尽可能地精简。

在回答对方的问话时，遇到含义不明的问题。要用心加以区分，不能笼统作答。对于那些看来会与我们的论证相矛盾的问话，应当在回答中立即予以消解，要赶在对方问下一个问题或推出其结论之前。因为，对方的论证用意何在是不难预先看出来的。关于这一点以及各种方式的反驳，我们从《论题篇》中就可以看得很清楚了。倘若对方的结论是以问题的形式提出来的，我们就得阐述自己的理由。例如，索福克勒斯在被佩桑德罗斯问到他是不是像其他预议委员们一样赞成建立“四百人专政”时，他承认了；“是吗?你不觉得那是一件坏事情吗?”他也承认了；“那么说你做了那件坏事?”“是的，”他答道，“因为没有更好的事情可做。”又如那个斯巴达人的情况，当他作为一名监察官接受审查时，审查者问他，在他看来其他监察官之被处死是否公正，他说是；审查者又问："那么你是不是同他们一起通过了这些方案？"他还是说是；"那么"，审查者说，"你不也该被公正地处死吗？""噢，不！"他说，"因为他们是接受了钱财才这样 1419b
做的，而我却不是，我是凭了自己的主见。"由此可知，在得出了结论之后就不应再发问，也不应以问题的形式提出结论，除非真理多半在自己一边。

关于嘲笑，它在各种争论中似乎有几分用处。高尔吉亚说，应当用嘲笑去摧毁对方的严肃，用严肃去摧毁对方的嘲笑；他说得不错。嘲笑共有多少种形式，在《论诗》中我们已有阐述，其中的一些与自由人相称，另一些则不相称。所以一个人应当选择与自己的身分相称的嘲笑方式。调侃比插科打诨更合自由人的身分，因为前一种是为了自己开心，而后一种是为了逗别人开心。

【19】 收场白或结束语由四个部分组成。或者使听者对自己发生好感而对对方抱有恶感，或者夸大或缩小，或者激起听者的激情，或者唤起听者的记忆。

在证明了己方的真实与对方的虚假之后，自然而然地就该赞颂自己和谴责对方，将自己的所说最后定型。应当力求达到两个目标之一：要么表明自己一方的善良或单纯意义上的善良，要么表明对方的邪恶或单纯意义上的邪恶。通过哪些途径可以实现这样的目标，这在讲述据以建立善良或恶劣的形象的那些主题时就已经阐明了。事实既已得到证明，在此之后，按照自然的顺序就该进行夸大或缩小。因为要想讨论事情的数量方面，就必须承认既定的事实，正如身体的增长要以原先已经存在的形体为基础。至于由之以夸大与缩小的那些主题我们在前面已经做了阐述。在此之后，事情的性质与重要性既已清楚了，就该设法引发听众的激情；这些激情有怜悯、忿愤、愤怒、仇恨、嫉妒、争胜和喜好争辩等。有关它们的主题在前面已经讲过了，因而尚且有待讨论的就剩下对已经说过的话的重温了。要恰当地做到这一点，就不能像某些人所主张的那样在引言中这样做，他们的主张并不正确。因为为了便于听众领会，他们劝人们再三重复自己的论点。在引言中，为了使需要判断的问题不至于为人忽略，应当做的是陈述演说的主题；而在结束语中，就应当概要地重述我们据以完成证明的那些论证。重述的第一个步骤是指明我们已经做到了我们许诺要做的事情，由此再述及我们说了些什么以及为什么要这么说。可以采取与对方的论点相比较的陈述形式。可以把双方关于同一件事情的所有观点并列
1420a 起来陈述，或者［不］直接加以对比："关于这一点，他说了那些，我说了这些，我的理由有这样一些。"也可以带上调笑的口气，如"他说了那些，我嘛也就说了这些"，或者"要是他证明了那些却没有证明这些，那他算是做了件什么事情呢?"或者采取发问的形式："难道还有什么我没有证明吗?"或者如"他证明了什么呢?"既可以这样采取对比的方式，也可以依照已经说过的话的自然顺序，先以这样的顺序

重述自己的所说，然后，要是愿意的话，再单独重述对方的论证。省去连接词的用语形式最适宜出现在演说的末尾处， 1420b
这种语句在这种情况下就会是收场白而不是演说的正文："我讲完了，你们已听见了；你们已经占有了情况，请做出你们的判断吧。"

亚历山大修辞学

崔延强　译

* Rhtorike pros Aleksandron 根据贝克尔标准本本文。

亚里士多德致亚历山大的一封信

尊敬的陛下：

来函提及，您曾几番派人索取专门为您撰写的有关政治演说原理方面的讲稿。在这段时期内，我之所以迟迟未予交付，并非出于对此事漠不关心，而是为了探寻如何把献给您的这部讲稿表述得更为精确细致，对于这些问题，还不曾有人这样写过。我抱有这种想法是自然合理的。正像您渴求比别人具有更加华美夺目的外表一样，您也应当期盼比别人获取更为值得荣耀的演说技能。因为健全充实的灵魂比精心修饰的外表看上去要美丽得多，高贵得多。有人在行动上独领风骚，在言辞或思想上却明显逊人一筹，这种现象实为荒唐，尤其当他充分认识到，平民政体下的人们把一切事情的最终裁决诉诸法律，而君主政体下的人们则诉诸理性。正如公共的法律每每使自治的城邦沿着健康合理的坦途前进，您所拥有的理性也能指导臣民奔向利益的康庄大道。因为法律可以被简单地描述为一种理性，而这种理性是由全体公民共同一致的意见所确定的，它表明人人必须如何从事各种活动。我认为，您不会不明白这些道理：我们把运用理性，并总是在理性指导下选择一切行为的人赞誉为高尚和善良的人，而把不靠理性处理的人憎称为粗鄙和野蛮的人。也正是出于这个原因，我们惩罚展现恶行的坏人，敬佩显示德性的好人。因此我们寻求种种方法以规避可能具有的恶，而充分享用业已存在的善，由之我们可以摆脱未来的烦恼，获得前所未有的利益。我们选择没有痛苦的生活，同样，我们热爱使人聪慧的理性。

您必须明白，置于绝大多数人面前的典范乃是法律以及您的生活和理性。为了能够超过所有的希腊人和蛮族人，您必须尽力而为，以至于那些以这种追求为生活目的的人能够运用自身的德性，对面前的典范做出维妙维肖的摹仿，因而不会使自己趋向无足轻重的目标，而会渴望与您分享相同的德性。

慎思①乃是人类最神圣的活动。因此您不必在一些次要的或毫无价值的追求上过多地浪费精力，而应当渴求回到善的慎思的源头吮取甘露。没有慎思的行动是无知的标记，按照理性的引导，完成理性所规定的事情则是有教养的象征，任何明智的人难道对此还存有什么异议吗？人们可以清楚地看到，所有最伟大的希腊政治家首先求助的是理性，其次才是行动。再者，凡是在蛮族人中享有最高声誉的人，在行动之前首先运用理性，因为他们认识到，通过理性进行的
1421a 有益的沉思乃是自我防护的卫城。我们相信，只有理性才是牢不可破的堡垒，并非所有人造的东西都可以被视为确保安

① to bouleusthai。

全的避难所。

然而，我迟疑于进一步多写这个问题，以免让人们觉得，似乎我在竭力鼓吹这些尽人皆知的论据，好像人们还没有对之完全同意似的。除了谈谈唯一一个问题，我将不再赘言。即建议人们应当把什么东西作为生活的基础，而正是这种东西使我们同其他动物区别开来。对于我们来说，谁获得了上苍所赋予的这种极高的荣誉，谁就胜过他人。所有动物都表现出欲望、激情和其他类似的情感，但除了人类之外，没有一种动物具有理性。正是通过理性我们才比其他动物过着更加幸福的生活，如果我们无视、鄙视，甚至摒弃这种幸福的泉源，再也没有比这个做法更令人不可思议的了。尽管过去您曾屡屡得到告诫，现在我还要敦促您，应当投以极大的热情去学习使人智慧的语言艺术。因为正像健康保护肉体，教育也保护灵魂。在它的引导下，您永远不会在所从事的活动中失足，相反，会使所有既得利益得以妥善保护。此外，如果说用肉眼观看是一种快乐，那么用心灵之眼观照则是一件美妙绝伦的事。如同指挥官是军队的救星，理性连同教育一起乃是生活的向导。对于这些以及其他类似的问题，我认为目前最好暂搁一旁，不再赘述。

在来信中您曾劝我，不要将此书旁落他人之手，对此可以作如是理解：正像父母疼爱自己的亲生子女胜于私生子女，发明家喜欢自己的发明物胜于仅仅分享这种东西的人。人们可以为捍卫自己的言论而死，正如人们可以为保护自己的儿女而死一样。所谓帕罗斯的智者，他们并非传授自己创造的思想，因此对之漠不关心，从不珍爱它们，还用来换取钱财。为此，我劝您把这些话铭记于心，并引以为戒：我的著述现在对您来说就像年少的孩子，或许会因为无助而穷困潦倒，并依赖于您的舒适的生活，当他们一旦进入成年，将会为您赢得极高的荣誉。

正如尼卡诺所指出的那样，我们从其他作者的作品中采
1421b 纳了表述得比较精彩完美的相同的演说原理。您会发现有两部诸如此类的著作，一部是我写给塞奥德克泰斯的演说术，另一部是考拉科斯的。其他有关政治劝告和法庭劝告方面的观点全都写在这些著作中了。因此在为您撰写的讲稿中，您可以找到由上述两部作品扩充阐发而来的大量材料。再会。

【1】 政治演说有三种形式：公众演说、展示性演说和法庭演说。它们又可以分成七类：劝告、劝阻、颂赞、谴责、指控、申辩以及关于自身或关于其他事情的质询。这就是演说的种类和数目。我们将在公民集会上，在缔结盟约的法律事务中，在私人的交往活动中运用这些演说。如果把每一种分别拿来列举它的性质、用法和功能，这样讨论就方便多了。首先，我们探讨劝告和劝阻，因为它们被大量地用于私人交往活动和公民集会中。一般说来，劝告是规劝人们选择某种言辞或活动，劝阻是阻止人们选择某种言辞或活动。这即是两者的定义。劝告者必须表明，他所规劝的事情是公正的、合法的、有益的、高尚的、快乐的和容易的。当他规劝某件难为之事时，如果上述这些说法都无济于事，必须指明这件事情是可行的、必要的。进行劝阻的人反其道而行之，必须施以阻碍的力量，表明从事这种活动是不公正的、不合法的、无益的、不高尚的、不快乐的和不可行的。如若不能，就必须强调，做这种活动既费力又无必要。任何活动都具有正反两种属性，因此凡熟悉这些题材的人都不会不知道如何演说。进行劝告和劝阻的人应当把握这些题材。我试图对它们的本质逐一进行界定，并指明从哪里为演说提供有关这些题材的基本材料。

“公正”是指为所有的人或大多数人所遵循的非成文的习俗，它在善与恶之间划出明确的界限。例如，敬重长辈、

1422a 善待朋友、报答恩人。诸如此类的义务并非由成文的法律责成人们去履行的，而是由非成文的习俗和共同的惯例来规定的。这就是公正。“法律”则是由城邦全体公民达成的共同一致的意见，通过成文的形式，规范人们在每一种情形下应当如何进行活动。“有益”乃是对既得利益的保护，对尚未具有的利益的获取，对业已存在的有害事物的摒弃，对行将产生的有害之事的防范。对于个体来说，有益可以分为肉体的有益、灵魂的有益和额外得到的有益。在肉体方面，强壮、美丽和健康就是有益；在灵魂方面，勇敢、智慧和公正即为有益。额外得到的 有益是指朋友、财富和财产。与其相反的东西则是无益。对于城邦，和谐、具备战争的能力、财富、大量收入的供给、盟邦的忠诚善良和为数众多，都是有益的事情。一般说来，我们认为所有这些及其类似的事情均为有益，与其相对的即是无益。“高尚”是指能给行为者带来好名声和崇高荣誉的事情。“快乐”是指能使人产生愉悦的事情。“容易”是指不占多少时间，不费多大力气，不花多少钱财即可完成的事情。“可行”是指所有被相信可能产生的事情。“必要”或“必然”是指并非由我们的活动所能决定，而是出自具有必然性的神或人而产生的事情。这就是关于公正、合法、有益、高尚、容易、可行和必要的本质。

通过上述这种方法，或通过类比法、对照法，或通过使用由神、享有声誉的人、法官以及对手作出的判断，我们可以发现谈论这些题材的大量材料。

我们已经指出何为公正，下面即是同公正相类比的事例：“正如我们把听从父母之命视为公正的事，根据同样的道理，儿子应当仿效父亲的行为”。再如，“回报施恩于我们的人是公正的，同样，不要伤害未曾伤害过我们的人也是公正的”。通过这种方法，我们可以得到同公正相类比的事例。采用对照法，我们必定能使下面的例子清楚明了：“正如对加害于我们的人进行惩罚是公正的，我们也应当回报那些施恩于我们的人”。从有声誉的人所作出的判断中，你会发现何为公正：“不仅我们痛恨、加害敌人，而且雅典人和斯巴达人也作过断言：向敌人复仇是公正的行为”。借助这些方法举一反三，你可以每每发现公正的事例。 1422b

我们已经对什么是法律进行了界说，现在必须把法律本身以及同成文法相类比的事例一起拿来考察，这会有利于理解我所说的那些事情。例如，“立法者对窃贼课以酷刑，同样，我们应当对欺世盗名者进行严罚，因为他们骗取了人们的思想”。又如，“立法者曾经规定，对死后无嗣者来说，可以把血缘关系最近的亲属作为继承人。同样，当下我有权管理自由人的事务，因为使他们获得自由的人业已谢世，而我是他最近的亲属，因此我来领导这些自由人是公正的”。通过这种方法，我们可以得到同合法的事情相类比的事例。下面是通过对照法得到的事例：“如果法律禁止分配公共财产，那么显然，立法者必定这样断言：凡分配这些财产的人是在犯罪”。再如，“如果法律规定，凡妥善而公正管理城邦的人都应得到荣誉，那么法律也必然认为，凡使社稷毁于一旦的人应当受到惩罚”。从这些事例的对照中，何为合法的事情就一目了然了。由先人作出的判断得到的事例如下：“不仅我认为立法者乃是出于某种原因才对某事进行立法的，而且从前吕西提达斯也曾提出过同我现在的观点完全一致的解释，即是说，陪审团曾经投票通过了对法律的这种理解”。按照这种方式，我们会每每揭示出何为合法的事情。

关于什么是有益，我们业已作了界定。现在必须根据上述的那些方式，把存在着的有益的事情纳入我们的讨论，并遵照同探讨合法和公正相一致的方法，不断地表明何为有益的事情。下面即为同有益的事情相类比的事例：“正如在战争中，把最勇猛的士兵置于前列是有益的；在城邦中，把最智慧、最公正的人推为公民的领袖也是有益的”。“正如健康有益于保护人体不被疾病所侵袭，同样，城邦的和谐一致有益于防范党派之争”。按照这种方式，你会造出些许同有益相类比的句子。借助对照法，何为有益的事情也会昭然若揭：“如果对温良虔诚的公民授以荣誉是有益的，那么对凶
1423a 暴邪恶的公民施以惩治也是有益的”。“如果你认为，我们孤军向忒拜人发动战争是无益的，那么假若我们与斯巴达人结盟，再向忒拜人进攻，则是有益的”。一方面通过对照法，可以使有益的事情清楚明了，另一方面借助由极富声誉的人所作出的判断，也能把握何为有益的事情：“当斯巴达人征

服雅典以后，认为不把这个城邦的自由民全部卖为奴隶是有益的。另有一次，雅典人曾经有力量灭绝斯巴达人，但他们认为让斯巴达人幸存下来是有益的”。

通过这种方法，你会找到许多有关公正、合法和有益的事例。在分析高尚、容易、快乐、可行和必要等题材时，你应当仿照相同的方式。对于这些题材，我们将会找到大量的材料。

【2】 接下来，我们确定一下在议事厅和公民大会上进行审议时所涉及的话题的数目和性质。如果对所有这些话题都了然于心，我们就能在审议时根据每一种情况，谈论那些适合于谈论的事情。如果对这些话题的共同特征已经熟知，我们就能把它们十分方便地运用到实际活动中去。为此，我们必须对所有用于审议的话题进行划分。

从总体上讲，有关公众演说的话题有七种。无论在元老会议，还是在公民大会上，我们的审议和演说必然涉及祭奠礼仪、法律、政体、与其他城邦的结盟和缔约、战争、和平以及财富的供给。这些都是我们在议事和公众演说中将会碰到的话题。我们把它们分别拿来考察，看看它们在演说中是如何被运用的。

关于祭奠礼仪这个话题，我们必须用三种方式进行演说。因为我们建议人们或者应当保持现存的形式，或者应当使规模宏大壮观一些，或者应当使规模缩小简略一些。当主张保存现在已有的形式时，必须寻找依据来证明我们的建议是公正的，即是说，要强调所有的人都认为变动先辈确立的习俗乃是不公正的。还要说明，所有的神谕都指示人们，应当按照祖先的惯例祭奠神明。同时还要指出，在涉及诸神的问题上，应当使那些由最初创建城邦的人和设立寺庙以祭神明的人所规定的祀仪保持原状，这件事情乃是至关重要的。根据有益的题材，我们指出，如果遵循先人遗留下来的仪式
1423b 祭奠神明，就财富的供奉而言，无论对于个人还是城邦，都是大有裨益的。就鼓舞人们的勇气来说，也会使公民深受其益。因为如果重甲兵、骑兵和轻甲兵联袂参加祭礼仪式，公民们就会引以自豪，勇气便由此而生；根据高尚的题材，我们强调，如果宗教节日一派肃穆壮观，观赏者不能不由衷地产生崇高感；根据快乐的题材，我们指出，如果对神明的祭奠能够多彩多姿，观众必定会产生快感；根据可行的题材，我们表明，如果对神明的献祭既非不足又非过分，这种活动就是可行的。因此，当我们主张现存的祭祀礼仪时，应当遵照上述方法或与之相似的方法考虑问题，并让人们觉得我们的论点似乎是可证实的。

当我们提议，应当变动祭祀仪式，使之更加华丽堂皇时，必须寻找用以解释为什么要改动先人留下的惯例的种种根据，并声称，增大现存祭祀仪式的规模并不会使祖辈创立的章法丧失殆尽，而会使之弘扬光大；再者，设想神明比较偏爱那些对自己十分崇拜或敬奉的人，也是不无道理的；另

外，即便我们的先辈，也不总是拘泥于同样的模式来举办祭神庆典。无论个人还是公众，他们都视恰当的时机和自己的富裕程度如何而订立章法，以调整对神明的供奉；我们在其他所有的事情上，如在管理城邦和个人家庭事务上，都遵循这种原则。你必须声明，如果采用我们前面提及的那些方式举行祭祀仪式，必将给城邦带来好处，庆典蔚然壮观，人们其乐融融。

当我们竭力主张应当缩小和简化祭祀仪式时，必须首先使演说切合当下的情形，并指出，在哪些方面公民目前的状况与往昔相比不太景气。接下来还要表明，设想神明并不喜欢奢侈的祭祀，而乐意接受献祭者的虔敬，乃是合情合理的；再者，诸神和众人都断言，那些做任何力所不及的事情的人乃是十足的白痴；另外，公共事务上的花销不仅是人的问题，而且依赖于财富的丰盈和短缺。这些以及其他类似的事情都是我们用以谈论祭奠礼仪这个话题的材料。

为了明晓如何阐述和确定一种最佳方式的祭奠礼仪，我们必须对之进行界说。最理想的祭奠礼仪应当是：对神明虔敬诚挚（并且是神圣）①，在花销方面节制适度，还要有利于战事，在视觉效果方面辉煌壮观。如果祖宗之法不受干 1424a
犯，就能尽其诚敬；如果供奉祭品不被挥霍，就能使花费适度合中；如果非消费用的黄金以及诸如此类的物品能得以慷

① 原文此处补为 kai theios。

慨大方地使用，就可以得到辉煌壮观的视觉效果；如果骑兵和重甲兵全副甲胄，共同参加典礼仪式，就会有利于备战。按照这些原则，我们就能臻善臻美地敬奉神明。通过以上所述，我们知道了如何对每一种形式的祭祀仪式进行公众演说。

接下来，我们以同样的方式讨论法律和政体。简言之，法律可以被描述为由全体公民所达成的共同一致的意见，它用成文的形式作出界定，规范人们在各种情况下应当如何进行活动。在平民政体中，不太重要的和绝大多数的官员应当用抽签抓阄的方式来委任（因为这样可以避免党争内讧），最重要的官员则通过民众投票表决的方式选举产生。因为人民具有一种把荣誉赋给他们喜爱的人的权利，因此对获得这种荣誉的人，他们不会萌发妒意。而那些才德兼备的人就会全力实践自身的德性，因为他们明白，在公民中享有盛名，对自己不无好处。这是有关平民政体官员选举问题所应当确立的法律。对其他一些管理体制一一详述将是一件庞杂的工作，然而长话短说，我们必须关注的问题是：法律力求避免平民图谋反对财产占有者，应当唤起每一位富有公民自愿承担公共事业的热情。要想保证这些规定得以实施，当且仅当某些荣誉能够通过法律确定下来，作为财产占有者服务于公共事业的代价，而且法律能更多地关心比较贫困的土地耕种者和船只驾驶者甚于关心一般低等阶层的公民。这样一来，富有者就会自愿为城邦担负公共义务，平民也就不会热中于中伤诬告，而会勤于劳作。此外，还必须制定强有力的法律，禁止重新分配土地和征用业已完成公共义务者的财产。对于践踏法律者，应给以严厉的惩罚。还应当在城市的正前方划出一块风水宝地，作为在战争中为国捐躯者的公墓。对于烈士的遗孤，也应由公家提供费用，抚育成人。这些是平民政体下的立法状况。

1424b 在寡头政体中，法律应当规定，在所有享有公民权的公民中均等分配官员名额。大部分官员由抽签抓阄任命，但最重要的官员必须经过伴有起誓的秘密投票和最严格的表决来委派。在寡头政体中，对侵犯公民利益者应给以重罚。因为平民宁肯忍受因自己的官职被褫夺而产生的恼怒，也不愿遏制因自身的利益受侵犯所爆发的愤慨。应当尽快划分公民之间的等级，不可耽搁。决不容许暴民①从乡村涌入城市，因为这些人聚集在一起，平民也会混杂其中，以颠覆寡头政体。一般说来，在平民政体下，法律应当阻止平民图谋侵犯富有者的财产；在寡头政体下，法律应当避免享有公民权的人凌辱欺侮贫弱阶层，避免诬告中伤公民。由以上所述，你会明白法律和政体应当达到什么样的目的。

任何试图赞同某种法律的人必须指出，该法同其他法律一样，均为公民所一致同意。还要表明，就增强各阶层的和谐融洽而言，对城邦乃是大有裨益的。如若不能，还得阐明，该法有利于培养公民的德性，有利于增加城邦的收入，

① okhlos，指处于无管理状态下的人们，与“人民”（demos）相对。

有利于提高作为整体的城邦的声誉，有利于加强政治力量以及其他诸如此类的事情。凡是反对某种法律的人必须首先考虑，该法是否不具有普遍有效性，是否同其他法律不一致或相抵牾，是否不会产生我们业已提及的那些有利的结果，而会造成有害的影响。通过以上所述，我们可以发现大量有关法律和政体方面的材料，由之提出建议，进行演说。

现在我们着手探讨同其他城邦结盟和缔约两个话题。缔约及其有关事项的安排必须经由公众的一致同意。必须在特定的时期方能结盟，此时或者结盟的一方自身势单力薄，或者战争的爆发指日可待，或者双方认为，只有通过结盟，才能阻止某些人发动战争。诸如此类的事情即为城邦之间结盟的原因。

当你试图支持结盟时，应当表明做这件事的时机已经成熟。还应当尽可能地指出，盟友乃是正义之师，他们先前曾经善待过本邦，而且他们具备相当可观的势力，他们的居住地近在咫尺。如果这些有利条件尚不明显，你必须在演说中
1425a 广泛搜罗所有已经存在的有利因素。当你试图阻止结盟时，应当尽可能首先表明，目前做这件事毫无必要。而且盟邦乃是不义之师，昔日曾加害于我们。如若不能，你还要指出，他们的居住地远隔重山，因此在特定时间内爱莫能助。通过这些以及类似的方式，我们可以找到一些用以反对和赞同结盟的材料。

采取同样的方法，我们将会把握有关和平与战争这个话

题的最主要的形式。向其他城邦发动战争的借口如下：昔日我们曾遭受不公正的侵犯，现在合适的机会已经来临，我们应当对曾经加害于我们的人进行报复；作为受害者，我们应当以自己的名义，或以同族血亲的名义，或以施恩于我们的人的名义进行战争；再者，我们应当援助那些正在蒙受侵犯的盟邦。此外，为了使城邦在荣誉、收入、国力以及其他类似的事情上获得利益，我们必须发动战争。

当我们规劝人们进行战争时，必须尽量搜罗种种理由，然后指出，被我们劝说的人具有极大的优势，凭之可以稳操胜券。任何赢得战争的人或者凭借我们称之为幸运的神佑，或者凭借军队的数量和战斗力，或者凭借雄厚的财富给养，或者凭借指挥员的运筹帷幄，或者凭借盟邦的优势，或者凭借有利的地形。从这些以及诸如此类的条件中，我们拣选出最切合实际情况的有利因素，并加以论证。当劝说人们进行战争时，应当贬低敌人的优势，夸大自己的力量。如果我们试图劝阻行将爆发的战争，必须首先指出，发动战争的借口根本不存在，或者人民的愤慨抱怨微不足道、无足轻重；还应当指出，就战争给人们带来的苦难或不幸而言，进行战争有百害而无一利；我们在上面列举的那些赢得战争的有利条件在敌人一方，而不在我们这里。通过这种方式，我们可以劝阻行将发生的战争。当我们试图中止业已爆发的战争时，如果被建议的一方比对方强大，我们必须首先这样劝说：明智的人不应当坐失良机，等待失败的降临，而应当在

1425b 兵力强盛的时候偃旗息鼓；战争可以让许多本该获胜的人毁于一旦，和平则可以使败北者幸免于难，也可以使胜利者饱享战争带来的利益。我们还应当讲述一些有关战争中所发生的数不胜数的胜负交替、输赢相随的事例。这是我们应当用以劝告战争中力量强大一方寻求和平的方法。对败北者，我们必须根据业已存在的实际情况敦促他们求取和平。因为他们应当从所蒙受的灾难中吸取教训，而不该再对加害他们的人愤恨恼怒。不求取和平，生死存亡的危机关头即在眼前。与其被征服，与其丧失生命和财产，不如牺牲一部分利益，献给强大的敌人。总之，我们理应明白，当人们理解了敌人的要求是公正的时候，或者当人们同盟邦产生嫌隙、厌烦战争、畏惧敌人以及苦于内讧的时候，通常的做法是结束双边的战争。如果从诸如此类的事例中，你能挑出最切合实际情况的部分，那么你就不会缺乏用以谈论战争与和平这个话题的材料。

对于我们来说，剩下的任务即是探讨财富的收入来源这个话题。首先，我们必须调查，隶属城邦的某些财产是否被疏忽了，既没有带来任何收入，又没有供奉给神明。我的意思是说，某些被疏忽的公共所有物如果拍卖或租赁给私人，则会给城邦增加收入，因为这是一种很具有普遍性的收入渠道。如果不具备这种条件，我们必须根据对财产的估价，征收财产税。或者在危难之际，命令穷人付出劳役，富人交纳钱财，工匠服务于军队。简言之，当我们讨论收入来源这个话题时，应当表明它对所有公民都同样有效，而且持续的时间长，收入的数量大，还应当表明我们的对手所持有的观点恰恰与之相反。

由以上所述，我们熟悉了有关公众演说的各种话题以及这些话题的组成部分，根据这些材料，我们可以在劝告和劝阻时组织演说。下面我们按序提出并讨论颂赞和谴责两种演说形式。

【3】 简言之，颂赞这种演说形式就是把那些能带来荣誉的选择、活动和言辞夸大，把根本不存在的品质加到某人身上；谴责与之相反，它是把能带来荣誉的言行缩小，把不能带来荣誉的言行夸大。值得赞誉的事情乃是公正的、合法 1426[a]
的、有益的、高尚的、快乐的和容易的。对于这些题材的本质以及从何处得到有关它们的大量材料，在前面我们业已做了论述。凡进行颂赞的人应当在其演说中表明，有某种颇值称赞的品行存在于某人身上，而这种品行或者为此人通过自身的努力所拥有，或者为此人借助某种媒介所获取，或者由某种活动所致，或者出于某种目的而产生，或者当且仅当在某种条件下才得以完成。同样，进行谴责的人必须指出，有某种同颇值赞誉的品行相反的品行存在于受谴责者身上。下面即是由某种活动所致的事例：身体的健美乃是出自热爱体育的结果，而体弱多病则是由不爱劳动所致。明智聪慧乃是出自研习哲学的结果，生活必需品的匮乏则是由自身的漫

不经心所致；出于某种目的而产生的事例如下：人们之所以能够承受许多艰难险阻的磨难，乃是为了得到公民的嘉奖酬报。人们之所以对其他一些事情不予考虑，则是为了取悦于他们所喜欢的人；下面即为当且仅当在某种条件下所完成的事例；如果没有水手的参与，取得海战的胜利则是不可能的。假使不酗酒，就不会酩酊大醉。按照上述的一系列方法，你将获得有关颂赞和谴责的大量材料。

一般说来，通过下述方式，你就可以在所有类似情况下对某些品行进行夸大和缩小。首先，正如刚才我所解释的那样，应当表明许多恶的或善的品行是由某种活动所致，这是夸大的一种方式。其次，引进一种判断或选择的最高标准。如果你在颂赞，就引入至善；如果你在谴责，就引入罪恶。然后把这种标准同你所说的事情并列起来，对两者进行相互比较，同时尽量加重你自己的演说内容的分量，减轻他人所说的内容的砝码，这样就会使你的演说显得铿锵有力。第三种方法即是把你所说的事情与那些属于同一范畴的最微不足道的事情相对比。因为这样就能使你的演说显得比较强劲有力，正像一个身高中等的人，当他同一个比较矮小的人并肩而立，就会显得高一些。根据下面的方式，也会使某些品行得以夸大：如果某种品行被判定为最高的善，那么一旦论及某种与之相反的品行，这种相反的品行就会显得是一种极大的恶；同样，如果某种品行被认为是最大的恶，那么一旦论及与之相对的品行，这种相对的品行就会显得是一种最高的善。另外，用下述方式也可以加重善行或恶行的分量：即表明某种活动乃是出自行为者的良苦用心，并证明这个活动经过行为者的充分酝酿，行为者每每试图从事这个活动，他干这件事已经持续了很长时间，先前未曾有人着手于这个活动，他伙同某个以前从未与他人合伙的人一起完成了这件事情，他追随某个向来无人追随的人完成了这个活动，他从事 1426b
这个活动或出于自愿，或出于预谋，如果我们都像他那样去做，或得到幸福，或遭受苦难。你还应当通过比较各种品行之间的相似性来证实你的观点，并通过使品行之间的因果锁链环环相扣的方式来夸大你所强调的那种品行："如果某人关心他的朋友，他自然就会敬重他的父母；凡敬重父母的人，也必定会渴望为自己的祖国尽心尽力"。简言之，如果你能表明许多善行与恶行的原因，那么这些品行即会显得很有分量。还应当对演说的内容进行考察，看看哪一种形式会使演说显得更加铿锵有力：是把它化整为零，还是把它作为一个整体，然后采用那种看起来比较有感染力的形式进行演说。按照上述各种方法，你会对某些品性做出最充分、最有效的夸大。

采用同业已谈过的夸大相对立的方式，我们可以在演说中对善行或恶行进行缩小。最常用的方法是表明某种品行没有任何根据或原因，如若不能，就指出这种品行的根据或原因微不足道、无足轻重。由以上所述，我们知道了如何在颂赞和谴责时按自己的需要进行夸大和缩小。夸大这种手法在其他形式的演说中也是比较有用的，但在颂赞和谴责演说中最为有用。在这个方面，我们可以找到大量的材料。

【4】 接下来，我们以同样的方式探讨用于法庭事务中的指控和申辩两种演说形式，它们所赖以构成的要素以及对它们的使用。简言之，指控可以说成是对过错和罪行的陈述，而申辩则可以解释为对某人被指控或被怀疑的过错和罪行的辩解。两种形式的演说都具备下述的这些功能：凡进行指控的人，当他指控对手犯有某些罪过时，必须说明他们的行为乃是不公正的、触犯法律的、与绝大部分公民的利益相冲突的；当他对某个愚蠢的对手进行指控时，必须声言这种活动既无益于行为者本人，又极不光彩，还令人生厌，且没有可行性。根据这些以及相似的方式，就可以对犯有罪过的人和愚蠢的人进行指控。另外，指控者应当高度注意，针对何种罪行法律才加以惩罚，围绕什么罪行陪审团才量刑定罪。一旦法律确定了某种罪行必须受到惩治，对于指控者来说，唯一要做的就是应当查明事实，指出对手的行为已触犯
1427a 法律。当陪审团考虑对被指控者进行量刑时，指控者必须夸大对手的罪行和过错，尽可能地表明，对手乃是自愿为恶，他所犯下的罪过决非出于一时的心血来潮，而是精心策划、蓄谋已久的结果。如果这种做法行不通，并认为对手企图表明他是出于某种迫不得已的原因才犯下过错的，也就是说，起初打算做好某事，可后来遭遇不幸，那么指控者必须揭穿

这种求取谅解的托词，告诉听众：犯有过错的人不应在做了错事之后再来承认他的过失，而应三思而后行；如果他做了错事、遭受了不幸，那么正是为了这些不幸和过错，他应该比既无不幸又无过错的人更需要受到惩罚。此外，立法者决不容忍犯有过错的人逍遥法外，而是将之绳之以法，以免他们重新犯错。指控者还要阐明，如果人们完全接受了申辩者的辩解，就会有很多人自愿为恶。因为假如他们成功了，则会为所欲为；假如失败了，将会声称他们蒙受厄运，这样就可以找到借口，免于受罚。指控者必须通过这种方式的论证戳穿对手求得谅解的托词，并借助上面提及的夸大的手法，指出对手的行径乃是众多罪恶之渊薮。指控这种演说形式就是由以上这些部分组成。

申辩演说由三个环节组成，据此我们可以对某种活动进行辩护。凡是做申辩演说的人必须指明，他未曾做过那些被指控的事情；如果出于无奈而被迫承认自己做过那些事情，就必须试图表明，他的所作所为乃是合法的、公正的、高尚的、对城邦有益的；如果证实不了，就应当把自己的行为归因于某种过失和不幸，表明由之带来的危害微不足道，并试图获得他人的谅解。可以这样区别罪行、过错和不幸：罪行应当被理解为某种经过预谋策划而犯下的罪恶，对这种行径必须施加严厉的惩罚；过错可以说成是某种出于无知而产生的有害行为；并非由于自身的原因，而是由于他人或机遇的缘故，未能实现某种美好的愿望，可以被解释为不幸。你必须申明，犯罪仅仅局限于为恶之徒，而在活动中犯了过错、遭遇不幸则不只是某人所碰到的特殊情况，乃是所有其他的人，甚至坐在那里进行审判的人所能遇到的普遍现象。如果被迫承认已经犯下这种过失，你必须恳请大家能够给以谅解，并指出听众也会像你一样犯有过错、遭受不幸。申辩者
1427b 应当全力关注，法律对什么样的罪行课以惩罚，陪审团对何种性质的罪行估刑定罪。一旦法律对某种罪行有了明确的惩罚规定，申辩者必须指明，他根本没有犯过这种罪行，或者表明他的行为是合法的、公正的。当陪审团被授权对他的罪行进行量刑时，他一定不能按同样的方式矢口否认犯有这种罪行，必须试图表明，他的行为给对手造成的危害微乎其微，他这样做并非出于自愿。按照诸如此类的方法，我们就会得到有关指控和申辩演说的大量材料。我们剩下的任务将要讨论质询这种演说形式。

【5】 概括起来讲，质询就是对自身存在矛盾的或同某人生活中的其他方面相抵牾的选择、行为和言辞的暴露或揭示。凡进行质询演说的人应当考察，当下他所质询的某种言辞或者某种活动和选择是否前后不一。质询的步骤如下：必须弄清目前被质询者是否曾几何时与某人友善，后来又反目成仇，再后来又与同一个人重修前好，或者他是否这样做了，一旦将来合适的机会来临，他是否可能用一种同往常相对立的方式行事。同样，质询者必须观察，某人现在所说的

话是否同他先前所说的话相矛盾，或者他将来的言辞是否会同现在或过去的言辞不一致。他业已做出的选择是否与往日的选择相对立，或者一旦时机成熟，他将要做出的选择是否同现在和过去的选择相矛盾。根据相同的方法，质询者应当从被质询者的生活中发现同他另外一些颇受敬重的习惯相抵牾的言行。如果能对质询这种演说形式进行如是探究，那么质询的种种方法将无一疏漏。

我们已经对所有演说形式进行了划分，同时我们还应当学会运用这些演说，如果条件合适，或单独运用某一种形式，或通过混合它们的各种功能而共同使用多种形式。因为这些演说形式之间存在着很大的差异，但在实际运用过程中又具有共同性。在这个方面，它们类似于各种类型的人。因为在某些方面人们具有相似性，然而在另一些方面，如在外表和感觉方面就不尽相同。既然已经划分了各种演说形式，接下来我们列举所有演说所共同需要的成分，并进一步探讨应当如何使用这些成分。

【6】 正如我在开始时所说的那样，首先，公正、合 1428a
法、有益、高尚、快乐以及一系列类似的题材通用于各种类型的演说，但尤为劝告所使用。其次，夸大和缩小在其余所有演说中必然得以广泛运用，但对颂赞和谴责最为有用。再次，还有种种论据，必然为各个部门演说所使用，但在指控和申辩中用处最大，因为它们需要最多的是反驳。除此而

外，还有先发制人法、恳求法、重述法、长篇大论法、中篇演说法、短篇演说法和表述法，因为诸如此类的方法为每种演说形式所共同使用。有关公正、合法以及其他类似的题材，我在前面业已做出区分，并讨论了使用它们的方法，对于夸大和缩小也进行了说明。

【7】 现在，我将阐明其他各种成分，首先从论据①开始。论据有两种形式：一种直接来自确凿的言辞、活动和人本身，另一种是对言辞和活动起辅助或补充作用的论据。或然性事实、范例、确切性证据、推证的证据、格言、或然性证据和反证的证据都是直接来自言辞、人本身和活动的论据，辅助性论据则是证言、誓言、由拷问得到的供词等等。我们应当理解每一种论据的实质，知道从何处获取有关它们的材料，了解它们之间有哪些区别。

如果在听众的思想中存在着有关我们所说的那些事情的典型范例，这些东西即是或然性事实。比如，某人表明，他希望祖国富强昌盛，朋友得意春风，敌人屡遭不幸以及其他类似的意愿，他表述的这些事情似乎是真的，因为每一位听众都会意识到，自己同样也拥有诸如此类的热望。在演说过程中，应当每每注意观察，听众是否对我们所说的那些事实

① pisteis，原指“令人信服的”、“可以相信的”，作为术语，译作“论据”。

产生共识，因为人们往往最能相信这类事情。这就是或然性事实所具有的本质。

我们把或然性事实分成三种：一种是指在进行指控或申辩时，我们注入演说的那些根植于人类本性的情感。比如，某些人鄙视另一些人，或对他们感到恐惧等等，或有些人感到快乐、痛苦、渴望以及渴望的失却，或用灵魂和肉体以及 1428b
其他感官体验任何可以感受到的情感。诸如此类的情感乃是人类共同的本性，是为听众所熟知的。人类从本性上总是易于受这些情感的影响，正是基于这种理解，我们主张，应当在演说中把握这些情感，加强演说的感染力。另一种或然性事实是指我们按照某种常规做事的习惯。第三种或然性事实是指利益，因为我们常常为了某种利益选择某种行为，从而扭曲了本性和个性。

了解了这种区分之后，当进行劝告和劝阻时，为了我们的建议能被采纳，必须指出我们所劝行或劝止的那些活动会产生像我们所描述的那样的结果。如若不能，就应表明，同我们所说的相类似的活动绝大多数或全部产生出我们描述的那种结果。这即是在活动方面我们必须掌握的或然性事实；至于人本身方面的或然性事实，当我们对某人进行指控时，如果可能，必须表明此人先前经常做这些事情。如若不能，就应当指出此人曾做过同这些相类似的事情。你还应当试图表明，他做这些事情乃是出于某种利益，因为对于绝大多数人来说，他们最愿做那些对自己有利的事情，因此认为别人也是出于这种目的而从事一切活动。如果能从对手那里直接获得或然性事实，你必须以之为依据进行推论。如若不能，就必须引证相似类型的人习惯于做的那些事情，比如，当你指控的那个人是年轻人的时候，就应当指出他的举动恰恰是这个年龄的人通常容易做出的。基于这种相似性，你的指控会被听众所相信。同样，如果你能指出他的同伴具有你所声称的那些品性，你的指控也会使人信服。因为此人经常与朋友来往接触，沾染相同的习性似乎不是不可能的。指控者必须采用这些或然性事实作为论据。

申辩者应当竭力表明，他们自己、他们的朋友以及与他们相似的什么人先前从未做过被指控的那些事情，而且做那些事情也根本无利可图。如果曾几何时你显然做过那些事情，就必须把你的行为归因于年龄，或为你那时犯下的过错寻找其他一些似乎合理的借口。你还应声称，对你来说，那个时候做那些事情没有什么好处，现在做那些事情同样也没
1429a 有好处；如果你的确未曾做过那些事情，但你的朋友碰巧做过，你必须说明，因为他人的过错而让你受到诬告中伤乃是不公正的，并指出其他一些同你交往的人是正直高尚之士，这样就可以使听众对指控你的那些罪名产生怀疑；如果有人表明与你相似的一些人也曾做过那些事情，你必须声明，假如别人被证明犯有过错，人们以之为根据，证明你也犯有同样的过错，这种做法实为荒唐；如果要想否认你曾有过被指控的那些行为，必须以或然性事实为论据进行申辩，因为这

样就会使指控显得不足以人令人信服；如果不得不承认对你的指控，必须尽最大可能把自己的行为同众人的共同习惯相比，并声称绝大多数或所有的人在诸如此类的情况下，都会像你一样做出那些事情。如若不能，就应求助于不幸、过失这样的托词来保护自己，并试图把爱欲、愤怒、醉酒、野心等等人类所共同具有的，使人丧失理性的情感因素注入演说，以博得听众的谅解。按照这种原则，我们就能娴熟地运用或然性事实这种论据。

【8】 范例[①]即是先前业已发生的某些活动，同我们所描述的活动恰好相似或者相反。当你的表述不能令人信服，而且依据可能性事实也难以使人相信，因此试图表明它的真实性的时候，必须使用范例。因为听众一旦得知，有另外某种类似于你所说的那样的活动，曾经按你描述的方式发生过，他们将更加相信你的表述。

范例有两种。因为事情的发生或者合乎常理，或者背乎常理，前者使人相信，后者引人生疑。比如，如果有人声称富人比穷人公正，并引证有关富人的某些公正的事例，这样的范例似乎是合乎常理的，因为人们可以发现，绝大多数人都认为富人比穷人公正；另一方面，如果有人表明某些富人为了牟取暴利而做了不公正的事，并援引了出乎可能性的范

① paradeigma。

例，这样他就会使富人失信于众。同样，如果有人援引那种
1429b 似乎合乎常理的范例，比如，曾几何时，斯巴达人或雅典人广结盟邦，最终彻底击溃敌人的进攻，那么他就能劝说听众相信他的话，从而广结盟友。这就是合乎常理的范例，因为所有的人都认为，人多势众乃是赢得战争的一个分量不轻的砝码。如果有人试图表明，人多势众决非是战争胜利的因素，他必须引用那种背乎可能性的范例，比如，流亡海外的雅典人首先以15人的力量抓获了福勒(Phule)，然后同当地城镇以斯巴达人为盟友的为数众多的居民进行战斗，最终重返家园。再如，当斯巴达人和全部伯罗奔尼撒人进犯波爱提亚（Boiotia）时，忒拜人在吕克特拉（Leuktra）附近严阵以待，孤军奋战，力挫斯巴达人的有生力量。又如，叙拉古人第翁（Dion）仅用 3 000 重甲兵进攻叙拉古，战胜了兵力几倍于他的第奥尼修斯；同样，当科林提亚人(Korinthia)以 9 艘战船援助叙拉古人时，尽管此时迦太基人用 150 条战船封锁了叙拉古的港口，占领了除了首都以外的全部城市，科林提亚人还是战胜了他们。简言之，诸如此类的背乎常理的成功事例往往使那些以或然性事实为依据的建议显得不足以人使人相信。以上所述就是范例的本性。

我们必须使用两种不同形式的范例。当描述那些合乎常理的活动时，应当表明这些活动每每按某种特定的方式产生出某种结果；当描述那些背乎常理的活动时，应当试图援引这样的范例；它们的产生似乎不合常理，但它们的结果却是

可能的或可信的。如果你的对手使用了种种范例，必须指出他们引证的事例乃是出于某种机遇偶然发生的，并声称这些活动的产生实属罕见，而你所说的那些活动却时常发生。这就是使用范例的方法。如果我们援引那些不合常理的事例，必须尽量广泛收集网罗，并通过枚举表明，它们发生的可能性并不比那些通常易于发生的事情更小。我们不仅应当按照这种方法，而且还应当通过对照法使用范例。比如，你可以说明某个城邦曾贪图私利，对它的盟邦有所不公，因而断送了它们之间的友谊，然后指出："对于我们来说，只要利益 [1430a] 均等、公正无私，就能确保同盟长久稳固"。你还可以说明某些人没有做好充分准备，就急于发动战争，因而一败涂地，然后指出："只要我们秣马厉兵，即可稳操胜券。"你可以从过去业已发生的和现在发生的活动中提炼出种种范例，因为多数活动之间部分相似，部分不相似。正是出于这个原因，我们不会缺乏大量的范例，也不难应付由对手提出的相反的事例。现在我们知道了范例的种类、使用方法以及取材来源。

【9】 确证[1]是指出发生在活动和言辞之间的矛盾，或言辞自身中的矛盾。因为绝大多数听众只要根据存在于言辞或活动中的矛盾，即可确切断定出所言之物和所为之事乃

---

① tekmerion。

是没有充足理由的。通过考察对手的言辞是否自相矛盾，他的活动是否同他的言辞相抵牾，你可以得到大量的确证。这即是有关确证的实质以及如何获取它们的材料的方法。

【10】 推证[①]不仅指发生在言辞和活动中的矛盾，而且泛指其他一切事情中的矛盾。通过在质询演说中描述的那种方法，通过考察言辞或活动是否同公正的、合法的、有益的、高尚的、可行的、容易的、可能的事情以及演说者的习性和演说的惯例相矛盾，你就可以每每获得大量的有关推证的证据。必须挑选这样的证据反驳对手，同时我们自己也应当利用这种矛盾法，表明我们的活动和言辞同非公正的、不合法的、无益的事情以及同为恶之徒的习性，简言之，同所有被认为是丑恶的事情截然相反。对这些事情应当尽量简短明快地进行辩解，用最少的文字表述我们的观点。通过这种方法，我们将会发现大量的推证的证据，并可以充分地使用它们。

1430b **【11】** 一般说来，格言不是指某人关于一般事实的某种观念或信念的表述。格言有两种形式：一种是尽人皆知或普遍认同的，另一种是较为陌生或意义模糊的。当你使用那些为大家所普遍认同的格言时，不必寻求用以解释的理由，

---

① enthumema。

因为你的表述乃人所共见，不会产生疑窦。然而，当你讲述不为人们所熟知的格言时，必须说明原因，以免言之无据，不足以让人相信。引证格言应当切中话题，避免显得拙嘴笨舌，辞不达意。从某些具有特殊本性的材料中，或借助于夸张法，或通过比喻法，我们就能创造出大量的格言。下面的例子即为根据某些富有特殊本性的材料造出的格言："我认为，不谙军中事，难胜将帅任"。又如，"明智的人因循祖训而受益，不闻愚见而无过"。这些就是从具有特殊本性的材料中提炼出来的格言；我们还可以通过夸张法创造格言："在我看来，梁上君子比江洋大盗更令人可怕，因为前者暗夺，后者明抢"。通过夸张的形式，我们可以造出大量的格言；下面的例子乃是借助比喻法造出的格言："对我来说，侵吞财产者正如叛离城邦者，因为两者都得到信任，却对信任他们的人做出不义之事"。再如，"对我来说，不义之辈如同僭主。因为僭主对自己的恶行不加审判，却对他人受到指控的那些过错肆意惩罚；不义之辈一旦掠取本当属于我的东西，就不再归还。如果我得到属于他们的东西，就得连本带利地偿还"。按照这种方法，我们将会造出很多格言。

【12】 某件事情是另一件事情的表征①，但并非某种偶然事件是另一种偶然事件的表征，也决非任何事件是任何

① semeion。

事件的表征。一件事情的表征通常在这件事情之前发生，或通常与这件事情同时发生，或通常在这件事情之后发生。业已发生的事情不仅是业已发生的事情的表征，同样也是尚未发生的事情的表征；尚未发生的事情不但是尚未发生的事情的表征，而且还是业已存在的事情的表征。一种表征使人得到经验，另一种使人获得知识，后者是最理想的表征，其次乃是最能使人信服的观念。简言之，我们可以从所为、所言、所看的事情中发现大量表征，也可以从最大的恶或最高的善的结果中分别得到表征。还可以从证言、被见证的事情、我们或对手的支持者、对手本人、其他党派的挑战、时间以及许多诸如此类的事情中找到一些表征。

【13】 反证乃是指不可能按其他方式，只能像我们所说的那样发生的事实。当我们自己进行陈述或反驳时，应当从那些本性上是必然的事实中获取反证的证据；对于对手的陈述，我们应当从那些本性上是可能的或不可能的事实中寻找反证的证据。所谓本性上是必然的事实，乃是指动物需要食物之类的事实。当进行陈述时，这样的事实就是必然的：被拷问者承认，供词是拷问他们的人逼迫他们说出的。所谓本性上是不可能的事实的例子如下：一个小孩行窃自己根本拿不动的银币，居然取而走之。当对手进行陈述时，如果他声称曾几何时，我们在雅典与人缔约，而我们能够证明，那时我们根本不在雅典，正在其他某个城邦，那么这个反证所

依据的就是本性上不可能的事实。从诸如此类的材料中，我们将发现大量的有关反证的证据。

我们对来自确凿的言辞、活动和人本身的各种论据已经进行了简明扼要的讨论，现在考察一下它们之间有哪些差异。

【14】 或然性事实与范例的区别在于：或然性事实为听众所认同，范例可以从相反的或相似的事实中获取。确证由相互矛盾的言辞和活动构成，推证的证据在这个方面与确证有所不同：确证乃是有关言辞和活动中的矛盾，而推证涉及其他各个方面的矛盾。换言之，如果没有活动或言辞上的种种矛盾，就不可能得到确证，但演说者可以从其他多种多样的矛盾中获取推证。格言与推证的证据有所差别，推证只能由种种矛盾组成，格言既涉及各种对立的事实，又可以通过自身简明扼要地表述自身。表征不同于格言及所有业已谈过的论据，其他所有的论据只会让听众相信，而某些表征则使判断者产生明确的思想。另外，我们不可能得到为数众多的其他种种论据，然而可以十分容易地发现大量的表征。反证的证据与表征不同，某些表征仅仅可以让听众相信，而每一种反证的证据提供给判断者的则是真理。通过以上所述，我们了解了来自确凿言辞、活动和人本身的各种论据的实质、获取这些论据的来源以及它们之间的差异。

下面我们讨论每一种辅助性的论据。演说者的观念乃是对有关事实的某种看法的表述。应当表明自己在所演说的事情上有着丰富的经验，并指明对你来说，讲出事实的真相是有利的。作为反驳者，应当竭力指出对手在他所表述的事情上毫无经验；如若不能，就应表明，即使经验丰富的人也常常犯错；如果还无济于事，就必须指出，对手讲出事实的真相乃是与他的利益相冲突的。这就是演说者在进行陈述或反驳时对观念的运用。

【15】 证言乃是知情人对事实自愿做出的承认。被见证的事情必然是可能的，或是不可能的，或是令人生疑的。同样，证人必然是可信的，或是不可信的，或是使人怀疑的。当被见证的事情是可能的，证人也是真实可靠的时候，不必对证言进一步多做解释，除非为了使证言严密细致，你想简明扼要地引证格言或推证。当证人的信誉受到怀疑时，你必须证明这样的人无论如何也不会为了庇护某人，或报复某人，或为了谋取私利而作伪证。还应当表明，作伪证对他本人毫无益处，因为这样做所得到的好处微乎其微，而法庭调查却是一件十分严肃的事，一旦露出破绽，法律不仅给以罚款的处治，而且还会使他名誉扫地，失信于众。通过这种方法，我们可以让证人受到人们的信任。

当我们反驳证言时，应当对证人的品性进行攻讦。如果证人劣迹昭彰，必须对他所见证的事情做出调查核实；如果他所见证的事情是可能的，必须把种种卑鄙无耻的品性加到对手身上，对证人和被见证的事情一同进行反驳。我们还要考察，证人是不是被见证者的朋友，是否同被见证者的所作所为存有某种联系，是不是被见证者的仇敌，是不是穷人。因为这样的人往往被怀疑为了庇护朋友、报复仇敌、贪图私利而作伪证。我们还应当表明，立法者设定的有关作伪证方面的法律恰好适用于这样的证人，因此，既然立法者都不相 1432a
信这些人，而那些经依法宣誓坐在那里进行审判的人却对他们笃信不疑，这种做法实属荒谬。通过这些方法，我们就能使证人失去可信性。

另外，还可以通过下述方式掩饰证言：

> “噢，吕西克勒斯！请为我作证。”
>
> “以诸神的名义发誓，我不能。因为他的确做了那件错事，尽管我再三劝阻。”

虽然此人的拒绝实际上是作伪证，但不会因为作伪证而受到惩罚。因此，当掩饰证言对我们有利时，就应如法炮制；如果我们的对手也试图这样做，就应当揭穿他们的卑鄙伎俩，责成他们以书面形式作证。由以上所述，我们知道了如何使用证人和证言。

【16】 由拷问得到的供词乃是知情人对事实并非自愿的承认。当加强这种论据的力量对我们有利时，我们必须说明，很多个人在最严肃的事情上，很多城邦在最重要的事务上，都从由拷问得到的供词中获取论据，它比一般证言更为

可信。谎言往往给证人带来好处，真话却能使被拷问者受益，因为这样做可以尽快摆脱痛苦。

当你打算使拷问得到的供词失去可信性时，必须首先说明，被拷问者对逼供的人心生恨意，正是出于这个原因，他们对主人少说不了假话。其次，必须表明，他们为了尽快结束痛苦，对拷问者不会承认事实的真相。还应当指出，即使自由人处在被拷问的境遇中，想要迅即了却痛苦，也会常常说出一些言不由衷的假话。奴隶们宁肯为了避免受罚而向主人说谎，也不愿忍受自身肉体和灵魂的巨大痛苦，为他人免遭磨难而说出真话。通过诸如此类的方法，我们可以使拷问得到的供词显得合理或不合理。

【17】 誓言乃是伴有向神明起誓过程的非证明式的确切言辞。当我们试图夸大誓言的力量时，应当这样表明："没有一个人愿意发假誓，因为人人惧怕天谴神怒，担心在他人面前无地自容。"还要说明，避人耳目是可能的，然而天网恢恢，疏而不漏。当对手求助于誓言，我们试图贬低它
1432b 的作用时，必须指出，为恶之徒往往就是那些肆无忌惮发假誓的人，因为做了坏事而认为神明没有发现其劣迹的人，通常相信即使自己发了伪誓，也不会受到神明的惩罚。采取上述方法，我们就能得到有关誓言的大量材料。

按照预期的打算，我们业已简明扼要地讨论了各种形式的论据，不仅表明了每种论据的功能，而且还表明了它们之

间的差别，运用它们的方法。现在我们着手解释为三种演说形式所共同具有的、被经常使用的其他成分。

【18】 先发制人 ① 乃是这样一种方法：通过事先揣度听众对我们持有哪些批评意见，以及试图反驳我们的人持有何种观点，从而主动提出并解释这些问题，以消除他人对我们的敌意或不满情绪。对于听众的指责苛求，我们应当如是运用先发制人法：“或许你们当中的某些人会感到惊诧，像我这样一个乳 嗅未干的年轻人，竟然在大庭广众之下斗胆演说如此重大的事情。”再如：“请不要对我不满，因为我打算 在那些他人难以坦诚相谏的问题上，向你们力陈我的建议。”在那些可能使听众颇感不快的事情上，你必须通过先发制人的方法，寻找种种理由，表明似乎你在直言进谏，并指出演说者的奇缺，危难的深重，公众的利益以及其他类似的原因，由之可以消除人们对你的不满。如果听众还是一片喧哗骚动，你必须采用格言或推证，进行简洁明快的解说，指出他们既然聚集于此，求取有关情势的最佳建议，但认为毋需倾听演说者的观点即可得到良策，这种做法实为荒唐；再者，你还可以表明，唯一公正的做法乃是：要么他们自己站起来给出建议，要么聆听他人的建议，然后对这些提议投票表决。这就是在公众演说中所必须运用的先发制人法以及

① prokatalepsis，原指“提前抓住”、“先行进攻”。

对付听众的吵闹不满所必须采取的对策。

在法庭演说中，我们可以按上述方式使用先发制人法。如果在演说的开始就引起骚动不满，我们将采取这种办法应付：“立法者规定，双方当事人的任何一方都有两次演说机会，而你们这些经过依法宣誓坐在这里进行审判的人，连一
1433a 次演说都不肯倾听，这难道是合理的吗？而且，立法者做出这种规定正是为了保证你们在听完全部演说之后，能够按照誓言进行投票表决，然而你们对立法者的命令竟如此置若罔闻，甚至连演说的开头都没有细听，就认为已经准确了解了全部事实，这难道是合理的吗？”你还可以按另一种方式表述：“立法者业已规定，如果票数均等，被指控者可算胜诉，而你们却反其道而行之，甚至不愿倾听遭受诬陷的那些人的申辩，这是何等的荒谬！立法者之所以在投票问题上把这种特权授予被指控者，乃是因为被指控者所冒风险较大，而你们对丝毫没有什么危险的指控者没有任何敌意，却通过喧哗叫嚣，威胁此时正惴惴不安、身处险境、为自己受到的指控进行申辩的人，这是何等的荒谬啊！”如果在演说的开始就受到干扰，必须采取这种方法应付；如果在演说的进行过程中受到干扰，并且干扰者的人数不多，你必须给以谴责，此外还要说明，现在唯一公正的做法乃是倾听你的演说，以免妨碍他人做出正确的判断。当听完演说之后，他们想怎么做都可以。如果多数人对你不满，你就应当批评自己，而不要责备法官。因为责备他们只能使之愤怒，而自我批评，声称

自己在演说中犯有过错，你会博得众人的谅解。你还应当恳请法官，让他们心怀善意，屈尊倾听你的演说，不要过早地通过非公开投票，表明他们对有关事实的看法。一般说来，我们可以援引格言和推证的证据，简短明快地驳斥反对意见，并指出制造不满情绪、阻挠我们演说的人，实际上把自己置于同公正、法律、城邦的利益和高尚的行为相对立的境地，因为通过这种方法，最能使听众停止喧嚷骚乱。由以上所述，我们知道如何对听众采用先发制人法，如何对付他们的喧嚣不满。

接下来，我将表明怎样事先预料对手可能说些什么，从而先发制人。你可以这样说：“或许他会对自己的穷困潦倒怨天尤人，但这决不是我的过错，而是由他自身的一贯品行所致”。还可以说：“我早就知道，他想说如此这般的事情。”如果我们先于对手进行演说，必须事先揣度他们打算说些什么，从而先发制人，这样就能使他们的言辞失去分量或减弱力量。因为尽管非难你的那些言辞掷地有声，但对于事先听到这些言辞的人来说，就显得不是那么铿锵有力了。

如果我们在对手之后进行演说，而且对手事先猜测到我们试图表述的事情，故而先发制人，那么我们必须采用“反先发制人法”①，按下述方式粉碎他们的企图：“我的对手不但在你们面前说了不少谎言，而且深知我会予以批驳，便先

① antiprokatalepteon。

声夺人，预先造谣诽谤，正是为了把你们的注意力引入歧途，对我的辩解产生相反的看法，也是为了让我不再能够完整地做出申辩，因为事实的真相早被他肢解歪曲得面目全非。我认为，你们应当听我亲口表白，而不应当偏听此人之言。尽管他事先肢解阉割了事实真相，但我要声明，我将提出强有力的证据，表明他的言辞根本没有真凭实据。”欧里庇德斯在《菲罗克忒特斯》（philoktetes）一剧中，巧妙地运用了这种手法：

我要说，尽管他认为把证据伪造窜改，
就可遮掩藏匿罪恶；
只要听我亲口将事实辩解，
他的谎言便可表明他的人格。

由以上所述，我们知道了如何对法官和对手使用先发制人法。

【19】 恳请[①]是指在演说中，演说者向听众提出的请求。有些恳请是不公正的，有些恳请则是公正的。公正的恳请是指要求听众关注演说，心怀善意地聆听。公正的恳请还包括要求听众依法提供帮助，不要违法进行投票表决，对不幸或灾难给以谅解。如果违背法律，即为不公正的恳请；如果合乎法律，则是公正的恳请。这就是何为恳请。我们划分了恳请的种类，就是为了在知道公正与非公正的前提下，能

① aitema。

够不失时机地恰当运用它们，如果对手向法官提出不公正的恳请，我们也能注意到。由以上所述，我们可以确切把握这个问题。

【20】 重述①是一种简短提示听众的方法。它必须用于每一部分和整个演说的结尾处。在论辩、建议、诘难和陈述时，我们将对演说内容进行扼要重述。下面我分别表明每一种形式的实质。在进行论辩时使用重述法的例子如下："我不敢说这些人将会做出什么举动，假如他们先前未曾公然背弃我们，未曾挥舞干戈向我们城邦进攻，未曾不履行诺言。"在论辩时我们可以这样做出重述。下面是在陈述时运用重述法的例子："我业已表明，他们首先破坏了盟约，而且趁我们与斯巴达人交战之际，首先向我们进攻，并梦求奴役我们的城邦。"在陈述时可以如是进行重述。下面乃是通过建议某种活动以提示听众的事例："你们不应忘记，自从与这些人结为友邦之后，我们不再为仇敌所苦。因为他们每每竭诚相助，使我们的国土免遭斯巴达人的蹂躏劫掠，而且时至今日，他们一直向我们提供大量的资助。"通过建议某项活动，我们可以提醒听众。下面乃是在诘难时运用重述法的例子："我想问问他们，为什么迟迟不肯交纳拖欠已久的供奉。他们不敢声称钱财匮乏，因为我们可以表明，他们每

① palillogia。

年可以从土地中获取大笔钱财；他们也不敢声称在城邦管理方面耗资巨大，因为同其他岛国相比，他们的花费显然不大。”这是通过诘难形式进行的重述。

【21】 调侃①乃是指演说者试图说某件事，却又装出不想说的样子，或使用同事实相反的名称来称述事实。在简短提示听众，让他们记住业已提及的那些事情方面，可以采用这种形式的调侃：“我认为，几乎没有必要说出这样的事情：有人自称为城邦做了大量好事，然而事实表明，他们做的却是许多伤天害理的事；而我们，这些被他们称作卑鄙无耻的人，却每每帮助他们，从未对他人做出不义之举。”这就是在假称不想谈论某事的托词下，简短提醒听众的方法。下面的例子乃是使用相反的名称来称述事实的调侃：“那些高尚杰出的公民显然对他们的盟邦做了一些不义之事；而我们这些无足挂齿的平庸之辈却使盟邦受益匪浅。”通过这种方法，我们可以简洁明快地提示听众，并在演说的每一部分以及整个演说的结尾处进行重述。

【22】 下面我将说明如何使演说显得雅致②，如何把演说加长到自己所欲求的长度。

---

① eironeia。

② asteia。

通过这种方式，即可使演说显得典雅考究：比如，引用一半推证，剩下另一半让听众去猜测；同时也应当援引格言。在演说的每一部分都要不断引证它们，但辞令要丰富多彩，在相同的语境下切莫多次使用雷同的词句。这样，你的演说就会显得雅致。

当你试图加长演说时，必须划分演说内容，并在每一部 1434b
分中解释这些问题的实质，特殊的或一般的作用，详尽阐明你的各种托词。如果还想尽一步加长演说，必须对每一个问题运用大量词汇。在演说的每一部分中，应当做出简短明快的重述；在整个演说的结尾处，必须把讲过的每个问题贯穿融汇起来，概括全部内容。按照这种方式，你的演说就会达到足够的长度。

如果你想简短地演说，应当对全部内容一言以蔽之，应当选择那些适合于内容的最短的词汇。你还要运用少数连接词，尽量把所说的那些事情连缀起来。这是遣词方面应当注意的问题，同时你还应当使自己的言辞符合两个要求：即在演说的每一部分之中不做扼要重述，只在整个演说结尾处进行重述。通过这种方法，可以使演说的篇幅缩短。

如果你想做适中篇幅的演说，必须挑出最重要的部分作为演说的主题。必须使用长度适中的词汇，既不要太长也不要太短，同时也不要对每个问题运用大量的语词去描述，保持适量的语词即可。一方面，你既不应当在演说的中间部分完全不做总结，另一方面，也不应当在每一部分都做总结，而应当在你希望听众会给以特别关注的部分的结尾处，重点做出重述。根据这些方法，我们可以按自己所欲求的那样控制演说的长度。

如果你试图撰写典雅不俗的演说辞，必须尽量使你的语言风格与听众的接受能力相适应。你可以做到这一点，只要能够注意观察，他们究竟具备何种素质，是宽容大度，还是尖酸刻薄，或是界于两者之间。

对上述的所有问题，你已有所了解，下面我将探讨有关遣词造句问题，因为这也是演说所必需的成分。

【23】 首先，词有三种形式：简单的、复合的和隐喻的。

同样，有三种组词方式：第一种，以元音字母结尾，以元音字母开始；第二种，以辅音字母开始，以辅音字母结尾；第三种，辅音字母与元音字母相互搭配。

安排词序的方式有四种：首先，把雷同的词并列在一起，或者把它们分散开来；其次，使用完全相同的词，或者
1435a 换成其他的词；再次，可以用一种或多种词来描述一件事情；最后，按一定次序，一一称述你所讨论的事情，或者调换次序。

接下来，我将阐明何为最佳表述①。

① hermeneia。

【24】 首先，你必须按二分法表述问题。其次，还应当表述得清楚明了。下面即为各种形式的二分法：(1)某人自己能做这件事，也能做另一件事。(2)这个人不能做某件事，另一个人能够做。(3)这个人能做这件事，也能做另一件事。(4)某人自己不能做某件事，他人也不能做。(5)某人自己不能做某件事，但他人能够做。(6)某人自己能做某件事，而另一个人不能做另一件事。你可以从下面的例子中看到各种不同形式的二分法。某人自己能做这件事，也能做另一件事的例子："我不仅为你们做了这件事，而且当提摩透斯试图募集军队，向你们进攻时，我还阻止了他"。这个人不能做某件事，另一个人能够做的例子："此人不能胜任你们派给他的出使任务，然而这里有一个人，斯巴达城邦的朋友，他会比任何人更加出色地完成你们指派的出使任务"。这个人能做这件事，也能做另一件事的例子："他不但在战斗中勇猛顽强，而且在审议城邦大事上，同其他公民相比也毫不逊色。"某人自己不能做某件事，他人也不能做的例子："由于势单力薄，我自己根本无法战胜对手，任何其他公民也不能。"他人能做某件事，某人自己不能做的例子："他力大无比，而我却手无缚鸡之力。"某人自己能做某件事，另一个人不能做另一件事的例子："我能驾船飞驰，而他连荡桨都不会。"按照这种方式，你可以运用二分法表述所有的事情。接下来，我们必须考察如何使表述清楚明了这个问题。

【25】 首先，用恰当贴切的名称来阐述你说的那些事情，以免意义暧昧不清。应当慎重，不要让元音字母彼此相接。注意把所谓的“冠词”① 置于合适的位置。应当考虑如何组织语词，不可杂乱无章，因为如果语词杂乱无章，其意义就难以辨识。当你使用了前置连词之后，就要给出承接连词。下面就是使用承接连词的例子：

1435b ego men paregenomen hou ephen su de phaskon heksein ouk elthes。②

另外，相同的承接连词也可以连续使用：

su gar kakeinon aitios egenou kai touton aitios su。③

有关连词问题就谈到这里，由上述这些例子，你可以推知其他连词的用法。

语词的安排组织不能杂乱无章。下面就是杂乱无章的例子：

deinon esti touton touton tuptein。④

这里，谁打了谁不清楚。但如果这样说，意思就明白了：

---

① arthron。

② 意为：“我的确（men）来到了我说要来的地方，而（de）你尽管答应要来，却没来”。

③ 意为：“你既是（kai）这件事的原因，又是（kai）那件事的原因”。

④ 意为：“这个人打这个人是一件可怕的事”。这里，“这个人”（touton）与“这个人”（touton）并列在一起，没有格的区别，因而意义不明。

deinon esti touton hupo toutou tuptesthai。①

这是有关语词组织方面杂乱无章的例子。下面的例子表明，应注意把冠词放在正确的位置上：

outos ho anthropos touton ton anthropon adikei。②

在这个句子中，冠词的插入使意义变得十分清楚，但去掉冠词，意义就会含混模糊。有时正好相反。这是在冠词问题上应当注意的问题。

切莫把元音字母并靠在一起，除非不这样做，就不能使意义清楚明白，或除非加以某种解释，或把双元音分成两个音节。

下面的事例表明，必须避免语义暧昧不清。同样一个词可以表述多种不同的事情，例如，我们称"门廊"为odos，称人们行走的"道路"为 hodos。对这些词的使用，我们应当每每加以特别的解释。

如果按照上述这些原则，我们就能使语词清楚明白，就可以通过业已提及的二分法进行表述。

【26】 现在我们讨论对立句、平衡句和谐音句，因为这也是我们所必需的。

---

① 意为："这个人被这个人打是一件可怕的事"。这里，前面的"这个人"（touton）与后面的"这个人"（toutou）有格的差别，因此意义分明。

② 意为："这个人加害这个人"。"人"前面的冠词 ho 和 ton，一个是主格，另一个是受格，所以谁加害谁很清楚。

对立句①乃是指既在语言形式方面，又在语义方面，或单在某一方面相互对立的子句。下面就是既在语言形式上，又在语义上相互对立的例子：“他侵吞了本来属于我的东西，成了暴发户，而我丧失了财产，沦落为乞丐，这是不公正的。”单纯在语言形式方面相互对立的例子：“让殷实富户赈济贫苦穷人。”只在语义方面相互对立的例子：“在他身染重病之际，我细心照料，但他却给我带来了巨大的灾难和不幸。”不存在名称上的对立，只存在两种活动的对立。双重对立句，即同时在语言形式和语义方面的对立句是最好的，然后就是剩下的两种形式的对立句。

【27】 当一个句子具有两个均衡的子句时，它就是平
1436a 衡句②。所谓“均衡”可以是多而小的子句之间的均衡，或少而大的子句之间的均衡，即子句在规模上的均衡同在数目上的均衡乃是相对的。平衡句具有下面这种形式：“或是由于财富的匮乏，或是由于战争的强大。”这些事情之间既非相似，又非对立，仅仅是均衡。

【28】 谐音句③比平衡句更进一步，它的子句之间不仅均衡，而且相似，即由相似的语词构成。比如：

---

① antitheton。

② parisosis。

③ paromoiosis。

hoson dei se logou mimema，phere pothou tekhnasma。①

你应当尽可能地使语词的尾音相似，因为这样就可以使语词的相似性达到最大程度。具有相似音节的语词是相似的，而在相似的语词中，绝大部分字母也是相似的。比如，

plethei men endeos，dunamei de eutelos。②

这些问题已经谈得很充分了。我们知道了什么是公正、高尚、有益以及其他题材的实质，知道了可以大量获取这些题材的来源。同样，我们了解了夸大和缩小的本性，以及如何为演说提供这种手法。再者，我们还熟悉了各种论据，先发制人法，向听众提出恳请的方法，重述法，使演说雅致不俗的方法，加长演说法，表述的组织安排法。由以上所述，我们知道了为所有演说形式所共同具有的那些成分的性质、区别、用处。如果我们逐渐习惯于按照业已描述的那些练习方法不断地实践，将会在创作和演说方面受益匪浅。

通过把演说的各种成分分别开来考察，你能最为精确地区分种种原则，下面我将探讨在每一种演说中，把言辞组织成有机整体的方法，看看哪些部分必须首先提出，如何进行处理。

首先讨论“开场白”③，因为开场白为七种演说形式所

① 意为：“如果你一定要摹仿语言，首先应当摹仿情感”。

② 意为：“数量不足，力量有余”。

③ prooimia。

共同具有，适合于所有演说内容。

【29】 一般说来，开场白乃是为听众提供某种思想准备，对那些不了解演说内容的人，就演说的主题进行简明扼要的阐释，以便他们能够明白我们的演说涉及哪些问题，并能跟上我们的思路。同时开场白还可以唤起听众的注意，借助言辞的力量，尽可能地赢得他们的好感。开场白必须完成上述这些准备工作。

我将首先表明，如何在公众演说和劝告演说中运用开场
1436b 白。下面就是对听众开门见山、明快简洁地提出主题的例子：“我站在这里，就是为了向你们建议：我们应当以叙拉古人的名义进行战争”。比如，“我站在这里，就是为了表明：我们不应当援助叙拉古人”。

要想知道如何唤起听众的注意，只有我们自己首先明白，当有人提出建议，我们对什么样的言辞和事实会投以极大的关注。当建议的事情至关重要、惊魂夺魄、与我们休戚相关的时候，当演说者声称，他们将表明规劝我们从事的那些活动乃是公正的、高尚的、有益的、容易的和真实的时候，当他们恳请我们，全神贯注地倾听演说的时候，难道我们还会听而不闻？因此，正如我们关注他人的演说，如果把上述的那些最适合于我们自己的演说主题的观点拿来，向听众表明，我们也会唤起他们的注意。这就是用来规劝听众，让他们注意我们演说的方法。

如果首先考察，听众对我们究竟抱有什么态度，是善意，还是恶意，或既非善意又非恶意，我们将会博得他们的好感。如果他们的确对我们抱有善意，再来谈论好感问题实为多余；然而，一旦要谈，就必须按下述方式，以调侃的口吻，谈得简短明快："我对城邦一向忠心耿耿，你们采纳了我的建议从而做出一些有益之举，我自己对公共事业正直无私，宁肯牺牲自我，也不愿损害公众利益以谋取私利。我想，你们对之已早有所闻，我再喋喋不休，实属多余。如果现在你们再能听我一言，我会竭力让你们得到良策卓识。"这就是在公众演说中，我们必须用以提醒那些存有善意的听众，对我们产生好感的方法。

当听众对你既无成见又无善意的时候，必须说明：在作为演说者的公民尚未证实自己是否胜任此事之前，听众应当心怀善意地聆听他们的演说，这样做乃是公正的、有益的。你还应当吹捧听众，取悦于他们，赞扬他们一向断事公正、审慎。另外，你必须以自我贬低的口吻说："我站在这里，决非出于对自己的那点小聪明过于自负，而是因为相信，我所给出的建议对城邦大有裨益。"通过这种方法，就会博得既无善意又无恶意的听众对你产生好感。

如果听众对你抱有成见，这种成见必然是有关你自身某些状况的，或是有关你所表述的那些事情的，或是有关语言
形式的。对你自身某些状况的成见，或生于当下，或来自过 1437a
去。如果成见因怀疑你昔日有过某种恶行而生，你应当采用

先发制人法，首先向听众表明："有关我的某些流长飞短已早有耳闻，但我将证明，这些东西实属无稽之谈。"如果为了澄清自己，的确有必要说些什么，你必须在开场白中进行简短明快的辩解，并谴责对你业已做出的裁决。因为无论人们对你公开非议，还是私下訾议，这些成见或者已经得以公决，或者将要得以公决，或者指责你的人不愿把他们的成见诉诸公决；你必须说明，当时做出的裁决是不公正的，实为敌党所害；如若不能，就应指出，你那时曾屡遭不幸，既然事情早已决定，做了处置，唯一公正合理的做法乃是：不应根据同一些理由再对你抱有成见。如果你希望重新做出裁决，必须说明，现在你准备把人们对你的种种非议提交坐在这里的听众，让他们进行公断。并声称，如果证明你对城邦曾有不义之举，但求一死，以作惩罚。如果指责你的人不再对你进行攻讦，你必须利用这一点作为证据，指出他们的非议实为子虚乌有。因为如果对你的指责不是捕风捉影，却又不愿诉之于公断，这似乎是不可能的。你必须对诬陷中伤这种卑鄙的行径每每予以痛斥，表明它是骇人听闻的、臭名昭著的，是无尽罪恶之渊薮。你还应当指出，昔日许多人正是因为受到不公正的诬陷中伤而被毁掉。你要进一步表明，当人们为了公众利益前来咨议城邦大事，竟为某些个人成见所困扰，而不去倾听他人的完整的演说，不去考虑究竟需要何种建议，这种做法实属荒唐。你必须承诺，你将证明自己准备提出的那些建议是公正的、高尚的、有益的。对于因过去的某些事情而受到非议的人，在公众演说中应当采用上述方法消除人们的成见。

演说者当下可能会招致人们产生偏见的第一件事就是他的年龄。如果在公众演说中，演说者过于年轻或过于年迈，都会引起听众的不满。因为他们认为，前者尚未具备开始演说的能力，而后者早该退出演说者的行列。如果某人经常参加演说，就会让人产生偏见，因为他们觉得此人似乎是那种爱管闲事、搬弄是非的人。如果某人先前从未从事过演说，同样也会使人产生偏见，因为他参加公众演说似乎与以往的生活习惯相悖，好像抱有某种牟取私利的动机。这些就是进行公众演说的人在当下招致他人非议的几种可能存在的形式。

年轻人应当为自己寻找借口，说明目前缺乏提出建议的 1437[b] 人，而自己堪当此任。比如，在火炬赛、体育竞赛、步兵、骑兵和战争等事项上，年轻人的热情不会不大。他还应当强调，如果就年龄而论，他也许并不具备成年人的那种审时度势的智慧，然而根据天资和勤奋来判断，他却拥有这种智慧。他必须表明，建议失败了，那是个人的不幸；成功了，则使公众受益。对于年轻人来说，应当按照这种方式寻找借口。当年迈者进行演说时，应当通过指出现在极缺提议者，而本人对此经验丰富，当下事关重大，险情前所未闻以及其他诸如此类的事情，来为自己寻求借口。经常参加演说的人应当表明自己见多识广，同时强调一个习惯于演说的人，现在不表白自己的观点，实在是一种耻辱。对于没有演说习惯的人来说，必须表明形势严峻，危机四伏。每一个与城邦风雨同舟、荣辱与共的人，此时此刻必然会站出来，力陈自己的主见。通过这种方式，我们可以在公众演说中消除人们对演说者所产生的偏见。

听众对表述的事实也会抱有成见，如果演说者提议同那些未曾加害我们的人，同比我们强大的城邦解除盟约，或者提议屈膝求和，削减献祭开支以及其他类似的事情。对有关这些问题的成见，我们应当采取先发制人法，主动向听众解释原委，然后把提出这些建议的原因归于必然性、偶然性、时机性和有益性，并声称如果要谴责，该受谴责的不是建议者本人，而是致使这些建议得以提出的情形。通过这种方式，我们可以使建议者避免遭受因表述某种事实而引起的非议。

在公众演说中，如果篇幅冗长，风格陈旧，言辞不当，人们就会对这样的语言表达形式抱有成见。如果篇幅冗长，则归因于材料丰富翔实；如果风格陈旧，就指出它适宜于当下的演说；如果言辞不当，必须答应在演说的进行过程中，将表明它的确切性。

上述这些内容即是在公众演说中所面临的种种问题。那么如何安排演说的程序呢？如果听众对我们本身的状况、语言形式和表述的事情丝毫没有成见，就可以在演说的开端直接提出主题，然后唤起听众的注意，劝他们耐心听取我们的演说；如果人们对我们以前所说的事情怀有成见，我们将采取先发制人法，围绕这些成见进行简短明快的申辩，并寻求托词以消除这些成见。然后提出主题，规劝听众注意我们的 1438a
演说。我们必须根据这种方法安排组织公众演说的内容。

【30】 接下来，我们必须对过去业已发生的事件进行叙述，并唤醒听众的记忆，或者阐释当下正在发生的事件，或者预言将来可能发生的事件。当我们叙述出使某个城邦的详情时，应当力求把我们所说的那些事情表述得清楚明白，这 主要是为了能使我们的演说增加分量(因为这仅仅是一种叙述，不允许插入其他语言形式)。如果出使活动遭遇不幸，我们要让听众认为，这项活动之所以失败，并不是由于我们的疏忽大意，而是因为其他一些缘故；如果出使任务圆满成功，我们务必使听众明白，这种结果的产生决非出于某种运气，而是因为我们能够尽心尽力。即使听众没有亲身参加出使活动，只要他们注意到我们在演说中所展现的那种赤诚热心，注意到我们的表述毫无疏漏、精确细致，他们就会对我们所描述的一切事情笃信不疑。因此，当叙述出使活动时，正是出于上述这些原因，我们必须对每一件事，按其所发生的本来面目进行描述。

当我们在公众演说中叙述业已发生的事件，或者阐释正在发生的事件，或者预言将来可能发生的事件时，对每一事件的表述，应当力求做到简短、清楚、可信。清楚，是为了让听众能够理解我们所讲述的事情；简短，是为了让听众能够记住我们所说的内容；可信，是为了听众在我们提供种种论据以及合理的因由来进一步确证我们的论点之前，不会拒绝倾听我们的讲述。

清楚的表述可以归因于事件的安排和语词的运用。至于事件，只要我们不把它们表述得混乱无序，而是首先提及业已发生的事件，或正在发生的事件，或将要发生的事件，然后再依照一定的顺序，安排其余的事件。只要我们不舍弃已经着手讲述的主题，而去谈论另外的某个主题，这样就会清楚地表述事件；同样可以使语词清楚明白，只要我们尽量运用恰如其分的语词来描述各种活动，运用一般常见的语词，避免把它们杂乱无章地排列，总是把那些具有一定继随关系的语词安置在一起。如果遵循这些原则，就会使表述清楚明了。

至于简短，如果我们删掉所有无须提及的事件和语词，
1438b 仅保留那些倘若省略，便使演说暧昧不清的语词和事件，那么根据这种方式，就能使表述简短明快。

至于可信，只要我们能够找到一些理由，使我们所描述的那些不太合理的活动看起来似乎可能发生。如果有些事件的发生根本不会使人相信，就应当把它们省去。如果你不得不提及它们，必须表明你对这些事情已了然于心，并借助“忽略法”把它们夹杂在演说之中，一带而过，还应当声称随着演说的不断进行，你将证明它们的真实性，并借口你想

首先揭示前面提出的那些事情的真实性、公正性以及其他类似的性质。根据这种方式，我们就会祛除听众的疑惑。

简言之，通过上述方法，我们可以使叙述、阐释和预言变得清楚、简短、可信。

【31】 我们可以按照三种方式安排表述的内容。如果表述的活动为数寥寥，且为听众所熟知，我们就在开场白中一并陈述，以免这一部分自身的篇幅太短；如果讲述的活动很多，而且鲜为人知，我们将按照某种联系，一一详述，表明它们是公正的、有益的和高尚的。这样做不仅为了使我们对事实的表述简洁明了、朴实无华，而且还为了让听众能够理解我们所说的那些事情的意义；如果讲述的活动数量适中，且不为人知，我们应当把对它们的叙述、阐释和预言作为一个有机整体安排在开场白中。我们能够做到这一点，只要自始至终地讲述它们，不在其中搀杂其他事情，仅仅纯粹描述这些活动本身。由以上所述，我们知道了如何在开场白中安排表述的内容。

【32】 接下来，我们所面临的就是确证①问题。通过提供种种论据以及公正、有益等题材，可以进一步确证我们所说的那些活动正像我们试图表明的那样。当进行确证时，

① epibebaiosis。

必须引证一系列论据。最适合于公众演说的论据莫过于经常发生的事件、范例、附加的推证①和演说者的观念。如果有其他论据，也可以用来插入其中。应当按以下方式安排论据的顺序：首先是演说者的观念，如若不能，应当援引经常发生的事件，并表明我们所论及的那些活动以及与其相似的活动乃是每每容易发生的。在这之后，必须引证范例以及其
1439a 他类似的事情，以佐证我们所描述的那些活动。我们所引证的范例应当切中主题，在时间和空间上不要让听众感到远不可及。如果一时缺乏这样的范例，我们必须采用最有感染力和广为人知的其他一些范例。接下来，必须引证格言。另外，在引入或然性事实和范例的那些部分中，应当以推证的证据和格言来结尾。这就是我们必须对所描述的活动提供论据的方法。

如果对活动的描述直接可以使人信服，就不必再来引证各种论据，而应当把所描述的那些活动诉之于公正、合法、有益、高尚、快乐、容易、可行、必要等题材，进一步确证它们。如果可能，应当首先围绕有关公正的事情，同公正相似或相对的事情，或被判断为公正的事情，解释我们描述的那些活动。还应当援引同所提及的那些公正的事情相近的范例。你必须能够从个别的事件中提炼出许多被认为与公正的事情有关的范例，或者从你在演说的那个城邦以及其他城邦

---

① epenthumema。

所发生的事件中提炼出这样的范例。当我们按照这种方式讨论完这些事情，并在结尾处引入不同种类的格言和恰当的推证的证据之后，如果这一部分的演说很长，而且又要让听从记住，我们就得简明扼要地重述讲过的内容；如果这一部分的长度适中，听众依然记忆犹新，就对这一部分内容做出总结，开始进入另一部分的演说。下面的例子可以表明我的意思："根据我所陈述的事实，我认为我们援助叙拉古人的公正性已经得以充分的证实；现在我想说明做这件事的有益性。"接下来，可以采取类似于讨论公正性的那种方式来讨论有益性，并在这一部分的结尾处加以重述，或进行概括，如若可能，再提出将要讨论的其他题材。必须按照这种方法将这一部分和另一部分衔接起来，使整个演说跌宕起伏、浑然一体。当使用了种种方法来确证你的建议之后，除此而外，你还应当借助于推证和格言，简明扼要地表明，如果不按你劝告的那样做，则是不公正的、无益的、可耻的、不快乐的。而且还应当简短地进行对比，说明你所规劝的那种活动是公正的、有益的、高尚的、快乐的。在充分运用格言之后，应当对所劝告的内容进行总结，终止你的劝告。根据这种方法，我们可以使提出的种种观点得以进一步确证。在这之后，我们将使用先发制人这种手法。

【33】 先发制人乃是这样一种方法：通过预先猜测到对手针对你的论点所能提出的种种反驳，从而主动出击，消

除反对意见。正像你在有关夸大问题上所学到的那样，应当缩小对手的论据，夸大自己的论据。当你的论据比较有力时，应当用一对一的形式驳斥对手，还可以用多对多、一对多、多对一这些可能存在的对立形式，夸大自己的论据，削弱并缩小对手的论据。通过这种方式，我们可以使用先发制人这种手法。此后，我们将采取前面业已提及的论辩、陈述、建议、诘难、调侃等形式，在结尾处进行重述。

【34】 如果我们劝说听众，应当对某些个人或城邦提供帮助，恰当的做法乃是：简短地述说在他们和我们的公众之间存在着某种友谊、恩惠和同情。因为人们最愿帮助那些与他们存有这种关系的人。如果人们自身以及他们所关心的人过去、现在或将来从某些人以及这些人的朋友那里，得到应当得到的善待，那么人们就会热爱这些人以及这些人的朋友；如果人们自身以及他们所关心的人过去、现在或将来从某些人以及这些人的朋友那里，受到本不应当受到的恩惠，那么人们就会感激这些人以及这些人的朋友。一旦这些情感萦绕于听众的心中，我们就应当进行简短的劝导，激发他们的同情。如果我们认识到，任何人都同情与他们休戚相关的人，都认为蒙受灾难是不应该的，就可以毫无困难地按自己的欲求博得听众的怜悯。应当表明你试图让听众对之产生怜悯的那些人的状况，指出他们已经、正在或将要陷入某种恶劣的境地，除非听众能伸出救援之手，他们方可摆脱困境。

如若不能，你必须指出，你为之演说的那些人的利益已经、正在或将要遭受损害，而这些利益乃是为所有或绝大多数公民所共同分享的，或者指出这些利益已经、正在或将要丧失殆尽，除非当下听众能给以同情。通过这种方式，我们可以取得听众的怜悯。

在进行劝阻演说时，可以采取相反的方法，按同一种模式安排开场白，陈述事实，引证论据，向听众指出：他们欲想从事的活动乃是不合法的、不公正的、无益的、耻辱的、 1440a
不快乐的、不可行的、费力的和不必要的。劝阻演说的内容布局相似于劝告演说。以自己的名义做劝阻演说的人必须按照这种方式安排演说内容。

那些对他人给出的劝告进行反驳的人，应当首先在开场白中提出试图反驳的观点，然后一一安排其他内容。继开场白之后，演说者应当尽可能地把前面提及的各种观点再分别进行论述，表明对手提出的建议决非公正、合法、有益等等。你可以做到这一点，只要指出对手所说的那些事情是不公正的、无益的，或是同不公正、无益相似的，或是同公正、有益以及被断定为如此性质的事情相对立的。对其他问题，也应当采取同样的方式。这是进行劝阻演说最为有效的方法。如若不能，你必须借助有意忽略法来劝阻听众。比如，一旦对手表明某种建议是公正的，你必须试图证实这种建议乃是耻辱的、无益的、费力的、不可行的等等；如果他的建议是有益的，你必须指出这个建议是不公正的，或具有其他一些什么性质。你应当采取在劝告演说中提及的那些方法夸大自己的观点，缩小对手的观点。还应当像在劝告演说中那样，引用格言和推证，消除对手通过先发制人法对你的中伤诬陷，并在结尾处进行重述。

此外，当我们试图劝说听众时，应当表明在他们和那些我们力求给以帮助的人之间存在着友情，或者表明他们欠了请求援助者的人情债，此时当以报恩；当我们试图阻止听众对某些人提供帮助时，必须指出这些人的确令人愤慨，或使人妒嫉，或让人憎恨。我们可以使听众心生恨意，只要指明他们或他们所关心的人，曾几何时从那些人或那些人的朋友那里受到过不该受到的伤害；同样可以激起听众的愤慨，如果表明他们或他们所关心的人，曾经从那些人或那些人的朋友那里受到过本不应当受到的蔑视或不公正的对待；也可以使听众迅即萌生妒意，只要我们表明那些人已经、正在或将要享受不配享受的利益，或者表明那些人的利益过去、现在或将来都不会受到损害，或者表明那些人从来没有，现在也没有，将来也永远不会有什么不幸。通过这种方式，就会使听众产生嫉妒、憎恨和愤慨。根据劝告演说的那些方法，则可以唤起听众的友爱、感激和怜悯之情。按照前面提及的种种方法，我们就能在演说中组织、安排这些内容。现在我们了解了劝告这种演说形式的实质、组成部分和使用方法。

【35】 接下来，我们所面临的问题乃是对颂赞和谴责

两种演说形式进行讨论。我们必须首先在开场白中提出主题，并采取相同于劝告演说所使用的那种方式，反驳种种偏见。然后通过在公众演说中业已论及的那些方法，或通过描述令人感到惊异的事情以及尽人皆知的道理，规劝听众对我们的演说给以高度的关注。我们必须表明，为我们所颂赞或谴责的那些人名实相符。进行这种形式的演说，通常不是为了论辩某件事情，而是为了展示某种行为。

首先，我们将根据相同于劝告和劝阻演说所运用的那些方法安排开场白。在开场白之后，应当区别超出至善范围的美德和隶属至善的美德。不属于至善的美德可以分为好的身世、强健的体魄、美丽的外表、殷实的财富；而至善则可以分为智慧、公正、勇敢和高尚的生活方式。对隶属至善的美德，应当大加颂赞；对超乎至善的美德，我们不应过于炫耀。因为对那些体魄健壮、英俊洒脱、出身望族和腰缠万贯的人，我们与其给以赞美，不如给以祝福。做出这种区分，继开场白之后，我们将首先追溯演说对象的家系，因为这是能给人或其他动物带来荣誉或耻辱的先决条件。因此，给出人或其他动物的家系乃是合理的。当我们赞美某人的情感、行为、言辞和财富时，在颂赞的开始提及他所具有的荣誉不无合理之处。

下面即为追溯某人家系的方式：如果他的先辈功德卓著，应当上溯远古，下及被颂赞者本人，简要介绍每位前人的功名业绩；如果只是他的远祖功德照人，而其他先人没有做出颇值一提的功业，就必须用上述方法提及前者，对那些功业平平者略而不述，并以这样的因由声称：他的前人数不胜数，你不想一一赘述。众所周知，凡出自优秀家族的人，通常在德性上也必然与其先人相似；如果他的远祖并非杰出之辈，但他的近宗却声名显赫，你应当就近追溯家系，并声
1441a 称详述其远祖的业绩将是一件繁琐而使人生厌的事，同时应当表明，你当下颂赞的那个人的近宗功德昭著，其近宗的前辈显然也必定德高望众，因为如此杰出的人不太可能具有劣迹昭彰的先辈；如果你所颂赞的那个人的前辈实在没有什么好的名声，就必须声言，此人血统高贵，指出凡对于至善具有一种本然倾向的人，往往来自高贵的家族。你还应当谴责那些一味称颂祖先荣耀的演说者，指出一些人虽然拥有声扬天下的祖辈，但他们自己却与祖辈的盛名不相匹配。你必须强调，目前的任务乃是颂赞此人本身，而不是他的先人；同样，对那些祖先为声名狼藉之辈的人，应当追溯其家系以便对他们进行谴责。按照这些方法，我们就能在颂赞和谴责演说中追溯家系。

如果你所颂赞的对象由于某种机遇或偶然性获得某些好名声，应当恪守这样的原则：只谈论同他的年龄相适合的事情，而且尽量不要描述得过于详尽。比如，对于儿童来说，他们之所以能遵守秩序和自我节制，并非出于自身情愿，而是由于监护人的督促，因此对这些事情应当轻描淡写。当你按照这种方式描述了被颂赞者的孩提生活，并在这一部分的

收尾处运用推证和格言，对该部分内容做出概括总结之后，你要进一步谈论他青年时期的所作所为，描述他所完成的业绩，他的品性以及他所追求的生活方式。同时你必须根据我们在开始探讨颂赞演说时所提及的那种方法，夸大自己的观点，并进一步表明，在如此这般年纪，你所颂赞的对象竟然获取如此这般荣誉。而这些荣誉的获得，或是借助某种手段，或是通过自身的努力追求，或是由某种活动所致，或是为了某种目的。你还应当把这些荣誉同其他青年人所做出的成就相比，表明他的功绩远远超过众人，并尽可能地贬低他人取得的荣誉，使你所颂赞的那个人的荣誉弘扬光大；你还应当把他人做出的那些不太杰出的成就与你所颂赞的那些成就相比，这样后者就会显得更加突出。按照下述方式进行推论，就会使被颂赞者的成就得以夸大：“一个如此年轻的人竟这样热爱智慧，一旦步入桑榆之年，他将取得更大的成就”。再如，“一个能够坚忍不拔地承受体育锻炼的人，在热爱智慧上也必将乐此而不疲”。通过这种形式的推论，就会夸大他的品行。

讨论完被颂赞者青年时代的所作所为，我们将在这一部 1441b
分的收尾处引证格言和推证的证据。在对业已提及的那些事情做出简短的重述，最终结束这一部分内容之后，我们接下来提出被颂赞者成年时期所获得的成就。首先表明他是公正无私的人，并根据前面论及的方法夸大这种德性，如若可能，就指出他具有超人的智慧；按同样的方式谈完这种德性之后，如果可能，就表明他英勇果敢，并尽可能地夸大这种德性。在行将结束这一部分演说，描述了被颂赞者的所有德性之际，我们应当简明扼要地重述前面已经谈过的内容，运用格言或推证的证据终结全部演说。在赞美某人的品行时，对每件事情精雕细刻，并使用华美的辞藻，乃是恰当的。

当我们对品性鄙劣者的言行进行谴责时，可以运用同样的方法组织安排演说内容。但不应嘲弄被谴者本人，而应描述他的生活。因为言辞的力量胜于嘲弄，它可以使听众信服，使人们对被谴责者感到恼火；再者，嘲弄只触及表面现象和外部状况，而言辞却能揭示生活习性和品性的本来面目。还应注意，切莫使用一些辱骂性的字眼来描述那些可耻的行径，以免有伤大雅，而应当使用隐晦的语词，含蓄地表述这些事情。在谴责对手时，必须对他的自我吹嘘予以讥讽和嘲笑；在私下，或在少数听众出席的场合，应当试图使对手感到汗颜。然而在大庭广众之下，应当按大多数人所共同认可的谴责形式攻讦你的对手。正像颂赞演说那样，在进行谴责演说时，你也应当根据相同的方式夸大和缩小。由以上所述，我们可以明白如何运用这些展示形式的演说。

【36】 对我们来说，剩下的任务乃是探讨指控、申辩和质询演说形式。接下来，让我们讨论一下应当如何组织安排这些归属法庭演说的主要类型。正如在其他形式的演说中

那样，我们首先在开场白中提出被指控者或申辩者的所作所为。通过采用相同于劝告和劝阻演说的方式，规劝听众注意我们的演说。

至于博得听众的好感这个问题，如果在过去或现在，他们对当事人抱有善意，并没有因为对当事人自身的某种状况、活动和言辞感到不满，从而存有成见，那么当事人必须 1442a
按照我们在其他形式的演说中所论及的那些方法赢得听众的好感；如果听众对当事人在过去或现在既无善意又无恶意，也没有因为他自身的状况、行为和言辞而感到不满，当事人也必须准备赢得听众的好感；如果听众对当事人的所作所为抱有成见，他必须或者混合使用各种方法，或者单独使用某种方法以消除他们的偏见，博得他们的好感。通过上述这些方式，我们即可得到听众善意的理解。

凡听众对之既无善意又无恶意的人，必须颂赞自己一番，并对对手的言行进行指责。应当赞誉自己具备一些最为听众所关心的德性，比如，声称自己热爱城邦，忠实于朋友，颇具恻隐之心；攻讦对手具有很多恶劣的品性，足以激起听众的愤慨，例如，叛国投敌，对朋友背信弃义，受恩不报，毫无同情心等等。也应当对陪审团大加吹捧，盛赞他们秉公执法、明察秋毫。必须指出，无论在言辞上，还是在行为上，或是在其他事情上，自己所造成的危害远远比不上对手所造成的危害。并进一步表明，自己的言行乃是公正的、合法的、有益的等等。对于其听众既无善意又无恶意的人来说，借助这些方法就能博得听众的好感。

当听众对某人抱有成见时，如果这种成见来自过去，而且是针对某人的言辞所产生的成见，我们从前面的论述中已经知道如何消除这种成见；如果这种成见来自当下，那它必然是有关此人自身的某些状况的成见：或者此人目前似乎不太适合参加法律活动，或者此人具有的特性同他提及的指控相背离，或者此人具有的特性同别人对他的指控相符合。如果某个为他人进行辩护的人太年轻或太年迈，那么他就不太适宜于参与这种活动；如果一个身强力壮的人指控某个体弱多病的人对他有所冒犯，或一个暴虐恣肆的人指控一个有自制能力的人对他施加暴力，或一个身无长物的人指控某个殷实富户侵吞了他的财产，所有这些指控都与指控者素有的特性相矛盾；如果一个身强力壮的人被某个体弱多病的人指控为凌辱对方，如果某个素有梁上君子之称的人被他人指控为行窃，那么这些指控同被指控者的特性相吻合。简言之，凡是对某人的指控，如果被指控者的罪名同他一贯的名声不相抵牾，那么两者之间就存在着某种一致性。上述所有这些例子都是当下对某人自身的某些状况所产生的成见。成见也可以由某人的行为所引发，如果他以一些鸡零狗碎或羞于启齿
1442b 的事情为借口，同自己的亲朋好友打官司。因为诸如此类的事情有损双方当事人的声誉。

现在我将表明如何消解上述的各种成见。我认为，有两条适合于所有情况的基本原则。首先，当你认为对手很有可

能使陪审团为之心动的时候，应当先发制人，使陪审团倾心于你。其次，当案子涉及行为问题时，应当尽可能地指责对方的过错，如若不能，就把罪名转嫁到其他什么人身上。并竭力表白，你是在违背意志或在对手强迫的情况下，出于无奈而身陷此案的。为了消除听众对某人自身的特殊状况所产生的成见，必须以下述借口进行辩解：对年轻人来说，应当解释，他的败诉乃是由于缺乏年长的朋友为之辩护所致，或是由于对手作恶多端、力量强大，或是由于为申辩的时间所限以及其他类似的原因。如果你在为他人进行演说，必须表明，你之所以替他人辩护，乃是出自对朋友的情义，或对对手的憎恨，或因为你是事件的亲身经历者，或为了公众的利益，或因为你的当事人孤单无助，蒙受不公正的厄运。如果当事人的品性同他所受到的指控相吻合，或他的品性同他的指控相悖离，你必须先发制人，指出在听取事实之前，就根据某种颇值怀疑的观念妄加判断，这是不公正的、不合法的和无益的。通过这种方法，我们将会消除有关某人自身状况方面的成见；对当事人的行为所抱有的成见，我们可以矢口否认，并将罪名转嫁给对手，或指责对手的行径乃是不公正的、贪婪的、强词夺理的、令人愤慨的，并以当事人无论如何也不可能得到公正的对待为借口进行辩解。这些就是在法庭演说中如何解除陪审团对某人自身状况和行为所产生的成见的方法。对有关某人公共生活方面的成见的解除，我们可以采取前面业已论及的各种方法。

我们采用相同于安排公众演说的方法来安排法庭演说的开场白，并根据同样的原则，在开场白中把对事实的种种陈述连成一体，并表明这些陈述的每一部分，乃至全体都是可信的、公正的。

此后，我们将进一步确证自己的论点。如果我们所描述的那些事实为对手所反驳，就应提出种种论据进行确证；如果对手承认那些事实，我们就论证它们是公正的、有益的等等。至于论据，如果可能，必须首先引证证言和经由拷问得到的供词。接下来，必须进一步确证自己的陈述。如果这些陈述似乎合理，就援引格言和推证；如果这些陈述似乎不完全合理，就使用或然性事实。之后再使用范例、确切性证据、表证、反证的证据，最后使用推证的证据和格言。如果我们所陈述的事实被认可，我们应当把各种论据暂搁一旁，使用业已提及的种种借口来表明这些事实的合理性。借助这些方法，我们可以使自己的论点得到进一步确证。

确证自己的论点之后，我们将采取论辩形式反驳对手。并通过事先预料到对手试图说些什么，从而先发制人。如果对手否认事实，我们必须夸大业已谈过的那些论据，并批驳和缩小对手可能提出的论据；如果对手承认了事实，但企图表明，他们的行为根据成文法乃是合法的、公正的，那么我们必须试图指出，我们所援引的法律以及与之相似的法律是公正的、正确的、对城邦公共利益大有裨益的，也是为绝大多数人所共同认可的。然而，对手所依据的法律恰恰相反。如若不能，我们必须提醒陪审团，他们不能仅仅依靠法律条文来判案，而且还应当以事实为根据。既然他们已经通过起誓，按既定法律判决案件，那么我们必须告诫他们，目前一定不能颁布新法，只在特定的时间内他们才有立法的权力。如果当事人的所作所为碰巧触犯了某些似乎没有多少存在价值的法律，我们必须声明，当事人的行为并非不合法，而是对法律的否认。因为法律的设定应当有益于公众利益，但这条法律对城邦无益。我们还要指出，如果他们按照同此法相对立的方式投票表决，将不会逾越法律，而会使那些拒斥因袭陈规陋习的行为合法化。还应当表明，没有任何法律禁止给城邦带来利益的行为，废止陋法陈规对于城邦来说，乃是一种善举。一旦我们所依据的法律意义明确，就可以根据该法，采取先发制人法，对对手进行反驳。至于那些意义暧昧含混的法律，如果陪审团对它们的理解对你有利，你必须给以相同的解释；如果他们对这些法律的解释同你的对手不谋而合，你必须告诉他们，这种解释决非出自立法者的本意，而立法者的本意与你的理解相同，如果他们能赞同你的理解，乃是大有裨益的。假如不能扭转他们的看法，必须指出，对法律其他相反的解释是不可能的，只有按你的解释才是可能的。对法律问题的讨论，我们应当采用上述这些方法。

一般说来，如果对手承认事实，但试图以他们的行为的公正性、合法性为借口进行申辩，你必须运用上述方法，通

过预先推断他们可能说些什么，从而先发制人。如果他们对事实供认不讳，并请求谅解，你必须按照下述方式揭穿对手的
1443b 辩解。首先，必须表明，他们的行径为千夫所指，仅当他们的劣迹败露以后，才承认过错。如果陪审团对他们的申辩给以谅解，那么所有的人都可以不受法律的制裁了。你还应当这样向陪审团发问:“如果你们宣告那些自己承认过错的人无罪，你们又怎么能够宣判那些自己没有承认过错的人有罪呢?”你还应当强调:“如果他犯了过错，也不应当因为他的过错让我们受到惩罚。”必须进一步表明，立法者并不原谅犯有错误的人，因此依法进行审判的陪审团也不应当原谅这样的人。正如我们在开始时所说的那样，这些就是用以反驳对手请求谅解的方法。总之，通过上面提及的这些方式，我们就会预先料断对手在论据、证明合理性的借口以及寻求谅解的借口方面试图说些什么，从而先发制人。

在指控完毕之后，我们必须对整个演说内容进行简明扼要的重述。如果可能，便以寥寥数语，激起陪审团对我们的对手产生憎恨、愤慨和妒嫉，而对我们产生好感、感激和同情。至于如何达到这种目的，我们在讨论公众演说、劝告和劝阻演说时已经描述过了。在讨论申辩演说的最后，我们还将重新提及这个问题。当我们在法庭事务中作为指控者首先进行演说时，可以采用上述种种方法组织安排言辞。

在进行申辩演说时，可以采取与指控演说相同的方法安排开场白，避而不谈对手向听众散布的那些指控我们的罪

名。在开场白之后，我们将反驳或解除对手强加给听众的那些观点，并通过业已描述的方式，使对手出具的证人、由拷问得到的供词、誓言失去可信性。如果对手所指控的事情是可能的，我们必须运用忽略法进行反驳。如果对手出具的证人或被拷问的人是可信的，我们必须求助于对事实进行论辩、陈述以及其他所有能够驳斥对手的强有力的形式。如果对手指控你的那些罪名同你的利益或同你具有的特性相符合，你必须尽可能地为自己申辩，指出你被指控的罪名与你的利益根本不一致；如若不能，就必须强调，你自己或任何像你这样的人压根就不习惯于做这类事情，或者根本没有按这种方式做这类事情的习惯。这些就是用来反驳那些以或然性事实为根据的指控的方法。如果对手使用了范例，你必须尽可能地表明，此范例同你被指控的那种罪名风马牛不相及；如若不能，你自己应当借助对照法，找出另外一个相反的范例，表明指控你的罪名不可能成立。如果对手使用了确切性证据，你必须通过指出这个证据自身蕴含着矛盾来进行 1444a
反驳。你还要表明，对手所引证的格言和推证或者似是而非，或者模糊暧昧。至于对手出具的表征，你必须证明它们是其他事情的证据，而不仅仅是对你的指控的证据。通过按相反的意义去解释对手的观点，或者把他的观点归结为含混不清，从而使之完全丧失可信性。

另一方面，如果我们承认做过被指控的那些事情，就要以公正性和合法性为借口，试图证明我们的行为是比较公正的、合法的。如若不能，必须以某种过错和不幸为借口，争取得到众人的谅解，并表明我们的行为所造成的危害微乎其微，还应指出，过错人皆有之，而罪恶只为少数恶棍所专有。必须强调，对过错的谅解是合理的、公正的和有益的，因为谁也无法知晓将来会不会犯错。应当指出，当对手曾几何时犯了错误的时候，也曾请求过谅解。

接下来，我们讨论如何对付对手在演说中所采用的先发制人法。对于其他种类的先发制人法，我们只要诉诸事实，便迎刃而解；如果对手中伤诽谤我们，说我们是在诵读已经拟好的演说词，或事先进行了练习，或为了得到某种酬报替他人辩护，我们必须以一种调侃嘲弄的方式对待这种指责。至于事先草拟演说词这个问题，我们可以这样说：法律既没有禁止某人诵读已经拟好的演说词，也没有不让他的对手以非书面形式进行演说，因为法律所禁止的是另外某些活动，它允许人们按自己喜欢的方式演说。还要说明，“我的对手罪孽深重，如果我不事先草拟演说词，长时间地揣摩辞令，他就不会认为我对他的指控是公正的”。通过这种方法，我们可以驳斥对手在书写演说词问题上对我们的非议。如果对手声称我们事先已经熟悉并多次练习过演说，我们不但要承认，而且还要这样说：“按照你们的说法，我们的确对如何演说了然于心，然而我们却从不强词夺理、争斗好胜。相反，你们虽然声称自己不知道如何演说，昔日却因诬陷诽谤他人而被判罪，于今又对我们故技重演。”最后我们得出结论：如果对手也能学会做一名演说家，对公民来说显然是一件好事，因为这样他就不会如此无赖狡辩了。关于为了某种酬报，在法庭上为他人辩护这个问题的非议，我们将运用相同的论辩形式予以驳斥。承认这件事实，并以调侃的口吻指出，我们的指控者以及所有其他的人都是如此。还应当区分不同形式的酬报，表明有些人在法庭上为他人辩护是为了金钱，而有些人则是为了报恩，或是为了复仇，或是为了荣誉。必须表明我们自己乃是为了报恩，而对手则是为了谋取大笔酬金。因为他到法庭来的目的就是为了贪图不义之财，1444b
并非打算干一件无偿的事情。如果有人指控我们教授他人如何在法庭中进行辩护、组织演说，我们将采取同样的方法予以反驳，并指出只要力所能及，人人都会通过提供指导和建议，来帮助朋友。采用这些手法，我们就能对付任何形式的指控。

对于经常发生在诉讼过程中的发问和回答，你必须运用自如，而且在回答发问时，必须区分“承认”和“否认”。下面即是承认的例子：

“是你杀死了我的儿子吗？”

“是的，当你的儿子手执利刃向我袭来之际，我杀死了他。”

“是你痛打了我的儿子吗？”

“是的，但他首先凌辱了我。”

“是你打破了我的头？”

“是的，当你深夜破门而入之时，我打破了你的头。”

这样的承认可以使你的行为得到法律的认可。而否认则意在逃避法律的追究。例如，

“是你杀死了我的儿子吗?”

“不，不是我杀死了你的儿子，而是法律处死了他。”

这样的回答乃是在一种法律允许某种活动，而另一种法律禁止这种活动的条件下，你所应当做出的。运用上述的种种方法，你就足以能够应付对手的挑战了。

在这之后，便是简短的重述，把你所论及的事情给听众做一番提示。重述在演说中的每时每刻都是十分有用的，因此应当被用于每种演说以及每种演说的每一部分。重述非常适合于指控和申辩，同样也十分适合于劝告和劝阻。在我看来，我们不仅应当像在颂赞和谴责演说中那样，把业已谈过的事情提示给听众，而且还应当博取法官的好感，同时使法官对我们的对手产生恶意。我们将在演说的最后结尾处做这项工作。通过对业已提及的那些事实进行陈述或论辩，或挑选你最得意的论点，挑出对手最为拙劣的看法，你就可以使听众对你所说的一切记忆犹新。如果愿意，还可以通过发问的形式，达到这一目的。由以上所述，我们对这些方法的实质已经了解得很透彻了。

我们可以赢得听众的好感，使他们对我们的对手产生恶

意，只要能像在劝告和劝阻中那样，简明扼要地表明，他们以及我们的朋友过去曾经、目前正在或将来可能善待那些试图加害于我们以及他们所关心的人，善待法官以及他们所关心的人；并指出，报答我们恩惠的时机已经来临；如果可 1445a
能，还要引发他们对我们产生同情。要想达到这一目的，还应当表明，在听众和我们之间存在着休戚相关的联系，我们正蒙受不应蒙受的厄运，我们过去曾经、目前正在或将来可能受到不公正的对待，除非听众给以帮助，方可摆脱困境。如若不能，还应当表明，一旦我们的请求受到法官的轻视，我们的某些利益过去、现在和未来都会遭受损害。或者表明，如果他们不提供帮助，我们向来不会、现在也不会、将来也永远不会享受某些利益。采取这些方法，我们可以从听众那里得到同情、赢得好感。

通过对立法，指出我们的听众以及他们所关心的人，已经、正在或将要从对手及其朋友那里受到不应当受到的损害，我们就会引发听众对对手产生成见和妒嫉。按照这种方式，听众即能对我们的对手抱以憎恨和愤慨。如若不能，我们将搜集种种材料，由之激起听众对对手萌生妒意。因为嫉妒乃是憎恨的近邻。对手将成为嫉妒的对象，仅当我们能够表明，我们已经受到了不配受到的善待，他们与听众之间没有什么密切联系，并指出他们已经、正在或将要通过不公正的方式得到某些利益；或者表明他们的利益过去、现在或将来都不会遭受损害，他们从来没有，现在也没有，将来也永远不会有什么不幸，除非法官对他们进行惩处。借助这种手段，我们可以在开场白中赢得听众的好感，并使他们对对手产生恶意。根据上述一系列原则，我们就能合理安排指控和申辩演说的内容。

【37】 质询这种演说形式在多数情况下不能独立发生作用，而只能与其他形式混同使用，尤其对反驳最为有用。当对言辞、生活、人们的行为和城邦的管理进行质询时，为了明晓如何安排这种形式的演说，我将简明扼要地做出描述。在进行质询演说时，应当以近似于驳斥成见的那种方式开头；首先提出某些似乎合理的借口，以便使我们的活动显得有根有据，然后再继续我们的质询。下面即为恰当合适的
1445b 借口：在政治集会上，我们的借口不应当让人们觉得强词夺理，应当抓住听众的注意力，使他们不会疏漏我们的观点，或我们的借口是那些首先为对手所扰乱的事情；在私人事情上，我们的借口是对被质询者的憎恨，他们自身所具有的鄙劣习性，以及为了使他们认识到自己的所作所为从而不再如是行事，我们对他们所施加的友爱；在公共事务上，我们的借口一定是合法的、公正的、对城邦有益的事情。按照这种以及与之相类似的方式安排开场白之后，接下来我们根据一定的顺序，提出并质询对手的每种言辞、行为和意图，指出这些东西乃是同公正、合法的事情以及同个人和公共利益相对立的，并对所有这些事情进行考察，看看它们是否自相矛

盾，或者同正直的人的习性相抵牾，或者与可能性事实相对立。然而，不能过于追求细节而使演说显得冗长繁琐。我们越是能够更多地向听众展示被质询者的行为乃是与高尚的生活方式、活动、言辞和习惯相矛盾的，就越是能够使他名誉扫地。我们不应采取刻薄辛辣的方式，而应以一种文雅大度的姿态进行质询。因为这样一来，我们的言辞对于听众就会显得更富有说服力，演说者也不太可能招致听众的误解。在对所有的事情细致精确地质询完毕，并对结果进行夸大之后，必须用简短的重述做出总结，提示听众记住你所说的一切。通过业已提及的那些方式安排演说内容，我们就可以根据种种原则，娴熟地运用各种形式的演说。

【38】 在演说和创作方面，我们应当尽可能地使言辞符合上述各种原则，并使自己逐渐习惯于得心应手地运用这些原则。我们拥有许多便利而有益的演说技艺，无论在私人或公共事务中，还是在同他人的交往活动中，都能使我们的言辞符合演说原则。然而，演说者不仅应当关心语言表达问题，而且还应当留意个人的行为举止，并能根据上述的那些原则来规范调整自己的活动。因为一个人的生活方式往往有助于使自己的言辞具有说服力，有助于赢得好声誉。

首先，你必须按照业已教授的那些具有普遍意义的划分方法，对所要讨论的问题进行划分，明确应当首先处理哪些问题，其次、再次、最后处理哪些问题。接下来，应当根据

我在谈论开场白时描述的对待听众的那些方式，准备让他们接受你的观点。如果你言而有信，在整个生活中保持与同一
1446a 些朋友往来，并表明你在其他一些生活习性方面始终如一，并非变动无常，你就能博得听众的好感；如果你标榜自己所从事的活动既重要又高尚，还能增加公共利益，听众就会更加听信于你。

既已赢得听众的好感，当你建议某种活动时，人们往往会接受那种能避害趋利，对他们有益的活动，而拒绝与之相反的活动。

为了使自己的表达明快、清楚、可信，你必须采用下述方式：如果你不想毕其功于一役，而是首先探讨第一个问题，其次再来探讨下一个问题，那么你就可以明快地表述自己的观点；如果你不是突然中断某个话题，在没有谈完这个话题之前又去谈论另一个话题，就会使自己的表达清楚明了；如果你当下的行为举止同你的习惯不相悖离，或你不谎称你的朋友和敌人是同一些人，那么你的表述即能使人信服。

至于论据，如果我们对之拥有确切的知识，就应以之为引导，完成我们的活动；如果我们缺乏确切的知识，就应以每每发生的事实为引导。因为把通常容易发生的事情作为活动的根据是最为安全可靠的。

当我们与对手进行论辩时，在言辞上，可以从所说的话语中寻找论据，进一步确证我们的观点；如果涉及一些诸如缔约之类的具体问题，我们可以根据不成文法和成文法，在

一定时限内出具强有力的证言来确证自己的观点。

在安排结束语①时，应当通过简明扼要地重述，提示听众记住我们所表述的事情。当我们目前正在从事一种与过去相同或类似的活动时，可以通过提及当下的所作所为，让听众回忆起我们昔日的行为。

如果我们的行为能够导致听众产生这样一种想法，即认为，他们过去曾经，或目前正在，或将来可能受到我们善待，那么他们就会对我们产生好感。如果我们所从事的活动能够引发一些善行，这将会使我们的行为加重分量。

一方面，演说者必须按照这些方法调整自己的行为举止，另一方面，还应当根据业已提及的那些原则训练演说技艺。

*〔正如前面所说，我们应当按下述方式献祭：对神明必须虔敬真诚，在消费方面必须适中合度，在视觉效果上必须辉煌壮观，对于公民必须有所裨益。如果我们按先辈的惯例献祭，对神明即能恭敬虔诚；如果祭品不被全部挥霍，同时又有所破费，就能使花销保持适度；如果庆典仪式盛大宏丽，就会取得堂皇的视觉效果；如果骑兵和步兵披甲执坚联袂参加祭奠活动，就能确保公民的利益不受侵犯。如果我们能够如是献祭，对神明即可祭尽其敬。

① epilogos，与“开场白”相对。

* 以下所述显然是插入部分。

应当同那些与我们具有相似习性的人，或与我们具有共同利益的人，以及在一些重大事件中不得不与之合作的人建立友善关系，因为这种友谊最能持续久远；我们应当同最为正直的人，握有相当可观势力的人，近在咫尺的人结为盟友。与其相反者则是我们的敌人。我们必须对那些企图损害城邦利益的人，或损害城邦的朋友以及盟友利益的人进行战争。对城邦的保卫必然通过自身的力量，或借助盟邦的援助，或依靠外国雇佣兵的支持。第一种途径优于第二种，第二种优于第三种。

至于财富的来源或渠道，居于首位的应当是来自个人的收入和所得，其次是依据对财产的估价而征收的税款，第三是穷人付出的劳役、工匠对军队的服务，富人所捐献的钱财。

至于政体，最好的平民政体应当是那种法律把荣誉赋予最杰出的公民，平民的选举权和表决权不遭剥夺的形式。最坏的平民政体是那种法律公然允许平民侵犯富人利益的形式。寡头政体有两种，其一是建立在政治协商合作基础之上的，其二是建立在公民财产状况基础之上的。

结盟必须是在本邦公民自己不能保卫疆土和要塞，或无法挫败敌人的情况下才被允许的。如无必要，或者欲想与之结盟的城邦远隔千里，在危机时刻鞭长莫及，则不可缔结同盟。

好公民能为城邦招来良朋益友，并使城邦少结仇敌，即使树敌，对手也是势单力薄，不堪一击。好公民还能在不把私人财产没收充公的条件下，给城邦带来丰厚的收入。同时好公民不仅自身浩然正气，还能对损害公众利益者进行质问揭露。

所有馈赠礼物的人，或希望自己由之而受益，或出于感激，对先前受到的某种恩惠进行报答。凡给他人提供服务或 1447a
帮助的人，或为了得到好处，或为了赢得名誉，或出于快乐，或出于恐惧。所有交往活动的发生或通过自愿选择，或出于被迫无奈。因为任何活动都是通过强迫、规劝、欺骗以及在某种借口下完成的。

在战争中，一方独居优势，或由于天公作美，或因为兵多将广、军强马壮，或由于地势良好，盟邦竭诚相助，指挥员运筹帷幄。人们一般认为，一旦结盟不利，或战争已经结束，就应解除盟约。

公正的行为应当是那种奉行城邦的公共习俗，遵守法 1447b
律，履行自己的诺言的行为。

躯体的有益乃是良好的素质、美丽、强壮、健康；灵魂的有益则是智慧、明智、勇敢、节制、公正。财富和朋友是同属灵魂与躯体的有益。与这些相反的东西就是无益。对城邦来说，好公民为数众多即为有益。〕

论诗

崔延强 译

* peri Poietikes　据《洛布古典丛书》希腊本文，译文部分参考了《牛津古典本文》。

【1】 关于诗学本身，它的类属，每一类属所具有的某
种功能；如果打算做一首好诗，其情节应当如何安排；诗的
组成部分的数目和特点；以及适宜于同一类研究的其他问 1447a10
题，这些都是我们将要讨论的。根据事物的本性，我们首先
从最基本的原理开始谈起。

史诗和悲剧诗①，喜剧和酒神颂，以及绝大多数的笛子
演奏术和竖琴演奏术，从总体上看，都可以被视为摹仿艺术。 15
但它们在三个方面相互区别开来，即用于摹仿的手段不同，
摹仿的对象不同，摹仿所采用的方式不同。正像那些（或靠
技艺，或凭工作经验）使用颜色和图形来摹仿事物的人那
样，与他们相比，有一些人则使用声音进行摹仿。上面提及 20
的所有那些技艺都用节奏、语言和谐声②来摹仿，或单独使
用一种手段，或混合使用多种手段。例如，笛子演奏术和竖
琴演奏术以及其他具有类似功能的技艺，如排箫演奏术，
只使用和声和节奏；舞蹈家则只用节奏，不用谐声，因为借 25
助形体的节奏，他们可以摹仿出人的性格、情感和活动。
有一种艺术［史诗］，只用简纯语言③来摹仿；还有一种艺
术，只用韵律来摹仿，或兼用多种，或只用一种。这些艺术
形式迄今未有合适的名称。我们还没有找到一个共同的名字 1447b10

① 原文使用了一个复合词 he tes tragoidias poiesis。

② harmoia，指音乐中的“和声”。

③ logois psilois，指不入韵的散文，与下面所说的韵文 metron 相对。

来称呼索弗荣和克塞那库斯的拟剧①与苏格拉底的对话，同样也没有一个共同的名字来称呼诗人们用三音步短长格或挽歌格或其他同类韵律所进行的摹仿，除非人们把“创作”②一词附在韵律的后面，称之为“挽歌格创作”或“史诗格创作”，人们称他们为诗人，不是根据他们的摹仿，而是出于他们所使用的共同的韵律。如果有人用韵律发表医学或物理学方面的著述，习惯上也称他们为诗人。但是荷马和恩培多克勒除了在运用韵律方面之外，两人毫无共同之处，因此称前者为诗人是恰当的，而称后者为自然哲学家，要比称他为诗人合适得多。同样，倘使有人借助糅合各种韵律的手段来进行摹仿，正如凯瑞蒙用所有形式的韵律做混合型史诗③《肯陶罗斯》④一样，他也应该被冠以诗人的名称。到此为止，我们已经区分了许多种艺术类型。另外还有其他一些艺术，例如酒神颂和努莫斯⑤，悲剧和喜剧，它们使用所有业已谈过的那些手段，如节奏、旋律⑥和韵律。差别就在于有些艺术同时使用所有这些手段，而有些艺术则交替使用这些

① mimos，又译作“笑剧”，即摹仿真人真事的摹拟表演。

② 这里用的是原型动词转化成的名词 to poiein，即“创制”，诗人 poietes 一词由此转化而来。

③ mikten hrapsoidian，指适于背诵的叙事诗或史诗，与抒情诗 lyric 相反。

④ kentauros，即“马人”。

⑤ nomos，据说是由特尔潘德（Terpander）首创的一种早期形式的旋律，可供七弦琴演奏，来演唱史诗。后来指词与曲相配合的歌曲。

⑥ melos，指和歌曲相配的音乐旋律、曲调。

手段的某一部分。我把使各种艺术相互区别开来的东西称为摹仿的手段。

【2】 摹仿者摹仿处于活动中的人，而这些人必然是高 1448a
尚的或者是鄙劣的。（因为惟独这种人才具有品性，正是通过邪恶与德性，一切人的品性才有差别。）也就是说，被摹仿的人物或优于我们，或劣于我们，或同我们一样。画家正是这样，波吕哥努透斯所画的人物优于我们，保松所画的人物则劣于我们，而第奥尼修斯所画的人物正同我们一样。显然，上面谈过的每一种摹仿艺术都具有这些差异，由于摹仿对象的不同，这些艺术在类型上也不尽相同。甚至在舞蹈、笛子演奏术和竖琴演奏术里面，也能发现这些差异；同样，这些差异也存在于散文和无音乐伴奏的韵文①之中。例如，荷马笔下的人物优于我们，克勒丰笔下的人物则与我们相同，而第一位摹仿滑稽诗②诗人塔索斯的海格蒙和《德利亚斯》的作者尼哥卡莱斯笔下的人物却劣于我们。对于酒神颂和努莫斯同样如此，正如〔　〕③ 那样，提摩透斯和菲罗克塞努斯摹仿了独目巨人。正是根据这一点，悲剧和喜剧区别开来。前者所摹仿的人物比我们今天的人好一些，后者所摹仿的人物比我们今天的人差一些。

---

① psilometron，指无音乐相伴的英雄史，与由音乐相伴的抒情诗 lyric 相对。

② paroidia，又译“戏拟诗”或“滑稽诗（剧）”。

③ 此处只有一个不完整的词 gas。

【3】 上面提到的这些艺术形式之间的第三种差异就是对每一种对象进行摹仿的方式不同。假如用同一种手段摹仿同一种对象，既可以像荷马那样，一方面采用叙述的方式，另一方面安排某个人物代替自己说话；或者采用一种叙述方式，始终不作更变；或者让摹仿者用自己的全部活动和行为来摹仿对象。

正如我们在开始时所说的那样，摹仿艺术的差别体现在三个方面，即手段、对象和方式。因此，一方面索福克勒斯和荷马属于同一类摹仿艺术家，因为两人都摹仿了高尚的人；另一方面他又与阿里斯托芬相似，因为他们都摹仿了处于活动和行为中的人。根据某些人的说法，这些作品之所以被称为“戏剧”，就是因为它们摹仿了处于行动中的人。正是出于这个原因，多里斯人争辩，他们首创了悲剧和喜剧的名称。（而生活于希腊的麦加拉人自称是喜剧的发明者，声称喜剧发轫于民主政体兴起的年月；西西里的麦加拉人则认为他们是喜剧的创始者，因为诗人埃比哈尔莫斯出生在他们那里，并且他的鼎盛年要远远早于卡奥尼德斯和玛哥奈斯。某些伯罗奔尼撒的多里斯人也自称是悲剧的创始者。）他们的证据乃是两个名词：他们说，他们把乡村称作 kome，而雅典人则称之为 demos，所谓 komoidos（喜剧演员）一词并非源于 komazein（狂欢），而是由于他们不受欢迎，被驱
1448b 逐出城，在乡村（komai）之间往返巡游。他们又把“行动”一词叫做 dran，而雅典人把这个词叫做 prattein。

我们已经把摹仿艺术在数目和性质方面的差异详尽地论述完毕。

【4】 一般说来，诗似乎起源于两个原因，二者都出于人的本性。从童年时代起，人就具有摹仿的禀赋。人是最富有摹仿能力的动物，通过摹仿，人类可以获得最初的经验，正是在这一点上，人与其他动物区别开来。而且人类还具有一种来自摹仿的快感。实际活动中的经验可以证实这一点：尽管有些东西本身对于视觉来说是痛苦的，如令人望而生厌的动物和尸体的外形，但我们却喜欢观看对这些东西摹仿得最为精确的图画。原因恰恰在于：求知不仅对于哲学家是一种极大的乐事，而且对于其他一般的人同样也不失为一件快活的事情，只不过后者所分享的快乐较少罢了。我们之所以乐于观看图画，就在于当我们进行观看时，我们试图认知并推断每种事物究竟是什么，如“这即是某某事物”。假如我们先前从未看到过某种东西，我们的快感就不是起因于对这种东西的摹仿，而是起因于创作手法或色彩处理或其他类似的缘由。对于我们来说，摹仿是一种本性，同样和声感和节奏感也是一种本性（因为韵律显然是节奏的一部分）。人们正是始于这种原始的天性，并且逐渐使之得以充分的发展和提高，直至能信口赋诗的水平。

根据诗人的天赋禀性，诗可以分为两大类。较为严肃的诗人摹仿高尚的行为和高尚的人的行为，而较为平庸粗俗之辈则摹仿那些鄙劣的人的行为，他们最初写讽刺诗，正像前一种人最初写赞美诗①和颂词②一样。尽管在荷马以前或许会有很多讽刺诗人，但我们对他们所做的诗却一无所知。然而从荷马开始，就有这类诗出现了，如他的《马吉泰斯》和其他一些类似的诗。在这些诗里面，抑扬格被恰当地引进。这就是为什么现在人们仍然使用“揶揄”③一词，因为人们正是使用这种韵律来相互揶揄的。昔日诗人，有的成为英雄格诗人，有的成为抑扬格诗人。荷马是一位风格最为严肃的杰出诗人（因为他不仅摹仿得臻善臻美，而且颇具戏剧化特征），他首次勾勒出喜剧的框架，并使他的戏剧创作出自滑稽而并非出自讽刺的手法。他的《马吉泰
1449a 斯》之于今天的喜剧，正如《伊利亚特》和《奥德赛》之于悲剧。

当悲剧和喜剧刚刚崭露头角之际，诗人们根据自己的不同天性而从事于这种或那种艺术形式，有的成了喜剧作者，而不再是讽刺诗诗人了，有的成了悲剧作者，而不再是史诗诗人了，因为悲剧和喜剧在各个方面都是一种比较高级的、具有较高价值的艺术形式。

悲剧的各种形式到目前为止是否得以充分的发展，悲

① humnous。
② egkomion。
③ iambeion，来自动词 iambizein（揶揄）。

剧理论本身以及悲剧与剧场之间的关系如何，对于这两个问题的考察和评估应另当别论。总而言之，它发轫于最早的即兴创作（悲剧本身和喜剧都是如此；前者来自酒神颂的引子，后者来自阳具崇拜歌的引子，而这种表演迄今还作为风习残存在许多城市之中）。伴随着每种新成分的出现，悲剧都不断地得以提高。经过多次变更，直到发现了自己的本质形式，悲剧便中止了发展。埃斯库罗斯首次把演员的数目由一个增加到两个，并缩短了合唱，使对话成为主体部分。索福克勒斯把演员的数目增加到三个，并引进了舞台布景。这样，悲剧的规模就变得庞大了。悲剧是由萨提尔①剧演变来的，直到很晚才捐弃了简短的情节和滑稽荒唐的台词，获得了庄严的格调，其韵律也由原来的四双音步抑扬格变成了抑扬格。起初，悲剧使用四双音步，因为它的诗歌适合于萨提尔剧，更适合于舞蹈。一旦对话被引进，自然本身为悲剧找到了恰如其分的韵律。抑扬格的确是最适合于谈话的韵律，证据在于：在相互交谈时，我们经常使用抑扬格，绝少使用六音步格，除非我们抛弃谈话的调子。对于场次的数目和众多的道具以及对这些道具的引进所记载的典故，就算是讨论过了，因为详尽赘述，将是一件十分费力的事情。

① satur，指一帮演员装扮成山羊模样的酒神崇拜者来演出的剧目，因此悲剧也就是“山羊之歌”的意思。

【5】 如上所述，喜剧是对鄙劣人物的摹仿，但“鄙劣”决非意味着绝对的“恶”，而是指滑稽，滑稽属于丑的一类。滑稽是指某种不引起痛苦和灾难的错误或丑陋，直接可以找到的事例即是引人发笑的假面具，它既丑陋不堪，又扭曲变形，但不引起痛苦。

尽管对于悲剧每一个发展阶段，以及每一阶段的创始者我们都有所了解，但对于喜剧情况的了解却不十分清楚，因
1449b 为起初它不为人们严肃对待。由执政官授权组织合唱队在喜剧发展史上的确是很晚的一件事，在此以前，喜剧诗人是自愿参加的。当那些被称作“喜剧诗人”的人物见于经传之时，喜剧已经获得了某种特定的形式了。是谁把面具、开场白、演员的数目以及其他这类的东西引进喜剧，已经无从知晓。剧情策划[埃比哈尔莫斯和弗尔米斯]发轫于西西里，雅典诗人格拉底首次捐弃了讽刺形式，并且使故事编写和剧情策划得以普及推广。

史诗与悲剧相同的地方就在于，它是用韵律摹仿严肃的行为，不同之处在于它只有一种韵律，且采用叙述的方式。至于长度方面，悲剧力求以太阳运转一周为其限度或略微超出这个限度，而史诗则不受时间的局限。这是两者的另一差别，尽管起初悲剧和史诗在这个方面是相同的。两者又具备一些类似的组成成分，但有些成分惟有悲剧独存。因此凡善辨悲剧之优劣者，也必善辨史诗之优劣，因为悲剧拥有史诗所具备的所有成分，但悲剧的成分不尽呈现于史诗中。

【6】　对于用六音步摹仿的诗和喜剧，我们以后再谈，现在只讨论悲剧，在开始之前，先根据如上所述，给悲剧下一个定义。悲剧是对某种严肃、完美和宏大行为的摹仿，它借助于富有增华①功能的各种语言形式，并把这些语言形式分别用于剧中的每个部分，它是以行动而不是以叙述的方式摹仿对象，通过引发怜悯和恐惧，以达到让这类情感得以净化②的目的。所谓“富有增华功能的各种语言形式”，是指节奏、和声和歌曲；所谓“分别用于”是指某种效果只能用韵律才会产生，而另一种效果只能用歌曲才会产生。

既然悲剧是对从事活动的人的摹仿，那么扮相必然就会成为悲剧的一个重要成分，此外歌曲创作和台词也同样是悲剧的组成成分，借助这些手段，摹仿才得以完成。台词是指对语词作韵律上的安排，歌曲创作所能具有的意思实际上已昭然若揭。既然悲剧摹仿活动，而这些活动都是由处于活动中的人来完成的，这些人必然具有某种性格③和思想（因 1450a 此性格和思想决定了活动的性质；的确，思想和性格是导致所有活动产生的两个原因，正是基于二者，所有的人才会有成功和失败）。情节是对行动的摹仿，所谓情节是指关于事

① hedusmenos，来自动词 heduno，原指“使……变甜、变香”等意，现借“踵事增华”的成语译为“增华”。

② katharsis，或译“宣泄”，来自动词 kathairo，原指“清洗、弄干净”。

③ ethos，在伦理及其他类文献中作“习惯”。

件的安排。性格是决定人物品质的因素，思想表现在提出或阐释观念的所有对话中。因此每一种悲剧必然具有六个组成成分，正是这六个成分决定了悲剧的性质。这即是“情节”、“性格”、“台词”、“思想”、“扮相”和“歌曲”。其中两个是摹仿的手段，一个是摹仿的方式，三个是摹仿的对象。除此之外没有别的成分了，所有的诗人都运用这些成分，因为每一部悲剧都具有扮相、性格、情节、台词、歌曲和思想。

事件的安排最为重要，因为悲剧不是对人的摹仿，而是对一种活动、生活和系于活动的幸福与不幸的摹仿，目的不在于摹仿人物的品质，而是人物的活动。性格决定人物的品质，活动使人物幸福或不幸。他们不是为了刻意表现性格而活动，而是通过活动顺便展示性格。由此可见，悲剧的目的在于事件和情节，在一切事物中，目的是最重要的。没有活动悲剧就无从产生，没有性格悲剧却可以存在。的确，许多当代诗人的悲剧没有性格，一般说来，有些悲剧作者的情形如同宙克西斯的绘画之于波吕哥努透斯的绘画一样。后者善于刻画性格，而宙克西斯的绘画却没有性格。再者，即使有人写出串串描述性格的言词，在台词和思想上也处理得很完美，他也不会使悲剧产生应有的效果。一出悲剧在这些成分上或许较为逊色，但只要具备情节或事件的安排，就会取得比较理想的效果。另外，悲剧之所以能惊心动魄，因为它有两个最重要的手法：“反转”和“认辨”，两者也是情节的组成成分。有一点可以表明：那些初学写作悲剧的人往往在台词和性格方面要比在事件的安排上能够较快地成功，早期诗人大都如此。因此情节是悲剧的第一原则，恰似悲剧的灵魂，性格位居第二。绘画也是这样，假如有人用最鲜艳的色彩随意涂抹，这样的作品还不如黑白两色的人物素描使人愉悦。悲剧是行动的摹仿，正是为了摹仿行动，才去摹仿处 1450b
于行动中的人。位居第三的是思想，指讲那些能够讲的、适合于讲的事情的能力。对这些语言问题的探讨，当属政治学和修辞学的功能，旧诗人使他们的剧中人物像政治家那样说话，现今的诗人则使他们的人物用修辞学家的方式说话。性格是显示选择的东西，它表明在一种选择不太明朗的环境中，人们应当选择什么样的事情或回避什么样的事情。如果在一段话中，发话者丝毫没有表示选择或回避什么东西，那么这段话就没有性格。思想体现在所有提出并证明某物为真或为假，以及表述一个普遍观念的言词中。占第四位的是作为一种语言形式的台词，正如上面所讲，它是指借助名称来表述思想，无论借助韵律，还是借助散文，其功能是一样的。在剩下的其他成分中，最能使悲剧生辉的是歌曲。扮相虽然也能动人，但缺乏艺术性，与诗干系不大。悲剧的效果并不依赖于演员的表演，再者要想取得扮相上的特殊效果，道具和服装创制者的技艺比诗人的技艺更具有权威性。

【7】 在对悲剧的成分作出划分之后，接下来我们应当

讨论的是事件的合理安排，因为它是悲剧中占第一位的，也是最重要的成分。我们已经界定，悲剧是对某种完善、完整、且具有宏大性质的活动的模仿，因为一种活动可能是完整的，但不必是宏大的。完整的活动具有开端、中间和结尾。开端是指该物本身并不必然继随他物，而他物必然继随该物存在或产生。结尾恰恰相反，是指某物本身或出于必然、或出于恒常性，继随他物而产生，但无物继随该物本身而产生。中间是指该物本身继随他物，他物又继随该物本身而产生的东西。处理得当的情节决不能随意由某处开端，在某处结尾，必须根据我们在这里所讲的方式安排。再者，就每一件美的事物来说，无论它是一种有生命的，还是一个由部分构成的整体，其组成部分不仅要排列有序，而且必须具备量度。因为美是由量度和有序的安排组成的。由此，一个
1451a 非常小的有生物不能算是美的（因为我们对它的感觉是瞬间即逝的，因此变得模糊不清）；一个非常大的有生物也不能当作是美的，例如一个 100 里长的有生物（因为我们不能同时看到它的全部，其完整一体性便不会进入视野范围内）。正如那些有生物和由若干部分构成的整体具有一定的量度，易于被观看一样，情节也必须具有一定的长度，以便于记忆。长度的限制与竞赛和观众的观赏有一定的关系，但同诗人的理论无关。如果有 100 出悲剧来参赛，那么比赛得用水钟来计时，据说昔日人们曾这么做过。根据事件发展的本性，情节安排上的长度界限应当是越长越好，只要保证能让观众完

整地欣赏剧目。对于长度的限定一般是这样安排的：在一系列或出于必然，或出于或然而继随发生的事件中，人物由逆境转入顺境，再由顺境转入逆境，这一长度即是比较合适的界限。

【8】　并不像某些人所认为的那样，因为主人公只有一个，就认定情节是单一的。许多，乃至无数的事件都会发生在一个人身上，有些事件是不能归结为一个事件的；同样一个人有许多行动，而这些行动不能合并为一种行动。似乎曾经写过《赫拉克利德》和《特西德》以及其他类似作品的诗人都犯了错误。他们认为，赫拉克莱斯是唯一的个体，因此情节必然是单一的。而荷马正如在其他方面高人一筹，在这个问题上或出于天赋，或出于技艺，也了解得十分透彻。在创作《奥德赛》时，他并没有把主人公所经历的全部事件都一一写进诗中，例如在帕尔那索斯山上受伤，在募集军队时装疯卖傻，这两件事并无必然或偶然的联系。而是像我们所说的那样，围绕一个单一性的行动来构筑他的《奥德赛》，《伊利亚特》也是这样完成的。正像在其他摹仿艺术中，单一的摹仿意味着摹仿单一的对象。作为对一种行动摹仿的情节，它必须摹仿单一的和完整的行动。组成情节的事件必须严密布局，以至于如果搬动或删除其中的任一成分，整体将会松散和崩溃。如果某一事件的出现或缺失都不会导致显著的变化，那么这个事件就不是整体的一个有机部分。

【9】 根据以上所述，十分明显，诗人的职能不是叙说那些确实已经发生的事情，而是描述那些可能发生的事情，
1451b 这些可能发生的事情或出于偶然，或出于必然。历史学家和诗人之间的差别不在于一个用散文书写，一个用韵文创作。希罗多德的作品可以被改写成韵文，但改写后的作品依然是一种历史著作，无论用韵文或不用韵文，都是一样的。两者的真正差别在于一个叙述了已经发生的事，另一个谈论了可能会发生的事。因此，诗比历史更富有哲理、更富有严肃性，因为诗意在描述普遍性的事件，而历史则意在记录个别事实。所谓“普遍性的事件”是指某种类型的人或出于偶然，或出于必然而可能说的某种类型的话、可能做的某种类型的事，这就是诗在以此为目标而给人物命名。“个别事实”是指阿尔基比亚德所做的事，或他所遭遇的事。这种情况在喜剧中非常明显，因为剧作家根据或然发生的事来构架他们的情节，然后随意给人物命名，而不像讽刺剧作家那样去写个别的人。然而在悲剧中，他们坚持采用曾经存在过的真人名字。其理由乃是：可能发生的事情是可以信服的。如果一件事情未曾发生过，我们就不能轻信其可能性，但已经发生了的事情，显然是可能的。如果一件事情是不可能的，它就不会发生。在某些悲剧中，只有一两个名字是熟悉的，其余的名字都是虚构的。而有些悲剧，所有的名字都是虚构的，例如在阿伽同的《安透斯》中，事件和人名都是虚构出来的，但依然受人喜欢。人们不必刻板地拘泥于悲剧所采用的

传统故事，这样做是愚笨的，因为那些所谓为人熟知的主题只是对于少数人来讲是熟知的，但大多数人仍然喜见乐闻。

根据以上所述，显然，诗人与其说是韵文的创制者，不如说是情节的创制者。因为凭借摹仿，他才成为诗人，他摹仿的是行动。即便他摹仿了已经发生的事，也仍然是一位创制者，因为没有任何东西能够阻碍某些实际发生的事成为可能发生的事，而这些可能发生的事或出于或然，或出于必然。正是据此，他堪称是这些事件的创制者。

对于单一的情节和行动，最糟的是“插曲”。所谓插曲是指在一种情节中，插入的情节部分与其他的情节部分既无或然的关联，又无必然的关联。如果这样的剧本出自蹩脚诗人之手，那是由于诗人自身的缺憾所致；如果出自优秀诗人之手，那是因为他想取悦于演员。为了写戏参赛，他们通常把情节加长，超过了自身所能担承的负荷，这就不能不破坏了情节的连续一体性。 1452[a]

悲剧不仅摹仿完整的行动，而且摹仿能引发悲痛和恐惧的行动。当事件发生得最能出人意料，相互之间又有继随关系，那才会达到这种效果。事件以这种方式发生会比事件以自发和偶然的方式发生产生更为惊人的效果，因为最令人惊奇的偶然事件往往是那些似乎在表现某种特殊用意的偶然事件。例如，阿尔戈斯的米透斯雕像倒下来砸死了那个正在观赏雕像的、杀害米透斯的凶手。如此事件似乎不是纯属偶然，像这样的情节必然比其他情节好得多。

【10】 情节有单一和复多之别，因为情节所摹仿的行动显然也是如此。所谓“单一的行动”是指在上述定义中所说的那种连续一体的，没有反转①和认辨②角色的命运就能发生改变的行动。所谓“复多的行动”是指或由于反转或由于认辨，或由于两者而导致角色的命运发生改变的行动。反转与认辨应当出自情节的结构，使之成为业已发生的事件的必然或或然的结果。事件是此先彼后地发生，还是此因彼果地发生，两者大相径庭。

【11】 如上所述，“反转”是指剧情向相反的方向变化。像我们所说的那样，这种变化或出于偶然，或出于必然。例如《俄狄浦斯》中的那个信使通过说出俄狄浦斯的身世，试图取悦于他，解除他对母亲的恐惧心理，从而使整个剧情发生改变。又如在《吕哥丘斯》中，主人公被押赴刑场，达那奥斯随后执行死刑，而事情发展的结局却是后者被杀，前者得救。

“认辨”一词正如该词本身所显示的那样，指的是由不知到有知的变化，并使那些命定具有好运或恶运的人物产生

① peripeteia。

② anagnorisis。

友爱或仇恨。当认辨与反转同步进行时，这种认辨最见效果，如《俄狄浦斯》中的认辨。另外还有其他种类的认辨，我们上述意义的认辨甚至涉及无生命的东西和偶然遇到的东西，同时某人做了还是没做某事也可以被认辨出来。但是与情节和行动最为密切的认辨是上面所说的那种，因为这种认辨和命运的反转会引发怜悯或恐惧，而悲剧所摹仿的恰恰 [1452b] 是这类行动，也正是这类行动导致了人物的幸福与不幸的结局。

认辨是对某个人物的认辨，在某种意义上，只是一个人物对另一个人物的认辨，而另一个人物的身世是业已知晓的。有时，双方必须相互认辨。例如伊菲戈涅亚通过送信这件事被奥瑞特斯所认出，而奥瑞特斯为了使自己被伊菲戈涅亚所认出，又需要寻找另外一种认辨。

情节的两个成分是反转和认辨，第三个成分是苦难[1]。对于这三个成分，我们已经描述了反转和认辨。苦难是指毁灭性的或悲痛的行动，例如暴死在舞台上，极度的痛苦、受伤以及其他类似的行动。

【12】 我们已经讨论过了悲剧所使用的各种组成成分。从数量上，悲剧可以被划分为如下几种成分：开场白、插曲、退场、合唱歌，而合唱歌又可分为入场歌[2]和斯塔西

① parodos。

② parodos。

蒙歌①。这些成分为所有的悲剧所使用，而由演员在台上演唱的歌和考莫斯歌②，则只存在于某些剧目中。开场白是悲剧中在歌队进场以前的那一完整的部分。插曲是悲剧中界于两首完整的合唱歌之间的那一完整的部分。退场是指悲剧中不再被合唱歌所继随的那一完整的部分。入场歌是歌队演唱的首段台词。斯塔西蒙歌是不用短短长格③或长短格④进行演唱的合唱歌。考莫斯歌是由歌队和舞台上的演员轮流演唱的哀歌。悲剧所使用的各种组成成分，我们已经谈过，这些是从数量上对悲剧进行划分的各个不同的成分。

【13】 在上述问题之后，我们接下来讨论，在建构悲剧情节时应当追求什么，规避什么，借助什么手段才能取得悲剧效果。悲剧的最佳结构不是单一的，而是复多的，是摹仿那些足以引发恐惧和同情的事件的（这是这种摹仿艺术的特殊性）。显然，首先不能使善良温和的人物由好运转入厄运，这不足以引起恐惧或同情，只能使人厌恶。也不能使恶

---

① stasimon，原意是“站定”、“立住”的意思，通常指合唱歌队在舞台上站定之后再来演唱的歌曲，又称“静立歌”（melos ho aidousin istamenoi oi khoreutai）。

② kommos，在阿提卡的戏剧中，由演员和合唱歌队交替演唱的歌曲，尤指挽歌。

③ anapaistos。

④ trokhaios。

棍由厄运转入好运，这会失去悲剧之为悲剧的风格，既缺乏悲剧所必需的东西，又没有人情味，也无法唤起同情或恐惧。也不能让一个十足的无赖由好运转向厄运，这样的结构或许会有一点人情味，但决不会引发同情或恐惧之心，因为 1453[a] 同情是由不应得到厄运的人引起的，恐惧是由像我们一样的人引起的。怜悯是对不应得到不幸的人的同情，恐惧是对像我们一样的人的恐惧。因此上面谈到的这些情节既不能引起怜悯，也不能唤起恐惧。另外还有一种人，界于这两种人之间。这类人既非大善大德之辈，亦非公允正义之徒。他们困于厄运，并不是出于品性恶劣，而是出于自身的某些缺陷。这种人往往声名显赫，身处佳境，如俄狄浦斯和提俄斯特斯以及类似这些名门望族之后的其他人物。完美的情节必须具备单一的结局，而不像有些人所说的那样，具有双重的结局。不能由厄运转入好运，而是相反，由好运转入厄运。命运的转向决不能归因于做恶，而只能归因于我们上面所讲的那种人物自身具有的大的缺陷，这样的人物宁肯好一些，而不能更糟。实际演出证实了这一点。起初，诗人们采纳任何情节，现在最佳悲剧大都是写少数几个家族的，如阿伽门农、俄狄浦斯、奥瑞斯特斯、墨勒阿格、提俄斯特斯和特勒富斯以及其他一些偶然蒙受苦难或有过惊人之举的家族。

根据艺术原理，最好的悲剧就是出自这种情节安排的。有人指责欧里庇德斯在其悲剧中这样处理情节，并指责他的许多剧目以悲惨命运而收场，这些批评是不对的。如上所述，这样做反而是正确的。有一个强有力的证据：在舞台和竞赛中，如果按照正确的方法处理情节，这样的剧作就能把悲剧精神表现得淋漓尽致。即使欧里庇德斯在其他方面技艺欠佳，但他依然还是一位最能展示悲剧风格的诗人。

居于第二位的情节结构，但有人认为是第一位的情节结构，就是像《奥德赛》那样，具有双重结局，而且正反两面人物具有相反的归宿。这种情节结构被列为首位，乃是由于观众心肠的软弱，因为诗人只是投观众之所好而写戏。然而，与其说这是悲剧的快感，不如说这是喜剧的特色。在喜剧中，如奥瑞斯特斯和埃吉斯透斯这样的剧中宿敌，通常在剧终时捐弃前隙，携手退场，谁也没有杀死谁。

1453b **【14】** 恐惧和同情有时出自扮相，有时出自事件的安排。而后者是一种比较好的方式，且能显出诗人的才华。情节应当这样安排：人们毋需观看演出，只要听到事件的发展，就会对事件产生的结局感到恐惧和同情。只要人们听到《俄狄浦斯》的故事，就会同样产生这种感觉。为了达到这种效果而借助于扮相，是缺乏艺术性的，说明诗人需要别出心裁。有些人凭借扮相所产生的效果并不是恐惧，而是怪诞，这些人实际上并非在从事悲剧创作。人们不应当从悲剧中获取各种各样的快感，而只应当获取悲剧所特有的那种快感。既然诗人必须通过摹仿来产生来自怜悯和恐惧的快感，显然，这种效果必定蕴含于事件中。

现在我们讨论一下什么样的事件显得使人恐惧，什么样的事件显得使人同情。这种事件必然发生在亲朋之间、宿敌之间、或既非亲朋又非宿敌之间的行动中。如果是宿敌对宿敌，除了能让人感到罹难者所受的惨痛之外，无论是行动还是意图，都不能使人同情。如果双方既非亲朋又非宿敌，效果同样如此。如果这些苦难发生于亲朋之间，如兄弟对兄弟，儿子对父亲，母亲对儿子，儿子对母亲进行戕杀或企图进行戕杀，或做其他类似的事情，这些正是诗人应当追求的东西。

对于传统故事，如克吕太莫斯特拉被奥瑞斯特斯所杀，厄里费勒为阿尔克迈翁所杀，应不作变动。但诗人们必须有所更新创造，使用一种妥当的方法来处理这些传统故事。我们应当更为清晰地阐释一下什么是“妥当的方法”。这种行动可以以一种旧戏剧诗人通常使其角色进行活动的方式发生，即让角色意识到自己的行为，知晓事实真相，例如欧里庇德斯使美狄亚杀死了她的孩子；或者让人物做出某件事情，但没有意识到这种行动的恐惧，事后才发现其中有某种亲属关系，如索福克勒斯笔下的俄狄浦斯。这种行为不在剧中发生，但也有在悲剧中发生的，如阿斯突达马斯的阿尔克迈翁或《受伤的俄狄浦斯》中的特勒戈努斯。第三种方式是人物出于无知而企图做某件无法挽回的事，但在行动之前，终于发现真相。此外没有其他方式了，因为人物必然做了或

没做某事，或出于有知或出于无知。最糟的方式是人物出于有知而企图做某事，但却没有做。这样只会使人生厌，毫无
1454a 悲剧味，因为其中没有苦难。无人采用这种方式，除了有人偶而为之，例如《安提戈涅》中的海蒙和克里翁。次等糟糕的方式是出于有知而企图做某事，最终还是做了。比较好的方式是出于无知而做某事，事后才发现真相。这就不会令人生厌了，而最终的发现也能震撼心弦。最好的方式是最后一种，如在《克里斯奉特斯》中，迈罗帕企图杀死她的儿子，但由于及时地认出而没有杀他。又如在《伊菲戈涅亚》中，姐弟之间也是如此。再如在《赫拉》中，儿子正打算把他的母亲献给她的敌人，却发现了所献的正是自己的母亲。

如上所述，这就是悲剧取材于为数不多的几个家族的原因。诗人们之所以能找到这些事件作情节，并非出于技艺，而是出自偶然机遇，所以他们不得不求助于这些蒙受如此苦难的家族。

关于事件的安排和情节的性质，我们已经详尽地谈论完了。

【15】 关于性格，应当关注的问题有四个方面。第一，也是最重要的方面，人物应当是善的。如上所述，如果剧中的对话或者行为展示出某种选择，那么戏剧将会表现出性格来。如果选择是善的，性格也必是善的。善可能存在于各种人物之中，甚至妇女和奴隶也会是善的，尽管妇女或许是低

贱的，奴隶或许是毫无价值的东西。第二，性格应当恰当。一个人物可以是勇敢的，但对于一位妇女来说，称其为勇敢的或聪慧的就不合适了。第三，性格应当逼真。这一点与上面所讲的性格必须善、必须恰当不同。第四，性格应当前后一致。即使人物原型的性格本来就不一致，而且为诗人进行摹仿提供了这样一种性格，那么他必须保持不一致前提下的一致。毫无必要的恶的性格的例子是《奥瑞斯特斯》中的麦涅拉奥斯；不相适、不恰当的性格的例子是《斯库拉》中的奥德修斯之叹息和麦拉尼帕的话语；不一致的性格的例子是《伊菲戈涅亚在奥利斯》，因为哀求的伊菲戈涅亚一点都不像他后来的性格。

在性格的刻画方面正如在事件的安排方面一样，人们应当寻求那些必然的或可能的东西，以便使某种类型的人物说某种类型的话、做某种类型的事，都出于必然或偶然；让某个事件继随另一事件的发生也出自必然或偶然。显然，情节的“疏解”应当出自情节本身，而不是像《美狄亚》，或像《伊利亚特》中的启航那样，靠救难神的帮助。救难神只能用于解释剧外的事件，或过去发生的事件，为人所不能认知的事件，或未来发生的、需要被预言和宣告的事件。因为我们承认，神是全知全能的。在事件中没有不可解释的东西，如果有，那它必然存在于悲剧之外，例如索福克勒斯的《俄狄浦斯》。

既然悲剧是对比我们好的人的摹仿，因此我们必须学习优秀的画家，因为他们能够勾勒出人物所特有的形态，而且十分逼真，又比原型美。诗人也应如此，当他摹仿那种容易动怒的人或不拘小节的人或其他具有类似特征的人物时，应使他们成为具有这种或那种性格的人，同时又是好人〔“固执刚愎”的实例〕①；例如阿伽同和荷马描述阿基里斯就是运用这种方法。应当认真关注这些原则，同时也要留心那种诉诸视觉的艺术，这必然是属于诗学所研究的问题，因为在这个问题上诗人们时常犯错误。这个问题已在发表的论文中详尽地论述过了。

【16】 什么是认辨，我们已经讨论过了。在认辨的种类方面，第一种是借助于标志的认辨。这种形式的认辨最缺乏艺术性，为平庸无能的诗人所大量使用。有些标志是与生俱来的，如“大地生出来的人身上的矛”，或卡尔西努斯在《提俄斯特斯》中所采用的星星；有些标志是后天获得的，它们是躯体上的标志，如伤疤，或是身外之物，如项链，在《提洛》中认辨是靠一只小船完成的。使用这些标志的手法有优劣之分，例如奥德修斯借助于伤痕，一方面被乳母发现，另一方面被牧猪人发现。使用标志作为证明手段的认辨是缺乏艺术性的，所有这类方法大都如此。只有突如其来的认辨才是比较理想的，如“洗脚”一场戏中的认辨。第二种

① 〔 〕中的文字是后来加进的眉批。

认辨是由诗人创造出来的，因此也缺乏艺术性。例如《伊菲戈涅亚》中的奥瑞斯特斯展现出自己的身世，而伊菲戈涅亚是通过一封信来暴露自己的身份的。奥瑞斯特斯所说的一切都是诗人想让他说的，而不是情节需要他说的。这种认辨的缺点类似于上面提到的那种，因为奥瑞斯特斯也可能带有某些记号。索福克勒斯的《特柔斯》中的“穿梭之声”是另外一例。第三种是借助回忆而引起的认辨，当人物目睹某件物品之物，表现出某种伤感。在第凯奥吉尼斯的《库普里安 1455a 人》中，当主人公看到图像时，泪如泉涌。在阿尔克努斯的传说中，当主人公听到行吟诗人的琴声，旧事复现，潸然泪下。他们都是由此而被认辨出来的。第四种认辨来自推理。例如，在《奠酒人》中有一个推论：与我很像的一个人走来了，除了奥瑞斯特斯之外无人与我相像，所以他已经来了。又如智者波力多斯在谈及《伊菲戈涅亚》时说道，奥瑞斯特斯似乎应该这样推论：“姐姐是被献祭的，我的命运本当如此。”再如，在塞奥德克泰斯的《提丢斯》中，有一个推理：前来寻子，不料自己却送了命。在《菲尼达》中，少女们一看到那个地方就推测自己的命运：她们将断命于此，因为正是在这个地方，她们曾遭遗弃。

此外还有一种复杂的认辨，它依赖于部分观众的错误推理。如在《伪信使奥德修斯》中，奥德修斯声称他能辨认出那张弓，实际上，他根本就未曾见过。然而假设他果真能借助这个手段暴露自己的身份，是一个错误推理。

最好的认辨是由事件本身直接产生的，惊异通过或然的事件而产生，如索福克勒斯的《俄狄浦斯》或《伊菲戈涅亚》，伊菲戈涅 亚想送信回家是或然的。这是唯一不用人为标志和项链的认辨，第二位的是由推理而产生的认辨。

【17】 在安排情节。用语言完成作品的时候，诗人应当尽量把剧中情景置于眼前。只有这样，所有一切都清晰可辨、栩栩如生，仿佛身临其境，才能发现什么是恰当的，而不至于有疏漏不一致的地方。对卡儿西诺斯的指责正好说明这一点。阿菲拉奥斯由神殿回来，诗人没有看到，所以也就没有注意，但在舞台上这出戏是失败的，因为观众不喜欢。诗人也应尽可能地使用人物的各种体态来表现剧情。如果说天赋本能人人均等，那么凡是最真切地处于情感中的人，就是最能使人信服的人。只有亲身感受到悲伤与愤怒的人，才能真实刻画出悲伤与愤怒。因此这就是为什么需要诗人具有几分天才，又具有几分疯狂。前者能让人设身处地，后者能使人心醉神迷[1]。

1455b 对于故事，无论是现有的，还是由自己编撰的，都应首先加以简化并列出一个纲要，然后加进插曲使之扩展。例如在《伊菲戈涅亚》中，我们可以发现这样一个纲要：一位妇女准备被献祭，在众目睽睽之下神秘地失踪了，被安置在另

---

① ekstatikoi。

一国度。这个国家有一个用异乡人祭神的风俗，这个女人掌握了祭司权。不久这位女祭司的弟弟碰巧来到这里，事实上，对于神告诉他来这里，为什么告诉他，此番游历的目的等问题都在情节纲要之外。他一到这里即被逮住，在将要被献祭之时，他暴露了自己的身世。这种暴露是通过像欧里庇德斯或波力多斯那样，让人物不得不说出这样的话来完成的：不仅姐姐生来注定是被献祭的，我也是天命难违，于是他便得救了。拟完纲要之后，再给人物命名，填充插曲。必须留心，插曲应该是恰当的。例如《奥瑞斯特斯》中的“疯狂”使他被捕，“净化”使他得救。

插曲在剧中是短小的，但正是插曲使史诗增加了长度。《奥德赛》的故事比较短：一个人出家几载，其行踪为波塞冬所盯住，所以总是飘泊在外。家中之事发展到了如此地步：财产被妻子的求婚人耗费殆尽，儿子也被他们所谋害。历尽暴风雪的磨难后，他重返家园，暴露出自己的身世，向他们挑战。结果，自身得救，宿敌尽灭。这些都是精要，其余一切是插曲。

【18】 每一部悲剧都有情节的“组构”和“疏解”①，戏外事件和戏内的某些事件形成了组构，其余的是疏解。所谓组构是指从戏的开始到剧情突然发生由厄运向好运，或由

① desis 和 lusis，前词的原意是“捆绑”，后词的原意是“松开”。

好运向厄运进行转变之前的那一部分。疏解是指从角色的命运发生变化开始到剧终的那一部分。例如在塞奥德克泰斯的《吕哥丘斯》中，组构就是前面已经发生的事件，即儿子被抓，然后他们自己也被逮去。疏解是从对谋害的起诉开始，一直到剧终。要说悲剧之间的同和异，正确的方法应当是根据情节，即根据是否有相同的组构和疏解来划分。许多人只长于组构，但不善于疏解，两者都应驾驭才是。

悲剧有四种（同业已讨论的成分的数目相同）。第一种是复杂悲剧，其中全部都是反转和认辨。其次是苦难悲剧，
1456a 如《埃阿克斯》和《伊克西翁》的故事。再次是性格悲剧，如《佛提亚的女人》和《帕琉斯》。第四种是扮相悲剧，如《佛尔卡德斯》和《普罗米修斯》，以及所有以哈德斯[1]为背景的悲剧。诗人们应尽可能地学会运用所有讲到的这些手法，如果不行，也应学会使用最重要的手法。这特别是由于对诗人进行吹毛求疵现今已成为时尚，又因为昔日的诗人善用各种技巧创作悲剧，因此这就要求每一位作者都应胜过每一位先贤的特长。

如上所述，人们应当牢记，不可把史诗的情节安排写成悲剧。所谓史诗，是指由许多情节组成的东西。如有人试图把整个《伊利亚特》的情节改编成悲剧，但由于史诗很长，其每一部分也被允许有一定量的规模，因此在戏剧中，效果

---

① haidos，即“冥府”、“地狱”。

全然不让人满意。事实表明,那些把特洛伊的陷落全部写出来，而不像欧里庇德斯那样，只写一部分的人，那些把尼厄帕的故事全部写下来，而不像埃斯库罗斯那样，只写一部分的人，他们亦或功亏一篑，亦或在竞赛中败北。仅是由于这一点,甚至阿伽同也失败了。然而他们在反转和单一的事件中，取得了原来所预想的惊人的效果，既写出了悲剧风格，又体现出人情味。例如写一个像西修福斯一样的聪明的恶棍被骗，一个勇敢的歹徒遭殃，即能达到这种效果。正如阿伽同所言，这是可能产生的结果，因为许多看起来十分不可能的事的发生是可能的。

合唱歌队也必须被视为演员的一部分，它应当是整体的一部分，参与演出活动，正像索福克勒斯而不像欧里庇德斯在剧中所处理的那样。其他诗人安排的合唱歌曲不用说与其他的悲剧无关联,就是与该剧中的情节本身也没有任何关联。他们的歌队现今都在演唱并置曲①，这项活动最早由阿伽同倡导。唱这种并置曲同把一段言词或一场戏从一出剧移到另一出剧之间又有什么差别呢?

【19】　其他成分业已谈完，剩下来有待于讨论的是台词和思想。在《修辞学》中有关思想的一切理论都讲过了，因为这个问题更适合于这个研究领域。思想是指借助语言所

① embolimos，原意是“扔进去的”。

产生的一切效果，这些效果主要指证明与反驳，诸如（同情、恐惧、愤怒以及一些类似的）情感的引发，还有夸大
1456b 和缩小。显然，在产生怜悯、恐惧、重大和可能等一系列效果上，应依据相同的原则。差别在于，有些效果毋需解释即可明了，而有些效果由说话者在其言词中表达出来，这些效果归因于言词。如果不借言词的帮助就能把所需的效果产生出来，那说话者又有何用？

关于台词，有一个研究的主题，即台词的各种表达范型，这门知识因归于雄辩术或精于这门艺术的专家，如什么是命令、乞求、陈述、恐吓、询问、回答等。诗人懂不懂这些东西，都不会由此招来值得认真对待的批评。谁能指责荷马的这段话有什么过错呢：“歌颂愤怒啊，女神”？而普罗泰戈拉却批评荷马，因为他认为荷马本想发出乞求，然而说出来的却是命令。他指出，规定某人做或不做某事乃是命令。我们离开这个论题，因为它毕竟不属于诗学，而属于另一种艺术。

【20】 作为一个整体的台词由几个部分组成：字母、音节、连词、冠词、名词、动词、格、句子。字母是一种不可分割的音，并不是指所有不可分割的音，而是指能够构成可以理解的音的不可分割的音。动物可以发出不可分割的声，但我们不能称之为字母。字母可以分为元音、半元音和哑音。元音毋需任何辅助就能发出可以听到的音；半元音需

要别的音来辅助才能发出可以听到的声，例如S和R；哑音即便靠别的辅助，本身也不能发音，但与本身能发音的字母相结合，就能发出可以听见的音，如G和D字母之间的差别是根据嘴的形状，发音部位，呼气或不呼气，发长音或发短音，读尖音、顿音或圆音来确定的。然而，对这些东西的详尽考察应留给音韵学去完成。

音节是由哑音和具有声音的字母结合而成的、没有意义的语音。例如GR，没有A它是一个音节，加上A的GRA也是一个音节，但这种差别也应该属于音韵学的范围。

连词是没有意义的音，它既不妨碍也不构成一个有意义 1457a
的音或一个由几个音组成的句子［可以位于句首或句中］。如果句子本身是独立的，位于句首就不太合适，例如men、dē、toi、dĕ；或者它是一些虽然本身无意义，却能够形成一个有意义的音。或它是一些虽然本身无意义，却能把其他一些自身有意义的音连接成一个句子的音。

冠词是一种没有意义的音，标志句子的开端、结尾或划分［这种无意义的音不妨碍也不导致一些别的音组成一个有意义的音］，本然地位于句子的两端或中间。

名词是有意义的复合音，不指示时间，其组成成分本身不含有意义。对于复合名词，我们并不认为其各个部分本身有意义，如Theodorous一词，其中doron并没有意义。

动词是具有意义的复合音，指示时间，与名词一样，其组成部分本身没有意义。“人”或“白的”不表示时间，但

“他走”或“他已走了”分别表示现在和过去。

名词或动词的格指或者属于某物，或者对于某物等等；或者指一或多，如“人们”、“人”；另外依靠语气来表达，如询问和命令，“他已走了吗?”和“走!”这些乃是这类动词的格。

句子是有意义的复合音，某些组成部分本身就有意义。并非每个句子都是由名词和动词构成的（如人的定义）；尽管一个句子没有动词是可以的，但其中的某个部分总具有意义，如在“克里翁走路”中的“克里翁”。句子可用两种方法结为一体：或者它表示一种东西，或者用连词把许多词句连缀成一体。《伊利亚特》即是用连词连缀而成的语句同一体，而人的定义是借助于表示一种事物而结成的同一体。

【21】 名词有两种，其一为单一名词，即由不含意义的部分组成的名词，如 ge；其二是复合名词，指由没有意义的部分和具有意义的部分组成的名词，但在复合名词中，具有意义的部分失去其原有的意义，或者复合名词是由两个都具有意义的部分组成的名词。复合名词可以是三个字的、四个字的和多个字的，如 Hermokaikoksanthos 之类的许多
1457b 故意夸大的词……① 每个名词或者是“常用的”、“生僻的”、

① 原文此处空缺。

“隐喻的”、“装饰的”、“新造的”、“加长的”、“省略的”、“变形的”。常用字为人人所使用，而生僻字只为少数人所使用。显然，一个字可以同时是常用的，又是生僻的，只是对于不同的人而已。例如，sigunon 对于塞浦路斯人来说是常用的，对于我们来说却是生僻的。隐喻是对借来之词的使用，或者从种借来用于属，或者从属借来用于种，或者从属借来用于属，或者通过使用类比。借于种而用于属的例子是：“这儿停泊着我的船”，“停泊”是隶属于“停”的一类。借于属而用于种的例子有：“奥德修斯做了一万件高尚的业绩”，这里“一万”是隶属于“多”的一种，这里被用来替换“多”。借于属而用于属的例子为：“用铜器摄取他的灵魂”和“用坚实的铜器切取”，这里“摄取”用作“切取”、“切取”用作“摄取”，两者都是“获取”的一种。通过类比得到的隐喻是指在第二个字和第一个字之间，第四个字和第三个字之间有一种类比的关系，可以用第四个字代替第二个字，或用第二个字取代第四个字。有时，还通过加进一个与被替换的字有关系的字来修饰隐喻。如杯之于第奥尼修斯，正如盾之于阿瑞斯，因此把杯叫做“第奥尼修斯的盾”，而把盾称为“ 阿瑞斯的杯”。又如老年之于生命，正如黄昏之于白昼，因此可以称黄昏是“白昼的老年”，或者像恩培多克勒那样，把老年比作“生命的黄昏”或“生命的落日”。有时没有现成的字用于类比，但隐喻总是可以使用。如扬撒种子是播种，但没有现成的字称呼太阳扬撒其光线这种活动。

但这种活动之于阳光，犹如播种之于种子，因此可以得到："播种神明创造的光线"一语。此外，还有另外使用隐喻的方法，即借助其他名字称呼事物，并否定该名称的某些特性。例如，你可以不把盾叫做"阿瑞斯的杯"，称为"无酒的杯"。……①

新创的字不被所有的人所使用，只被诗人所创造。似乎有这样一些字，例如称 ernuges 为角②，称 areter 为祭司③。

所谓加长的字，是指把元音拉长或增添音节的字；省略
1458a 字是指字的某部分被省去的字。加长字的例子是用polēos取替 plĕos，用 pelēiadeō 来取代 pelĕidou；省略字的例子是 kri④、do⑤ 和 mia ginetai amphoteron ops 一句中的 ops⑥。

如果一个字的一部分为诗人所创新，而另一部分保持原样不变，这种字就是变形的，例如 deksiteron kata mazon 中的 deksiteron 代替 deksion⑦。

名词本身有些是阳性的，有些是阴性的，还有些是中性的。阳性名词都是以n、r、s结尾，以及与s联用的字母（有两个，即ps和ks）结尾。阴性名词总是以长元音结尾，

① 原文以下空缺。
② ernuges，原指"芽"。
③ areter，原指"祈祷者"。
④ 是 krithe（燕麦）的缩写。
⑤ 是 doma（房屋）的缩写。
⑥ 是 opsis（眼、面）的缩写。
⑦ 都是"右面"之意，这句话是说"左脸右脸是同一张脸"。

如ē和ō，以及可变长的元音a结尾。因此阳性和阴性名词的结尾字母的数目是一样多的，因为ps和ks与s是相同的。没有以哑音或短元音结尾的名词。只有3个以i结尾的名词：meli、kommi和peperi。以u结尾的名词有5个，中性名词以这些元音字母和n、s结尾。

【22】　台词之美在于清晰明了而又不流于平淡无奇。最清楚的台词由常用字构成，但又流于一般，克勒丰和斯泰那鲁斯的诗正是如此。而使用不熟悉的字，则能使台词显得卓然不群。所谓“不熟悉的字”是指生僻字、隐喻字、加长字以及所有超出平常使用范围的字。如果诗人完全用这些字来创作，结果必然是一个谜语，或是一个巴拉巴里斯莫斯①。谜语出自隐喻，巴拉巴里斯莫斯出自生僻字。把不能结合的字结合起来以描述一件事实，形成了谜语的实质。仅仅把事物的一般名称结合起来不能造成谜语，把隐喻结合起来就能造成。例如，“我看见一个人用火向另一个人身上粘铜”，等等。生僻字的结合形成了巴尔巴里斯特斯。应当把不熟悉的和常用的两种字混同使用，因为诸如生僻字、装饰字以及前面所说的其他种类的不熟悉的字可以使台词避免流于平淡和一般，而普通常用字可以使台词清晰易晓。最有助于使台词 1458b
既清楚明白又不同凡响的，莫过于加长字、缩写字和变形

① barbarismos，由 barbaros（蛮族人、非希腊人、不懂希腊语的民族）演变而来。

字。它们由于不同于常用字，又不太常见，因而会产生不同凡响的效果。因为它们和常用字又有相近之处，所以又能使台词清楚易懂。那些对这种语言形式进行指责，对用这种方式从事创作的诗人进行讥讽的批评家是错误的。如老尤克力得斯所说，如果允许随心所欲地拉长音节的话，写诗的确是一件易事。他曾用下面的方式嘲笑诗人："Epikharen eidon Marathonade badizonta"。又如"ouk an geramenos ton ekeinou elleboron"。肆意使用这种讽刺，很是荒诞。对这些文字的使用应当保持适度的原则。为了逗人发笑而不当地使用隐喻字、生僻字和其他怪字，都会产生这种效果。但正确运用它们，就大不一样了。把常用字用来代替史诗中的文字，就会发现这种差别。以常用字取代生僻字、隐喻字和其他怪字，也能看出我说的是真话。如埃斯库罗斯和欧里庇德斯都写过同样的一行抑扬的诗句，只要改动一个字，即用一个生僻字代替了一个习惯上使用的常用字，结果一首诗显得颇具神韵，另一首则显得平淡无奇。埃斯库罗斯在《菲罗克太特斯》中写道：

phagedaina he mou sarkas esthiei podos,

欧里庇德斯用 thoinatai 代替了 esthiei，又采用常用字把这一行：

nun de m' eon oligos te kai outidanos kai aeides,

改作

nun de m' eon mikros te kai asthenikos kai aeides。

又把这一行：

diphron t' aeikelion katatheis oligen tetrapezan，

改为

diphron mokhtheron katatheis mikran te trapezan。

或把 eiones booosin 改为 eiones krazousin。

阿里弗拉德斯时常讥讽悲剧家，因为他们使用了一些无人在日常对话中使用的短语。如用 domaton apo 而不用 apo domaton，用 sethen 而不用 ego de nin，用 Akhilleos peri 而不用 peri Akhilleos 等等。所有这些不属普通之列的东西使 1459[a]
台词显得卓然不群，恰恰是这些东西，阿里弗拉德斯没有搞懂。

正确使用上面提到的各种字、复合字和生僻字是一件重要的事，但最重要的莫过于恰当使用隐喻字。这是一件匠心独运的事，同时也是大才的标志，因为善于驾驭隐喻意味着能直观洞察事物之间的相似性。

在各种字当中，最适合于酒神颂的是复合字。生僻字适宜于英雄格诗，隐喻字适合于抑扬格诗。的确，在英雄格诗中这些全都能用。但由于短长格诗大都是对口语的摹仿，因此只有在谈话中使用的名词，即常用字、隐喻字和装饰字，才适合于抑扬格诗。关于悲剧，即用行动来进行摹仿的艺术，我们讨论得已经很透彻了。

【23】 现在我们讨论用叙述和韵律来进行摹仿的艺术。

显然，它也必须像悲剧那样，按戏剧原则安置情节，围绕单一的、自身完整的活动，有开头、中间和结尾，这样才像一个单一的有机体，才能产生其特有的快感。它不能像历史那样，历史展示的不是一件单一的活动，而是一段时期，即展示这段时期内一个或多个人所遭遇一切仅有或然联系的事情。正如撒拉米战役和西西里的迦太基战役虽然发生在同一时期，但两者的结局完全不同。在任何时间序列中，一个事件或许会继随着另一事件而发生，但它们不会达到同一结果。大多数诗人都这样进行写作，然而正如上述，荷马在这个方面以其天赋才智高人一筹。即使对于有首有尾的特洛伊战争，他也没有竭力地把它全部描述下来，因为这样会由于故事太长而难以关照全局，即便想控制故事的长度，也会由于事件的盘根错节而使故事趋于复杂化了。荷马只截取了故事的一部分，把其他事件作为插曲引进诗中，如船只编目以及其他插曲，以使史诗多姿多彩。而其他诗人或写一个人
1459b 物，或写一个时期，或写一个枝节庞杂的行动，例如《库普里亚》和《小伊利亚特》的作者。结果是《伊利亚特》或《奥德赛》只能提供一部悲剧的素材，至多两部悲剧的素材。而《库普里亚》中就能写出几部悲剧，从《小伊利亚特》中能写出八部以上的悲剧，如《甲胄的审判》、《菲罗克太特斯》、《纽普托勒莫斯》、《尤利皮罗斯》、《乞丐》、《拉哥尼亚的女人们》、《特洛伊的陷落》、《启航》、《西农》、《特洛伊妇女》。

【24】　史诗必然和悲剧的种类相同，或是单一的，或是复杂的，或是性格的，或是苦难的。除了歌曲和扮相之外，史诗的组成成分也应与悲剧相同。史诗需要反转、认辨和苦难，其思想和言词也必须是上乘的。荷马首次成功地使用了这些成分。《伊利亚特》是情节单一和再现苦难的史诗，《奥德赛》是情节复多（因为处处充满认辨）和展示性格的史诗。另外，在言词和思想方面，这两首史诗也胜过其他的史诗。

史诗在长度和韵律方面与悲剧不同。关于长度的界限，前面谈得已经很充分了。长度必须自头至尾能让人全部看到。如果史诗比古代史诗短，但大致与一次听完一系列悲剧的时间接近，就能满足要求。史诗有一个特殊的优点，即能使长度增加。因为悲剧不可能摹仿同时发生的多种活动，只能摹仿舞台上由演员表演的事件。而在史诗中，由于它采用叙述方式，因此它可以描述许多同时发生的事。如果这些事情是相互关联的，即可增加史诗的分量，这样就能使史诗的规模宏大壮观，各种插曲情节也丰富多彩，提高了听众的兴致。而悲剧失败之处，就在于它单调乏味，使观众感到厌腻。

经验表明，英雄格是最合适的韵律。如果有人尝试用其他种类的韵律或用几种韵律一起来写叙述诗，效果显然不会太佳。英雄格是最庄严、最宏伟的韵律，同时又比其他韵律更能容纳生僻字和隐喻字，因此叙述诗本身也比其他类型的诗更为复杂。短长格和四双音步长短格是运动的韵律，1460a 一种适合于舞蹈，另一种适合于行动。像凯瑞蒙那样，混用几种韵律就更为不当了。用其他韵律而不用英雄格做长诗，迄今未有一人。如上所述，自然表明这是可供选择的最佳韵律。

荷马在许多事情上颇值盛赞，尤其在这个方面：即在众多诗人当中，惟独荷马没有忘记他自己应当做什么。诗人应当尽量少用自己的身分说话，因为在这种意义上他就不再是一位摹仿者了。而其他诗人却自始至终亲自出场，很少或偶而摹仿。但荷马在简短的序言之后，立即就让男女主角或其他角色登场亮相。这些角色无不个性鲜明，都具备自己所特有的性格。

惊奇当然是悲剧所追求的效果，然而史诗则含有大量无法预料的事件，正是由于这些事件最能产生惊异感，因为我们不可能亲眼目睹人物的活动。追赶赫克托尔一事，在舞台上会显得荒唐可笑，希腊士兵站着不动，不去追赶，阿基里斯则向他们摇头示意，但在史诗中，这一点就不会让人注意到。这样一件事足以表明，惊异可以引发快感：人们在传播消息时，总是添油加醋，相信这样做就能取悦于听者。

首要的是，荷马教给其他诗人运用恰当的方法编织谎言，即使用悖理的议论。如果一件事存在着或发生了，另一件事也跟随着存在或产生了，人们就会认为，如果后一件事是存在的，那么前一件事必然是存在的或已经发生了。然而这是错误的推论。即使第一件事是假的，但第二件事是设定第一件事存在后而必然存在或产生的东西，因此如果知道第二件事是真的，那么我们的心灵就会进行错误推断，认为第一件事也必定是真的。“洗脚”一例即是如此。

一件尽管不可能，然而使人可以相信的事，总是优于一件尽管可能，然而使人无法相信的事。情节不应由费解之事构成，情节中尽量不要容纳这样的事件，如果有了，也应置之于故事以外。例如，在《俄狄浦斯》中，俄狄浦斯不知道拉乌斯是如何死的。不应把费解之事置于剧内，如《厄拉克特拉》中报告皮提安运动会的消息，或像《米西亚人》中的那个由特戈亚到米西亚，一路上缄默不语的人。如果有人说，没有这些费解之事，整个情节将会大为逊色，那么这是荒诞之谈，因为策划这种情节从根本上就是错的。如果诗人采用这种情节，而且人们看出他似乎还可以把这些情节处理得更合理一些，那他更是十二分的荒唐。在《奥德赛》中，奥底修斯被置于岸边这一费解之事，假如出于三流诗人之手，显然会使人无法忍受，但荷马借助发挥他的其他特长， 1460b
遮掩了这一荒唐情节。

刻意雕饰的言词只是在不展示活动、性格和思想的地方才需要，因为过于华丽造作的词藻会使性格和思想淡化。

【25】 关于诘难①及其解答，诘难的种类有多少，每一种类的实质是什么，如果我们以下述方式看待它们，将会清楚明了。正如画家和其他摹仿艺术家②一样，诗人也是一个摹仿者。因此，他必然总是要摹仿三种类型的一种：过去存在或现在存在的东西，据说存在或被认为存在的东西，应当存在的东西。所有这些东西都是通过含有生僻字、隐喻字的语词来表达的，另外，还存有许多语词的变形③，都可供诗人使用。评定诗与政治及诗与其他艺术正确与否的准则不尽相同。对于诗学来说，存在着两种错误：基于本身的和出自偶然的。如果诗人意于摹仿某种东西……④但由于缺乏能力而失败，这是基于本身的错误。如果他用一种不正确的方式去理解事物，例如写马的两只右腿同时齐进，那么这是一种特殊知识领域中的技艺上的错误（如在医学或其他学科上的错误）；或者诗人描述了某种不可能的东西，这些都不是出自诗本身的错误。在反驳对这些问题的指责时，我们应当牢记这些前提。

让我们首先谈谈对诗学艺术本身的指责。如果诗中摹仿了不可能的事件，那肯定是必错无疑了。但如果诗人达到了

---

① problematos，原指提出的问题，这里指对诗学的各种诘难。

② eikonopoios，原指“偶像的创制者”。

③ pathe，原指“遭受”、“被动承受”，这里指各种变化了的语言形式，即业已谈过的“加长字”、“省略字”、“变形字”等。

④ 原文此处空缺。

诗的目的（这个目的前面已经谈过），使诗的这一部分或那一部分更富有惊奇感，那么写这种不可能的事件就是合理的了，追逐赫克托尔就是典型的一个范例。如果无须牺牲技艺之精确性，即能恰好或更好地达到诗的目的，那么再这样写就是不正确的了。因为在诗的任何一部分中，应尽可能地不出错误。人们必须追问所犯的错误究竟是哪一种，是艺术本身的错误，还是出于偶然的过错？由于不知道母鹿无角而画出角来所犯的错误，并不比画一幅面目皆非的母鹿像所犯的错误更为严重。

再者，如果诗人所摹仿的东西被指责为不真实，他可以这样来反驳：这些东西或许应当如此。正如索福克勒斯所说，他是根据人们应当是什么样子来描述的，欧里庇德斯则是根据人们原本是什么样子来描述的。如果这两种说法都行不通，他还可以这样回答：据说这些东西是这样的，如关于神的传说。或许像克塞诺芬所言，对于神明是无法来述说 1461a 的，它们是不真实的，然而毕竟有这样的传说存在着。诗中的有些描述并不比真实情况更好，但却是当时的实情，例如关于武器的描写：“他们的长矛直立着，尾部朝向地面”。因为这是昔日的旧习，在伊吕利斯迄今还是如此。

对于言语和行为究竟是善还是恶的回答，人们不仅要看行为和言语本身是高尚的还是卑鄙的，而且还要考虑做事或说话的人，他们做事或说话所指向的对象是谁，在什么时间，以什么手段，出于什么动机。例如，是为了获得更大的善，还是为了规避更大的恶。

对于某些指责的解答可以借助语词的分析，比如通过考察生僻字。在“首先是 oureas”一句中的 oureas 可能指的不是骡子，而是卫兵。又如刻画多龙的句子：“他是一个形状极为丑陋的人”，这里或许不是说多龙的身躯佝偻变形，而是说他的容颜丑陋不堪，因为克里特人用“好形状”一词来指漂亮的面孔。再如“把酒搅拌得 zoroteron 一些”，这里不是指像为酒徒那样把酒搅拌得浓烈一些，而是指搅拌得迅速一点。另外，还可以考察隐喻字来回答问题，例如：“所有其他的神和人都在整夜酣睡不醒。”同时荷马又说：“当他极目远眺特洛伊平原，不时有管笛声阵阵传来。”这里“所有的”一词在隐喻的意义上代替了“多”，因为“所有的”是“多”的一种。又如，“唯有她还未曾”这句话是出自隐喻，因为尽人皆知的往往被叫做唯有的。通过考察语调，也可以解答问题。例如，塔索斯的希庇阿斯就是这样来解释下面两句话中的疑难的：didomen de hoi 和 to men ou kataputhetai ombroi。通过句逗划分，也能解答难点，例如恩培多克勒的诗句：“一时间，原本永恒之物竟有死，原本纯净之物竟混杂”。通过确认字义模糊不清，也可以解答问题，例如 paroikheken de pleio nuks 一句中的 pleio 就是模糊不清的字。另外，借助语词的习惯用法，也能解答难题，例如酒和水混合还是酒，因此便有语句“新炼就的锡制的胫甲”。炼铁的人可以被称为“铜匠”，因此伽努墨得斯也可以被叫做宙斯的斟酒人，尽管他们从不喝酒。这些属于隐喻字的例子。

当发现语词的意义蕴含着矛盾时，应当考虑该词在诗句中可能具有几种意义。例如“在那里铜矛被挡住”一句话中的“被挡住”大致存在着几种方式，是这种还是那种。在这个方面，尽量不要像格劳孔所认为的那样。他说：有些人设 1461b 定了某种没有根据的前提假设，并给出了与这些假设相反的判断，然后从这些假设开始推论。假如他们认为诗人所说的与他们自己预设的观点相抵触，那么他们就指责诗人，似乎诗人所说的就是那些与他们的设想相反的判断。关于伊卡留斯的情况正是如此，他们假定他是斯巴达人，因此很奇怪地发现，当特勒马库斯前去斯巴达时竟没有碰到他。但实际情况正如克法莱尼亚人所说，奥底修斯娶了一位他们那里的女人为妻，她的名字叫伊卡丢斯，而不叫伊卡留斯。所以这个诘难起因于误解。

一般说来，对于诗中的不可能事件可以通过下列理由来进行辩解，即为了诗的效果、为了更完美一些、为了符合某种看法。为了诗的效果，一件虽然不可能，但却令人相信的事优于一件虽然可能，但却不让人相信的事。〔或许不可能〕① 存在着像宙克西斯所描绘的那样的人物，但如果存在的话会更好一些，因为典型应当高于现实。“根据某种说法”可以用来辩解那些看来似乎不合理的事情，可以说在某些时

① 本文此处空缺，〔 〕里的内容是校订者根据阿拉伯本增添的。

候，这些事不见得不合理，因为不可能发生的事发生了是可能的。考察语词中的矛盾，正像考察论辩中对手的反驳一样，首先看看他的话是否指处于同一种关系中的、在同一种意义上的同一种事情，然后确定他的话与他自己以前曾经说过的相互矛盾，或者与一个具有健全理智的人所理解的意义相矛盾。如果对于不合理事件来说，既无必要又无用处，那么对那些不合理事件和卑鄙低级情节的批评指责就是正确的。例如，欧里庇德斯的《埃勾斯》和《奥瑞斯特斯》中的麦奈劳斯的性格。

人们提出了五种类型的指责：不可能之事、不合理之事、有害之事、有矛盾之事、同技艺正确性相悖之事。对于诘难的解答，应当从上述类型中寻找要点，共有十二点。

【26】 如果有人提出疑问，史诗和悲剧究竟哪一种是比较高雅的摹仿艺术，假如说比较高雅的即为不太庸俗的，而不太庸俗的总是为比较高雅的观众所欣赏，那么异常明显，那种吸引一切观众的艺术就是非常庸俗的。有些演员认为，除非夹杂一些自己的东西，否则观众就无法理解，因而丑态百出，如低级趣味的笛子演奏者扭来扭去，像是在摹仿掷铁饼，或在演奏《斯丘拉》时，粗暴地拖拽合唱队的领唱。因此现在的悲剧就像昔日演员看待新秀一般。缪尼斯科斯曾把卡里庇得斯称为“猿”，因为他演得太过火了，品达
1462a 也受过类似的批评。整个悲剧艺术之于史诗，正像后起之秀

之于前辈演员。根据这种看法，史诗所吸引的是有教养的观众，这样的观众无须演员用姿态来帮助理解，而悲剧则是给低级观众欣赏的。如果悲剧是庸俗的，显然它必定是低级的。

首先，这并不是对诗学本身的批评，而是对于演员的演技的批评。因为即使在史诗背诵时，诵诗者也可能做得过分，如索西斯特拉托斯即是如此；在歌唱比赛中，奥普斯的莫那西提斯也是这样做的。此外，人们不应当弃绝一切动作，否则连舞蹈也该弃绝了，只应当摒弃那些摹仿鄙劣的人物的举止，如欧里庇德斯就受过这样的批评，当代一些演员因摹仿了下贱的妇女而受到类似的指责。悲剧和史诗一样，可以不借动作就能完成效果，只要读一下即可观察出它的性质。如果悲剧在其他方面都比较出色，这一点不足就不必再去考虑了。

其次，悲剧具有史诗中的所有成分(甚至可以允许采用史诗的韵律)，另外它还具有分量不小的成分，即音乐和扮相，能使快感更加鲜明强烈。无论是在读一部悲剧，还是在演一部悲剧，人们都能体味到这种强烈生动的快感。还有一点，悲剧可以用比较节省的时间达到摹仿的目的（因为在比较集中的时间内所达到的效果远比被长时间所淡化了的效果 1462b
好得多，例如，试把索福克勒斯的《俄狄浦斯》转成《伊利亚特》那样多的诗行）。再者，史诗的摹仿缺乏一致性（事实表明，根据一部史诗可以创作出几部悲剧）。如果史诗只涉及一个情节，即便能够简单明了地描述，也好像被砍截了一段，或者即便符合时限要求，也像是被冲得寡而无味。

所谓史诗缺乏一致性，我的意思是说，一部史诗由几个独立的行动部分组成。《伊利亚特》就有些许这样的部分，《奥德赛》也是如此，并且每部分自身又有一定大的规模。但两部史诗的结构却异常完美，都是尽量对单一行动的摹仿。如果悲剧在这些方面都胜于史诗，而且在达到艺术效果方面也胜于史诗（两种艺术形式不应产生所有形式的快感，而只产生前面已经谈到的那种快感），那么显然，悲剧优于史诗，因为悲剧比史诗能更好地达到目的。

关于悲剧和史诗本身及其种类、组成成分、数目、差异、优劣的根据、批评和对批评的解答，我们所讨论的就是这些问题……

后　　记

本卷编入《政治学》、《家政学》、《修辞术》、《亚历山大修辞学》、《论诗》等计五种。亚里士多德的这些著作主要的部分已存汉语译本，不过这些译本有的对原文作了些删节，有的标题也不与本卷所编入的译法完全相同。在本卷里我们对某些著作的标题的译法做了点改动。因为这是全集本，这些著作在编入全集时，它们标题的译法，应与全集其他各篇保持一致。譬如修辞学在标准本中其标题有着 tekhne 即技术的字样，为了不失去这具有鲜明特征的词，我们在这里译为《修辞术》，而不似其他单行本译作《修辞学》。还有在本卷里我们不再用《诗学》这一通行的译名，而译作《论诗》。因为在标准本这一著作的标题上冠有 peri 这个词。而在作全集规划时，对标题的译法，为求其一致作了一项规定，只把以 ka 为结尾的才译为“学”，而把那些以 peri 为开端的标题统译作“论”。通行的单行本所用的标题，作为单行本也未尝不可，且在文献中《诗学》、《修辞学》已为人沿用。但它们作为全集整体的一个构成部分，作为诸多新译文中的一种，我们就有义务来反映出原文标题的特征，并与全集其他各篇的标题译法保持一致。

Oikonomika 三卷是可以顺理成章译作“学”了。不过在这里没有按照它在现代西方语言中的派生形式译作经济学，而是按这个词根 oikos 作为“家”的原意，译为《家政学》，就其内容而论，也是大部关于家产积累、奴隶管理、夫妻亲子相处之道的。这一著作的真实性通为现代学者所怀疑，故许多版本中其标题以星号标之。而且其第三卷的原文一直是失缺的，仅以拉丁文译本相传。所以贝克尔把它摈斥在全集之外。后来的版本为了求得全文的完整而将其收进，故而缺乏 Bekker 页码。这一卷的编译工作是编译组全体成员共同完成的，各负其责通力合作。此外，《政治学》第一、二两卷由秦典华定稿，其余各卷的翻译皆由颜一承担。

《论诗》Bekkar 页码 1462^{b} 是标准本《亚里士多德全集》的最后一页，这页译稿的交出，也就意味着本集所包容的全部作品业已完成。所余的工作只是拾遗补缺，这一事项业已安排妥当，部分译稿也已就绪。此外，还有两件事情，第一就是把标准本编定后所发现的亚里士多德著作《雅典政制》补收进来，第二就是再选录一部分亚里士多德著作残篇作为附录，这两部分组成本书第十卷的内容，全部由余纪元总其成。时光流逝，寒暑更迭，本书从准备开始，迄今已近十个年头了。而这一后记的撰写与本书序言的发表也相距五年，人事倥偬，世局变幻，而这一场旷日持久的劳务于今终于接近完成。这是和中国人民大学哲学系与中国人民大学出版社大力支持分不开的，每一卷的问世都凝聚着同仁们的辛劳。其中特别令人缅怀的是出版社王颖副总编，本书从准备开始就得到他的关心和支持，当它被确定为哲学社会科学“七五”期间国家重点课题之后，他躬亲参加了全书的规划会议，时时注意工作的进程，可惜已匆匆作古，不及见本书的完成了。

自本书第一卷的问世，就不断受到国内、国外学界同仁的关注，特别是英国罗伯特·瓦尔德博士（Dr. Robert Wardy），当他知道我们寻求新版本文的困难时，就把情况报给剑桥大学古典系，我们很快就收到所惠赠的牛津古典本文版（Oxford Classical Text）亚里士多德著作多种，这些新版本我们已经用到此后的翻译和校订上。然而我们仍不得不遗憾地指出，由于找不到新的版本，《亚历山大修辞学》一文，仍不得不以我们手头仅有的 Bekker－Gigon 版为翻译的底本，而这部书还是由大洋彼岸故人出资由哈佛大学复制的。日本东京都大学加藤信朗教授也寄赠了日文本的《亚里士多德全集》作为参考，其他各国同仁也惠赠各种参考资料，厚谊隆情，难以尽数。而令人特别感奋的是，在本卷竣稿之际，获悉本书第一卷在全国高等学校出版社优秀学术专著的评奖中受特等奖，愧领之余，我们对评委会诸同仁的学术卓识表示由衷的赞赏。国外古典著作的译作，或为人所鄙薄，如今在全国性的评比中与其他优秀学术著作同等受奖，这不但是对这种艰苦劳作的鼓励，同时也表明民族理论素质的提高。由于在送审之际本书其他各卷尚未出版，所以这也意味着对整个工作的褒奖，意味着开放了的中华文化对外国古典著作的期待。

在作如此设想时，我们绝不敢妄自称许，译文一词一读毫无遗误，译校者时时处处都对原文作了正确的理解，而只能保证没有作随心的诠释、任意的引申。在序言中我们以确切为目标，也是意在避免有些译文的这种状况，至于确切的完全达到，那是个文化水准提高，理论思想发展的过程，依赖于一代人接着一代人不息的努力，如果一蹴而就，那就把这艰苦的事业想得过于轻易了。吾生也有涯，知也无涯，亚里士多德也说，无穷迈进不可能，认识过程如想得以完成，总须有个终结。

经编译组成员和出版社全体有关同仁的共同努力，现在《亚里士多德全集》已见到了完成曙光。此时此刻我们绝不敢奢望，也不愿希望，它在我国是汉语的最终译作，它在我国将取代亚里士多德著作的原文。译文的作用在于内容的普及和精神的传播，普及古希腊求知的科学（episteme）理想，传扩古希腊爱智（philosophia）的探索精神，而不是为专门研究提供定论。古人云诗无达诂，在这里我们乐于补充，文也同样是难以通训的。正如无论如何精美的复制品不能代替原作一样，无论如何经心着意的译著也不能代替原文。曾记得40年代初，在重庆沙坪坝，嘉陵江畔，松林坡上，茅草教室里，陈康先生讲授希腊哲学时说，要深入理解希腊哲学，就须学习希腊语，不懂得希腊语，就不能真正懂得希腊哲学。我想先生的这番话不但对希腊哲学的专业研究有效，对其他西方古典哲学的专业研究也同样有效。语言是思想的载体，道理是讲出来的，是 logos，不懂得一个民族的语言，也就难以懂得它所说出的 logos。吾师离开我们已届周年，他见到了本书第一卷的出版，审阅了本书的序言，从大洋彼岸传来他的欣慰。遗憾的是他不及听到本书即将完成的消息，也不能见这一后记，也是全书结束语的发表了。

为了铭记先辈的业绩，为了发扬他们的求实精神，我们此时此刻所希望的倒是把本书的完成当作一个开端，在以后不久的时间内将有内容更确切，行文更优雅的译本出现。在拥有 5000 年丰厚积累的中华民族文化的土壤里，这样一个希望是会实现的，是一定能够实现的。最后再让我们以《形而上学》的开篇语结束这一短记。

“Pantes anthropoi tou eidenai oregontai phusei。”

苗力田

1993 年 2 月于林园

图书在版编目（CIP）数据

亚里士多德全集　第九卷/苗力田主编
北京：中国人民大学出版社，2009
ISBN 978-7-300-01731-0

Ⅰ. 亚…
Ⅱ. 苗…
Ⅲ. 亚里士多德（前 384～前 322）-全集
Ⅳ. B502.233

中国版本图书馆 CIP 数据核字（2009）第 018228 号

亚里士多德全集
第九卷
苗力田　主编
Yalishiduode Quanji

出版发行	中国人民大学出版社		
社　　址	北京中关村大街 31 号	**邮政编码**	100080
电　　话	010－62511242（总编室）		010－62511770（质管部）
	010－82501766（邮购部）		010－62514148（门市部）
	010－62515195（发行公司）		010－62515275（盗版举报）
网　　址	http://www.crup.com.cn		
	http://www.ttrnet.com(人大教研网)		
经　　销	新华书店		
印　　刷	涿州市星河印刷有限公司		
规　　格	140mm×202mm　32 开本	**版　　次**	1994 年 3 月第 1 版
印　　张	21.75 插页 3	**印　　次**	2017 年 5 月第 7 次印刷
字　　数	414 000	**定　　价**	98.00 元